BLUE BOOK

智库成果出版与传播平台

人力资源蓝皮书

BLUE BOOK OF HUMAN RESOURCES

中国人力资源发展报告（2022）

ANNUAL REPORT ON THE DEVELOPMENT OF CHINA'S HUMAN RESOURCES (2022)

主　编／余兴安

副主编／李志更

社会科学文献出版社

SOCIAL SCIENCES ACADEMIC PRESS（CHINA）

图书在版编目（CIP）数据

中国人力资源发展报告. 2022 / 余兴安主编；李志
更副主编. --北京：社会科学文献出版社，2022. 10
（人力资源蓝皮书）
ISBN 978-7-5228-0718-8

Ⅰ. ①中… Ⅱ. ①余… ②李… Ⅲ. ①人力资源管理
-研究报告-中国-2022 Ⅳ. ①F249. 21

中国版本图书馆 CIP 数据核字（2022）第 170885 号

人力资源蓝皮书
中国人力资源发展报告（2022）

主　　编 / 余兴安
副 主 编 / 李志更

出 版 人 / 王利民
组稿编辑 / 邓泳红
责任编辑 / 宋　静
责任印制 / 王京美

出　　版 / 社会科学文献出版社·皮书出版分社（010）59367127
　　　　　　地址：北京市北三环中路甲 29 号院华龙大厦　邮编：100029
　　　　　　网址：www. ssap. com. cn
发　　行 / 社会科学文献出版社（010）59367028
印　　装 / 天津千鹤文化传播有限公司

规　　格 / 开　本：787mm×1092mm　1/16
　　　　　　印　张：26. 75　字　数：400 千字
版　　次 / 2022 年 10 月第 1 版　2022 年 10 月第 1 次印刷
书　　号 / ISBN 978-7-5228-0718-8
定　　价 / 158. 00 元

读者服务电话：4008918866

余兴安　曾红颖　翟　爽　张欣欣　赵贝贝
赵玉峰

编　　务（按姓氏音序排列）
柏玉林　王　伊　王秋蕾

主要编撰者简介

余兴安　全国政协委员，中国人事科学研究院院长、研究员。历任中国人事科学研究院研究室主任、人事部人才流动开发司副司长、人力资源和社会保障部人力资源市场司副司长、山东省日照市副市长。兼任中国人才研究会常务副会长、中国行政管理学会副会长等。主要从事行政管理体制改革、人事制度改革与人才资源开发等研究。

李志更　中国人事科学研究院副院长、研究员，兼任中国人才研究会秘书长。曾任中国人事科学研究院电子政务与绩效管理研究室主任、就业创业与政策评价研究室主任，长期从事就业创业、人才发展、人事管理、公共政策评价等方面的研究。

中国人事科学研究院简介

中国人事科学研究院（简称"人科院"）隶属于中华人民共和国人力资源和社会保障部，是我国干部人事改革、人才资源开发、人力资源管理和公共行政学研究的唯一国家级专业研究机构，是中央人才工作协调小组办公室命名的"人才理论研究基地"。

人科院肇端于1982年6月劳动人事部成立的人才资源研究所、1984年11月成立的行政管理科学研究所及1988年9月人事部成立的国家公务员研究所，在经多次机构改革与职能调整后，于1994年7月正式成立。历经40年的发展，人科院积累了丰富的科研资源，培养了一支素质优良的科研队伍，形成了较完备的学术研究体系，产生了一大批具有较大影响的科研成果，发挥了应有的参谋智囊作用，同时也成为全国人才与人事科学研究的合作交流中心。王通讯、吴江等知名学者曾先后担任院长之职，现任院长为全国政协委员余兴安研究员。

多年来，人科院围绕大局、服务中心，研究领域涉及行政管理体制改革、人才队伍建设、公务员制度、事业单位人事制度改革、企业人力资源管理、收入分配制度改革、就业与创业、人才流动与人力资源服务业发展等方面。曾参与《公务员法》《事业单位人事管理条例》《国家中长期人才发展规划纲要》等重大政策法规的调研与起草，推动了相关领域诸多重大、关键性改革事业的发展。人科院每年承担中央单位和各省市下达或委托的数十项课题研究任务，出版十余部著作，发表百余篇学术论文，并编辑出版《中国人事科学》（月刊）、《国际行政科学评论》（季刊）、《中国人力资源发展报告》（年度出版）、《中国事业单位发展报告》（年度出版）、《中国人力资源市场分析报告》（年度出版）、《中国企业人力资源发展报告》（年度出版）、《中国培训事业发展报告》（年度出版）、《中国人事科学研究报告》（年度出版）等学术期刊和年度报告。

人科院是我国在国际行政科学学术交流与科研合作领域的重要组织与牵头单位，是国际行政科学学会（IIAS）、东部地区公共行政组织（EROPA）及亚洲公共行政网络（AGPA）的中国秘书处所在地。

人科院注重与国家部委、地方政府、高等院校和科研院所的交流与合作。积极搭建学术交流平台，成立了"全国人事与人才科研合作网"，建立了十余家科研基地，每年举办多场有一定规模的学术研讨会，组织科研协作攻关，还与中国人民大学、首都经济贸易大学等院校联合招收硕士、博士研究生，设有公共管理学科博士后工作站。

摘　要

《人力资源蓝皮书：中国人力资源发展报告（2022）》由总报告和六组专题报告组成，主要关注2021年初至2022年上半年我国人力资源发展的总体情况，分析未来一段时间人力资源发展面临的主要挑战和任务，提出促进人力资源发展的相关建议。

总报告比较全面系统地呈现了我国人力资源的总体情况和最新进展，基于我国经济发展面临的三重压力、构建新发展格局实现高质量发展的需求、人力资源发展本身存在的主要问题，分析了当前和今后一段时间促进我国人力资源发展的主要任务：强基提质，深入实施新时代人才强国战略；稳岗拓岗，优化就业结构提高就业质量；建立健全体系，强化社会保险保障能力；回应发展需求，夯实新就业形态劳动者权益保障；统筹推动，促进人力资源服务高质量发展。

六个专题依循前例，分别为人力资源状况、人才工作、公共部门人事管理、就业创业与劳动关系、社会保险、人力资源服务业，共有23篇专题报告，主要从基本情况、面临的问题与挑战、未来展望三个维度，总结分析本领域或行业的人力资源现状与发展，关注发展基础、发展沿革、发展形势、发展态势。

人力资源状况专题介绍了我国人力资源的基本状况和老年人力资源开发、城镇劳动者科学素质与技能提升的基本情况和发展态势，呈现了教育人才、科技人才以及数字经济人才队伍建设的主要实践与成效，分析了今后一段时间加强队伍建设的主要问题和对策措施。人才工作专题总结了各地人才工作的主要进展和创新实践、人才评价制度改革的典型实践与总体进展，分析了未来一段时间工作的主要任务。公共部门人事管理专题中，关于公务员管理、事业单位人事制度改革、国有企业人事制度改革的报告，重点总结了近期的政策供应与实践发展情况，分析了今后一段时间面临的主要形势和重要任务；关于公立医院人事制度改革的报告，系统梳理了改革开放以来，我国公立医院人事制度改革的发展历程，全面呈现了各个时期公立医院人事制度改革的典型实践和主要进展，研判了今后一段时期公立医院人事制度改革的总体态势。就业创业与劳动关系专题不仅全面系统地梳理和分析了当前我国促进就业创业、劳动关系治理的总体情况、典型实践和面临的形势任务；还总结分析了当前中小微企业招聘高校毕业生的实践和未来走势，提出了促进中小微企业吸纳高校毕业生就业的对策措施。社会保险专题延续上年度的内容框架，在总结我国社会保险发展总体状况的基础上，进一步分析了基本养老保险、工伤保险、基本医疗保险制度的运行情况、改革进展与未来发展走向。人力资源服务业专题保持年度延续性，重点关注当前我国人力资源服务市场发展、人力资源培训服务创新、人力资源服务企业经营发展的基本情况、主要成效与特点、主要问题与对策选择。

2021年以来，人力资源发展实现了"十四五"时期的良好开局，但面临复杂严峻的形势，尤其是我国经济发展面临需求收缩、供给冲击、预期转弱三重压力，要为构建新发展格局提供坚实保障，为实现共同富裕强化支撑，为全面建设社会主义现代化国家确立竞争优势，人力资源事业必须在实现高质量发展方面加力。因此，与上年度相比，2022年度的人力资源发展报告力图突出如下几个特点。一是回应时代发展需求，强化对相关群体的关注。比如，在持续关注科技人力资源、教育人力资源、卫生人力资源的同时，进一步强化对老年人力资源、数字经济人才、中小微企业人力资源等群体的关注。二是增加细分观测视角，反映人力资源分类管理进展。比如，在人力资源状况专题，加入数字经济人才队伍建设的内容；在公共部门人事管理专题，加入公立医院人事制度改革发展的内容；在就业创业与劳动关系专题，加入中小微企业吸纳高校毕业生就业的内容。三是拓展内容含量，提升报告指导应用功能。比如，在保持内容框架稳定的基础上，尽量保持对各行业各领域人力资源发展的持续关注，适度增加专题回顾内容，强化分析呈现发展规律与发展走势。

关键词： 人力资源　人才工作　人事管理　就业创业　人力资源服务业

目 录 ⤵

Ⅰ 总报告

Ⅱ 人力资源状况篇

Ⅲ 人才工作篇

Ⅳ 公共部门人事管理篇

Ⅴ 就业创业与劳动关系篇

Ⅵ 社会保险篇

Ⅶ 人力资源服务业篇

皮书数据库阅读**使用指南**

图目录 ⤵

表目录 ⟍⟍

总 报 告

General Report

B.1

2021~2022年中国人力资源状况
及事业发展

余兴安　李志更　吴 帅*

摘　要： 本报告梳理了一年多来我国人力资源的发展状况，分析了今后一段时间的发展态势。我国人口增速保持放缓态势，老龄化程度加深，城镇化水平和人口素质水平提升。部署实施新时代人才强国战略，人才培养机制持续优化，评价机制建设取得突破，流动与配置有序性日益提升，激励表彰工作稳步推进。公务员管理水平持续提升，事业单位人事制度改革不断深化，国有企业选人用人机制建设成效明显。重点群体就业稳中有进，就业服务持续加强，市场供求保持活跃状态，就业形势总体稳定。工资收入水平

---

* 余兴安，中国人事科学研究院院长、研究员，主要研究方向为行政管理体制改革、人事制度改革、人才资源开发；李志更，中国人事科学研究院副院长、研究员，主要研究方向为就业创业、人才开发、人事管理、公共政策评价；吴帅，博士，中国人事科学研究院人力资源市场研究副主任、副研究员，主要研究方向为人力资源开发与配置、人力资源服务业发展、区域公共治理。

有新提高，工资收入引导与规范机制更为健全，国有企事业单位薪酬分配机制日益完善。社会保险制度覆盖面和基金规模稳步扩大，保险待遇进一步提高，保险机制持续优化，基金安全机制得到健全。稳步推进劳动合同管理和劳动保障监察执法，劳动人事争议多元处理机制进一步完善，保障农民工工资支付有突破性进展，新就业形态劳动者权益保障进一步加强。人力资源服务业保持发展态势，园区体系不断完善，对外开放深入推进。面对复杂严峻的国内外形势，人力资源发展必须有效应对风险挑战：强基提质，深入实施新时代人才强国战略；稳岗拓岗，优化就业结构提高就业质量；健全完善体系，强化社会保险保障能力；回应发展需求，夯实新就业形态劳动者权益保障；统筹推动，促进人力资源服务高质量发展。

关键词： 人力资源 人才工作 人事制度 社会保障 人力资源服务业

一 人力资源基本状况

2021年，我国人口总量增速持续放缓，人口老龄化程度进一步加深，城镇化水平和人口素质水平稳步提升。总体来看，我国劳动力资源依然丰富，人才红利优势正在形成。

（一）人口总量保持增长，增长速度持续放缓

2021年末，全国人口141260万人，[①] 出生人口1062万人，死亡人口1014万人，人口自然增长率为0.34‰。[②] 与2020年相比，出生率下降1.00

---

① 不含港澳台数据。
② 国家统计局：《中华人民共和国2021年国民经济和社会发展统计公报》，2022。

个千分点，死亡率微升 0.11 个千分点，人口自然增长率下降 1.11 个千分点。人口增速持续放缓主要受两方面因素影响，一是育龄妇女人数持续减少，二是生育水平继续下降。

（二）劳动年龄人口增加，人口老龄化程度加深

2021 年末，全国 16～59 岁人口为 88222 万人，占总人口的 62.5%，比七普数据增加 317 万人；60 岁及以上人口为 26736 万人，占总人口的 18.9%，较 2020 年上升 0.2 个百分点（其中，65 岁及以上人口为 20056 万人，占 14.2%，较 2020 年上升 0.7 个百分点）。16～59 岁劳动年龄人口增加主要是由 1961 年出生人口较少所致。[1] 根据国家统计局的预测，未来一段时期，我国劳动年龄人口虽趋于减少，但总量仍近 9 亿人，劳动力资源总体依然丰富。[2]

（三）城镇化水平稳步提升，流动人口继续增加

2021 年末，我国城镇常住人口 91425 万人，[3] 较 2020 年增加 1205 万人；常住人口城镇化率为 64.72%，较 2020 年末提高 0.83 个百分点；人户分离人口 5.04 亿人，[4] 较 2020 年增加 1153 万人；流动人口 3.85 亿人，[5] 较 2020 年增加 885 万人。城镇区域扩张、城镇人口自然增长和乡村人口流入城镇三方面因素分别影响城镇化率提高 0.36 个、0.12 个和 0.35 个百分点。[6] 2021 年全国农民工总量 29251 万人，比上年增加 691 万人，增长

---

[1] 王萍萍：《人口总量保持增长　城镇化水平稳步提升》，国家统计局，2022 年 1 月 18 日，http：//www.stats.gov.cn/xxgk/jd/sjjd2020/202201/t20220118_ 1826609.html；国家统计局：《中华人民共和国 2021 年国民经济和社会发展统计公报》，2022；国家统计局：《第七次全国人口普查公报（第五号）》，2021。

[2] 王萍萍：《人口总量保持增长　城镇化水平稳步提升》，国家统计局，2022 年 1 月 18 日，http：//www.stats.gov.cn/xxgk/jd/sjjd2020/202201/t20220118_ 1826609.html。

[3] 国家统计局：《中华人民共和国 2021 年国民经济和社会发展统计公报》，2022。

[4] 国家统计局：《中华人民共和国 2021 年国民经济和社会发展统计公报》，2022。

[5] 国家统计局：《中华人民共和国 2021 年国民经济和社会发展统计公报》，2022。

[6] 王萍萍：《人口总量保持增长　城镇化水平稳步提升》，国家统计局，2022 年 1 月 18 日，http：//www.stats.gov.cn/xxgk/jd/sjjd2020/202201/t20220118_ 1826609.html。

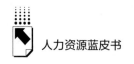

2.4%。其中，本地农民工 12079 万人，增长 4.1%；外出农民工 17172 万人，增长 1.3%。①

（四）人口素质进一步提高，人才红利优势逐步显现

2021 年末，劳动年龄人口平均受教育年限达 10.75 年，较 2010 年提高 1.08 年。② 2021 年全年研究生教育招生 117.7 万人，在学研究生 333.2 万人，毕业生 77.3 万人。普通、职业本专科招生 1001.3 万人，在校生 3496.1 万人，毕业生 826.5 万人。中等职业教育招生 656.2 万人，在校生 1738.5 万人，毕业生 484.1 万人。普通高中招生 905.0 万人，在校生 2605.0 万人，毕业生 780.2 万人。③ 全民受教育程度的提高以及劳动年龄人口素质的提高，推动着我国人才红利新优势的逐步形成。

二　人才体制机制创新与完善

2021 年，坚持党管人才原则，全国上下紧紧围绕国家重大战略和经济高质量发展需要，深入推进人才发展体制机制改革，技术技能人才培养制度和机制加快完善，人力资源市场化流动与配置有序性进一步提升，人才评价制度改革取得突破，人才激励与表彰力度持续加大，为全面建设社会主义现代化国家开好局、起好步提供了坚强人才保障和智力支撑。

（一）擘画新蓝图，部署实施新时代人才强国战略

1. 系统擘画新时代人才强国战略新蓝图
2021 年 9 月 27~28 日，中央人才工作会议在北京召开。习近平总书

---

① 人力资源和社会保障部：《2021 年度人力资源和社会保障事业发展统计公报》，2022。
② 王萍萍：《人口总量保持增长　城镇化水平稳步提升》，国家统计局，2022 年 1 月 18 日，http://www.stats.gov.cn/xxgk/jd/sjjd2020/202201/t20220118_1826609.html。
③ 国家统计局：《中华人民共和国 2021 年国民经济和社会发展统计公报》，2022。

记出席会议并发表重要讲话，全面系统回顾了党的十八大以来人才工作取得的历史性成就、发生的历史性变革、形成的新理念新战略新举措；深入分析了进入新时代人才发展面临的新形势、新任务、新挑战；具体明确了未来我国人才发展的四个面向的功能定位；对标锚定了世界重要人才中心和创新高地这一我国人才发展在全球人才发展版图中的基本定位；设计了实施新时代人才强国战略的总体战术：以培养战略科学家、打造一流科技领军人才和创新团队为战略重点，以深化人才发展体制机制改革全方位培养引进用好人才为基本方略，以坚持党管人才为根本保障。习近平总书记的重要讲话科学回答了新时代人才工作的一系列重大理论和实践问题，明确了新时代人才工作的指导思想、战略目标、重点任务、政策举措，为新时代的人才发展指明了前进方向，提供了根本遵循。

2. 制定"十四五"时期人才发展规划

2022 年 4 月 29 日召开的中共中央政治局会议审议了《国家"十四五"期间人才发展规划》。编制此规划是党中央部署的一项重要工作，是落实中央人才工作会议精神的具体举措。此规划也是国家"十四五"规划的一项重要专项规划。会议要求，要全面加强党对人才工作的领导，牢固确立人才引领发展的战略地位，全方位培养引进用好人才。会议强调：要坚持重点布局、梯次推进，加快建设世界重要人才中心和创新高地；要大力培养、使用战略科学家，打造大批一流科技领军人才和创新团队，造就规模宏大的青年科技人才队伍，培养大批卓越工程师；要把人才培养的着力点放在基础研究人才的支持培养上；要深化人才发展体制机制改革；各级党委（党组）要强化主体责任，完善党管人才工作格局。

与此同时，地方各级党委、政府相继制定出台本地人才发展"十四五"规划。比如，2021 年 6 月，浙江省发展改革委、省委组织部印发《浙江省人才发展"十四五"规划》；2021 年 8 月，山东省委人才工作领导小组办公室印发《山东省"十四五"人才发展规划》；2022 年 5 月，辽宁省委印发《辽宁省"十四五"人才发展规划》；2022 年 7 月，吉林

省委组织部组织召开《吉林省"十四五"期间人才发展规划》起草工作部署会议。

（二）制度建设与落实并重，优化人才培养机制

1. 进一步加强职业教育和技能培训顶层设计

2021年4月12~13日，在全国职业教育大会上，习近平总书记强调，加快构建现代职业教育体系，培养更多高素质技术技能人才、能工巧匠、大国工匠。2022年4月20日，十三届全国人大常委会第三十四次会议表决通过新修订的职业教育法，2022年5月1日起施行。这是《职业教育法》1996年颁布后的首次修订。《职业教育法》共八章六十九条，对职业教育总则、职业教育体系、职业教育实施、职业学校和职业培训机构、职业教育教师和受教育者、法律责任等进行了系统规范。相比原来的职业教育法，新修订的职业教育法进一步明确了职业教育的定义范畴、功能定位和地位作用，优化了职业教育的构成体系和管理体制机制，丰富了职业教育的形式方式，强化了职业教育工作者和接受职业教育者在获得发展机会和薪酬待遇等方面的平等权利与权益保护。2021年6月，人力资源和社会保障部（以下简称"人社部"）印发实施方案，在"十四五"时期大力实施"技能中国行动"。2021年12月，人社部、教育部、国家发展改革委、财政部联合印发《"十四五"职业技能培训规划》。在技工教育方面，人社部先后印发了《关于深化技工院校改革大力发展技工教育的意见》《技工教育"十四五"规划》《推进技工院校工学一体化技能人才培养模式实施方案》等政策文件。

2. 稳步推进高层次和急需紧缺专业技术人才培养

2021年，人社部启动实施新一轮专业技术人才知识更新工程，在新一代信息技术、生物技术、新能源等战略性新兴产业领域，每年培训100万名创新型、应用型、技术型人才。2021年，人社部举办3期高级专家国情研修班、300期高级研修班、1期专家创新大讲堂，培训高层次专业技术人才

2 万余人次。全年全国共有 1880 万人报名参加专业技术人员资格考试，347 万人取得资格证书。到 2021 年末全国累计共有 3935 万人取得各类专业技术人员资格证书。此外，人社部还颁布了智能制造等 10 个数字技术类国家职业标准，印发了《关于进一步加强企业博士后科研工作站建设的通知》，成功举办了第一届全国博士后创新创业大赛。

3. 加大技能人才培养载体和培养机制建设力度

2022 年 4 月，人社部印发《关于加快推进职业技能培训信息化建设有关工作的通知》，部署构建全国互联互通的职业技能培训信息化格局，加强职业技能培训管理服务，提高职业培训补贴资金使用精准性、安全性、有效性。2022 年 6 月，人社部、工信部、国务院国资委联合印发《制造业技能根基工程实施方案》，明确提出，2022～2025 年，聚焦制造业重点领域，建立国家技能根基工程培训基地，加大急需紧缺职业工种政府补贴培训支持力度，推进技能人才培养评价工作，优化使用发展环境和激励机制配套支撑，打造数量充足、结构合理、素质优良、充满活力的制造业技能人才队伍。截至 2021 年底，全国共有技工院校 2492 所，在校生 426.7 万人；2021 年度全国技工院校共招生 167.2 万人，毕业生 108.7 万人。[1] 2021 年全国共组织补贴性职业技能培训 3218.4 万人次和以工代训 1501.8 万人。其中，培训农民工 1174.2 万人次，培训脱贫人口及脱贫家庭子女 211.2 万人次，培训失业人员 100.7 万人次，培训毕业年度高校和中职毕业生 131.7 万人次。截至 2021 年末，全国共有职业资格评价机构 6894 个、职业技能等级认定机构 13431 个，职业资格评价或职业技能等级认定考评人员 41.2 万人。2021 年共有 1078.4 万人次参加职业资格评价或职业技能等级认定，898.8 万人次取得职业资格证书或职业技能等级证书，其中 30.2 万人次取得技师、高级技师职业资格证书或职业技能等级证书。

---

[1] 人社部网站，http://www.mohrss.gov.cn/SYrlzyhshbzb/dongtaixinwen/buneiyaowen/rsxw/202205/t20220527_ 450245. html。

（三）强化发展导向，促进人力资源顺畅有序流动

1. 强化人力资源市场化流动配置引导

2021 年，为引导人才集聚、优化人才流动配置，人社部推进雄安新区、粤港澳大湾区、海南自由贸易港、成渝地区双城经济圈等急需紧缺人才目录编制发布工作；北京市发布促进人力资源市场发展办法，鼓励用人单位使用人力资源测评、招聘流程管理等专业化人力资源服务；安徽省发布《关于发挥人力资源服务机构作用促进市场化引进人才工作的意见》，鼓励用人单位通过人力资源服务机构引进急需紧缺高端人才创新创业。2022 年 3 月，中共中央、国务院印发《关于加快建设全国统一大市场的意见》提出，健全统一规范的人力资源市场体系，促进劳动力、人才跨地区顺畅流动。

2. 加大留学人员创新创业支持力度

2021 年，有关部门继续实施中国留学人员回国创业启动支持计划和高层次留学人才回国资助项目，遴选支持了 122 名高层次留学回国创新创业人才；实施海外赤子为国服务行动计划，资助了 47 项服务活动。2021 年 3 月，人社部发布《留学人员创业园建设和服务规范》，推动全国留学人员创业园向标准化、专业化、精细化方向发展。2021 年，人社部与江苏省、浙江省、山东省、海南省人民政府分别共建张家港留学人员创业园、湖州留学人员创业园、潍坊留学人员创业园和海口留学人员创业园。到 2021 年末，全国共有留学人员创业园 372 家，入园企业超过 2.5 万家，9 万名留学回国人员在园就业创业，其中省部共建留学人员创业园达 53 家。

3. 激励人才向艰苦边远地区和基层一线流动

激励人才向艰苦边远地区和基层一线流动是我们长期坚持的政策。过去的一年，在相关政策进一步健全完善并有序落实的同时，相关项目也持续推进。2021 年，人社部会同中央组织部、教育部、财政部等 10 部门启动实施第四轮高校毕业生"三支一扶"计划。2021 年当年，招募 3.8 万名优秀高校毕业生投身基层支教、支农、支医、帮扶乡村振兴。其中，10829 名人员帮扶乡村振兴，占所有招募人员的 28.5%。在人员服务保障方面，2021 年中央财政投入 17.2 亿元，按照东、中、西部每人每年 1.2 万元、2.4 万元和 3 万元（西藏、南疆地区 4 万元）标准给予工作生活补贴。在人员"出口"方面，人社部会同有关部门积极落实公务员定向考录、事业单位专项招聘等支持政策，落实期满考核合格基层单位直接聘用办法，鼓励县（市、区）统筹基层编制优先吸纳服务期满人员。2021 年全国共有服务期满人员 2.4 万余名，期满流动率为 92.6%。其中，考录为机关公务员的占 11.1%，招聘到事业单位的占 57.2%，企业就业的占 7.7%，创业及其他形式流动的占 16.6%。①

此外，2021 年 4 月，人社部办公厅、教育部办公厅联合印发《关于做好 2021 年中小学幼儿园教师公开招聘工作的通知》，鼓励和引导更多高校毕业生到基层中小学幼儿园任教。2021 年 7 月，人社部配合教育部印发《中西部欠发达地区优秀教师定向培养计划》，从 2021 年起，采取定向方式，每年为 832 个脱贫县和中西部陆地边境县中小学校培养 1 万名左右师范生。

（四）深化制度改革，人才评价机制建设取得新成效

1. 职称制度改革重点任务总体完成

2021 年 8 月，人社部和教育部联合印发《关于深化实验技术人才职称制度改革的指导意见》。至此，27 个职称系列的改革指导意见和 9 个综合性配套政策全部出台，历时 5 年的职称制度改革重点任务总体完成。5 年来，通过健全制度体系、完善评价标准、创新评价机制、拓展评审范围，树立了重品德、重能力、重业绩的评价导向。此外，在评价服务方面，2021 年，人社部上线运行全国职称评审信息查询平台，面向各地人社部门、用人单位及个人提供跨地区职称信息核验查询服务。在技术技能人才职业发展贯通方面，2021 年有 1 万余名高技能人才取得职称。

---

① 《一年来，3.8 万名"三支一扶"高校毕业生扎根基层服务乡村——更多青年才俊 投身乡村振兴》，《人民日报》2022 年 6 月 9 日。

2. 技能人才评价制度改革取得新突破

2021年，人社领域"放管服"改革持续深入，推行职业技能等级认定，推动各级各类企业自主开展技能人才评价，遴选社会培训评价组织，全年共有1.2万多家企业、3400多家社会培训评价组织完成备案，620余万人取得职业技能等级证书。2021年9月，人社部印发通知，启动特级技师评聘试点工作，在高技能人才中设立特级、高级技术职务（岗位）技师，进一步畅通技能人才职业发展通道，提高技能人才社会地位和待遇水平。上海试点聘用到特级技师岗位的人员，允许比照本企业正高级职称人员享受相关待遇。2022年4月，人社部印发《关于健全完善新时代技能人才职业技能等级制度的意见（试行）》提出，健全职业技能等级制度体系，企业可结合实际，在现有职业技能等级设置的基础上适当增加或调整技能等级。对设有高级技师的职业（工种），可在其上增设特级技师和首席技师技术职务（岗位），在初级工下补设学徒工，形成由学徒工、初级工、中级工、高级工、技师、高级技师、特级技师、首席技师构成的职业技能等级（岗位）序列。自此，"新八级工"制度建立。2022年6月，经专家评估论证、书面征求中央和国家机关有关部门意见等程序，人社部公示了机器人工程技术人员等18个新职业信息。

3. 进一步加强评价发证活动常态化管理工作

2022年3月，人社部印发《关于开展技术技能类"山寨证书"专项治理工作的通知》，规范面向社会开展的技术技能类培训、评价和发证行为，要求各地区各部门各单位对面向社会开展的技术技能类培训评价发证活动进行全面核查。2022年4月，人社部办公厅和国家网信办秘书局联合印发《关于开展技术技能类"山寨证书"网络治理工作的通知》，重点针对违规使用有关字样和标识、虚假或夸大宣传、违规培训收费、故意混淆概念误导社会进行炒作、涉嫌欺骗欺诈等违规违法情况，开展技术技能类"山寨证书"网络治理工作。同时，人社部会同有关部门对媒体报道和群众投诉举报集中的典型问题进行调查核实处理，建立"黑名单"制度，将违纪违规培训机构和评价机构纳入"黑名单"，对技术技能类培训评价发证活动实行常态化管理。

4. 开展多层次的职业技能竞赛

2021年，全国乡村振兴职业技能大赛、全国职工职业技能大赛、第二届全国技工院校学生创业创新大赛等一系列全国性技能竞赛陆续举办，世赛会旗南极展示、"世赛号"火箭冠名和"迎世赛点亮技能之光"主题宣传推广活动相继启动，南航"上海世赛号"彩绘飞机首飞成功。各地也积极举办各类职业技能大赛，以赛促教、以赛促训、以赛促学，推动技能人才队伍建设。

（五）强化示范引导效应，持续做好人才表彰奖励工作

1. 及时开展全国脱贫攻坚总结表彰工作

2021年2月25日，中共中央、国务院做出关于授予全国脱贫攻坚楷模荣誉称号的决定、关于表彰全国脱贫攻坚先进个人和先进集体的决定，授予10名个人、10个集体"全国脱贫攻坚楷模"荣誉称号，授予1981名个人"全国脱贫攻坚先进个人"称号、1501个集体"全国脱贫攻坚先进集体"称号。

2. 有序开展国家科学技术奖励

2021年11月，《国务院关于2020年度国家科学技术奖励的决定》对为我国科学技术进步、经济社会发展、国防现代化建设作出突出贡献的科学技术人员和组织给予奖励。经国家科学技术奖励评审委员会评审、国家科学技术奖励委员会审定和科技部审核，国务院批准并报请国家主席习近平签署，授予2人国家最高科学技术奖；国务院批准，授予2项成果国家自然科学奖一等奖、44项成果国家自然科学奖二等奖、3项成果国家技术发明奖一等奖、58项成果国家技术发明奖二等奖、2项成果国家科学技术进步奖特等奖、18项成果国家科学技术进步奖一等奖、137项成果国家科学技术进步奖二等奖、8名外国专家和1个单位中华人民共和国国际科学技术合作奖。

3. 持续推进省部级表彰奖励

2021年，人社部国家表彰奖励办公室会同17个中央单位开展了部级表彰奖励工作，共表彰1544个集体和2377名个人。比如，2022年4月28日，

中华全国总工会召开大会表彰 2022 年全国五一劳动奖和全国工人先锋号获得者——全国五一劳动奖状 200 个、全国五一劳动奖章 966 个、全国工人先锋号 956 个，其中单列 35 个奖章、3 个先锋号名额表彰全国职工职业技能大赛优胜者和国家重大工程项目的建设者。

三　公共部门人事制度改革与发展

2021 年，各级公务员、事业单位以及国有企业管理部门坚持以政治建设为统领，以完善中国特色人事管理制度、建设高素质专业化公共部门人才队伍为目标，在推进公务员管理水平持续提升、深化事业单位人事制度改革以及提升国企选人用人机制建设成效等方面进行了积极的探索，取得了较好成效。

（一）强化政治引领，公务员管理水平持续提升

1. 加强公务员队伍政治建设

党的十九届六中全会审议通过的《中共中央关于党的百年奋斗重大成就和历史经验的决议》指出，"党和人民事业发展需要一代代中国共产党人接续奋斗，必须抓好后继有人这个根本大计"。大力培养选拔德才兼备、忠诚干净担当的高素质专业化干部特别是优秀年轻干部，是确保党和人民事业后继有人的战略之举。2022 年 1 月召开的全国组织部长会议强调，要坚持以习近平新时代中国特色社会主义思想为指导，深化对"两个确立"决定性意义的领悟，增强"四个意识"、坚定"四个自信"、做到"两个维护"，落实全面从严治党战略方针，以迎接和服务党的二十大胜利召开为主线，着力推动组织工作高质量发展。

2. 完善公务员管理制度体系

2021 年 9 月 17 日，中共中央组织部印发《公务员录用考察办法（试行）》、《行政执法类公务员培训办法（试行）》、《公务员初任培训办法（试行）》和新修订的《公务员公开遴选办法》，2021 年 9 月 18 日，中共

中央组织部、人社部发布新修订的《公务员录用违规违纪行为处理办法》，为确保公务员管理工作在新时代党的组织路线指引下高质量发展提供制度保障。

3. 稳步推进各项公务员管理工作

各地在推进分类管理改革方面做了积极探索，根据综合管理类、专业技术类、行政执法类三类公务员的特点，深入推进分类考录、分类考核、分类培训，促进三类公务员的分渠道发展和专业化建设，不断提高管理科学化精细化水平。比如，2022年，最高人民检察院落实《关于深化司法体制和社会体制改革的意见》对司法工作人员实行分类管理的要求，在直属参公事业单位检察技术信息研究中心完成参照专业技术类公务员分类管理的套转工作，50名专业技术人员成为全国检察机关首批专业技术类公务员。为进一步落实分类分级的考试原则，提升选拔的针对性和科学性，2022年国家公务员笔试考试进一步细化了考试内容分类。在行政执法类公务员队伍建设方面，18个省份和新疆生产建设兵团将改革到位、具备条件的执法队伍列入行政执法类公务员管理。[1]

4. 强化表彰奖励的正向激励

为树立新时代人民公仆新风貌，2020年以来，中共中央组织部、宣传部联合开展了两次"最美公务员"学习宣传活动，作为深化拓展做"人民满意的公务员"活动、完善担当作为的激励机制的重要举措，共评选了64名全国"最美公务员"。省级公务员主管部门积极组织开展本地区"人民满意的公务员"和"人民满意的公务员集体"评选表彰活动。这些活动的开展展现了公务员为民服务的风采、树立了一大批新时代先进典型，起到了正向激励、示范带动的重要作用。与此同时，各地深入贯彻落实新修订的公务员法及配套法规，加大专项考核奖励力度，对在处理突发事件和承担专项重要工作中做出显著成绩的公务员进行及时奖励，激励履职担当作为。

---

[1] 闫嘉欣：《铸魂赋能　锻造中坚力量》，《中国组织人事报》2022年1月2日。

（二）优化机制，事业单位人事制度改革不断深化

1. 健全完善事业单位公开招聘制度

2021 年全国公开招聘事业单位工作人员 94.1 万人，其中中央事业单位 6.4 万人，地方事业单位 87.7 万人。2021 年 10 月，人社部印发《关于职业院校毕业生参加事业单位公开招聘有关问题的通知》，明确提出，要合理制定公开招聘资格条件要求，不得将毕业院校、国（境）外学习经历、学习方式作为限制性条件，要以完成岗位职责任务所需具备的管理能力、专业素质或者技能水平为依据，按照事业单位公开招聘专业指导目录设置或参考考试录用公务员、高等学校、职业教育、技工院校等专业目录设置确定事业单位公开招聘资格条件中的专业条件要求。此外，文件还提出，事业单位公开招聘中有职业技能等级要求的岗位，可以适当降低学历要求，或者不再设置学历要求。在符合专业等其他条件的前提下，技工院校预备技师（技师）班毕业生可报名应聘学历要求为大学本科的岗位，高级工班毕业生可报名应聘学历要求为大学专科的岗位。

2. 各地进一步加强事业单位特色岗位管理制度建设

比如，2021 年 12 月，海南省人社厅发布《海南省事业单位特设岗位设置管理办法》，明确了特设岗位的定位、适用范围、适用条件、设置管理要求、退出机制等。通过特设岗位，为引进紧缺急需的高层次、高技能人才打开"绿色通道"，助力海南自贸港建设。2022 年 6 月，河北省石家庄市也出台了《事业单位特设岗位设置管理试行办法》，在河北省率先推行事业单位特设岗位制度。

3. 进一步规范事业单位领导人员管理

2022 年 1 月，中共中央办公厅印发《事业单位领导人员管理规定》，对事业单位领导人员的任职条件和资格、选拔任用、任期和任期目标责任、考核评价、交流、回避、职业发展和激励保障、监督约束以及退出等做了规定。其中，管理规定结合事业单位特点，细化有关要求，突出政治标准，提出担任事业单位领导人员必须自觉坚持以习近平新时代中国特色社会主义思想为指导，坚决贯彻执行党的理论和路线方针政策，增强"四个意识"、坚定"四个自信"、做到"两个维护"，自觉在思想上政治上行动上同党中央保持高度一致。此外，管理规定针对实际工作中事业单位领导人员交流较少、执行回避制度不够严等现象，专门增加一章作出规定，以利于推进交流、规范管理。

（三）深化改革，国企选人用人机制建设成效凸显

1. 着力推动国有企业董事会应建尽建

2021年5月印发的《关于中央企业在完善公司治理中加强党的领导的意见》，进一步明确了中央所属企业党委（党组）在决策制定、管理执行、监管督查等各环节的责任与职权以及运作方式。2021年6月，国资委召开中央企业改革三年行动推进会。2021年9月，国务院国资委印发《中央企业董事会工作规则（试行）》，对进一步加强董事会建设提出要求、作出规定；此后还出台了《中央企业董事会和董事评价办法》《关于进一步落实中央企业董事会考核分配职权的实施意见》等文件。2022年1月召开的国企改革三年行动专题推进会的有关数据显示，各级国有企业基本实现董事会应建尽建，中央企业和地方国有企业子企业层面完成外部董事占多数的比例分别达到99.3%、94.2%。[①]

2. 大力推进经理层成员任期制和契约化管理

2021年3月，国资委出台《关于加大力度推行经理层成员任期制和契约化管理有关事项的通知》。2021年4月初，国改办召开国有企业经理层成员任期制和契约化管理专题推进会，对此项工作进行再部署、再推进。会议强调，中央企业和地方各级国资委要通过明确任职期限、签订并严格履行聘任协议，对经理层成员实现规范化、常态化的任期管理；要强调考核的刚性退出，实现企业经营管理人员职务"能上能下"。2022年1月，来自国企改

---

① 《国企改革三年行动取得重要阶段性成果》，http：//www.gov.cn/xinwen/2022-01/18/content_5669000.htm。

革三年行动专题推进会的信息显示：经理层成员已签订契约的中央企业子企业和地方国有企业占比达到97.3%和94.7%。① 2022年5月来自地方国企改革三年行动推进会的信息显示，各省级国资委监管企业各级子企业经理层签约率达到95%。

四 促进就业创业发展

2021年，我国深入实施就业优先政策，圆满完成就业目标任务，实现了"十四五"就业工作的良好开局。从未来走势看，我国就业基础仍然稳固，就业形势将继续保持总体稳定。

（一）2021年就业形势保持总体稳定，实现"十四五"良好开局

2021年我国深入实施就业优先政策，以稳促保，实现了"十四五"就业工作的良好开局。年末全国就业人员74652万人，其中城镇就业人员46773万人，② 占就业人员总量的62.7%，比上年末提升1.1个百分点；城镇新增就业1269万人，超额完成1100万人的目标任务。全年城镇调查失业率平均值为5.1%，比上年下降0.5个百分点，就业目标任务圆满完成。高校毕业生就业总体稳定，2021年底就业去向落实率好于上年；农民工就业恢复至疫情前水平，外出务工规模持续增加，脱贫劳动力务工规模达到3145万人。③ 2021年100个城市公共就业服务机构市场求人倍率保持在1.5以上，第四季度是1.56。④ 在全国就业人员中，第一、二、三产业的人员占比为22.9%、29.1%、48.0%。⑤

① 祝嫣然：《国企改革三年行动今年收官，杜绝"纸面"改革和"数字"改革》，《第一财经日报》2022年1月18日。
② 人力资源和社会保障部：《2021年度人力资源和社会保障事业发展统计公报》，2022。
③ 人力资源和社会保障部：《2021年度人力资源和社会保障事业发展统计公报》，2022。
④ 人力资源和社会保障部：《2021年度人力资源和社会保障事业发展统计公报》，2022。
⑤ 人力资源和社会保障部：《2021年度人力资源和社会保障事业发展统计公报》，2022。

（二）明确2022年就业工作目标，稳就业任务更加艰巨

2022 年的政府工作报告提出，2022 年就业工作预期目标为：城镇新增就业 1100 万人以上，城镇调查失业率全年控制在 5.5% 以内，比 2021 年"5.5% 左右"的目标要求更高。面对严峻的就业形势，需要进一步拓宽就业渠道，加大稳岗扩岗支持力度，千方百计提高就业质量。

（三）减负稳岗扩就业政策组合发力，进一步落实落细相关举措

积极应对形势变化，紧盯重点地区和重点行业，就业优先政策提质加力。2021 年，延续实施减负、稳岗、扩就业政策，降低政策门槛，倾斜支持中小微企业，扩大受益主体，全年阶段性降低失业和工伤保险费超过 1500 亿元，支出就业补助资金近 1000 亿元，发放失业保险稳岗返还 231 亿元。

进入 2022 年以来，为应对第四轮疫情冲击影响，继续实施和优化完善减负稳岗扩就业政策。比如，2022 年 4 月，人社部办公厅、国家税务总局办公厅印发《关于特困行业阶段性实施缓缴企业社会保险费政策的通知》；5 月，人社部等四部门印发《关于扩大阶段性缓缴社会保险费政策实施范围等问题的通知》。与此同时，2022 年上半年，国务院常务会议多次研究部署稳就业保就业工作。

（四）高校毕业生就业促进工作持续攻坚，稳就业作用逐渐显现

2021 年我国高校毕业生人数为 909 万人，同比增加 35 万人。人社部联合相关部门相继开展 2021 年度"国聘行动"、2021 年高校毕业生就业服务行动、"暖心助航　就创青春"未就业高校毕业生集中服务以及 2021 年全国人力资源市场高校毕业生就业服务周等促就业活动。在多方共同努力下，2021 届高校毕业生就业局势总体稳定，全年共组织 40 万人参加见习，向 127 万困难毕业生发放求职创业补贴。

2022 年我国应届高校毕业生首次突破千万人大关，达到 1076 万人，同比增加 167 万人，规模和增量均创历史新高。2022 年 3 月，人社部等十部门再次启动百万就业见习岗位募集计划，实现一年募集百万个见习岗位的目标，让毕业生等青年"随申请、随上岗"。2022 年 5 月，国务院办公厅印发《关于进一步做好高校毕业生等青年就业创业工作的通知》，提出 20 条政策措施。2022 年 6 月，人社部开通 2022 届未就业高校毕业生求职登记小程序入口，搭建方便快捷的就业服务对接平台；同月人社部发出"致 2022 届高校毕业生的一封信"，提醒毕业生在就业、创业中留意相关细节，助力毕业生走稳就业路。

（五）深入推进困难群体就业帮扶工作，兜底保障成效突出

多措并举，加大力度开展就业帮扶工作。比如，2021 年 1 月，人社部等七部门联合下发通知开展"迎新春送温暖、稳岗留工"专项行动，春节期间外出农民工返乡比例同比下降 22 个百分点。据人社部统计，2021 年有 545 万城镇失业人员实现再就业，就业困难人员就业 183 万人，共帮助 4.4 万户零就业家庭实现每户至少一人就业。① 2022 年 1 月，人社部、国家乡村振兴局和中国残联联合在全国组织开展"2022 年就业援助月专项活动"，集中帮扶困难群众就业。2022 年 1 月 21 日至 3 月 31 日，人社部等八部门联合开展 2022 年春风行动，集中为返乡返岗农民工、因疫情滞留的务工人员和脱贫人口、低收入人口等重点帮扶对象，以及有用工需求的各类用人单位提供就业服务。2022 年 6 月，人社部等五部门联合印发通知，部署进一步做好长江流域重点水域退捕渔民安置保障工作，切实巩固安置保障成果，实现退捕渔民上岸就业有出路、生活有保障。2022 年 1~5 月，人社部门共帮扶失业人员再就业 196 万人，就业困难人员实现就业 68 万人。截至 2022 年 5 月末，全国脱贫劳动力务工规模达到 3133 万人。

---

① 人力资源和社会保障部：《2021 年度人力资源和社会保障事业发展统计公报》，2022。

（六）就业创业服务提质增效，公共就业服务体系不断完善

2021 年 8 月，人社部、国家发展改革委等 20 部门印发《关于劳务品牌建设的指导意见》提出，"十四五"期间，要推动领军劳务品牌持续涌现，劳务品牌知名度明显提升，带动就业创业、助推产业发展效果显著增强。2021 年 10 月，人社部和吉林省人民政府共同主办"第三届全国创业就业服务展示交流活动"，搭建创业资源对接平台。2022 年 4 月下旬至 5 月下旬，人社部、教育部、退役军人事务部等多部门联合开展民营企业招聘月活动。2022 年 4 月，人社部印发《关于加强企业招聘用工服务的通知》。2022 年 5 月，国务院办公厅印发《关于进一步做好高校毕业生等青年就业创业工作的通知》强调，支持自主创业和灵活就业，按规定给予一次性创业补贴、创业担保贷款及贴息、税费减免、社会保险补贴等政策支持。2022 年 6 月，人社部印发《关于开展人力资源服务机构稳就业促就业行动的通知》，指导各地充分发挥人力资源服务机构匹配供需、专业高效优势，为就业大局稳定和经济社会发展贡献力量。

五　工资收入分配机制建设

2021 年，居民人均可支配收入增长显著，城镇单位职工工资平稳增长，规上企业就业人员平均工资保持增长；继续做好工资和薪酬指导，深化公立医院薪酬制度改革，优化国有企业内部收入分配关系。

（一）促进共同富裕，工资收入水平持续提高

1. 居民人均可支配收入增长显著

2021 年，全国居民人均可支配收入为 35128 元，比上年增长 9.1%，扣除价格因素，实际增长 8.1%。全国居民人均可支配收入中位数为 29975 元，增长 8.8%。按常住地分，城镇居民人均可支配收入为 47412 元，比上年增长 8.2%，扣除价格因素，实际增长 7.1%；城镇居民人均可支配收入中位

数为 43504 元，增长 7.7%。农村居民人均可支配收入为 18931 元，比上年增长 10.5%，扣除价格因素，实际增长 9.7%；农村居民人均可支配收入中位数为 16902 元，增长 11.2%。城乡居民人均可支配收入比值为 2.50，比上年缩小 0.06。按全国居民五等份收入分组，低收入组人均可支配收入为 8333 元，中间偏下收入组人均可支配收入为 18445 元，中间收入组人均可支配收入为 29053 元，中间偏上收入组人均可支配收入为 44949 元，高收入组人均可支配收入为 85836 元。全国农民工人均月收入为 4432 元，比上年增长 8.8%。全年脱贫县农村居民人均可支配收入为 14051 元，比上年增长 11.6%，扣除价格因素，实际增长 10.8%。[①]

2. 城镇单位就业人员平均工资保持平稳增长

2021 年，全国城镇私营单位就业人员年平均工资为 62884 元，比上年增加 5157 元，名义增长 8.9%，增速比 2020 年提高 1.2 个百分点。扣除价格因素，2021 年全国城镇私营单位就业人员年平均工资实际增长 7.8%。[②] 2021 年，全国城镇非私营单位就业人员年平均工资为 106837 元，比上年增加 9458 元，名义增长 9.7%，增速比 2020 年提高 2.1 个百分点。扣除价格因素，2021 年全国城镇非私营单位就业人员年平均工资实际增长 8.6%。[③]

从行业视角看，一是信息和金融行业平均工资保持较快增长。2021 年，信息传输、软件和信息技术服务业城镇非私营和城镇私营单位就业人员平均工资分别增长 13.5% 和 13.2%；金融业城镇非私营和城镇私营单位就业人员平均工资分别增长 13.1% 和 15.1%。二是采矿和制造领域重点行业平均工资持续增长。2021 年，采矿业就业人员平均工资增速较快，城镇非私营和城镇私营单位就业人员平均工资分别增长 12.2% 和 14.8%；城镇非私营单位中，黑色金属矿采选业、煤炭开采和洗选业平均工资分别增长 17.4% 和 14.5%。三是接触性服务业平均工资恢复增长。2021 年，住宿和餐饮业城镇非私营和城镇私营单位就业人员平均工资分别增长 9.8% 和 10.8%，租

---

① 国家统计局：《中华人民共和国 2021 年国民经济和社会发展统计公报》，2022。
② 国家统计局网站，http://www.stats.gov.cn/xxgk/sjfb/zxfb2020/202205/t20220520_1857636.html。
③ 国家统计局网站，http://www.stats.gov.cn/xxgk/sjfb/zxfb2020/202205/t20220520_1857635.html。

赁和商务服务业城镇非私营和城镇私营单位就业人员平均工资分别增长10.3%和10.9%，居民服务、修理和其他服务业城镇非私营和城镇私营单位就业人员平均工资分别增长7.4%和6.0%。①

3.规上企业就业人员年平均工资名义增幅超过10%

根据国家统计局的数据，2021年全国规模以上企业就业人员年平均工资为88115元，比上年名义增长10.3%。② 分区域看，五类岗位平均工资最高的区域均为东部，平均工资分别为中层及以上管理人员210100元、专业技术人员143786元、办事人员和有关人员93353元、社会生产服务和生活服务人员74762元、生产制造及有关人员71576元。五类岗位平均工资最低的区域均为中部，分别为127581元、89112元、63509元、54365元和61288元。分行业门类看，中层及以上管理人员、专业技术人员、办事人员和有关人员、社会生产服务和生活服务人员四类岗位平均工资最高的行业均为信息传输、软件和信息技术服务业，平均工资分别为386705元、225938元、136772元、128032元；生产制造及有关人员平均工资最高的行业是电力、热力、燃气及水生产和供应业，平均工资为115134元；中层及以上管理人员、专业技术人员、办事人员和有关人员、生产制造及有关人员四类岗位平均工资最低的行业均为住宿和餐饮业，平均工资分别为100892元、60933元、50293元、43462元；社会生产服务和生活服务人员平均工资最低的行业是水利、环境和公共设施管理业，平均工资为36625元。

（二）完善体系，工资收入引导规范机制不断健全

1.合理调整最低工资标准

截至2022年4月1日，31个省（区、市）确定了最低工资标准。从调整后的情况看，第一档月最低工资标准超过2000元的省（区、市）有12

---

① 《国家统计局人口和就业统计司司长王萍萍解读2021年城镇单位就业人员平均工资数据》，http://www.stats.gov.cn/xxgk/jd/sjjd2020/202205/t20220520_1857633.html。
② 国家统计局网站，http://www.stats.gov.cn/xxgk/sjfb/zxfb2020/202205/t20220520_1857637.html。

个，分别是北京、天津、上海、江苏、浙江、福建、山东、河南、湖北、广东等。其中，上海最高，为 2590 元。在小时最低工资标准方面，北京、天津、内蒙古、上海、江苏、浙江、安徽、福建、山东、广东、重庆、四川 12 个省（区、市）的第一档小时最低工资标准超过 20 元。其中，北京小时最低工资标准为 25.3 元，为全国最高。

2. 发布不同职业和岗位等级从业人员工资价位信息

2021 年 11 月，人社部公布了"2020 年企业薪酬调查信息"。从工资价位高位数来看，企事业单位负责人排名第一，平均薪资 26.19 万元/年；金融服务人员排名第二，平均薪资 23.9 万元/年；经济和金融专业人员排名第三，平均薪资 17.42 万元/年；信息传输、软件和信息技术服务人员排名第四，平均薪资 17.34 万元/年；水利、环境和公共设施管理服务人员最低，平均薪资 6.33 万元/年。相比之下，农、林、牧、渔行业的从业人员薪酬较低。在工资价位高位数中，农业生产人员薪资水平最低，年薪仅为 5.76 万元；林业生产人员和畜牧业生产人员年薪则分别为 6.91 万元和 7.11 万元。制造行业从业人员的薪资水平比较集中，高分位工资价位主要分布在 8 万~10 万元。其中，铁路、船舶、航空设备制造人员年薪最高，为 14.58 万元。除了高位数外，在其他分位的工资水平方面，金融服务人员均为最高，高于其他职业，分别为 4.83 万元、7.16 万元、10.86 万元、16.11 万元。与2019 年相比，信息传输、软件和信息技术服务人员的平均薪资从第三位降至第四位。分岗位等级来看，管理岗位越高、职称越高、技能越高，工资价位也就越高。

3. 健全完善技能人才薪酬分配引导机制

2021 年 3 月，人社部印发《技能人才薪酬分配指引》，坚持按劳分配和按要素贡献参与分配、职业发展设计与薪酬分配相配套、统筹处理好工资分配关系等原则，强化引导，推动企业形成以体现技能价值为导向的技能人才薪酬分配制度。2021 年 6 月，人社部印发《"技能中国"行动方案》，再次强调提升技能人才待遇水平，引导企业建立健全体现技能价值激励导向的薪酬分配制度。2022 年 4 月，人社部印发的《关于健全完善新时代技能人才职业技能等级制度的意见（试行）》提出，建立与职业技能等级（岗位）序列相匹配的岗位绩效工资制，强化工资收入分配的技能价值激励导向。引导用人单位建立基于岗位价值、能力素质、业绩贡献的工资分配制度，将职业技能等级作为技能人才工资分配的重要参考，突出技能人才实际贡献，通过在工资结构中设置体现技术技能价值的工资单元，或根据职业技能等级设置单独的技能津贴等方式，合理确定技能人才工资水平，实现多劳者多得、技高者多得。

4. 发布企业工资指导线

截至 2021 年 11 月 8 日，江西、山西、陕西、福建、山东、西藏、天津、甘肃、湖南、四川、新疆、吉林、辽宁、内蒙古等省（区、市）公布了 2021 年企业工资指导线。在工资增长上线方面，山西最高为 12%，江西、陕西、福建、山东、西藏、天津、甘肃、湖南等地未设定上线。在工资增长基准线方面，主要集中在 6%~8%，江西、山西均设定为 8%。在工资增长下线方面，多数地区设定在 3% 左右，山东、内蒙古未设定下线。多地在 2021 年企业工资指导线通知中都强调，要着力提高一线职工工资水平。目前，各地已经陆续公布 2022 年企业工资指导线。比如，2022 年 3 月，上海已经发布了 2022 年企业工资指导线，平均线为 6%，下线为 3%。2022 年 8 月，江西公布 2022 年企业工资指导线，基准线为 7%，下线为 3%；不设上线。

（三）深化改革，国有企事业单位薪酬分配制度不断完善

1. 深化公立医院薪酬制度改革

2021 年 7 月，人社部、财政部、国家卫生健康委、国家医保局和国家中医药局联合印发《关于深化公立医院薪酬制度改革的指导意见》提出，一是与医疗、医保、医药联动改革相衔接，完善公立医院薪酬水平决定机制；二是在核定的薪酬总量内，落实医院内部分配自主权；三是逐步建立主要体现岗位职责的薪酬体系，实行以岗定责、以岗定薪、责薪相适、考核兑现；四是合理确定内部薪酬结构，注重医务人员的稳定收入和有效激励；五

是建立健全公立医院负责人薪酬激励约束机制，鼓励对主要负责人实行年薪制；六是健全以公益性为导向的考核评价机制，考核结果与公立医院薪酬总量挂钩；七是拓宽深化薪酬制度改革经费渠道，逐步提高诊疗、中医、护理、手术等医疗服务在医疗收入中的比例。

2. 优化国有企业内部收入分配关系

2021年，出台央企考核分配、中长期激励、职级晋升、荣誉奖励等方面措施，推动企业统筹运用各类具有中长期性质的激励政策以及丰富实用的激励方式方法，完善市场化薪酬激励机制，通过推动建立健全中长期激励机制激发改革动力。2021年6月，国资委印发《关于系统推进中央企业科技创新激励保障机制建设的意见》。2022年1月17日国企改革推进会强调，2022年国企改革三年行动计划还有两个重点任务，其中之一就是激励机制扩大政策覆盖面和应用深度，完善企业内部分配机制。

六 社会保险事业发展

与经济社会发展同步，我国社会保险事业持续发展，社会保险覆盖面和社保基金规模稳步扩大，社会保险机制不断优化，待遇水平继续提高，基金安全性进一步提升。与此同时，针对巩固脱贫成果助力乡村振兴的发展需要以及疫情带来的特殊压力，采取一系列措施进行社保帮扶。

（一）制度覆盖面持续扩大，参保人数稳步提高

到2021年末，全国养老保险参保人数达102872万人，较上年度增加3008万人。其中参加城镇职工基本养老保险人数48075万人，比上年末增加2454万人；参加城乡居民基本养老保险人数54797万人，比上年末增加554万人。基本医疗保险人数136424万人，增加293万人。其中，参加职工基本医疗保险人数35422万人，增加967万人；参加城乡居民基本医疗保险人数101002万人。参加失业保险人数22958万人，增加1268万人。年末全国领取失业保险金人数259万人。参加工伤保险人数28284万人，增加

1521 万人，其中参加工伤保险的农民工 9086 万人，增加 152 万人。参加生育保险人数 23851 万人，增加 283 万人。[1]

（二）基金年度收入增加，失业保险支出有一定减幅

2021 年，我国五项社会保险基金全年总收入 96933 亿元，同比增加 21420 亿元，增幅 28.37%；总支出 86730 亿元，同比增加 8119 亿元，增幅 10.33%。[2] 其中，基本养老保险基金收入和支出均有较大增幅。2021 年，我国基本养老保险基金全年收入 65793 亿元，同比增长 33.65%；总支出 60197 亿元，同比增长 10.14%。全国基本养老保险基金累计结存 63970 亿元。[3] 基本医疗保险（含生育保险）基金收支总量均比上年增加。2021 年，我国基本医疗保险基金（含生育保险）总收入 28728 亿元，同比增长 15.62%；总支出 24043 亿元，同比增长 14.32%。全国基本医疗保险基金（含生育保险）累计结存 36156 亿元。[4] 失业保险全年基金收入 1460 亿元，同比增加 508 亿元，增幅 53.36%；基金支出 1500 亿元，同比减少 603 亿元，降幅 28.67%。失业保险基金累计结存 3313 亿元。[5] 工伤保险基金收入和支出均有较大增幅。全年工伤保险基金收入 952 亿元，同比增加 466 亿元，增幅 95.88%；基金支出 990 亿元，同比增加 170 亿元，增幅 20.73%。[6] 工伤保险基金累计结存 1411 亿元。[7]

---

[1] 国家统计局：《中华人民共和国 2021 年国民经济和社会发展统计公报》，2022。

[2] 人力资源和社会保障部：《2021 年度人力资源和社会保障事业发展统计公报》，2022；人力资源和社会保障部：《2020 年度人力资源和社会保障事业发展统计公报》，2021；国家医疗保障局：《2021 年全国医疗保障事业发展统计公报》，2022；国家医疗保障局：《2020 年全国医疗保障事业发展统计公报》，2021。

[3] 人力资源和社会保障部：《2021 年度人力资源和社会保障事业发展统计公报》，2022；人力资源和社会保障部：《2020 年度人力资源和社会保障事业发展统计公报》，2021。

[4] 国家医疗保障局：《2021 年全国医疗保障事业发展统计公报》，2022；国家医疗保障局：《2020 年全国医疗保障事业发展统计公报》，2021。

[5] 人力资源和社会保障部：《2021 年度人力资源和社会保障事业发展统计公报》，2022；人力资源和社会保障部：《2020 年度人力资源和社会保障事业发展统计公报》，2021。

[6] 人力资源和社会保障部：《2020 年度人力资源和社会保障事业发展统计公报》，2021；人力资源和社会保障部：《2019 年度人力资源和社会保障事业发展统计公报》，2020。

[7] 人力资源和社会保障部：《2020 年度人力资源和社会保障事业发展统计公报》，2021。

（三）制度改革持续深入，社会保险机制不断优化

1. 推动实施基本养老保险全国统筹

从 2022 年 1 月开始，我国在全国范围内推动实施养老保险中央统筹，在养老保险政策、经办服务、基金管理、信息系统等方面实行统一管理。统筹制度实施后，我国将根据各地养老保险基金当期收支和积累结存情况，在全国范围内进行调剂，从制度上解决基金的结构性矛盾问题，进一步提升养老保险的保障能力。与此同时，从 2022 年 1 月 1 日起，继续上调基本养老金水平，调整范围为 2021 年底前已退休的企业和机关事业单位退休人员，对高龄退休人员、艰苦边远地区退休人员进行适当倾斜。

2. 推动个人养老金发展

2022 年 4 月，国务院办公厅印发《关于推动个人养老金发展的意见》。这是贯彻落实党中央、国务院构建多层次、多支柱养老保险体系和规范发展第三支柱养老保险要求的具体举措，对于满足人民群众多样化养老保险需要具有重要意义。意见规定，个人养老金实行个人账户制度，缴费由参加人个人承担，实行完全积累。参加人通过个人养老金信息管理服务平台，建立个人养老金账户。参加人应当指定或者开立一个本人唯一的个人养老金资金账户，用于个人养老金缴费、归集收益、支付和缴纳个人所得税。意见明确，参加人每年缴纳个人养老金的上限为 12000 元，可适时调整缴费上限。个人养老金资金账户资金用于购买符合规定的银行理财、储蓄存款、商业养老保险、公募基金等金融产品，参加人可自主选择。

3. 扩大专属商业养老保险试点

为更好地满足人民群众多层次养老保障需求，2021 年 6 月启动专属商业养老保险试点。2022 年 2 月，中国银保监会印发通知，将专属商业养老保险试点区域扩大到全国范围。专属商业养老保险具有投保简便、缴费灵活、收益稳健等特点，为消费者提供了更多安全稳健的长期养老保障选择。扩大试点范围可以为更多地区的消费者提供专属商业养老保险产品，丰富人民群众的养老选择；有利于推动试点保险公司继续探索商业养老保险发展经验，促进第三支柱养老保险发展，满足人民群众多层次养老需求。

4. 建立医疗保障待遇清单制度

为推进新形势下健康中国建设，政府主管部门制定医疗保障待遇清单，包含基本制度、基本政策、医保基金支付的项目和标准、不予支付的范围等。基本制度包括基本医疗保险、补充医疗保险和医疗救助。基本医疗保险覆盖城乡全体就业和非就业人口，公平普惠保障人民群众基本医疗需求；补充医疗保险分担参保人在社保目录内、基本医保之外需要个人承担的医疗费用；医疗救助的保障对象是困难群众，帮助其获得基本医疗保险服务、减轻医疗负担。基本政策包括参保、筹资、待遇支付等，内容涉及制度覆盖范围、筹资渠道、缴费标准和费用报销政策。基金支付范围包括以准入法和排除法确定的药品医用耗材目录和医疗服务项目支付范围。

5. 提升门诊共济保障能力

2021年4月，国务院办公厅印发文件，提出通过增强门诊共济保障能力、改进个人账户计入办法、规范个人账户使用范围、加强监督管理、完善付费机制等，建立健全职工门诊共济保障机制。职工基本医疗保险门诊共济保障机制通过调整基金内部结构、促进家庭与社会协同保障，减轻了参保人员医疗费用负担，增强了医保基金的风险保障功能。

6. 持续推动医保跨省直接结算

我国自2014年起逐步启动异地就医直接结算，从省内到跨省，从住院到门诊逐渐扩容。根据国家医保局的数据，截至2022年4月底，已有5.73万家定点医疗机构联网全国住院费用跨省直接结算系统，累计直接结算1324.96万人次。在门诊跨省结算方面，2022年1~4月，全国门诊费用跨省直接结算671.56万人次，涉及医疗费用16.64亿元，基金支付9.85亿元。2022年4月，全国门诊费用跨省直接结算171.55万人次，涉及医疗费用4.15亿元，基金支付2.54亿元。累计直接结算1918.93万人次。[①]

7. 畅通失业保险关系跨省转移接续

2021年11月，政府主管部门印发失业保险关系转移接续的相关文件，

---

① 国家医保局。

明确了参保职工和参保失业人员跨省转移失业保险关系时的缴费记录、保险费用、待遇标准、办理流程等问题，进一步规范了参保人员跨省转移接续失业保险关系的办法，明晰了失业保险待遇发放标准和计算方式，保障了劳动者的失业保险权益。

（四）强化监督，基金安全机制进一步优化

从2021年5月1日起，《医疗保障基金使用监督管理条例》开始施行。条例从基金使用主体、基金监督管理、违规责任等方面对医疗保障基金使用监管作出全面安排。2022年2月，为着力提升监督效率效能，更好地守护基金安全，人社部出台《社会保险基金行政监督办法》。办法围绕进一步理顺社会保险基金行政监督工作机制、明确危害社会保险基金安全违法行为法律责任两条主线，规定了人力资源社会保障行政部门应当依法履行的社会保险基金行政监督职责、范围、权限、具体实施程序和对侵害社会保险基金法律责任的认定与处理等事项。

（五）兜底纾困，完善并实施困难群体和困难行业社保帮扶政策

1. 加强失业保险对困难企业和人群的帮扶

2021年以来，我国继续实施失业保险稳岗返还政策，扩大失业保险发放范围，加大失业补助金发放力度。政策规定，试点地区继续实施扩大失业保险支出范围政策，失业保险基金可用于发放职业培训补贴、职业技能鉴定补贴、岗位补贴和社会保险补贴，发放对象为参加失业保险且符合就业补助资金申领条件的单位和个人。对因新冠肺炎疫情影响暂时无法正常生产经营的中小微企业，发放一次性留工培训补助。各统筹地区可根据本地情况，提取累计结余4%左右的失业保险基金，用于职业技能培训。

2. 完善困难群体社保帮扶政策

2021年8月，人社部、民政部、财政部、国家税务总局、国家乡村振兴局、中国残疾人联合会联合印发《关于巩固拓展社会保险扶贫成果助力全面实施乡村振兴战略的通知》，强调完善困难群体社会保险帮扶政策，推

动社会保险法定人员全覆盖，提高社会保险保障能力，提升基金安全性和可持续性，提升社会保险经办服务水平，充分发挥社会保险在保障和改善民生、维护社会公平、增进人民福祉等方面的积极作用，有效防止参保人员因年老、工伤、失业返贫致贫，为巩固拓展脱贫攻坚成果、全面推进乡村振兴贡献力量，推动人的全面发展、全体人民共同富裕取得更为明显的实质性进展。

3. 对特困行业实施缓缴社保费政策

2022 年 4 月，人社部办公厅、国家税务总局办公厅印发《关于特困行业阶段性实施缓缴企业社会保险费政策的通知》，对餐饮、零售、旅游、民航、公路水路铁路运输等 5 个特困行业实施阶段性缓缴社会保险费政策，企业可申请缓缴基本养老保险费、失业保险费、工伤保险费的单位应缴纳部分，基本养老保险费缓缴费款所属期为 2022 年 4 月至 6 月，失业保险费、工伤保险费缓缴费款所属期为 2022 年 4 月至 2023 年 3 月。2022 年 5 月，人社部、国家发展改革委、财政部、税务总局联合印发《关于扩大阶段性缓缴社会保险费政策实施范围等问题的通知》明确，在对餐饮、零售、旅游、民航、公路水路铁路运输等 5 个特困行业实施阶段性缓缴企业职工基本养老保险费、失业保险费、工伤保险费政策的基础上，进一步扩大到汽车制造业、通用设备制造业等 17 个其他特困行业，缓缴扩围行业所属困难企业可申请缓缴三项社保费单位缴费部分，养老保险费缓缴实施期限到 2022 年底，工伤、失业保险费缓缴期限不超过一年，原明确的 5 个特困行业缓缴养老保险费期限相应延长至年底。对疫情影响严重地区生产经营困难的所有中小微企业、以单位方式参保的个体工商户，阶段性缓缴三项社保费单位缴费部分，缓缴实施期限到 2022 年底。

七　和谐劳动关系建设

2021 年，我国劳动合同签订工作总体规范有序，劳动人事争议多元处理机制不断完善，加大劳动保障监察执法力度，农民工欠薪治理取得突破，新就业形态劳动者权益保障制度建设持续推进。

（一）提高劳动合同签订规范性，劳动保障执法成效持续显现

1. 规范劳动合同管理

2021 年末，全国报送人力资源社会保障部门审查并在有效期内的集体合同累计 132 万份，覆盖职工 1.2 亿人。2021 年，人社部印发《电子劳动合同订立指引》，指导有订立电子劳动合同意愿的用人单位和劳动者，协商一致订立电子劳动合同，确保电子劳动合同真实、完整、准确、不被篡改。指引指出，要结合本地实际，加快建设电子劳动合同业务信息系统和公共服务平台，及时公布接收电子劳动合同的数据格式和标准，逐步推进电子劳动合同在人力资源社会保障政务服务中的全面应用。

2. 加大劳动保障监察执法力度

据统计，2021 年全年全国各级劳动保障监察机构共主动检查用人单位 116.3 万户次，涉及劳动者 4298.9 万人次；书面审查用人单位 107.1 万户次，涉及劳动者 4484.21 万人次。全年共查处各类劳动保障违法案件 10.6 万件，为 85.3 万名劳动者追发工资等待遇 79.9 亿元，督促用人单位与 45.4 万名劳动者补签劳动合同，督促 3993 户用人单位办理社保登记。[1] 相比 2020 年，主动检查用人单位数量增加 4.1 万户次，增长 3.7%；[2] 查处案件结案数持平；[3] 督促补签劳动合同数量减少 13.1 万人，降幅达 22.4%；[4] 追发工资等待遇数额增加 14.7 亿元，增长 22.5%；督促缴纳社会保险费数额增长 12.2%。[5]

（二）强化协同，劳动人事争议多元处理机制进一步完善

2022 年 1 月，最高人民法院办公厅与人社部办公厅联合印发《关于建

---

① 人力资源和社会保障部：《2021 年度人力资源和社会保障事业发展统计公报》，2022。
② 根据相关年度人力资源和社会保障事业发展统计公报数据计算。
③ 根据相关年度人力资源和社会保障事业发展统计公报数据计算。
④ 根据相关年度人力资源和社会保障事业发展统计公报数据计算。
⑤ 根据相关年度人力资源和社会保障事业发展统计公报数据计算。

立劳动人事争议"总对总"在线诉调对接机制的通知》，对完善劳动人事争议调解与诉讼实质化衔接机制，推动劳动人事争议"总对总"在线诉调对接工作提出明确要求。通知提出，最高人民法院依托人民法院调解平台、人社部依托全国劳动人事争议在线调解服务平台，通过系统对接与机构、人员入驻相结合的方式，逐步畅通线上线下调解与诉讼对接渠道，共同为当事人提供全流程在线解纷服务。2022年2月，人社部和最高人民法院联合印发《关于劳动人事争议仲裁与诉讼衔接有关问题的意见（一）》，对调解协议后续程序性保障、终局裁决范围、证据和裁决事项等方面的裁审衔接规则、部分法律适用标准等问题做出具体规定。

2021年全年全国各级劳动人事争议调解组织和仲裁机构共办理劳动人事争议案件263.1万件，涉及劳动者285.8万人，涉案金额576.3亿元。全年办结争议案件252.0万件，调解成功率73.3%，仲裁结案率97.0%，仲裁终结率71.1%。相比2020年，办理劳动人事争议案件数量增加51.3万件，增幅24.2%；[1] 涉案人数增加39万人，增幅15.8%；[2] 涉案金额增加45.6亿元，增幅8.6%；[3] 办结案件数增加39.7万件；[4] 调解成功率提高2.7个百分点；[5] 仲裁结案率提升0.8个百分点。[6]

（三）强化规范，保障农民工工资支付机制取得突破

2021年7月，人社部等十部门联合印发《工程建设领域农民工工资专用账户管理暂行办法》，明确了专用账户的开立及撤销、人工费用拨付、工资支付、监控预警平台建设以及监督管理机制等方面的具体规范。2021年8月，人社部等七部门联合下发《工程建设领域农民工工资保证金规定》，11月1日起施行，明确了保证金存储、使用和监管的具体规范，成为解决建设

---

① 根据相关年度人力资源和社会保障事业发展统计公报数据计算。
② 根据相关年度人力资源和社会保障事业发展统计公报数据计算。
③ 根据相关年度人力资源和社会保障事业发展统计公报数据计算。
④ 根据相关年度人力资源和社会保障事业发展统计公报数据计算。
⑤ 根据相关年度人力资源和社会保障事业发展统计公报数据计算。
⑥ 根据相关年度人力资源和社会保障事业发展统计公报数据计算。

领域欠薪问题的一项重要兜底保障措施。2021年11月，人社部出台《拖欠农民工工资失信联合惩戒对象名单管理暂行办法》，2022年1月1日起施行，明确了列入条件和期限、惩戒措施、信用修复和工作程序等事项，是构建以信用为基础的新型监管机制的重要举措，对提升劳动保障监察执法效能、营造守法诚信劳动用工环境具有重要意义。2022年3月，经国务院同意，国务院根治拖欠农民工工资工作领导小组办公室印发《2021年度保障农民工工资支付工作考核细则》，有序开展保障农民工工资支付工作考核。

（四）突出重点，新就业形态劳动者权益保障得到加强

2021年7月7日召开的国务院常务会议确定了五项政策措施，加强新就业形态劳动者权益保障。一是适应新就业形态，推动建立多种形式、有利于保障劳动者权益的劳动关系。对采取劳务派遣、外包等用工方式的，相关企业应合理保障劳动者权益。二是企业应当按时足额支付劳动报酬，不得制定损害劳动者安全健康的考核指标。督促平台企业制定和完善订单分配、抽成比例等制度规则和算法，听取劳动者代表等意见，并将结果公示。不得违法限制劳动者在多平台就业。三是以出行、外卖、即时配送等行业为重点，开展灵活就业人员职业伤害保障试点。四是建立适合新就业形态的职业技能培训模式，符合条件的按规定给予补贴。五是放开灵活就业人员在就业地参加基本养老、基本医疗保险的户籍限制。2021年7月，人社部等八部门联合印发指导意见，维护新就业形态劳动者劳动保障权益，主要包括四个方面共十九条具体措施。这四个方面分别是：规范用工，明确劳动者权益保障责任；健全制度，补齐劳动者权益保障短板；提升效能，优化劳动者权益保障服务；齐抓共管，完善劳动者权益保障工作机制。2021年9月，人社部会同交通运输部、市场监管总局、全国总工会召开平台企业行政指导会，就维护新就业形态劳动者劳动保障权益对美团、饿了么、滴滴、达达、闪送、货拉拉、满帮、到家集团、阿里巴巴、腾讯等10家头部平台企业开展联合行政指导。

八 人力资源服务业发展

2021年，我国人力资源服务业保持健康发展势头，行业规模持续扩大，服务内容日益丰富，产业园体系不断完善，对外开放深入推进，稳就业促发展作用日益增强。

（一）行业规模持续扩大，服务效能进一步提升

2021年末，全行业共有人力资源服务机构5.91万家，从业人员103.15万人，年营业收入2.46万亿元，比2020年分别增长29.08%、22.31%、20.89%，人力资源服务业保持良好发展态势。[1] 全年全行业为3.04亿人次劳动者提供了各类就业服务，为5099万家次用人单位提供了专业支持。2021年全国共举办各类招聘会28.6万场，网络招聘发布岗位信息8.45亿条，培训劳动者2662.22万人次，推荐高端人才141.04万人，管理流动人员人事档案9584.02万份，有力地促进了就业大局稳定和人力资源顺畅流动配置。2021年11月8日，人社部等五部门印发《关于推进新时代人力资源服务业高质量发展的意见》，明确了行业营业收入到2025年突破2.5万亿元，人力资源服务机构达到5万家，从业人员数量达到110万人，培育50家骨干龙头企业，国家级人力资源服务产业园达到30家左右的发展目标。

（二）活动平台体系建设有新突破，行业交流更加活跃

2021年7月，由人社部、重庆市政府主办的第一届全国人力资源服务业发展大会在重庆召开，李克强总理对大会作重要批示，胡春华副总理发表视频致辞。大会主题是"新时代、新动能、新发展"，设置了"会、赛、展、论"四大板块活动。大会设立了六大展区656个展位，展示了我国人力资源服务业的发展成果；开展了人力资源服务项目宣讲、人力资源服务

---

[1]　人力资源和社会保障部：《2021年度人力资源和社会保障事业发展统计公报》，2022。

创新创业项目路演、地区间人力资源服务机构座谈会、职业技能院校供需对接座谈会，以及线上洽谈和线上路演。全国 5600 多家人力资源服务机构、7700 多家用人单位，共计 6 万余人参与了各省（区、市）组织的全国人力资源服务大赛选拔赛，80 余家人力资源服务行业协会参与选拔赛相关组织工作。

此外，2021 年至 2022 年上半年，围绕人力资源服务业发展，全国还举办了一系列重要活动。比如，2021 年 9 月开展的"2021 年中国国际服务贸易交易会人力资源服务主题活动"；2021 年 10 月，由浙江省人力资源和社会保障厅指导，浙江省人力资源服务协会、杭州市人力资源和社会保障局、杭州市上城区人民政府共同承办的 2021 中国（浙江）人力资源服务博览会；2021 年 12 月由中国人事科学研究院和宁波市人民政府联合主办的"2021 年中国（宁波）人力资源服务创新创业大赛决赛"。

（三）专业化市场建设加快，产业园发展有序推进

2021 年，我国新建中国三亚旅游人才市场和中国重庆数字经济人才市场，分别致力于打造全球高端旅游人才和数字经济人才供应链基地。与此同时，在区域人力资源服务业协同发展方面，人社部启动了 2021 年西部和东北地区人力资源市场建设援助计划，进一步推进西部和东北地区人力资源市场建设。2021 年 12 月 2 日，胶东暨蓝区人力资源服务产业（园区）发展联盟揭牌成立，青岛、烟台、潍坊、威海、日照、滨州、东营等七市人社局共同发起成立发展联盟，推动七市人力资源服务业协同发展。长沙、株洲、湘潭签订长株潭人力资源服务产业园联盟合作框架协议，推动各园区实现市场共享、资源整合、优势互补。在产业园建设方面，2021 年人社部新批复设立中国石家庄、中国沈阳、中国济南、中国海南、中国贵阳人力资源服务产业园，全国国家级人力资源服务产业园数量达 24 家，集聚人力资源服务企业 4120 家，入驻园区企业年营收 4063 亿元，成为人力资源服务业创新发展高地，对推动产业转型升级、促进区域协调发展发挥了重要作用。

（四）市场管理不断加强，行业对外开放步伐加快

2021年1月，人社部办公厅印发《关于做好〈网络招聘服务管理规定〉贯彻实施工作的通知》，指导各地进一步做好网络招聘服务管理工作，切实保障求职者合法权益。2021年3月，人社部办公厅印发《关于开展劳务中介专项整治行动的通知》，部署开展全国劳务中介专项整治行动，净化了人力资源市场环境，有效维护了劳动者及市场主体合法权益，为推动行业健康发展、促进就业创业提供了坚实保障。2021年11月，人社部等五部门联合印发《关于推进新时代人力资源服务业高质量发展的意见》，从指导思想、基本原则、发展目标、重点任务和政策措施等方面，对新时代更有效推进人力资源服务业高质量发展作了全面部署。2022年6月，人社部会同国家市场监管总局印发通知，部署开展为期两个月的清理整顿人力资源市场秩序专项行动：以打击就业歧视为重点，督促用人单位向劳动者提供平等的就业机会和公平的就业条件；以打击虚假招聘为重点，规范人力资源服务机构经营行为，引导和推动通过市场化手段解决劳动者求职难问题；以打击"黑职介"为重点，进一步拓宽和畅通劳动者举报投诉渠道，清理各类非法职介活动，为劳动者提供优质安全高效的市场环境。据统计，2021年全年依法查处人力资源市场违法行为，取缔非法职业中介机构1298户。[①]

2021年9月，"2021年中国国际服务贸易交易会人力资源服务主题活动"在北京举办。北京市人社局发布《国家服务业扩大开放综合示范区和中国（北京）自由贸易试验区建设人力资源开发目录（2021年版）》和《国家服务业扩大开放综合示范区和中国（北京）自由贸易试验区境外职业资格认可目录（1.0版）》。2022年3月，人社部、商务部联合认定了首批12个人力资源服务领域特色服务出口基地。[②]

---

① 人力资源和社会保障部：《2021年度人力资源和社会保障事业发展统计公报》，2022。

② 12家基地包括：中国北京人力资源服务产业园朝阳园、中国天津人力资源服务产业园、中国长春人力资源服务产业园、中国上海人力资源服务产业园、中国苏州人力资源服务产业园、中国宁波人力资源服务产业园、青岛国际人力资源服务产业园、中国武汉人力资源服务产业园、中国长沙人力资源服务产业园长沙经开区园区、中国重庆人力资源服务产业园、中国成都人力资源服务产业园和中国西安人力资源服务产业园。

九 人力资源发展面临的主要挑战与任务

2021年在我国的发展进程中是具有里程碑意义的一年，人力资源发展事业实现了"十四五"良好开局。今后一段时间，我国经济发展面临需求收缩、供给冲击、预期转弱三重压力，人力资源发展挑战与机遇并存。为构建新发展格局、推进高质量发展提供有力人力资源保障，为实现共同富裕强化人力资源支撑，为全面建设社会主义现代化国家确立人力资源竞争优势，需要切实抓住机遇积极应对挑战，加力实现人力资源高质量发展。

（一）强基提质，深入实施新时代人才强国战略

随着我国进入全面建设社会主义现代化国家、向第二个百年奋斗目标进军，我们比历史上任何时期都更加渴求人才。习近平总书记在中央人才工作会议上的讲话深刻回答了为什么建设人才强国、什么是人才强国、怎样建设人才强国的重大理论和实践问题，系统擘画了新时代人才强国战略的新蓝图，为我们做好新时代人才工作提供了根本遵循。在中央人才工作会议精神指引下，未来一段时期人才工作主要任务应是强化理论指导，坚持发展导向和问题导向，要有序实施相关规划安排，为落实总书记关于实施新时代人才强国战略的部署、实现总书记提出的新时代人才强国战略的目标，起好步，开好头，打好基础。

一是要强化理论武装和理论指导，提高站位，把握发展方向。习近平总书记在中央人才工作会议上用"八个坚持"总结了新时代人才工作的新理念新战略新举措。这"八个坚持"是马克思主义人才理论同中国具体实际相结合的最新成果，深化了马克思主义执政党对人才工作的规律性认识。总书记深入分析了新时代人才工作面临的新形势、新任务、新挑战，明确了加快建设新时代人才强国的战略目标、重点任务和重大举措。做好人才工作要深刻理解并始终坚持这些新理论，要切实把握新时代人才强国战略的新部署、新布局，强化理论指导和方向引领。

二是要坚持服务发展导向，突出重点，全方位提高人才培养、引进、使用工作质量。进一步强化发展需求导向，聚焦加快建设国家战略人才力量，着力构建四个面向的人才发展体系。在人才培养和引进方面，以满足经济社会高质量发展需求为根本出发点，走好自主培养之路，完善聚天下英才而用之机制；在人才使用方面，为各类人才搭建干事创业的平台，在用好用活各类人才方面着力，处理好普适性释放机会与加大急需紧缺人才支持力度、基于信任的结果导向和基于约束的过程导向、创新创造激励和共享发展成果等方面关系，大力培养使用战略科学家、打造大批一流科技领军人才和创新团队、造就规模宏大的青年科技人才队伍、培养大批卓越工程师、构建大批高质量基础研究人才以及哲学家、社会科学家、文学艺术家等各方面人才的稳定供应机制。

三是要坚持问题导向，遵循规律，深化体制机制改革，为人才发展提供持续动力和保障。其核心是聚焦人才发展体制机制改革"最后一公里"问题，充分释放制度优势和机制力量。围绕人才培养、使用、评价、服务、支持、激励等环节，加强政策分析评估，发现单位用人、人才发挥作用的堵点问题，精准发力，在准确发现评价人才、充分使用激励人才、有效支持服务人才上下功夫，在保持基本规范的同时，充分释放促进发展效应，健全完善更加积极、更加开放、更加有效的人才政策体系，积极有序创造条件，向用人主体授权，为人才松绑，最大限度地调动用人单位用人、人才发挥作用的积极性、主动性。

（二）稳岗拓岗，优化就业结构提高就业质量

当前，我国经济发展和疫情防控保持全球领先地位，就业基础仍然稳固。但与此同时，我们也必须看到，源于经济发展面临的三重压力，就业总量压力不减，结构性矛盾仍然突出。因此，今后一段时期，还必须坚持稳字当头、稳中求进，以实现更加充分、更高质量就业为目标，以实施"十四五"就业促进规划为引领，以落实落细就业优先政策为抓手，聚焦重点、精准施策，努力确保就业大局稳定。

一是深入实施就业优先战略，多措并举，刺激消费带动经济发展，保就业稳就业。制定新一轮减负稳岗扩就业政策，针对受疫情影响大、就业容量大的服务业等特殊困难行业精准帮扶。针对受疫情和经济形势影响较大的行业企业，用好资金补贴、税收减免、社会保险费缓缴等政策杠杆，激励更多中小微企业、个体工商户等吸纳就业，充分发挥市场主体承载数亿人就业创业的基础性作用。开发公益性岗位托底安置各类就业困难人员就业。推动吸纳农村劳动力转移就业。

二是进一步促进高校毕业生等青年就业，通过推动大规模职业技能培训，提升就业质量，缓解结构性就业矛盾，促进就业服务质量提升。高校毕业生规模持续扩大的趋势不会改变，再加上留学回国人员和往届未就业毕业生，青年就业压力将会持续加大。因此，要努力创造更多适合毕业生的优质岗位，尤其是要努力开发高知识高技术含量的就业岗位；提升就业服务有效性，完善部门协同机制，加强毕业生就业工作衔接和常态化管理，推动就业服务提前进校园，将校内就业服务适当向后延伸；实施支持青年就业创业专项计划，持续做好就业见习岗位募集等各项工作，强化长期失业青年帮扶。

三是强化风险意识、底线思维，防止发生规模性失业风险。密切关注经济环境和就业形势变化，跟踪重点行业、群体、区域就业情况变化，持续抓好各项就业数据统计和分析，加强重大政策就业影响分析，动态捕捉风险苗头，提早预判风险走势，加强政策储备。鼓励和支持零工市场发展，促进灵活就业。

（三）完善体系，强化社会保险保障能力

习近平总书记在主持中共中央政治局第二十八次集体学习时强调，要加大再分配力度，强化互助共济功能，把更多人纳入社会保障体系，为广大人民群众提供更可靠、更充分的保障。2022年4月16日出版的第8期《求是》杂志发表了总书记的重要文章《促进我国社会保障事业高质量发展、可持续发展》，系统回答了社会保障事业发展方向性、根本性、战略性重大问题，提出了一系列新思想、新论断、新要求，为推动社会保障事业发展指

明了前进方向、提供了根本遵循。未来一个时期，完善社会保障体系建设的重点包括如下几点。

一是完善多层次社会保险体系。在继续完善第一支柱的保险制度的同时，根据发展需要，进一步加大论证，建立健全第二支柱和第三支柱保险制度。比如，在养老保险方面，要推动发展多层次、多支柱养老保险体系，积极应对人口老龄化，推动实现养老保险制度可持续发展。再如，加快完善多层次工伤保障体系并继续加强与医疗保险的协同管理。

二是有效解决制度衔接与融通问题。由于人员流动性日益增强，漏保、脱保和断保现象成为全覆盖的一个薄弱环节；城乡就业者养老保险实施两种制度，农村居保总体水平不高，且缺乏正常增长机制；农村居民养老保险和职工职业保险转移接续存在制度障碍。上述问题不仅影响制度覆盖，也影响待遇水平，需要加强研究，强化制度完善与优化，提高社会保险发展质量。

三是完善社会保险基金监督制度，维护基金安全。落实相关政策安排，加强监督，及时开展全险种社保基金专项检查，强化人防、制防、技防和群防"四防"协同机制，严厉打击欺诈骗保、套保或挪用贪占社保基金等违法违纪行为。

（四）回应发展需求，夯实新就业形态劳动者权益保障

近年来，随着数字经济的蓬勃发展，网约工、快递员、外卖骑手、网络主播等新业态从业群体规模不断扩大，新就业形态已经成为劳动者的重要工作形态。与传统就业形态相比，新就业形态在工作方式、人员组织模式、工作时间等方面都发生了重要的变化。2021年7月，人社部等八部门共同印发了《关于维护新就业形态劳动者劳动保障权益的指导意见》。今后一段时期，落实好政策要求将是一项重要工作。

一是加强新就业形态劳动者就业状况监测。完善指标体系，创新监测方法，优化监测机制，全面客观地把握新就业形态人员的工作与收入状况。

二是把握发展现状与趋势，规范用工。对现行新型就业形态用工模式进行总结分析和归集分类，逐步细化明确各类方式的用工责任和劳动双方的权

利义务。

三是加强制度分析，完善权益保护制度体系。强化监督，将新就业形态纳入公平就业范围。研究新就业形态人员最低工资和支付保障制度的实施方式，科学核定工作时间、劳动强度和薪酬水平，健全完善相关标准体系。完善机制，实现新就业形态人员应保尽保并逐步提高新就业形态人员社会保险制度的科学程度。比如，推动新就业形态人员参加职工基本养老保险；明确新业态人员职业伤害保障的具体项目内容和保障水平，积极探索新就业形态人员职业伤害保障方式的差异化制度设计；从新就业形态人员工作方式的实际出发，充分运用新技术手段，细化并明确劳动关系，在国家层面明确基本规制要求，促进新业态平台承担相关缴费责任，灵活调整缴费和计发政策。

四是完善服务体系，提高服务效能。完善职业培训体系，创新职业培训方式，提供并不断强化职业能力提升、职业发展支持；完善社会保险经办管理服务政策，结合灵活就业人员的实际情况和特点，充分利用信息技术平台，在缴费方式、缴费率、转移接续等方面，为灵活就业人员信息查询、参保缴费、待遇支付等提供便利支持；优化制度体系，加强资源供应，有序将新就业形态人员纳入常住地基本公共服务体系。

五是加强制度设计，完善多部门协作机制，采取联席会议等多种方式，协同推进新就业形态劳动者权益保障长效机制的健全完善。

（五）统筹推动，促进人力资源服务高质量发展

当前，人力资源服务将迎来统一大市场建设等系列政策红利。《建设高标准市场体系行动方案》要求推动劳动力要素有序流动，提升人力资源服务质量，《中共中央　国务院关于加快建设全国统一大市场的意见》提出，要加快建设高效规范、公平竞争、充分开放的全国统一大市场。这些关于人力资源市场建设的顶层设计将为人力资源服务业可持续发展提供广阔空间。

从行业创新发展看，随着数字经济深入发展，借助数字技术赋能，人力资源服务创新将会获得源源不断的内生动力，产品业态将会进一步丰富和优化。此外，人力资源服务业国际化进程也将加速。人力资源服务企业在中国

国际服务贸易交易会展示了新活力，适应高水平对外开放"走出去、引进来"的人力资源服务能力将逐步提高。从服务拓展看，随着"一带一路"建设的推进，共建国家双边、多边经贸合作的加强，衍生的人力资源服务需求将会更加多维，人力资源服务国际市场合作机会将会进一步增多，为各类人力资源服务机构国际化发展提供更多机会。因此，人力资源服务高质量发展将呈现多维势态。

一是继续推进人力资源服务产业园的建设和发展，打造一批具有较高知名度和影响力的人力资源服务产业基地，形成多层次、多元化的人力资源服务企业集群。

二是加强人力资源服务业人才队伍建设，多渠道培育和引进行业急需高层次人才，加快人力资源服务培训基地建设，积极开展从业人员继续教育，提高从业人员专业化水平。

三是推进人力资源服务业信息化数字化建设，推动人力资源服务创新发展。深入实施"互联网+人力资源服务"行动，加强数据分析与应用，推动公共服务机构信息平台与经营性服务机构自建系统联网互通。

四是持续推进"放管服"改革，优化营商环境。落实"双随机、一公开"监管制度，加大对人力资源市场的监管力度。进一步降低人力资源服务行业准入门槛。促进人力资源服务业开放交流，鼓励和支持各种方式的行业交流与学习。

人力资源状况篇

Human Resource Status

B.2
我国人力资源发展状况（2021～2022）[*]

李学明**

摘　要： 我国人口总量依然保持低速增长态势，人口质量与城镇化水平持续提高，人力资源产业结构不断优化，全员劳动生产率、社会保障水平进一步提升。人才队伍建设成效显著，科技、教育、卫生人才规模不断壮大。与此同时，我国劳动年龄人口持续减少。有效应对人力资源发展新变化，应坚持人才工作更好地服务国家总体战略，促进人才结构布局优化调整，推进乡村和老年人力资源开发，注重人才管理服务的国际化。

关键词： 人口总量　人口质量　人才队伍　人力资源

---

* 本文除特别注明外，图、表的资料来源均为国家统计局历年发布的国民经济和社会发展统计公报。

** 李学明，博士，中国人事科学研究院副研究员，主要研究方向为政府公共管理与服务、公共政策、公务员管理、人事人才开发、非营利组织管理及公共危机管理等。

随着新时代经济社会持续发展和民生事业不断进步，我国人口总量稳中有增的同时，人口质量与城镇化水平不断提升，人力资源产业结构持续优化，人才队伍建设成效明显，人力资源保障水平稳步提升。

一　人力资源总量保持基本稳定

（一）人口总量仍呈增长态势

截至 2021 年底，全国人口 141260 万人①，比上年末增长 48 万人，同比增长 0.03%（见表 2-1）。全年出生人口 1062 万人，出生率为 7.5‰。② 我国人口相比 2011 年③增加了 6525 万人，年均增长 0.47%，近 10 年来保持低速增长态势。全国人户分离人口④ 5.04 亿人，同比增加 0.11 亿人，其中流动人口⑤ 3.85 亿人，同比增加 900 万人。流动人口规模不断扩大，人口流动趋势更加明显。

表 2-1　2021 年人口总量及其构成

单位：万人，%

指　标	年末数	比重	同比增长
全国人口	141260	100.0	0.03
城镇	91425	64.7	1.36
乡村	49835	35.3	-2.24
男性	72311	51.2	-3.18
女性	68949	48.8	0.15
0~14 岁	24678	17.5	-2.60

---

① 不含港澳台数据。

② 国家统计局：《中华人民共和国 2021 年国民经济和社会发展统计公报》，2022。

③ 国家统计局：《2011 年度人口统计数据》。

④ 人户分离人口是指居住地与户口登记地所在的乡镇街道不一致且离开户口登记地半年及以上的人口。

⑤ 流动人口是指人户分离人口中扣除市辖区内人户分离的人口。市辖区内人户分离的人口是指一个直辖市或地级市所辖区内和区与区之间，居住地和户口登记地不在同一乡镇街道的人口。

续表

指 标	年末数	比重	同比增长
15~59 岁	89846	63.6	0.46
60 周岁及以上	26736	18.9	1.27
其中:65 周岁及以上	20056	14.2	5.20

注:0~14 岁含不满 15 周岁,15~59 岁含不满 60 周岁。

我国人口长期以来一直保持增长趋向,但年增长率呈现稳步下降态势。截至 2021 年底,我国总人口相比 1981 年的 100072 万人增加了 41188 万人,总体增幅达 41.2%,但年增长率从 1981 年的 14.0‰下降至 2021 年的 0.3‰(见图 2-1),[①] 增长率明显趋缓。

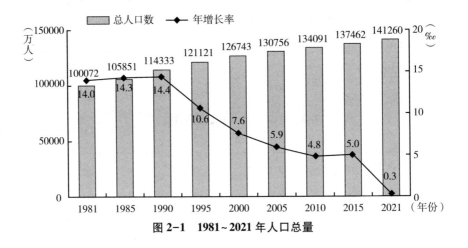

图 2-1　1981~2021 年人口总量

(二)人力资源城镇化水平不断提高

近年来,我国常住人口城镇化率保持快速增长态势。截至 2021 年底,我国城镇常住人口 91425 万人,[②] 占总人口的 64.7%,比上年末[③]增加 1226 万人,

① 国家统计局:《中华人民共和国 2021 年国民经济和社会发展统计公报》,2022。
② 国家统计局:《中华人民共和国 2021 年国民经济和社会发展统计公报》,2022。
③ 年末数为第七次全国人口普查的标准时点(2020 年 11 月 1 日)数据。

城镇常住人口增长 1.4%。经过 10 多年的发展，我国城镇常住人口大幅增长，从 2011 年至 2021 年，城镇化率提高了 13.4 个百分点，如图 2-2 所示。

图 2-2　2011~2021 年城镇常住人口数量及城镇化率

（三）劳动年龄人口总量小幅增长

我国劳动年龄人口总量于 2012 年开始逐年递减，在"九连降"后，2021 年小幅回升，如图 2-3 所示。具体而言，2021 年我国 16~59 岁人口为 88222 万人，比 2020 年增加 317 万人。

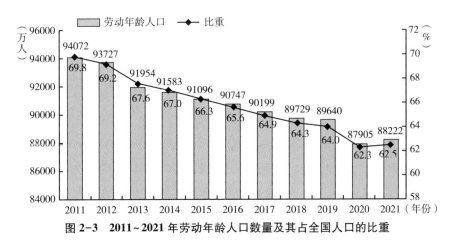

图 2-3　2011~2021 年劳动年龄人口数量及其占全国人口的比重

注：2011~2012 年统计口径为 15~59 岁，2013~2021 年统计口径为 16~59 岁。

二 人力资源素质稳步提高

（一）劳动者平均受教育年限大幅提高

2021 年，我国劳动者平均受教育年限为 10.9 年，[①] 比 2000 年提高了 2.93 年（见图 2-4），2000~2021 年年均增幅为 1.5%。与 2010 年相比，15 岁及以上人口的平均受教育年限提高了 0.83 年，文盲率下降了 1.41 个百分点，[②] 人口素质快速提高。但劳动者平均受教育年限距离发达国家 12 年的标准仍存在一定差距，还有较大提升空间。

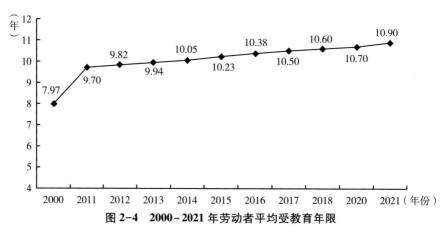

图 2-4　2000~2021 年劳动者平均受教育年限

资料来源：国务院历年政府工作报告，国家统计局年度公报数据。

（二）青年受教育程度稳步提高

我国教育招生规模持续扩大。2021 年，普通高中在校生 2605 万人，同比增加 110.5 万人，增长 4.43%。普通和职业本专科、研究生在校生分别为 3496.1 万人、333.2 万人，从 2016 年起年均增幅分别为 5.34%、10.96%。

---

① 教育部：《2021 年全国教育事业统计主要结果》，2022 年 3 月。
② 国家统计局：《中华人民共和国第七次全国人口普查数据》，2021 年 5 月。

中等职业教育在校生从 2016 年的 1599.1 万人增长至 2021 年的 1738.5 万人①，如图 2-5 所示，年均增幅 1.69%。

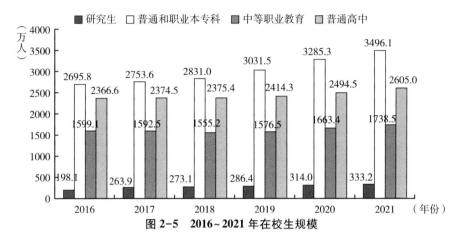

图 2-5　2016~2021 年在校生规模

高校毕业生数量持续稳定增长。2021 年，我国普通和职业本专科、毕业生为 826.5 万人，毕业研究生为 77.3 万人，相比 2016 年年均增幅分别为 3.25%、6.51%，如图 2-6 所示。② 我国高校毕业生数量大幅增加，促进了劳动者整体素质大幅提升。

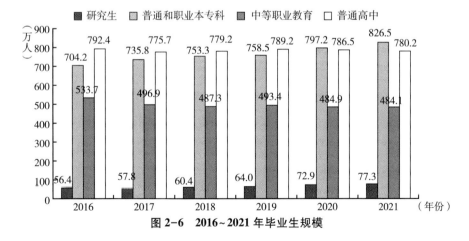

图 2-6　2016~2021 年毕业生规模

①　国家统计局：《中华人民共和国 2021 年国民经济和社会发展统计公报》，2022。
②　国家统计局：《中华人民共和国 2021 年国民经济和社会发展统计公报》，2022。

（三）义务教育普及规模增长较快

2021 年，普通小学、初中招生规模分别为 1782.6 万人、1705.4 万人。初中、普通小学在校生分别为 5018.4 万人、10779.9 万人，同比分别增加 104.3 万、54.5 万人，增长率分别为 2.1% 和 0.5%。初中毕业生 1587.1 万人，同比增长 3.4%；普通小学毕业生 1718 万人，同比增长 4.7%。特殊教育招生 14.9 万人，与上年同期持平；在校生、毕业生分别为 92 万人、14.6 万人，同比分别增长 4.4% 和 20.7%。[①] 义务教育和高中教育普及水平持续提升，九年制义务教育巩固率为 95.4%，直升高中阶段毛入学率为 91.4%。[②]

（四）全员劳动生产率稳步增长

全员劳动生产率是衡量劳动者整体素质的核心指标。[③] 近年来，全员劳动生产率总体呈现增长趋势，增幅除 2020 年受疫情影响下降幅度较大外，总体保持平稳。[④] 数据显示，劳动生产率增幅 2015 年为 6.6%，到 2021 年增长至 8.7%，[⑤] 增长率绝对数总体提高了 2.1 个百分点，如图 2-7 所示。

三 人力资源产业结构持续优化

我国进入高质量发展阶段，人力资源产业分布结构加速调整优化。截至 2021 年底，全国就业人员中第一产业占比 22.9%，同比下降 0.7 个百分点；第二产业、第三产业分别占 29.1%、48.0%，同比分别增长 0.4 个、0.3 个

[①] 国家统计局：《中华人民共和国 2021 年国民经济和社会发展统计公报》，2022。
[②] 国家统计局：《中华人民共和国 2021 年国民经济和社会发展统计公报》，2022。
[③] 李学明：《近十年中国人力资源状况与开发展望》，《中国人事科学》2020 年第 9 期。
[④] 李学明：《近十年中国人力资源状况与开发展望》，《中国人事科学》2020 年第 9 期。
[⑤] 据国家统计局，2021 年全员劳动生产率为国内生产总值（按 2020 年价格计算）与全部就业人员的比率，根据第七次全国人口普查结果对历史数据进行了修订。

图 2-7 2015~2021 年全员劳动生产率

百分点，如图 2-8 所示。① 2011~2021 年，我国第二产业就业人员占比基本稳定，十多年来仅小幅下降了 0.4 个百分点，但第一产业就业人员占比下降了 11.9 个百分点，第三产业就业人员占比相应地上升了 12.3 个百分点，人力资源总体持续向第三产业转移态势明显。

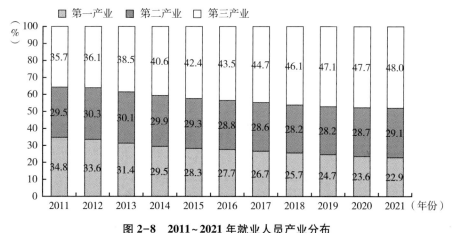

图 2-8 2011~2021 年就业人员产业分布

资料来源：人力资源和社会保障部历年《人力资源和社会保障事业发展统计公报》。

---

① 人力资源和社会保障部：《2021 年度人力资源和社会保障事业发展统计公报》，2022。

四 人才队伍建设成效显著

（一）科技人才队伍建设稳步发展

2021年全年我国研究与试验发展（R&D）经费支出27864亿元，同比增长14.2%，如图2-9所示。其中，基础研究经费支出1696亿元，同比增长12.8%，如图2-10所示。[①] 国家自然科学基金资助项目48700项，同比增长6.6%。我国继续加强科技人才科研平台建设，截至2021年底，我国累计建设了191个国家工程研究中心、533个国家重点实验室、1636家国家认定的企业技术中心和1287家国家级科技企业孵化器。[②]

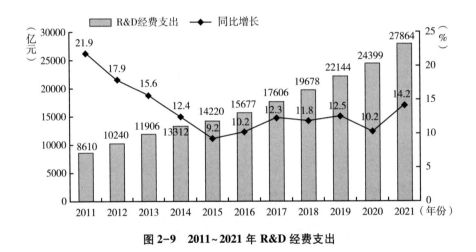

图2-9　2011~2021年R&D经费支出

2021年，我国科技人才创新成效进步明显。全年专利授权460.1万件，同比增长26.4%，如表2-2所示。截至2021年底，共获得1542.1万

---

① 国家统计局：《中华人民共和国2021年国民经济和社会发展统计公报》，2022。
② 国家统计局：《中华人民共和国2021年国民经济和社会发展统计公报》，2022。

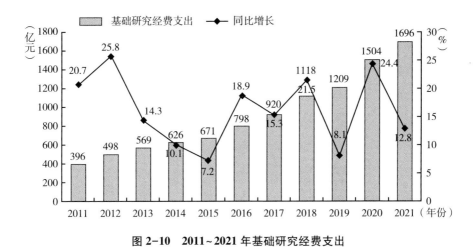

图 2-10　2011~2021 年基础研究经费支出

件有效专利，其中境内有效发明专利 270.4 万件，同比增长 22.2%，每万人口高价值发明专利拥有量 7.5 件，如图 2-11 所示，全年共签订 67 万项技术合同。①

表 2-2　2021 年科技人员专利申请受理、授权和有效专利数量

单位：万件，%

指　标	专利数	比上年增长
专利申请授权数	460.1	26.4
境内专利授权	445.1	27.0
发明专利授权	69.6	31.3
年末有效专利数	1542.1	26.5
境内有效专利	1429.5	28.6
有效发明专利	359.7	17.6
境内有效发明专利	270.4	22.2

① 国家统计局：《中华人民共和国 2021 年国民经济和社会发展统计公报》，2022。

图 2-11 2011~2021 年境内有效发明专利数量和每万人口高价值发明专利拥有量

（二）教育人才队伍建设快速发展

近年来，专任教师配置状况得到总体改善，教师年龄结构、学历结构逐步优化。2021 年，我国专任教师 1844 万人，同比增长 2.8%，如图 2-12 所示。近年来，学前教育、小学、初中、高中、大学专任教师

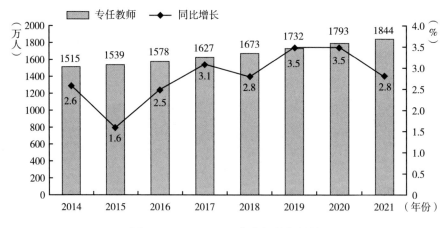

图 2-12 2014~2021 年专任教师数量

资料来源：教育部历年全国教育事业统计结果。

数量总体平稳增长，如图 2-13 所示。[①] 值得关注的是，职业学校专任教师数量保持递增态势，2021 年达到 129 万人，比 2012 年增加 18 万人。[②]

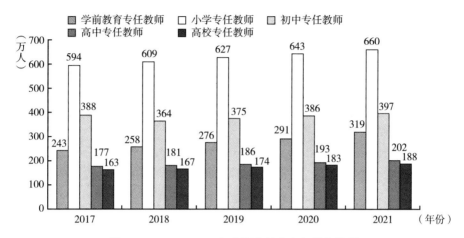

图 2-13　2017~2021 年非职业教育专任教师数量

资料来源：教育部历年全国教育事业统计结果。

（三）卫生人才队伍规模不断壮大

我国卫生人才数量逐年平稳增长，2021 年末达到 1123 万人，同比增长 5.3%，比 2011 年末大增 81.1%，如图 2-14 所示。全国各类各级卫生和社会服务机构建设成效明显，医疗卫生机构共 103.1 万个，[③] 执业医师和执业助理医师 427 万人，同比增长 4.7%，注册护士 502 万人，同比增长 6.6%。[④]

---

① 教育部：《2021 年全国教育事业统计主要结果》，2022。
② 教育部：《2021 年全国教育事业统计主要结果》，2022。
③ 国家统计局：《中华人民共和国 2021 年国民经济和社会发展统计公报》，2022。
④ 国家统计局：《中华人民共和国 2021 年国民经济和社会发展统计公报》，2022。

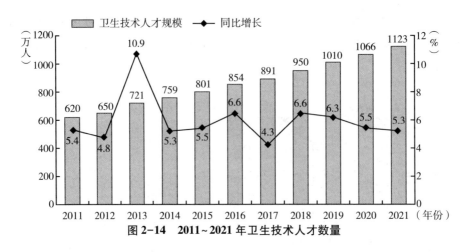

图 2-14 2011~2021 年卫生技术人才数量

五 人力资源保障水平不断提升

(一)人力资源参保水平进一步提高

2021 年,我国基本养老保险、基本医疗保险、失业保险、工伤保险、生育保险事业稳定发展,人力资源参保人数继续平稳增长,如图 2-15 所示。

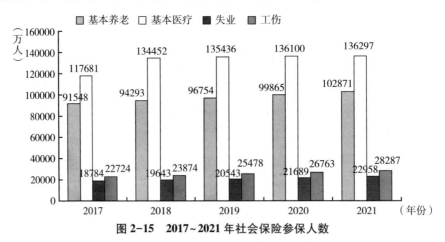

图 2-15 2017~2021 年社会保险参保人数

资料来源:人力资源和社会保障部历年《人力资源和社会保障事业发展统计公报》,国家医保局《2021 年全国医疗保障事业发展统计公报》。

1. 基本养老保险参保人数增长较快

全国 102871 万人参加基本养老保险，其中，48074 万人参加城镇职工基本养老保险，同比增长 5.4%；参加基本养老保险的职工 34917 万人，参保离退休人员 13157 万人，[1] 同比分别增加 2058 万人和 395 万人，同比分别增长 6.3% 与 3.1%；54797 万人参加城乡居民基本养老保险，同比增加 554 万人，增长率为 1.0%。[2] 全国享受最低生活保障的城市、农村居民分别达 738 万人和 3474 万人。[3]

2. 基本医疗保险参保人数持续增长

截至 2021 年底，全国 136297 万人参加城乡基本医疗保险。[4] 其中，35431 万人参加职工基本医疗保险，同比增长 2.8%；[5] 参加城乡居民基本医疗保险的人员 100866 万人，同比下降 0.8%。[6] 全年共资助参加基本医疗保险的人员 8816 万人，医疗救助达 10126 万人次。[7]

3. 失业、工伤和生育保险参保人数稳定增长

截至 2021 年底，全国 22958 万人参加失业保险，259 万人领取失业保险金。[8] 28287 万人参加工伤保险。[9] 其中，9086 万农民工参加工伤保险，同比增长 1.7%。[10] 全年 23851 万人参加生育保险，同比增长 1.2%。[11]

（二）人力资源工资水平稳步提高

近年来，我国城镇单位就业人员年平均工资水平稳步提高。2013~2021

---

① 人力资源和社会保障部：《2021 年度人力资源和社会保障事业发展统计公报》，2022。
② 人力资源和社会保障部：《2021 年度人力资源和社会保障事业发展统计公报》，2022。
③ 国家统计局：《中华人民共和国 2021 年国民经济和社会发展统计公报》，2022。
④ 国家医保局：《2021 年全国医疗保障事业发展统计公报》，2022。
⑤ 国家医保局：《2021 年全国医疗保障事业发展统计公报》，2022。
⑥ 国家医保局：《2021 年全国医疗保障事业发展统计公报》，2022。
⑦ 国家医保局：《2021 年全国医疗保障事业发展统计公报》，2022。
⑧ 人力资源和社会保障部：《2021 年度人力资源和社会保障事业发展统计公报》，2022。
⑨ 人力资源和社会保障部：《2021 年度人力资源和社会保障事业发展统计公报》，2022。
⑩ 国家统计局：《中华人民共和国 2021 年国民经济和社会发展统计公报》，2022。
⑪ 国家统计局：《中华人民共和国 2021 年国民经济和社会发展统计公报》，2022。

年，非私营单位和私营单位年平均工资水平都在稳步提高，年增幅总体平稳，如图 2-16 所示，[①] 农民工人均月收入增长较快，如图 2-17 所示。[②] 就2021 年的增幅而言，城镇非私营单位、私营单位就业人员的年均工资和农民工的人均月收入均超过 2020 年的增幅。

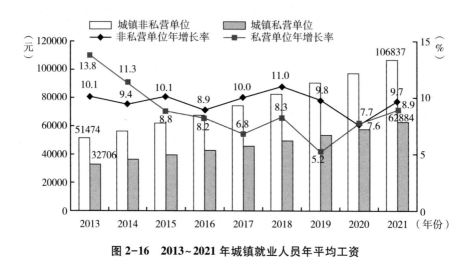

图 2-16 2013~2021 年城镇就业人员年平均工资

资料来源：人力资源和社会保障部历年《人力资源和社会保障事业发展统计公报》，国家统计局年度公报数据。

（三）人均可支配收入持续平稳增长

2021 年，我国城乡居民人均可支配收入达 35128 元，实际同比增长8.1%，如图 2-18 所示。[③] 国家经济和社会发展统计公报显示，居民人均可支配收入水平中位数[④]为 29975 元。2011~2021 年，居民人均可支配收入增加了 20577 元，年均增长率 9.21%。

---

① 国家统计局：《2021 年城镇单位就业人员平均工资数据》，2022 年 5 月。年增长率均为未扣除价格因素的数据。
② 国家统计局：《2021 年农民工监测调查报告》，2022 年 4 月。
③ 国家统计局：《中华人民共和国 2021 年国民经济和社会发展统计公报》，2022。
④ 人均可支配收入中位数是指将所有被调查居民按人均收入水平从低到高顺序排列，处于最中间位置调查居民的人均收入。

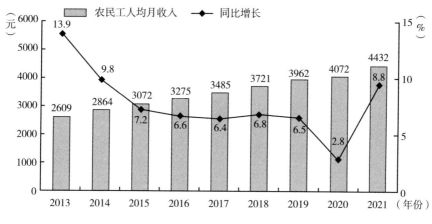

图 2-17　2013~2021 年农民工人均月收入

资料来源：人力资源和社会保障部历年《人力资源和社会保障事业发展统计公报》，国家统计局年度公报数据。

图 2-18　2011~2021 年人均可支配收入

六　人力资源开发展望

我国经济已由高速增长转向高质量发展阶段，要把人力资源开发作为高

质量发展的重要动力，更好地发挥人才作为创新资源的重大作用。互联网与大数据时代到来，科技进步产生多技术领域交叉渗透，对人力资源开发和管理的影响显得尤为突出，也对我国做好人力资源开发和管理工作提出了更高要求。①

（一）整合力量，推动人才工作更好服务国家总体战略

中央人才工作会议进一步明确了"四个面向"的科学内涵和内在逻辑关系，使人才工作服务党和国家发展大局的目标方向更加清晰。"十四五"时期是我国抢抓机遇、集中资源、整合力量、主动作为，高标准、高质量、高水平打造世界重要人才中心和创新高地的关键历史时期，是人才工作走向系统化、精细化和高质量发展的重要机遇期。当前，机遇与挑战并存，面对新目标、新考验、新挑战，要紧紧围绕"重要人才中心、创新高地"的总体定位，以高质量发展为引擎，以打造具有全球竞争力的"人才高地"为目标，突出问题导向，着力改革创新，努力建设一支高水平人才队伍，全力推动人才工作更好服务"四个面向"的战略布局，不断开创新时代人才工作新局面。

（二）高端引领，促进人才结构布局进行战略性优化调整

党的十八大以来，我国人才队伍建设取得长足发展，已经造就了一支规模宏大、素质较高的人才队伍，但人才结构性、区域性、行业性发展不平衡的问题依然存在。高层次人才匮乏，不同地方和部门对高端人才的同质化竞争现象依然突出，一定程度上制约了高端人才引领作用的发挥。在当前新一轮科技革命和产业变革背景下，人才工作要坚持高端引领，促进人才结构布局实行战略性优化调整，着力全方位培养、引进、用好人才，推动形成人才高端引领、尽展才华的良好局面，助力实现人才强国和创新驱动发展战略目标。

---

① 李学明：《近十年中国人力资源状况与开发展望》，《中国人事科学》2020年第9期。

（三）整体开发，积极推进乡村和老年人才资源发展

乡村人才是实现乡村振兴的关键和重要保证，党中央、国务院始终把农村人才工作摆在突出的位置。国家要实现高质量发展，乡村人才振兴是亟须补齐的短板之一。构建现代农业产业体系，需要积极实施乡村人才开发战略，大力推动乡村人才发展，集聚、培养和造就一批高水平的乡村实用型人才，加快形成以高端实用人才集聚引领农业农村发展的新格局。同时，我国作为老龄化速度最快的世界人口大国，适度延展职业生涯发展周期是大势所趋。劳动年龄人口占比的不断下降，人口老龄化时代的加速到来，已经引发人力资源的结构变化，进而对人力资源管理与开发方式变革产生重要影响。随着我国人口老龄化程度持续加深，适度拓展人力资源职业生涯周期，择机采取延迟退休措施，顺应了人力资源管理变革的趋势。应根据法治化和市场化的要求，不断优化乡村和老年人力资源服务经济社会发展的顶层设计，进一步激发和释放人才政策红利，以适应经济社会高质量发展对人才的需求，助力改善人力资源供给结构，进一步提升人力资源开发与使用效能。

（四）加强开放，推动实现人才管理服务与国际接轨

面对日益激烈的科技竞争，需要实施更加积极开放的人才政策。一是注重人才标准和规范兼容性。优化人才管理体制，顺应国际人才流动新趋势，加强人才市场法治建设，完善人才标准和相关规则体系，促进国际智力资本柔性流动。二是塑造高端科技人才集聚效应。聚焦国家重大发展战略、国家重点实验室平台，面向国际前沿的关键核心技术、"卡脖子"技术领域，加强面向世界前沿的科技交流与合作，重点培养、集聚经济社会发展"高精尖缺"人才。三是推进人力资源服务产业国际化。加快构建专业化、国际化的人才市场服务体系，探索以"互联网+人力资源"数字化服务平台为依托，推进人力资源智慧服务产业化建设，实现人力资源服务向"产业+人才+项目+资本"全链式服务转型，打造国际顶尖人力资源服务产业集聚区。

参考文献

国家统计局：《中华人民共和国 2021 年国民经济和社会发展统计公报》，2022。

人力资源和社会保障部：《2021 年度人力资源和社会保障事业发展统计公报》，2022。

国家统计局：《中华人民共和国第七次全国人口普查数据》，2021 年 5 月。

国家医保局：《2021 年全国医疗保障事业发展统计公报》，2022。

中共中央办公厅、国务院办公厅：《建设高标准市场体系行动方案》，2021。

中共中央办公厅、国务院办公厅：《关于分类推进人才评价机制改革的指导意见》，2018。

中共中央办公厅、国务院办公厅：《关于深化职称制度改革的意见》，2017。

中共中央办公厅、国务院办公厅：《关于提高技术工人待遇的意见》，2018。

中共中央、国务院：《关于构建开放型经济新体制的若干意见》，2016。

中共中央办公厅、国务院办公厅：《深化科技体制改革实施方案》，2015。

中共中央办公厅、国务院办公厅：《关于加强外国人永久居留服务管理的意见》，2016。

人力资源社会保障部、国家发展改革委、财政部：《关于推进全方位公共就业服务的指导意见》，2018。

人力资源社会保障部：《关于支持和鼓励事业单位专业技术人员创新创业的指导意见》，2017。

国家统计局、科学技术部、财政部：《2018 年全国科技经费投入统计公报》，2019。

教育部：《2021 年全国教育事业统计主要结果》，2022 年 3 月 1 日。

教育部：《2020 年度我国出国留学人员情况统计》，2021。

人力资源和社会保障部：《中国人力资源和社会保障年鉴 2020》（文献卷、工作卷），中国劳动社会保障出版社，2021。

科技部：《中国科技人才发展报告（2018）》，2019。

教育部：《2020 年全国教育事业统计主要结果》，2021。

李学明：《近十年中国人力资源状况与开发展望》，《中国人事科学》2020 年第 9 期。

李学明：《新时代我国人力资源状况与趋势分析》，《中国人事科学》2019 年第 10 期。

张东伟主编《人口与劳动绿皮书：中国人口与劳动问题报告 No.19》，社会科学文献出版社，2019。

B.3
我国老年人力资源开发分析

曾红颖　范宪伟　赵玉峰　纪竞垚*

摘　要:　我国老年人口规模大,开发老年人力资源需要精准抓手。本文从老年人力资源的总量、参与家庭劳动的价值、老年科技人力资源的开发潜力三个维度进行分析研究。首先从健康视角分析了老年人力资源的总体规模与结构分布,其次从实际出发测算了老年人力资源参与家庭劳动创造的社会价值,最后从智力资源(学历)视角对老年科技人力资源的规模及其开发潜力进行了分析。

关键词:　老年人力资源　人力资源开发　智力资源

有效应对我国人口老龄化需重视老年人力资源开发。当前,老有所为同老有所养相结合,完善就业、志愿服务、社区治理等政策措施,充分发挥低龄老年人作用已经取得广泛共识。为有序精准推动老年人力资源开发,对老年人力资源总量和分布进行研究非常必要。

德鲁克认为,人力资源拥有其他资源所没有的特征,"人对自己是否工作绝对拥有完全的自主权",对于老龄人口来讲,人力资源的自我利用意愿、身体健康状况良好和拥有社会需要的技能是人力资源开发的关键和前提。本文主要从健康老年人力资源总量及其结构分布、老年人力资源家庭劳

---

* 曾红颖,国家发展和改革委员会社会发展研究所研究员,主要研究方向为公共服务和社会治理、社会服务业、发展战略、创业创新政策;范宪伟,国家发展和改革委员会社会发展研究所副研究员;赵玉峰,国家发展和改革委员会社会发展研究所副研究员;纪竞垚,国家发展和改革委员会社会发展研究所助理研究员。

动的价值贡献、老年科技人力资源开发三个方面研究分析老年人力资源总量及其开发现状。

一　健康老年人力资源总量及其结构分布

身体健康状况是老年人社会参与的基础性条件。一方面，老年人的健康状况显著影响其能否正常参与社会生活，如参与家庭照料、提供志愿服务等；另一方面，老年人社会参与反过来也影响其健康状况，国内外多项研究发现，社会参与在一定程度上会提高老年人的健康水平[1]。本部分主要利用第七次全国人口普查数据中关于老年人健康的相关数据分析老年人口健康状况，进而分析老年健康人力资源的年龄（见表 3-1、3-2）、区域和城乡分布。

表 3-1　不同年龄组的健康和基本健康老年人口的规模

单位：万人

年龄组	健康	基本健康
60~64 岁	5158.06	1763.68
65~69 岁	4501.69	2276.12
70~74 岁	2435.26	1863.91
75~79 岁	1239.43	1286.91
80~84 岁	637.15	851.53
85~89 岁	273.16	433.37
90~94 岁	73.31	132.50
95~99 岁	14.16	26.38
100 岁及以上	1.74	3.49
合　计	14333.96	8637.90

---

[1] Waldrop, D. P. and Weber, J. A., "From grandparent to caregiver: The stress and satisfaction of raising grandchildren", *Families in society-the journal of contemporary human service*, 2001, 82 (5): 461-472. 朱荟：《中国老年人社会参与对其孤独感的影响探究——基于 CLHLS2018 数据的验证》，《人口与发展》2021 年第 5 期。崔兆涵、郭冰清、王虎峰：《健康协同治理：服务提供、健康政策和社会参与》，《中国医院管理》2021 年第 11 期。

表 3-2　不同健康水平老年人口的年龄结构分布

单位：%

年龄组	健康	基本健康	不健康能自理	不能自理
60～64 岁	36.35	20.83	13.25	9.63
65～69 岁	31.67	26.83	19.83	14.08
70～74 岁	16.95	21.74	20.64	15.43
75～79 岁	8.48	14.75	17.92	15.73
80～84 岁	4.25	9.53	15.23	17.91
85～89 岁	1.76	4.68	9.20	15.73
90～94 岁	0.45	1.36	3.21	8.61
95～99 岁	0.08	0.25	0.65	2.50
100 岁及以上	0.01	0.03	0.07	0.39
总　　计	100.00	100.00	100.00	100.00

资料来源：国家统计局《中华人民共和国第七次全国人口普查数据》，2021 年 5 月。

总体而言，绝大多数（87.25%）老年人口处于健康、基本健康状态，从规模计算，处于健康、基本健康状态的老年人口达到 2.3 亿人左右。其中，自评"健康"的老年人口占老年人口总数的 54.64%，"基本健康"的老年人口占老年人口总数的 32.61%。此外，仍有 10.41% 的老年人认为自己不健康，但生活能自理。分性别看，男性老年人口健康状况好于女性且差异显著（p<0.05）。57.5% 的男性老年人认为自己健康，而女性该比例仅为51.94%。在男性老年人中，11.89% 的人认为自己不健康；但对于女性老年人而言，认为自己不健康的占 13.6%。

（一）老年健康人力资源的年龄分布

低龄健康、基本健康的老年人规模达到 1.37 亿人，这类群体是老年人力资源开发的重点。其中，60～69 岁的老年人口占老年人口总数的 56.7%。60～64 岁和 65～69 岁组健康、基本健康老年人口规模分别为 6921.74 万人和 6777.81 万人，占该年龄段老年人口的 94.32% 和 91.59%。表 3-1 和表3-2 分别显示了不同年龄组老年人口的健康状况。数据显示，随着年龄增

加，老年人口健康状况呈现明显下降趋势。60~64岁组健康和基本健康的比例达到57.18%，而80~84岁组仍然保持健康和基本健康的比例下降到13.78%，100岁及以上的健康和基本健康的比例仅为0.04%。

（二）健康老年人力资源的区域分布

分地区看，就绝对数量而言，山东、江苏、四川、河南和广东健康和基本健康老年人口规模排在全国前五位，其规模都在1000万人以上（见图3-1）。此外，河北、浙江健康和基本健康老年人口规模也超过1000万人。就比例分布而言，除云南、内蒙古、吉林等省区外，全国大部分地区尤其是东部省份健康和基本健康的老年人口占老年人口总量的比例都在85%以上（见图3-2）。

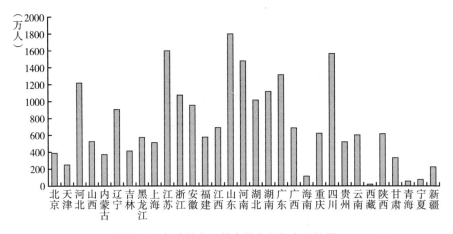

图3-1 各地健康、基本健康老年人口数量

资料来源：国家统计局《中华人民共和国第七次全国人口普查数据》，2021年5月。

（三）老年健康人力资源的城乡分布

从规模看，由于农村老年人口规模基数较大，农村健康和基本健康状态的老年人口规模大于城市和乡镇地区。2020年城市健康和基本健康的老年人口规模为8190.11万人，乡镇为4670.12万人，农村为10181.95万人

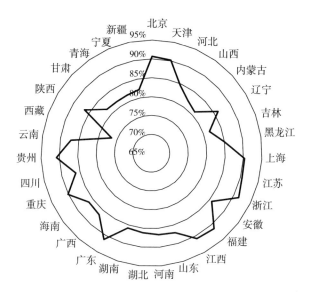

图 3-2　各地健康、基本健康老年人占老年人口总量的比例

资料来源：国家统计局《中华人民共和国第七次全国人口普查数据》，2021 年 5 月。

（见表 3-3）。从比例分布看，城市中有 91.6% 的健康老年人和基本健康老年人，而农村健康老年人和基本健康老年人比例比城市低 7.7 个百分点，城市老年人口健康状况好于农村，且城乡老年人口健康状况差异显著（$p <$ 0.05）。

表 3-3　城乡老年人口不同健康水平的规模分布

单位：万人

健康水平	健康	基本健康	不健康能自理	不能自理	合计
城市	5628.94	2561.17	562.99	184.61	8937.71
乡镇	2918.17	1751.95	534.54	123.82	5328.49
农村	5891.02	4290.92	1643.81	309.88	12135.63

资料来源：国家统计局《中华人民共和国第七次全国人口普查数据》，2021。

综上所述，我国有 2.3 亿身体健康状况较好的老年人，他们不需要他人照料，能够发挥主观能动性，是老年人力资源开发的蓄水池。分年龄看，有

1.3亿60~69岁低龄老年人口，该群体是老年人力资源开发的重点。分地区看，山东、江苏、四川、河南、广东、河北和浙江等地健康老年人口规模都在1000万人以上，是老年人力资源大省。分城乡看，农村健康老年人力资源规模最大，达到1.01亿人，城市和乡镇分别有8190.11万和4670.12万健康老年人力资源。

二 老年人力资源家庭劳动的价值贡献

家庭是社会的基础细胞，家庭模式的变化既是经济社会变迁的客观结果，也会反向影响个体发展、家庭功能、社会结构、国民经济乃至民族昌盛。当家庭成员承担家庭责任时，实际上减轻了社会责任，本身也是社会价值的体现。在我国，老年人即便60岁之后也是退而不休，或者照顾孙子女，或者照顾老伴，对老年人创造的家庭价值进行测量就是对老年人家庭劳动的社会承认。

（一）老年人力资源家庭劳动的参与度

1.家庭结构变化

2000年以来，我国总户数、家庭户户数、家庭户人口数均呈现上升的趋势。其中，总户数从2000年第五次全国人口普查的35123万户上升到2010年第六次全国人口普查的41772万户，再上升到2020年第七次全国人口普查的52268万户；家庭户户数从2000年的34049万户上升到2010年的40193万户，再上升到2020年的49416万户；家庭户人口数从2000年的117827万人上升到2010年的123998万人，再上升到2020年的129280万人（见图3-3）。从近三次人口普查的数据来看，我国总户数、家庭户户数、家庭户人口数同步上升，这说明我国从原生大家庭中分离出更多的新家庭户，而家庭户的分布也更为分散。

随着家庭规模的小型化，家庭户结构中一代户的规模和所占比重也在不断上升，2000年，一代家庭户占比仅为21.7%，二代户比重接近

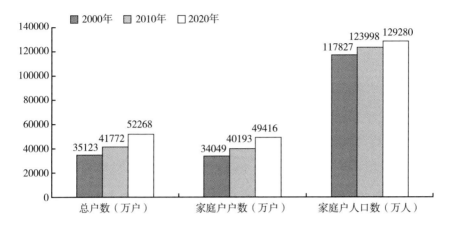

图 3-3 家庭户户数与家庭户人口数变化

资料来源：历次全国人口普查数据。

60%；到2010年，一代户比重增加了12.48个百分点，达到34.18%，与此同时，二代户占比下降到47.83%；到2020年，一代户占比提升速度进一步加快，与十年前比增加15.32个百分点，上升到49.5%，并超过二代户比重（36.72%），成为最主要的结构类别。二代户的家庭占比则呈现不断下降的趋势，2000年占比为59.3%，到2010年则下降到47.83%，2020年则进一步降到36.72%，仅占1/3多。三代户则从2000年的18.2%略降到2010年的17.31%，再下降到2020年的13.26%。四代户、五代户及以上户也呈现同样的下降趋势（见图3-4）。综合而言，不管是从规模，还是从占比来看，一代户取代二代户均成为我国家庭户主要类型，而其他类别的家庭户的规模和占比则逐渐降低，退居次位。

按家庭户规模，我们将家庭户分为一人户、二人户、三人户、四人户、五人户及以上。从所占比例来看，2000年，一人户的家庭户占比仅为8.3%；二人户所占比例也不大，大约为17%；三人户所占比例最高，接近30%；四人户也占有相当大的比例，为22.97%；五人户及以上的占到21.73%。到2010年，一人户比重提高了6.23个百分点，达到14.53%；二

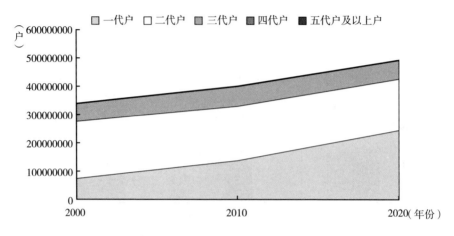

图 3-4 不同类别家庭户户数变化

资料来源：历次全国人口普查数据。

人户占比也有所提升，达到 24.37%；三人户、四人户占比均有所下降，分别为 26.86%、17.56%；五人户及以上的也在降低，占到 16.48%。到 2020 年，一人户占比提升速度进一步加快，与十年前相比提高 10.86 个百分点，上升到 25.39%；二人户占比也有所提升，达到 29.68%；三人户比例有所降低，为 20.99%；四人户所占比例继续降低，为 13.17%；五人户及以上的所占比例也有所降低，占到 10.76%。总体来看，从 2000 年到 2020 年，一人户、二人户所占比例不断上升，而三人户、四人户、五人户及以上所占比例不断降低，二人户取代三人户成为我国家庭户占比最高的类型（见图 3-5）。同时，独居现象不仅在我国存在，也越来越多地盛行于发达国家。平均来看，OECD 国家的家庭模式中三成以上为独居。我国单人家庭占全部家庭户的比重超过 1/4，且具有单人家庭规模大、发展速度快等特征，是家庭领域出现的新情况、新问题。

一代户和一人户在老年人领域主要是老年人独居或者老年夫妻一代人居住，在这部分群体中不太可能出现家庭劳动的状况。有研究指出，随着人口老龄化的快速发展，家庭中老年人口的比例持续上升，有老年人的家庭户数不断增加。新中国成立初期，我国绝大多数老年人与家庭成员同住，独居、

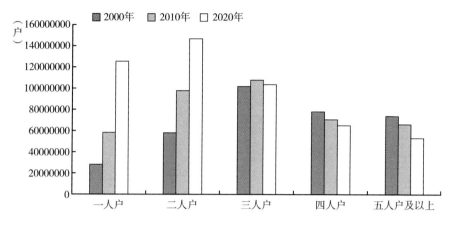

图 3-5 不同规模家庭户户数变化

资料来源：历次全国人口普查数据。

空巢老年人的比例较低。在历次人口普查中，第三、四、五、六、七次全国人口普查数据揭示了我国老年家庭户的居住模式变迁情况。在 65 岁及以上老年人口中，老年人与子女及孙子女同住的比例呈下降趋势，从 1982 年的 73.2%降至 2020 年的 39.7%。80 岁以上高龄老人与子女同住比例下降幅度也较大，从 2000 年的 75.8%下降到 2010 年的 63.8%，10 年间下降了 12 个百分点。老年独居户和老年空巢户比例有较大幅度提高，从 1982 年的 25.9%升至 2020 年的 55.7%，预示着我国一半多的老年人处于空巢或独居状态。特别需要引起重视的是，超过 1/3 的 80 岁以上高龄老人处于独立生活状态，其中独居的比例已接近 1/5。

2. 老年人力资源家庭劳动的参与状况

《中国家庭发展报告 2015》显示，在 0~5 岁儿童的日常生活主要照料者中，约 47.6%的为母亲，38%的为（外）祖父母。邹红等根据 CFPS 2010 年、2012 年、2014 年和 2016 年四期调查数据研究得出隔代照料比重为 32.8%，何山等研究指出隔代照料时间为 12.38 小时/周。周鹏研究指出，CHARLS 数据中，过去一年中，全年 52 周不间断照料孙辈的个体占到所有参与隔代抚育个体的 50%以上，全年照料周数超过 40 周的比例达到 70%以

上；每周的照料时间上，"全天候"者的比例最高，每周照顾小时数达到
168 小时（每天 24 小时）的比例为 11.42%，每周照料时间达到 56 小时
（每天 8 小时）及以上的占到全部参与照料者的 1/3 以上。根据 2010 年第三
期中国妇女社会地位调查结果，老年女性平均每天家务劳动时间为 154 分
钟，老年男性则为 91 分钟，老年女性的家务劳动平均投入时间是同龄男性
的 1.7 倍，男女平均每天为 2.04 小时。其他一些调查支持有 1/3 的老年人
承担着子孙两代人的家庭劳务的判断。

综上所述，根据家庭结构变化以及表 3-4 的居住情况，可以发现，与
配偶和子女同住、与配偶同住、与子女同住三种情况的老年人可能会承担家
务劳动，占比合计为 83.39%。与配偶和子女同住、与子女同住两种情况的
老年人可能会承担隔代照料劳动，占比合计为 39.69%。与配偶和子女同
住、与配偶同住两种情况的老年人可能会承担照顾配偶的劳动，占比合计
为 66.82%。

表 3-4　不同居住状态的 60 岁及以上老年人口的规模及其占比

单位：人，%

居住状况	60 岁及以上人口	
	合计	占比
与配偶和子女同住	5900248	23.12
与配偶同住	11154108	43.70
与子女同住	4229595	16.57
独居（有保姆）	46243	0.18
独居（无保姆）	3011811	11.80
养老机构	185511	0.73
其　他	995585	3.90
总　计	25523101	100

资料来源：第七次全国人口普查数据（长表），2021。

（二）家庭劳动创造的社会价值

第七次全国人口普查数据显示，2020 年我国 60 岁及以上老年人口为

26402 万人，占总人口的 18.7%，其中 65 岁及以上人口达 19064 万人，占总人口的 13.5%。按照以上分析，83.39% 的 60 岁及以上老年人可能会承担家庭劳动，根据其他研究和调查的结果，假设 1/3 老年人承担了家务劳动，每周劳动时间为 20 小时（前文隔代照料每周为 12.38 小时，一般每周工作时间为 40 小时，这里假设老年人从事家务劳动为一般工作时间的一半，应该是较为合理的）。从 60 岁及以上老年人口来看，全国老年人每周家庭劳动时间的总量很可观。截至 2022 年 4 月 1 日，人力资源和社会保障部官网发布全国各地区最低工资标准情况。由于老年人从事的是间断的、不连续的劳动，套用小时最低工资标准计算；由于缺乏分省（区、市）的老年人家庭劳动的时间，采用全国各省（区、市）小时最低工资标准的中位数每小时 20 元作为基数计算；由于家务劳动没有周末和节假日，按照一年 52 周计算，如此推算，老年人家庭劳动的价值不可小觑。

（三）隔代照料创造的社会价值

隔代照料可以从两个角度观测，一是婴幼儿角度，2019~2021 年每年出生人口为 1465 万人、1200 万人、1062 万人，合计 3727 万人。2016 年国家卫生计生委"城市家庭 3 岁以下婴幼儿托育服务需求调查"的结果表明，祖辈照料者占照料者总量的 80%，形成"4/5 现象"（包括辅助性的日间看护）。假设每个婴幼儿隔代照料时间每周为 15 小时，每小时 20 元作为工资标准，劳动价值具有一定规模。二是老年人角度，因为不仅仅是婴幼儿需要照料，稍微大一些的儿童也需要照料。而与配偶和子女同住、与子女同住两种情况的老年人可能会承担隔代照料的工作，假设只有 1/3 真正实现了隔代照料，时间每周为 15 小时，每小时 20 元作为工资标准，劳动价值也具有一定规模。

（四）照顾配偶创造的社会价值

数据显示（见表 3-4），健康的老年人更倾向于与配偶单独居住，而身体不健康的老年人则更倾向于与子女同住。分居住安排看，与配偶和子女同

住、与配偶同住两种情况的老年人可能会承担照顾配偶的劳动，占比合计为66.82%。但从健康状况来看，不健康且生活不能自理的老年人占老年人口的2.14%。按照照料配偶时间每周为15小时，每小时20元作为工资标准，可测算出老年人照顾配偶的具体价值。

从数据测算来看，老年人在家庭内从事家务劳动、隔代照料、照顾配偶等隐形劳动创造了较大的社会价值，为我国经济社会发展做出了贡献。

三　老年科技人力资源开发

习近平总书记指出，"老科技工作者人数众多、经验丰富，是国家发展的宝贵财富和重要资源"。积极开发老年科技工作者人力资源，能够有效缓解科技人才供给不足难题，加快创新型国家建设。目前，我国对老年科技工作者的规模数量、质量结构等尚未形成一套统一的统计标准，老年科技工作者数量还没有权威的统计数据。借鉴中国科协《中国科技人力资源发展研究报告》和山东省老科学技术工作者协会等《全国老科技工作者作用发挥现状和人才资源开发研究》中对科技人力资源总量和老年科技人力资源总量的测算思路，我们对2020年我国老科技工作者总体规模进行了测算。

（一）老年科技人力资源总量

1. 基于教育水平的老年科技人力资源的总量估计

老年科技人力资源是指年龄在55~90岁，普通本科和专科毕业、成人高等和中等专业学校毕业的科技工作者。根据现有可查资料，我们将年龄在55~90岁人口的毕业时间统计节点设定在1950~1983年，其中，中等专业学校毕业年龄设定为18岁，大专毕业年龄设定为21岁，普通高校及成人高校毕业年龄设定为22岁。《中国教育统计年鉴1989》数据显示，1950~1983年，我国普通高校本科和专科、成人高校本专科、中等专业学校毕业生总数约为 2000 万人。考虑到死亡原因，我们以第六次和第七次人口普查公布的死亡率作为基础，对老年科技工作者数量进行修正。按照综合死亡率推算，截至 2020 年，我国老年科技工作者总量约为 1975 万人。

2. 基于统计学结构相对指标的老年科技人力资源总量测算

以统计学结构相对指标作为主要分析方法，利用结构相对指标在不同年龄人口群体中的相对稳定性特征，对老科技工作者的总体规模进行测算。

借鉴山东省老科学技术工作者协会等《全国老科技工作者作用发挥现状和人才资源开发研究》关于老科技人力资源总量测算公式（3-1），我们对 2020 年我国老科技工作者总量进行了测算。其中，老年人口和 60 岁以下人口数据来源于第七次全国人口普查，科技工作者数据来源于中国科协相关研究报告。

$$\frac{老科技工作者数量}{老年人口数量} = \frac{科技工作者数量}{60 \ 岁以下人口数量} \qquad (3-1)$$

第七次全国人口普查结果显示，截至 2020 年，全国人口共 14.12 亿人，60 岁及以上老年人口为 2.64 亿人，占总人口的比重为 18.70%。中国科协《中国科技人力资源发展研究报告（2020）》显示，截至 2020 年底，我国科技人力资源总量为 11234.1 万人。

根据公式（3-1）测算，截至 2020 年，我国老年科技工作者数量为 2575.61 万人。

我们将基于两种测算方法对老年科技工作者数量进行算数平均处理，结果显示，到 2020 年，我国老年科技工作者数量约为 2275 万人。随着人口基数庞大、文化程度更高的"60 后"陆续达到退休年龄，老科技工作者总量将在未来 10 年保持年均 6% 左右的增速。高素质老龄人力资源开发已迎来黄金机遇期。

（二）工作和兼职工作的老年科技人力资源

2020 年，山东省老科学技术工作者协会等进行的调查显示，处于工作状态的老科技工作者占比超过 50%。

（三）老年科技人力资源开发潜力

当前，我国老年科技工作者综合素质越来越高，可开发意愿高，人力资源开发潜力值得挖掘。

1.综合素质高

老年科技工作者长期奋斗在经济社会发展各个领域，实践经验丰富，专业技术水平和思想政治素质高，绝大多数健康状况良好，责任心强，踏实肯干，具有无私奉献精神。调查显示，老年科技工作者中大学本科以上学历的占比高达62.91%（见图3-6）。随着生活条件和医疗卫生条件的改善，老年科技工作者健康水平不断提高。调查显示，66%的老年科技工作者认为自己身体比较健康或非常健康。

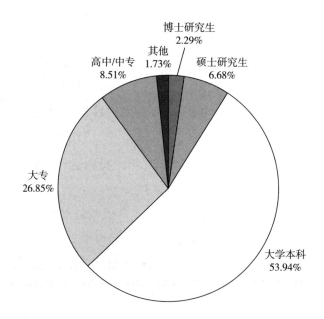

图3-6　老年科技工作者的学历结构

资料来源：山东省老科学技术工作者协会、山东财经大学、中国科协创新战略研究院《全国老科技工作者作用发挥现状和人才资源开发研究》，科学出版社，2021。

2. 开发意愿强

当前，许多老科技工作者非常渴望通过合适的机会和平台实现"老有所为"，继续发挥余热、充实自我，为社会创造更多价值。山东省老科学技术工作者协会等的调查显示，88.04%的老科技工作者表示愿意继续发挥作用（见图3-7），为国家科技事业发展贡献力量。

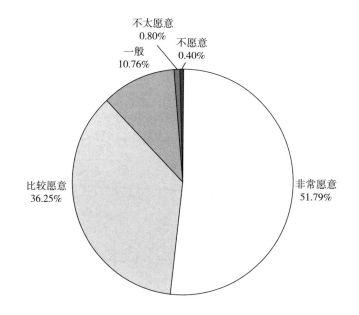

图3-7 老年科技工作者继续发挥作用的意愿

资料来源：山东省老科学技术工作者协会、山东财经大学、中国科协创新战略研究院《全国老科技工作者作用发挥现状和人才资源开发研究》，科学出版社，2021。

3. 开发潜能大

目前，我国老年科技工作者约占全国科技工作者总量的20%。在人口老龄化加快发展的背景下，预计未来10年老年科技工作者年均增长率将达6%左右，未来20年年均增长率将达5.5%以上。山东省老科学技术工作者协会等调查显示，目前"退休赋闲"的老年科技工作者占比高达47.82%（见图3-8）。按照60%的老科技工作者开发测算，将70岁以上老年人及非健康老年人排除后，将共释放约210万科技人才。

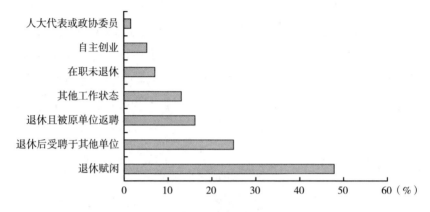

图 3-8 老年科技工作者的工作生活状态

资料来源：山东省老科学技术工作者协会、山东财经大学、中国科协创新战略研究院《全国老科技工作者作用发挥现状和人才资源开发研究》，科学出版社，2021。

参考文献

崔兆涵、郭冰清、王虎峰：《健康协同治理：服务提供、健康政策和社会参与》，《中国医院管理》2021 年第 11 期。

朱荟：《中国老年人社会参与对其孤独感的影响探究——基于 CLHLS2018 数据的验证》，《人口与发展》2021 年第 5 期。

邹红、彭争呈、栾炳江：《隔代照料与女性劳动供给——兼析照料视角下全面二孩与延迟退休悖论》，《经济学动态》2018 年第 7 期。

何山、刘德浩：《隔代照料与子女劳动时间——基于就业部门异质性的分析》，《人口与经济》2021 年第 6 期。

周鹏：《隔代抚育的支持者特征研究》，《北京社会科学》2020 年第 3 期。

郑真真：《从性别视角看积极应对人口老龄化——聚焦老龄社会的性别红利》，《妇女研究论丛》2021 年第 6 期。

山东省老科学技术工作者协会、山东财经大学、中国科协创新战略研究院：《全国老科技工作者作用发挥现状和人才资源开发研究》，科学出版社，2021。

Waldrop, D. P. and Weber, J. A., "From grandparent to caregiver: The stress and satisfaction of raising grandchildren", *Families in society-the journal of contemporary human service*, 2001, 82（5）：461-472.

B.4
我国城镇劳动者科学素质
与技能状况分析

黄 梅 谢 晶 孙一平*

摘 要： 城镇劳动者科学素质和技能水平作为衡量一个国家创新创业和
就业能力的重要指标，已成为我国构建新发展格局的坚强支
撑。本文在梳理总结城镇劳动者科学素质和技能水平基本情
况、提升做法、面临形势的基础上，从坚持就业优先政策、优
化部门协调机制、突出行业企业地位、关注灵活就业群体、重
视数字能力提升、推动培训标准建设、加强基础能力建设等七
个方面提出了未来城镇劳动者科学素质和技能水平提升的基本
走势。

关键词： 城镇劳动者 科学素质 技能水平 数字能力

　　面向我国建设世界科技强国和社会主义现代化强国的宏伟目标，需要立
足新发展阶段、贯彻新发展理念、构建新发展格局、推动高质量发展，这其
中提升城镇劳动者科学素质和技能水平要担负起更加重要的使命。本文所言
之城镇劳动者特指在城镇就业的除公务员群体以外的18~60岁的人员。

---

* 黄梅，中国人事科学研究院研究员，主要研究方向为人力资源开发与配置；谢晶，博士，中
国人事科学研究院副研究员，主要研究方向为职称和职业资格、心理测量与评估、人才选拔
与评价、职业指导与咨询、人力资源服务标准化；孙一平，博士，中国人事科学研究院副研
究员，主要研究方向为人才评价、职业发展、人力资源开发。

一 城镇劳动者科学素质与技能水平的基本情况

（一）城镇劳动人口规模

截至 2021 年，全国就业人员 74652 万人，较 2020 年下降 0.55%，其中城镇就业人员 46773 万人，占全国就业总量的 62.65%，较 2020 年底增长 1.01 个百分点。在全国就业人员中，第一、第二、第三产业的占比由 2020 年的 23.6∶28.7∶47.7 优化为 2021 年的 22.9∶29.1∶48.0（见图 4-1）。2021 年，全国农民工总量 29251 万人，较 2020 年增长 2.40%。其中，本地农民工、外出农民工分别为 12079 万人、17172 万人，较 2020 年分别增长 4.10%、1.30%，本地农民工数量增幅相对较大。

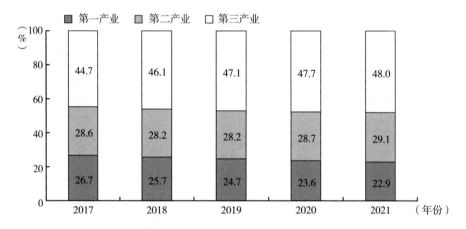

图 4-1　2017~2021 年就业人员产业分布

资料来源：2017~2021 年度人力资源和社会保障事业发展统计公报。

2021 年，全年城镇新增就业 1269 万人，较 2020 年增长 7.00%（见图 4-2）。其中，城镇失业人员实现再就业 545 万人，较 2020 年增长 6.65%；就业困难人员就业 183 万人，较 2020 年增长 9.58%（见图 4-3）。2021 年，城镇登记失业人数为 1040 万人，较 2020 年底减少 120 万人；城镇登记失业率、调查失业率分别为 3.96%、5.10%（见图 4-4）。

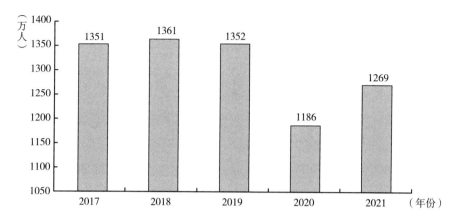

图 4-2　2017~2021 年城镇新增就业人数

资料来源：2017~2021 年度人力资源和社会保障事业发展统计公报。

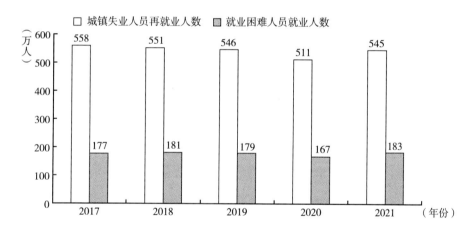

图 4-3　2017~2021 年城镇失业人员再就业人数

资料来源：2017~2021 年度人力资源和社会保障事业发展统计公报。

（二）就业人口受教育程度

据统计，2020 年全国就业人员中研究生及以上学历占 1.1%，与 2019 年基本持平；大学本科占 9.8%，较 2019 年提高 0.1 个百分点，大学专科占 11.3%，较 2019 年下降 0.7 个百分点。从地区分布看，就业人口受过高等

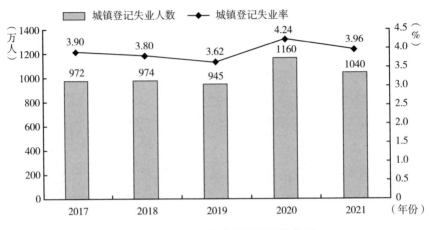

图 4-4 2017~2021 年城镇登记失业率

资料来源：2017~2021 年度人力资源和社会保障事业发展统计公报。

教育的比例排在前三位的依次是北京（63.0%）、上海（49.9%）和天津（42.0%）（见表 4-1），与 2019 年相比，北京有一定幅度提升，而上海、天津都略有下降。

表 4-1 2020 年全国 31 个省（区、市）就业人员受教育程度构成

单位：%

地区	合计	男	女	未上过学	小学	初中	高中	大学专科	大学本科	研究生及以上
全国	100.0	56.6	43.4	2.4	16.3	41.7	17.5	11.3	9.8	1.1
北京	100.0	55.3	44.7	0.2	1.9	18.2	16.8	19.2	33.5	10.3
天津	100.0	64.9	35.1	0.3	5.6	31.4	20.9	16.8	22.2	3.0
河北	100.0	57.5	42.5	1.3	11.9	50.4	16.9	10.5	8.2	0.7
山西	100.0	60.2	39.8	1.0	11.2	44.5	19.0	12.8	10.6	0.9
内蒙古	100.0	58.6	41.4	1.7	16.4	41.5	15.2	13.6	11.0	0.7
辽宁	100.0	56.4	43.6	0.5	12.4	49.5	14.3	10.7	11.6	1.0
吉林	100.0	55.5	44.5	0.7	18.9	45.3	15.3	9.2	9.7	0.9
黑龙江	100.0	58.6	41.4	0.7	17.1	47.6	15.6	9.8	8.7	0.6
上海	100.0	57.8	42.2	0.5	4.8	28.1	16.7	17.7	26.2	6.0
江苏	100.0	56.3	43.7	2.3	13.6	38.5	18.8	13.7	11.7	1.4

地区	合计	男	女	未上过学	小学	初中	高中	大学专科	大学本科	研究生及以上
浙江	100.0	57.4	42.6	1.5	15.8	35.6	18.4	13.9	13.4	1.3
安徽	100.0	56.6	43.4	6.6	17.7	43.7	13.5	10.2	7.6	0.7
福建	100.0	58.3	41.7	2.0	17.6	40.6	17.5	10.8	10.8	0.7
江西	100.0	56.3	43.7	2.2	20.5	44.5	16.1	9.1	7.0	0.5
山东	100.0	55.9	44.1	3.8	14.9	45.0	17.6	9.8	7.9	1.0
河南	100.0	54.7	45.3	2.6	12.8	47.5	20.1	9.7	6.7	0.6
湖北	100.0	55.6	44.4	2.6	17.2	41.0	19.4	10.2	8.2	1.3
湖南	100.0	56.3	43.7	0.8	12.8	42.5	23.0	11.6	8.6	0.7
广东	100.0	59.9	40.1	0.7	10.5	40.7	23.4	13.8	9.9	0.9
广西	100.0	55.6	44.4	0.8	16.8	52.1	15.2	8.5	6.3	0.4
海南	100.0	55.2	44.8	1.0	10.8	48.1	19.8	10.7	9.1	0.5
重庆	100.0	55.5	44.5	4.7	21.5	33.7	19.1	13.2	10.2	0.7
四川	100.0	54.1	45.9	3.6	26.7	37.0	14.8	9.8	7.4	0.7
贵州	100.0	56.9	43.1	6.7	31.2	38.4	9.7	6.8	7.0	0.3
云南	100.0	53.9	46.1	4.6	30.9	39.2	11.1	7.2	6.5	0.5
西藏	100.0	53.3	46.7	19.6	50.8	12.9	4.4	5.0	7.2	0.2
陕西	100.0	57.5	42.5	2.3	13.9	42.5	18.0	12.8	9.5	1.0
甘肃	100.0	55.3	44.7	6.9	26.0	36.1	14.2	8.7	7.6	0.5
青海	100.0	58.1	41.9	7.2	22.8	33.0	13.4	12.0	11.3	0.4
宁夏	100.0	58.6	41.4	6.0	14.8	36.5	15.9	13.9	12.1	0.7
新疆	100.0	537	46.3	1.1	16.8	40.3	16.5	13.6	11.1	0.6

资料来源：国家统计局人口和就业统计司编《中国人口和就业统计年鉴（2021）》，中国统计出版社，2021。

（三）城镇劳动者科学素质水平

据统计，我国全民具备科学素质的比例从 2010 年的 3.27% 上升到 2015 年的 6.20%，又进一步提升至 2020 年的 10.56%，基本实现每五年翻一番。从区域情况看，东部地区持续领跑，长三角、珠三角、京津冀三大城市群处于领先地位。从不同分类人群情况看，城镇居民和农村居民分别达到 13.75% 和 6.45%。取得上述成绩主要得益于科学普及的组织力不断提高，目前已经构建了强有力的科学普及组织体系，即省域统筹政策和机制，市域

构建资源集散中心，县域组织落实，形成涵盖品牌、平台、机制、队伍、改革和阵地的"六位一体"工作体系。

（四）城镇劳动者技能水平

截至 2021 年底，全国共有技工院校 2492 所，较 2020 年底增加 69 所，累计招收学生 167.20 万人，毕业学生达 108.70 万人，较 2020 底分别增加 7.10 万人、7.30 万人，面向社会开展培训 600.70 万人次，较 2020 底增加 114.90 万人次；共有就业训练中心 940 所、民办培训机构 29832 所、职业资格评价机构 6894 个、职业技能等级认定机构 13431 个。2021 年，参加职业资格评价或职业技能等级认定人员 1078.4 万人次，取得证书人员 898.8 万人次，其中有 30.2 万人次取得技师、高级技师职业资格证书或职业技能等级证书。

（五）专业技术人才素质水平

截至 2021 年底，全国博士后科研工作站、博士后科研流动站分别为 3874 个、3357 个，累计招收培养博士后 29.2 万人。2021 年全年报名参加专业技术人员资格考试人员 1880 万人，取得证书人员 347 万人，取证率为 18.46%，较 2020 年下降 3.32 个百分点，截至 2021 年底取得资格证书人员累计达到 3935 万人；组织开展专家服务基层示范团项目 60 个，新设立国家级专家服务基地 15 家，组织 1200 余名专家深入基层一线，培训指导基层专业技术人才和当地群众近 4 万人次。

二 提升城镇劳动者科学素质和技能水平的主要做法

（一）落实部门职责

1. 持续推进专业技术人才知识更新工程和培养锻炼工作

由人力资源和社会保障部（以下简称"人社部"）牵头，通过持续推进专业技术人才知识更新工程、稳步推进西部地区专业技术人员特殊培养等工作，不断提升专业技术人员的科学素质。2021年，人社部共举办高级研修班300期，培训高层次专业技术人员2万余人次。2021年10月，人社部等部门联合发布《专业技术人才知识更新工程实施方案》，决定实施新一轮专业技术人才知识更新工程，每年计划培训创新型、应用型、技术型人才100万名。

2. 全方位开展城镇劳动者职业技能提升行动

由人社部牵头，通过继续实施《职业技能提升行动方案（2019—2021年）》《职业技能提升行动"互联网+职业技能培训计划"》，持续推进新型学徒制、岗前培训、岗位技能提升、以工代训等培训工作，进一步扩大培训规模，逐步形成线上线下融合衔接的职业技能培训格局。2021年，共开展补贴性职业技能培训3218.4万人次、以工代训1501.8万人，累计培训农民工、失业人员、毕业年度高校和中职毕业生、脱贫人口及脱贫家庭子女分别为1174.2万人次、100.7万人次、131.7万人次、211.2万人次。通过实施《职业技能提升行动方案（2019—2021年）》，三年累计从失业保险基金结余中安排1000亿元，共开展补贴性职业技能培训8300余万人次。

3. 多措并举加强青年群体就业与创业指导

由团中央牵头，通过开展就业引导、就业帮扶、创业促进等工作加强青年群体就业创业指导。一是借助书籍、媒体等讲述有关人生道路选择、职业选择的生动故事，引导青年树立正确的择业观、就业观、奋斗观。二是实施共青团促进大学生就业行动，通过提供实际就业帮扶和提升社会化能力的方式，统筹实施低收入家庭学生就业帮扶计划、大学生实习"扬帆计划"等促进就业项目，把握大学生的基本情况并进行就业指导和岗位对接。三是落实中国青年创业行动，积极促进青年人开展科技创新型创业和返乡创业，鼓励青年人自主创业，通过青年创业带动实现更多青年就业。

4. 全力提升女性重点群体创业就业技能

由全国妇联牵头，通过开展针对女性返乡返岗农民工等重点群体的"春风行动"、加强女性高校毕业生就业培训和创业扶持等活动，提升妇女就业创业能力。一是加强女性职业技能培训。各级妇联面向妇女就业增收、创业致富能力提升需求，常态化开展女性劳动者创业就业技能培训。2022年各地妇联陆续开展巾帼"学技能 提素质"百日行动，通过开展线上线下相结合的技能培训、开设免费培训课程、进行现场指导等方式，帮助女性劳动者提升实用技能和就业能力、促进灵活就业。[①] 二是支持促进女性高校毕业生就业创业。按照全国妇联、教育部、人力资源和社会保障部联合印发的《关于做好女性高校毕业生就业创业工作的通知》要求，组建就业创业导师队伍提供职场辅导和招聘对接等指导服务，通过各地女大学生创业实践基地提供实习岗位和实训机会，统筹高校、就业培训机构等社会资源开发一批适合女性高校毕业生的培训课程。

5. 大力加强安全生产知识教育

由国务院安委办、应急管理部牵头，持续开展全国"安全生产月"活动。2022年6月是第21个全国"安全生产月"，活动主题是"遵守安全生产法 当好第一责任人"。主要活动内容包括如下几个。一是集中观看《生命重于泰山——学习习近平总书记关于安全生产重要论述》电视专题片，组织学习宣传安全生产十五条措施，贯彻落实中央有关安全生产的相关文件精神。二是开展安全生产法主题宣传活动，学习并遵守新《安全生产法》，督促第一责任人将安全放在首位。三是组织开展"安全生产万里行"专题行、网上行、区域行等活动，分类强化警示教育。四是通过线上线下相结合等多种方式，开展安全宣传"五进"和"安全宣传咨询日"活动，提升全社会的安全意识和自救互救能力。

（二）聚焦对象内容

1. 注重劳动者创业培训

自2020年11月人社部印发《关于实施职业技能提升行动创业培训"马兰花计划"的通知》以来，各地陆续印发关于"马兰花计划"的实施方案，推出一系列劳动者创业培训措施。一是推动创业培训机构认定工作，并

---

① 杜芮：《引领妇女参与数字经济高质量发展》，《学习实报》2022年3月7日。

依托高技能人才培训基地建设，建设高水平的创业培训示范基地。二是整合创业培训师资，完善创业培训师资库，实现动态更新管理。三是组建创业导师库，邀请创业培训师、创业指导师、投资人、企业家等加入。四是借鉴技能大师工作室建设经验，支持优秀创业培训师、创业指导师等建立创业指导工作室。五是按照政府激励引导、社会广泛参与、劳动者自主选择的原则，针对不同创业阶段分类实施创业培训，注重加强开办店铺、市场分析、经营策略等内容的培训。六是依托公共创业服务机构或通过政府购买服务方式，提供开业指导、创业见习、咨询指导等服务。

2. 重视新业态新模式劳动者技能培训

2021 年 12 月，人社部等四部门联合印发《"十四五"职业技能培训规划》，明确了加强新业态新模式从业人员技能培训的基本思路。一是适应共享经济、平台经济发展，树立职业技能培训为就业服务的理念，广泛开展数字技能、媒体运营等新业态新模式从业人员技能培训，突出工作能力建设，加强新业态新模式从业人员就业技能的储备与开发。二是加快推进新经济、新模式、新业态领域新职业的发布及相应国家职业标准开发，建立健全多层次、可衔接、国际等效可比的职业标准体系。三是依托国家职业标准、职业培训课程规范等，建立更高质量的职业培训教材与数字培训资源体系。四是重视信息技术的运用，加大人工智能、云计算、大数据等信息技术手段的应用力度。

3. 强化制造业劳动者技能提升

2022 年 6 月，人社部等三部门联合印发《制造业技能根基工程实施方案》，提出制造业高技能人才振兴计划和职业技能提升行动的行动方案。一是建立国家技能根基工程培训基地，重点面向技师、高级技师、特级技师、首席技师等高技能人才开展培训研修。二是推动技工院校与先进制造业企业合作，推行工学一体化技能人才培养模式，探索组建聚焦制造、突出创新、效益显著的技工教育联盟（集团）。三是完善制造业职业分类和建立国家职业技能标准，制定制造业政府补贴职业技能培训目录，动态征集和调整优质培训项目，鼓励通过"揭榜挂帅"机制开展项目制培训。四是引导制造业企业按照岗位总量的一定比例设立学徒岗位，通过企校双师带徒、工学结合模式对新招用

职工、在岗职工和转岗职工进行学徒培训，全面推行中国特色企业新型学徒制。

4. 突出重点青年群体就业帮扶

2021年底，共青团中央启动实施"共青团促进大学生就业行动"。一是稳步推进一般院校低收入家庭学生就业帮扶计划，重点帮扶"双非"学校的脱贫家庭、零就业家庭、低保家庭以及有残疾的、较长时间未就业的高校毕业生就业。据统计，截至2022年6月，共青团累计征集8.6万家企业的174万个就业岗位信息，帮助4.1万名毕业生找到了工作。二是继续实施"西部计划"等基层项目，2022年计划招募3.67万人。三是深入实施大学生乡村创业帮扶计划，面向毕业两年内大学生返乡下乡创业提供2万元资金资助和综合创业服务，重点帮助他们遴选创业项目、匹配创业服务资源，2022年计划资助不少于3000个项目。四是开展"扬帆计划"实习岗位募集工作，截至2022年6月，有20个省份已启动，累计组织开展职场体验活动3000多场。

5. 提高妇女数字化就业创业能力

自2021年4月人社部印发《提升全民数字技能工作方案》以来，全国妇联积极推进妇女工作在数字经济领域实现高质量发展。一是联合各级妇联持续安排专项资金开展电商带头人示范培训，与商务部等部门以及电商平台合作开展电商培训，与农业农村部合作推出网络直播带货技能培训课程，与农广校联合开设"乡村振兴巾帼行动"网络课程。二是围绕妇女数字生活、工作、学习、创新等方面的需求，协调争取各级党政机关、企事业单位、团体组织、网络平台等的资金、课程、师资等资源，组织妇女参与各类数字素养和技能培训。三是加强与人力资源社会保障部、农业农村部等部门和有关电商平台合作，通过开展高素质女农民培训和数字技能、直播带货、电商运营等培训，提升妇女数字素养。四是重视与相关部门、企业平台合作，开发更多适合妇女的就业岗位、创业项目，为从业妇女提供招聘、就业对接服务。

（三）加强平台建设

1. 加强公民科学普及平台建设

经过多年发展，公民科学普及平台建设实现量质同增，极大地促进了公民科学素质提升。"科普中国"品牌已经成为国内最权威的科普平台，平台资源总量超 53TB，各类传播渠道有 715 家，传播量 416 亿人次。同时，具有中国特色的现代科技馆体系发展迅速。据统计，截至 2021 年底，达标实体科技馆数量为 408 座，总建筑面积达 442.05 万平方米，另有在建科技馆 115 座；流动科技馆项目立足县域，累计配发 612 套，巡展 4944 站，覆盖全国 29 个省（区、市）1888 个县市；科普大篷车立足乡镇，累计配发 1251 辆，行驶里程 5000 余万公里，开展活动 24.9 万次。中国数字科技馆建设量质并重，成效非常显著。十年来，中国数字科技馆不断加强内容建设，着力开发精品栏目库、优质移动端科普传播作品库和数字化展览展品库，形成包括 PC 端网站、手机 App、微信及短视频平台等在内的科学传播公众服务综合体系。

2. 加快留学人员创业园建设

留学人员创业园作为服务留学回国人员创业的重要载体，在引进优秀海外留学生回国创业方面发挥着重要作用。截至 2021 年底，全国共有留学人员创业园 372 家，入园企业达 2.5 万余家，吸引 9 万名留学回国人员来园就业创业。据统计，2021 年，省部共建留学人员创业园 4 家，截至 2021 年底累计共建 53 家。同时，按相关文件①精神，2021 年累计资助 122 名留学回国创新创业人才，资助 47 项留学人员服务活动。

3. 举办全国新职业技术技能大赛

2021 年 8 月，人社部印发《举办全国新职业技术技能大赛的通知》，充分发挥职业技能竞赛在促进人才培养、激发人才创新创造活力的重要作用。大赛拟定 2021 年 11~12 月在杭州举办，因疫情延期举行，共设面向智能制造工程技术人员、集成电路工程技术人员、人工智能工程技术人员等 20 个比赛项目，同期将举行技能中国行、中华绝技展演、新职业相关信息发布、新职业对口企业交流、技能成才技能报国先进事迹报告会和新职业发展论坛

---

① 《关于开展 2021 年度高层次留学人才回国资助试点工作的通知》《关于开展 2021 年度中国留学人员回国创业启动支持计划申报工作的通知》《关于开展 2021 年海外赤子为国服务行动计划申报工作的通知》等。

等活动。参赛选手为相应职业从业人员（职工身份，包括教师、博士后研究人员），按户籍属地原则（或在当地工作满1年以上）报名参赛，每个赛项可选派2名（双人赛项为1队）选手参加全国决赛。已获得"中华技能大奖""全国技术能手"荣誉的，不能以选手身份参赛。各省（区、市）及新疆生产建设兵团由人力资源社会保障厅（局）组建参赛代表团。

4. 搭建女性数字发展平台

近年来，各级妇联不断融入平台思维、流量思维、数字思维，注重提升女性就业创业"数字力"，建设开放、共享、共赢的新兴领域女性发展平台，建设更多女性关注、信任、依赖的关爱基地；建设创新、智慧、高能的新兴领域女性服务阵地。譬如，全国妇联依托浙江和广东，搭建全国巾帼农产品销售基地；指导各级妇联培育巾帼电商品牌，帮助50余万妇女通过电子商务等新经济新业态实现就业增收。2021年12月，全国妇联办公厅印发《关于命名2021年度"全国巾帼现代农业科技示范基地"的通知》，从科技含量高、经营规模大、综合效益好、示范带动强的省级巾帼创业示范基地、中央财政扶持女农民合作社、新型农业经营主体、新兴产业等中优选100个"全国巾帼现代农业科技示范基地"，依托巾帼现代农业科技示范基地开展农业技术培训、农产品产销对接、智慧农业等服务，赋能农业传统产业转型升级，促进数字技术与实体经济深度融合，引导农村妇女发展新产业新业态新模式。

5. 遴选建设国家技能根基工程培训基地

2022年6月，人社部等三部门联合印发《制造业技能根基工程实施方案》，指出"遴选建设国家技能根基工程培训基地"。重点依托国家制造业高质量发展试验区、国家先进制造业集群等遴选制造业龙头企业、单项冠军企业、专精特新"小巨人"企业和优质技工院校，针对高技能人才特别是技师、高级技师、特级技师、首席技师的培训研修需求开展规模化培训，建设国家技能根基工程培训基地。支持其面向产业链上下游中小微企业职工提供培训服务，促进制造业技术迭代和质量升级。推动技工院校与先进制造业企业合作共建，推行工学一体化技能人才培养模式，探索组建一批聚焦制造、突出创新、效益显著的技工教育联盟（集团），提高制造业技能人才培养的针对性和有效性。

三　城镇劳动者科学素质和技能水平提升面临的新形势

（一）实施新时代人才强国战略

党的十九届六中全会强调，深入实施新时代人才强国战略，加快建设世界重要人才中心和创新高地，聚天下英才而用之。习近平总书记在中央人才工作会议上进一步提出深入实施新时代人才强国战略，加快建设世界重要人才中心和创新高地的战略构想。战略科学家、一流科技领军人才和创新团队、青年科技人才、卓越工程师这四类战略人才力量建设，已成为新时代人才强国战略的重要任务。加快壮大国家战略人才力量，尤其是造就规模宏大的青年科技人才队伍、培养大批卓越工程师，必须完善优秀青年人才全链条培养制度，组织实施高校优秀毕业生接续培养计划；探索形成有中国特色、世界水平的工程师培养体系，努力建设一支爱党报国、敬业奉献、具有突出技术创新能力、善于解决复杂工程问题的工程师队伍。

（二）实施新时代科技强国战略

在以习近平同志为核心的党中央领导下，我国坚定不移地走中国特色自主创新道路，大力建设创新型国家和科技强国。2021 年，全社会研发投入2.79 万亿元，研发投入强度达 2.44%；[1] 全国高新技术企业 33 万家，研发投入占全国企业投入的 70%；[2] 169 家高新区集聚了全国 1/3 以上的高新技术企业，吸纳大学毕业生就业人数占全国的比重为 9.20%；[3] 在全球创新指

---

[1] 钟源：《科技部：2021 年全社会研发投入达 2.79 万亿元》，《经济参考报》2022 年 2 月 28 日。
[2] 《科技部：2021 年全国高新技术企业数量已达 33 万家》，中国新闻网，2022 年 6 月 6 日。
[3] 《科技部：2021 年全国高新技术企业数量已达 33 万家》，中国新闻网，2022 年 6 月 6 日。

数排名中位列第十二。进入新发展阶段，必须不断丰富新时代科技强国建设的内涵与标志性特征，提升科技强国建设的战略目标与实践要求，以战略科技力量和战略人才力量为支撑引领，不断激发科技人才创新创业创造活力，培养更多战略科学家，造就更多世界一流的科技领军人才和创新团队，培育更多具有国际竞争力的青年科技人才后备军，集聚起建设新时代科技强国的磅礴力量。

（三）实施新型城镇化战略

《中华人民共和国国民经济和社会发展第十四个五年规划和2035年远景目标纲要》明确提出，"提升城镇化发展质量""深入推进以人为核心的新型城镇化战略"。当前，我国进行深入推进以人为核心的新型城镇化战略的关键时期。据统计，2021年末常住人口城镇化率达64.72%，较2020年的63.89%提高了0.83个百分点。农业转移人口市民化加速推进，有力地支撑和推动了我国经济社会高质量发展。在城镇化率提升的同时，城镇流动人口规模也在加速扩大。《2021年国民经济和社会发展统计公报》显示，2021年全国人户分离人口达到5.04亿人，其中跨省市流动人口3.85亿人，与2020年相比，人户分离人口增加1100万人，跨省市流动人口增加900万人。跨省市流动人口已成为城市新市民的重要组成部分。深入推进以人为核心的新型城镇化战略，必须加快促进农业转移人口市民化，增强其就业创业技能，提升城镇就业创业的质量和水平。

（四）建设全国统一大市场

2022年4月，中共中央、国务院出台《关于加快建设全国统一大市场的意见》（以下简称《意见》），进一步明确了打造统一的要素和资源市场的基本要求。在劳动力要素市场领域，《意见》指出："健全统一规范的人力资源市场体系，促进劳动力、人才跨地区顺畅流动。完善财政转移支付和城镇新增建设用地规模与农业转移人口市民化挂钩政策。"加快建设全国统一大市场，必须破除限制劳动力自由流动、合理配置、优化升级等制度性障碍，推动城乡、部门、产业、行业、区域间的市场开放，促进人力资源合理流动和高效集聚；健全人力资源要素市场化配置机制，实现价格市场决定、流动自主有序、配置高效公平；有效整合公共服务与人才配套服务，优化人力资源流动中的户籍迁移、人事档案转移、居住证办理、教育培训等标准化流程，推动教育培训等公共服务标准化体系开发建设。

四　提升城镇劳动者科学素质与技能水平的基本走势

（一）坚持就业优先政策

就业是民生之本，不断扩大就业，创造更多就业岗位，推动劳动者体面劳动、全面发展，对于保障广大人民群众的生存权、发展权至关重要。当前和今后一个时期，我国就业形势依然严峻，必须继续强化就业优先政策，推动实现更加充分更高质量就业。一是突出就业优先导向，将就业作为宏观调控的优先考虑，在经济高质量发展中实现就业扩容提质。二是完善高校毕业生就业支持体系，挖掘各类企业特别是中小微企业岗位潜力，组织好基层服务项目，推动就业服务提前进校园，办好百日千万网络招聘等活动。三是实施支持青年就业创业专项计划，启动百万就业见习岗位募集计划，强化长期失业青年帮扶。四是聚焦国家乡村振兴重点帮扶县、易地搬迁大型安置区，强化就业促进和技能提升，稳定脱贫人口就业规模。五是促进大规模职业技能培训，开展重点群体重点行业专项培训，加快培养适应产业发展和企业岗位实际需要的创新型、技能型、应用型人才。六是广泛开展职业技能竞赛活动，大力弘扬劳模精神、劳动精神、工匠精神。

（二）优化部门协调机制

城镇劳动者科学素质和技能提升工作是一项复杂的系统工程，在广泛动员社会力量积极参与的同时，必须依靠人力资源社会保障部、全国总工会、共青团中央、全国妇联等相关部门的通力合作。立足新发展阶段、贯彻新发展理念、构建新发展格局，城镇劳动者科学素质和技能水平提升更要进一步协调各部门的关系，科学分工、紧密合作，建立健全城镇劳动者素质和技能提升的协同联动机制。一是人力资源社会保障部门重点做好专业技术人员知识更新以及技能人才技能提升方面的政策制定、标准开发、资源整合、培训机构管理、质量监管等工作。二是发改部门重点做好统筹推进科学素质和技能培训的基础能力建设。三是教育部门负责组织职业院校承担职业技能培训等相关培训任务。四是工会、共青团、妇联等群团组织及行业协会等参与相关群体素质和技能提升工作。五是工业和信息化、住房城乡建设、应急管理、煤矿安监、农业农村等部门重在发挥行业主管部门的作用。六是财政部门主要确保相关资金及时足额拨付到位。

（三）突出行业企业地位

城镇劳动者科学素质和技能水平提升，离不开企业的重视以及行业组织的参与。一是破除体制机制壁垒，加快建立健全企业在劳动者科学素质和技能提升中的主体地位。二是尊重劳动者科学素质和技能提升规律，完善政府支持企业投入的政策措施，引导各类要素向企业集聚。三是推动企业与高校创新人才合作培养模式，构建政府、产业部门、高等院校、企业、服务机构等多方联动的产业人才培养开发机制。四是发挥行业组织桥梁纽带作用，培育发展行业协会组织，提升其参与指导的能力、水平和质量。五是推动行业组织与企业建立紧密的合作关系，培养更多满足行业需要、备受企业青睐的技术技能人才。六是鼓励行业组织积极推动企业创新发展，通过举办比赛竞赛、学术沙龙、品牌推广、国际交流等系列重要活动，帮助企业进一步提升加强劳动者科学素质和技能提升的责任感和使命感，构建全行业劳动者科学素质和技能提升新局面。

（四）关注灵活就业人员

灵活就业已成为就业的"蓄水池"，也成为当下年轻人的就业新选择。

据统计，截至 2021 年底，我国灵活就业人员高达 2 亿人。2020 年、2021 年，全国高校毕业生的灵活就业率都超过 16%。2021 年 7 月，人社部等八部门联合印发《关于维护新就业形态劳动者劳动保障权益的指导意见》，对维护新就业形态劳动者的劳动报酬、合理休息、社会保险、劳动安全等权益作出安排。一是多渠道促进毕业生灵活就业，支持新业态就业，并针对有意愿、有能力创业的毕业生精准开展创业培训和创业服务。二是通过设置创新创业学分、放宽学生修业年限等措施培养学生创新创业意识和能力，鼓励支持学生选择灵活就业。三是健全灵活就业人员社会保障和权益保障制度，积极推进灵活就业人员参加住房公积金制度试点。

（五）重视数字能力提升

数字经济时代，对劳动者的数字素养和技能提升提出了更高的要求。2022 年 1 月，国务院印发《"十四五"数字经济发展规划》，给出了提升全民数字素养和技能的基本思路。一是实施全民数字素养与技能提升计划，提升优质数字资源的供给水平，鼓励公共数字资源全方位面向社会开放。二是加大技工院校、其他职业院校数字技术技能类人才的培养力度，支持企业与院校合作共建现代产业学院、实习基地、联合实验室等，推广订单制、现代学徒制等多元人才培养模式。三是制定实施数字技能提升专项培训计划，切实提升老年人、残障人士等运用数字技术的能力。四是通过多种形式强化数字社会道德规范，大力提升公民网络文明素养。五是加大数字经济领域人才奖励支持力度，探索高效灵活有效的人才引进、培养、评价及激励政策。

（六）推动培训标准开发

加快建设全国统一大市场，对推动教育培训等公共服务标准化体系建设提出了新的要求。实践表明，公共服务已成为影响劳动力要素自由流动的重要因素，公共服务体系建设必须与扩大要素供给相适应。一是突出能力建设，鼓励培训机构依据国家职业标准，采取多种形式推动职业培训标准开发，特别是新职业领域培训标准的研制和开发。二是基于培训标准研发标准

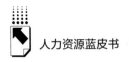

化的职业培训大纲、培训教材、教学课程、职业培训包等基础资源。三是整合公共服务与人才配套服务，优化人力资源流动中的教育培训等标准化流程。四是结合新经济、新产业、新职业发展需要，不断创新教育培训标准、目录、内容和项目。五是鼓励龙头企业、行业组织和院校相关工作人员参加培训标准开发，培训大纲标准、培训教材研发以及相应的师资培训。六是鼓励开展常规化、制度化、标准化的员工培训，落实培训补贴政策。

（七）加强基础力量建设

基础力量是提升城镇劳动者科学素质和技能水平的重要保障，必须加大其建设力度。一是持续推进专业技术人才知识更新、高技能人才振兴等方面的制度建设。二是加快推动国家级专业技术人员继续教育基地、技能大师工作室、高技能人才培训基地、职业培训机构和公共职业技能实训基地等载体建设。三是搭建开放的科学知识学习平台，面向全体公民提供知识普及推广方面的公共服务产品。四是完善劳动者求职和用人单位用工需求信息对接平台，搭建信息公共服务平台。五是推进各类知识更新和职业技能培训资源共建共享共用，搭建开放的网络培训平台。六是广泛应用大数据技术，提升相关信息汇聚能力、需求感知能力和信息引导水平。七是加大资金投入力度，创新科技投入方式，逐步提高教育培训、科普经费增长速度，夯实城镇劳动者科学素质建设的基础。

参考文献

谢伏瞻：《中国数字经济前沿（2021）》，社会科学文献出版社，2021。

国家统计局：《第七次全国人口普查公报（第八号）》，2021年5月11日。

人力资源和社会保障部：《人力资源和社会保障事业发展统计公报》，2017~2021。

国家统计局：《中国人口和就业统计年鉴（2021）》，中国统计出版社，2021。

中共人力资源和社会保障部党组：《坚持就业优先　推动实现更加充分更高质量就业》，国际在线，2022年6月17日。

中国科协：《我国公民具备科学素质的比例每五年翻一番》，央视网，2022 年 6 月 6 日。

《团中央多举措帮扶青年就业创业　维护青年就业合法权益》，https：//m. gmw. cn/baijia/2022-04/21/35677108. html，2022 年 4 月 21 日。

孙锐：《新时代人才强国战略布局高质量发展人才根基》，《瞭望》2022 年 3 月 14 日。

杜芮：《引领妇女参与数字经济高质量发展》，《学习时报》2022 年 3 月 7 日。

Miller，J. D. ，*Scientific Literacy and Citizenship in the 21st Century*，ShieleB. and Koster E. H. ，Multimode Science Centers for This Century，Multimondes，2000.

B.5
我国教育人才发展状况分析

安雪慧*

摘　要： 教育人才队伍是建设高质量教育体系的重要人力资本。本文主要回顾了 2021 年下半年和 2022 年上半年我国教育人才发展现状、教育人才培养培训体系建设、教师人事制度改革创新等方面的情况；面向未来发展，教育人才队伍需要不断优化结构、提高质量，为建设高质量教育体系提供强有力的人力资源支撑。

关键词： 教育人才　培养培训　人事制度　教师管理

一　教育人才发展现状

2021 年，全国共有专任教师 1844.37 万人，比 2020 年增加 51.40 万人，增长 2.87%。这些教育人才工作在 52.93 万所学校，支撑起有 2.91 亿在校学生的教育体系，成为我国建设人力资源强国的重要基础。2021 年，劳动年龄人口平均受教育年限为 10.9 年，[①] 比 2020 年提高 0.1 年，其中接受过高中阶段以上教育和高等教育的比例分别为 44.96% 和 24.87%。

（一）教育人才队伍稳步增加

一是幼儿园专任教师数增长，教师配备基本达标。2021 年，全国共有

---

* 安雪慧，博士，中国教育科学研究院研究员，主要研究方向为区域教育、教育政策、教师政策、教育管理、女童与妇女教育等。

① 教育部发展规划司：《2021 年全国教育事业统计主要结果》，http://www.moe.gov.cn/jyb_xwfb/gzdt_gzdt/s5987/202203/t20220301_603262.html。

学前教育专任教师 319.10 万人，比 2020 年增加 27.76 万人，增长 9.53%。2021 年，全国共有学前教育在园幼儿 4805.21 万人，比 2020 年减少 13.06 万人。在专任教师数增加、在园幼儿数减少的背景下，学前教育生师比持续优化，2021 年生师比为 15.06：1，比 2020 年下降 0.44，基本达到了"两教一保"的配备标准，师资短缺问题得到有效缓解。

2021 年，全国共有幼儿园园长 31.07 万人，比 2020 年增加 0.23 万人，增长 0.75%。其中，城市幼儿园园长 13.31 万人，比 2020 年增长 0.45 万人；农村幼儿园园长 17.77 万人，比 2020 年减少 0.23 万人。

二是义务教育阶段专任教师数增长，生师比继续优化。2021 年，全国义务教育阶段专任教师共有 1057.19 万人，比 2020 年增加 27.7 万人，增长 2.69%。其中，小学教育专任教师 660.08 万人，比 2020 年增加 16.66 万人，增长 2.58%；初中教育专任教师 397.11 万人，比 2020 年增加 11.04 万人，增长 2.86%。分城乡看，城市小学专任教师 248.89 万人，比 2020 年增加 18.95 万人，农村小学专任教师 411.19 万人，比 2020 年减少 2.29 万人；城市初中专任教师 155.83 万人，比 2020 年增加 9.88 万人，农村初中专任教师 241.28 万人，比 2020 年增加 1.16 万人（见表 5-1）。

表 5-1　义务教育阶段专任教师总量及其城乡分布

单位：万人

范围	2019 年		2020 年		2021 年	
	小学	初中	小学	初中	小学	初中
全国	626.9	374.7	643.42	386.07	660.08	397.11
城市	215.2	137.7	229.94	145.95	248.89	155.83
农村	411.7	237.1	413.48	240.12	411.19	241.28

资料来源：历年教育部《全国教育事业发展统计公报》《中国教育统计年鉴》。

2021 年，全国小学教育生师比为 16.33：1，比 2020 年下降 0.37，小学教师配置水平进一步提升；全国初中教育生师比为 12.64：1，比 2020 年下降 0.06，初中教师配置水平进一步提升。

三是特殊教育专任教师数增加，进一步满足儿童教育需要。2021年，全国特殊教育专任教师6.94万人，比2020年增加0.32万人，增长4.83%。

四是高中阶段专任教师数增加，师资配置水平提高。2021年，全国普通高中专任教师202.83万人，比2020年增加9.51万人；全国普通高中生师比为12.84∶1，比2020年下降0.06。2021年，全国共有中等职业学校①专任教师69.54万人，比2020年增加4.67万人，增长7.20%。全国中等职业学校生师比为18.86∶1，比2020年下降0.68，师资配置水平优化。

五是高等教育专任教师人数稳步增加，教师配置水平提升。2021年，全国高等学校专任教师188.52万人，比2020年增加5.22万人，增长2.85%（见表5-2）。2021年，全国普通、职业高校生师比为18.54∶1，比2020年提高0.14。其中，普通本科院校生师比为17.90∶1，本科层次职业学校为19.38∶1，高职（专科）为19.85∶1。

表5-2　各类教育专任教师数量

单位：万人

年份	2015	2020	2021
普通高等学校	157.26	183.30	188.52
普通高中	169.54	193.32	202.83
中等职业	65.24	64.87	69.54
普通初中	347.56	386.07	397.11
普通小学	568.51	643.42	660.08
特殊教育	5.03	6.62	6.94
学前教育	230.31	291.34	319.10

注：中等职业未包含技工学校数据。
资料来源：历年教育部《全国教育事业发展统计公报》《中国教育统计年鉴》。

（二）教育人才队伍结构进一步优化

一是幼儿教师学历水平继续提高。2021年，在全国幼儿教师中，具有

① 中等职业教育包括普通中等专业学校、职业高中和成人中等专业学校。

大专及以上学历的专任教师占专任教师总数的 87.60%，比 2020 年提高 2.6 个百分点。

二是义务教育阶段高于规定学历的教师占比持续提升。2021 年，小学专任教师学历合格率①为 99.98%，专任教师中本科及以上学历的人员占比为 70.30%，比 2020 年提高 4.3 个百分点。初中专任教师学历合格率为 99.91%，专任教师中本科及以上学历的人员占比为 90.05%，比 2020 年提高 1.49 个百分点。

三是接受过专业培训的特殊教育教师占比继续提高。2021 年，专任教师中接受过特殊教育专业培训的人员占比为 83.84%，比 2020 年提高 5.19 个百分点。

四是全国普通高中专任教师学历水平持续提升，城乡差异继续缩小。2021 年，全国普通高中专任教师学历合格率②为 98.82%，比 2020 年提高 0.02 个百分点。分城乡看，城市普通高中专任教师学历合格率为 99.21%，农村普通高中专任教师学历合格率为 98.40%，城乡差距仍呈缩小趋势（见表 5-3）。

表 5-3　城乡普通高中专任教师学历合格率

单位：%

年份	2015	2020	2021
全国	97.7	98.8	98.82
城市	98.5	99.2	99.21
农村	97.0	98.4	98.40

资料来源：历年教育部《全国教育事业发展统计公报》《中国教育统计年鉴》。

2021 年，中等职业学校专任教师中本科及以上学历占比为 93.57%，比 2020 年提高 0.65 个百分点。

五是普通本科院校教师学位层次稳步提高，职称结构不断优化。2021

---

① 小学专任教师学历合格是指高中及以上学历；初中专任教师学历合格是指专科及以上学历。
② 普通高中专任教师学历合格是指具有本科及以上学历。

年，普通高校专任教师中，有研究生学位的教师占77.23%，比2020年提高1.43个百分点；其中，普通本科院校为88.03%，比上年提高2.03个百分点；高职专科院校为54.79%，比上年提高2.39个百分点。2021年，全国普通高校专任教师中，拥有高级职称教师的占比为42.83%。其中，普通本科院校[①]为48.97%，高职（专科）院校为29.72%。

二　教育人才培养培训体系建设

（一）建设高质量教师教育体系

实施新时代基础教育强师计划。2022年4月，教育部等十部门联合印发通知，部署实施"新时代基础教育强师计划"（以下简称"强师计划"），明确了强师计划的总体要求、具体措施和实施保障。其中，总体要求不仅明确了强师计划的指导思想、基本原则，也明确了强师计划到2025年和2035年的目标任务，比如，到2025年的目标任务，涉及国家师范教育基地建设、硕士层次中小学教师和教育领军人才培养、农村教师培养支持服务体系完善、教师培训和教师发展保障等方面。具体措施共15条，涉及提升教师能力素质、推动优质师资均衡发展、加强教师教育体系建设、深化管理综合改革等方面。[②] 2021年5月，国家发改委会同教育部、人力资源社会保障部印发的《"十四五"时期教育强国推进工程实施方案》明确提出，支持一批本科师范院校加强教学科研设施建设，重点支持建设一批国家师范教育基地，其中包含综合类院校中的师范学院，每校支持额度为1亿元。

实施师范教育协同提质计划。2022年2月，教育部决定实施《师范教育协同提质计划》，通过组织协调高水平师范大学以组团形式，在培养骨干

---

① 本科院校数据含独立学院。
② 《教育部等八部门关于印发〈新时代基础教育强师计划〉的通知》（教师〔2022〕6号），http://www.moe.gov.cn/srcsite/A10/s7034/202204/t20220413_ 616644.html。

教师、引进高水平人才以及学科专业建设、基础教育服务能力建设、学校发展规划与管理能力提升等方面，重点支持一批中西部欠发达地区的薄弱师范院校，构建高质量师范大学体系，整体提升师范院校和师范专业办学水平。① 2022 年 4 月，根据既定程序，教育部组织遴选出 32 所重点支持的地方薄弱师范院校，结合前期已建立的帮扶关系、基础和意愿，确定了 10 所参与帮扶的牵头院校和 30 所参与帮扶高校，形成院校协同提质组团计划。②

（二）加强重点区域优秀教师支持计划

2021 年 4 月，教育部等四部门联合印发文件，③ 对实现巩固拓展教育脱贫攻坚成果同乡村振兴有效衔接做出系统安排，明确了重要意义、总体要求、重点任务和保障措施。比如，明确提出要"继续实施系列教师支教计划"。2021 年 7 月，教育部等九部门印发文件，④ 实施中西部欠发达地区优秀教师定向培养计划。通过定向方式，依托部属师范大学与高水平地方师范院校，从 2021 年起每年为 832 个脱贫县（原集中连片特困地区县、国家扶贫开发工作重点县）和中西部陆地边境县中小学校培养 1 万名左右本科层次师范生。2022 年开始实施的"强师计划"也再次明确继续实施"中西部欠发达地区优秀教师定向培养计划""特岗计划继续倾斜支持乡村教学点和小规模学校"⑤，持续做好"三区"人才支持计划教师专项计划，2021～2022 学年全国计划选派义务教育阶段 20041 名、非义务教育阶段 995 名共

---

① 教育部办公厅：《关于实施师范教育协同提质计划的通知》（教师厅函〔2022〕2 号），http：//www. moe. gov. cn/srcsite/A10/s7011/202202/t20220222_ 601227. html。

② 教育部办公厅：《关于公布师范教育协同提质计划重点支持院校名单及组团安排的通知》（教师厅函〔2022〕4 号），http：//www. moe. gov. cn/srcsite/A10/s7011/202205/t20220506_ 625203. html。

③ 教育部等四部门：《关于实现巩固拓展教育脱贫攻坚成果同乡村振兴有效衔接的意见》（教发〔2021〕4 号），http：//www. moe. gov. cn/srcsite/A03/s7050/202105/t20210514_ 531434. html。

④ 《中西部欠发达地区优秀教师定向培养计划》（教师〔2021〕4 号），http：//www. moe. gov. cn/srcsite/A10/s7011/202108/t20210803_ 548644. html。

⑤ 教育部等八部门：《关于印发〈新时代基础教育强师计划〉的通知》（教师〔2022〕6 号），http：//www. moe. gov. cn/srcsite/A10/s7034/202204/t20220413_ 616644. html。

21036 名教师。① 2022 年，国家计划启动新一轮"三区"人才计划教师专项计划。

（三）深化教师精准培训改革

"强师计划"明确提出，要聚焦基础教育课程改革的理念、要求和教育教学方法变革，以中西部欠发达地区农村教师校长培训为重点，充分发挥名师名校长辐射带动作用，实施五年一周期的"国培计划"，示范引领各地教师全员培训。② 各级政府、师范院校、教育研究机构和基础教育机构，充分发挥国家教师发展协同创新实验基地建设的示范作用，通过建立标准、项目拉动、转型改制等举措，推动各地构建、完善省域内教师发展机构体系，建强县级教师发展机构及培训者、教研员队伍。各级教师培训机构要不断优化培训内容、开发高水平课程资源，建立健全自主选学机制和精准帮扶机制，创新线上线下混合式研修模式，进一步提升中小学教师的信息技术应用能力和科学素养。2022 年，教育部启动实施"职教国培"示范项目，着力打造一批能够发挥高端引领和示范带动作用的培训项目，为各地各校打造样板，③ 引领职业院校教师培训工作，建立常态化培训机制。

（四）加强职业院校"双师型"教师队伍建设

2021 年 7 月，教育部、财政部联合下发通知，实施《职业院校教师素质提高计划（2021—2025 年）》，明确"十四五"时期提高职业院校教师素质的总体要求、重点任务、保障措施。在总体要求方面，突出个体成长和

---

① 教育部办公厅、财政部办公厅：《关于做好 2021 年"三区"人才支持计划教师专项计划有关实施工作的通知》（教师厅函〔2021〕12 号），http：//www. moe. gov. cn/srcsite/A10/s7151/202106/t20210628_ 540796. html。

② 教育部等八部门：《关于印发〈新时代基础教育强师计划〉的通知》（教师〔2022〕6 号），http：//www. moe. gov. cn/srcsite/A10/s7034/202204/t20220413_ 616644. html。

③ 教育部教师工作司：《管理制度日臻完善　整体素质稳步提升——党的十八大以来职教教师队伍面貌发生可喜变化》，http：//www. moe. gov. cn/fbh/live/2022/54487/sfcl/202205/t20220524_ 629747. html。

教学团队建设结合，推进校企共建"双师型"教师培养培训基地，把"三教改革"、"1+X证书"制度、教师企业实践等作为重点改革内容；在重点任务方面，从优化完善教师培训内容、健全教师精准培训机制、健全教师发展支持体系以及强化日常管理和考核四个方面进行了系统部署。在保障措施方面，明确了国家、省、市、县、校各级的职责与协同机制，对加大投入和严格经费使用管理提出了要求。2021年，全国中等职业学校"双师型"①教师占专任教师比例为55.51%；高职专科和本科"双师型"教师比例均达到59%，②职业院校专任教师中"双师型"教师比例大幅提高，教师实践能力得到显著提升。

（五）建强高校思政课教师队伍

近年来，教育部推进高校思政课教师队伍建设改革，创新先行试点，采取"一省一策"方案，以"大思政课"为抓手，加大高校思政课教师队伍建设力度，在扩大规模和结构优化方面均取得明显成效。到2021年底，高校专兼职思政课教师超过12.7万人，总体达到师生比1∶350的要求。其中专职教师中，49岁以下的占77.7%，具有高级职称的占35%。与此同时，高校思政课教师培养培训体系也不断完善。2021年，全国高校马克思主义学院达到1440家，其中中宣部、教育部重点建设的有37家，教育部支持建设的优秀教学科研团队有200余个；全国马克思主义理论一级博士学位授权点104个，比2016年增加65个，一级硕士学位授权点279个，比2016年增加150个，学位点数量位居各学科前列；教育部依托41个全国高校思政课教师研修基地、32个"手拉手"集体备课中心开展的常态化研修培训，每年培训教师近6000人。③ 目前，思政课建设已成为高校党对教育工作的

---

① "双师型"教师比例含技工学校数据。
② 教育部教师工作司：《管理制度日臻完善　整体素质稳步提升——党的十八大以来职教教师队伍面貌发生可喜变化》，http：//www.moe.gov.cn/fbh/live/2022/54487/sfcl/202205/t20220524_629747.html。
③ 教育部社会科学司：《学校思想政治理论课教师座谈会精神贯彻落实总体情况介绍》，http：//www.moe.gov.cn/fbh/live/2022/54301/sfcl/202203/t20220317_608134.html。

全面领导工作考核、办学质量和学科建设重要评估标准，实现了以评促发展的目标。

三 教师人事制度改革创新

（一）优化义务教育教师资源配置

为深入推进义务教育优质均衡发展，国家不断深化义务教育教师"县管校聘"人事制度改革，指导各地科学、有序推进义务教育学校校长教师交流轮岗，加强县（区）域内义务教育教师统筹管理，优化教师配置。比如，安徽印发《中小学教师"县管校聘"管理改革的指导意见》，加大全省中小学教师编制资源统筹力度，落实市县中小学教师招聘主体责任和用人自主权，优先保障农村、艰苦边远地区中小学校需要；在 5 个县（区）开展"转事权、放人权、给财权"三权统一改革试点。① 浙江全省实施优秀校长教师交流轮岗制度，2021 年交流轮岗校长教师 1.5 万名，其中一级职称及以上骨干教师占比超过 17%。②

（二）继续推进中小学教师资格证制度改革

深化"放管服"改革，扩大中小学教师资格免试认定改革范围。2022年 1 月，教育部下发通知，推进师范生免试认定中小学教师资格改革，扩大中小学教师资格面试认定改革范围。具体而言，根据办学条件和办学质量审核结果，确定纳入免试认定改革范围的高等学校师范类专业；③ 实施免试认定改革的高等学校要建立师范生教育教学能力考核制度，只有考核合格的毕

---

① 《安徽省师德铸魂惠师强师 打造高素质专业化创新型教师队伍——2022 年全国教育工作会议经验交流之二》，http://www.moe.gov.cn/jyb_ sjzl/s3165/202201/t20220130_ 596942. html。
② 《浙江省对标共同富裕示范区建设 努力办好人民满意的教育》，http://www.moe.gov.cn/jyb_ sjzl/s3165/202203/t20220325_ 610663. html。
③ 教育部：《关于推进师范生免试认定中小学教师资格改革的通知》（教师函〔2022〕1 号），http://www.moe.gov.cn/srcsite/A10/s7011/202201/t20220121_ 595602. html。

业生才能免国家中小学教师资格考试。① 与此同时，文件对建立健全师范生教育教学能力考核制度做出具体安排。目前教育部正在推进教师资格证书电子证照系统建设，提升教师资格证管理服务能力。严格教师资格申请人普通话水平要求，提高新任教师国家通用语言文字教育教学水平。加强校外培训机构从业人员资格管理，从事学科类管理培训的须具备相应教师资格证书，从事按照非学科类管理培训的须具备相应的职业（专业）能力证明。②

（三）推进师范院校专业认证

在 2020 年建立三级五类师范专业认证和 221 个专业通过第二、三级专业认证的基础上，2021 年经高校申请、教育评估机构组织专家现场考查、普通高等学校师范类专业认证专家委员会审定，北京师范大学地理科学专业等 6 个专业通过第三级专业认证，北京师范大学物理学专业等 256 个专业通过第二级专业认证，认证结果有效期六年。③

（四）提高乡村教师待遇保障

近年来，国家实施人才支持计划教师专项计划，提高乡村教师待遇保障。"特岗计划"教师工资性补助标准由最初的年人均 1.5 万元提高到目前的中部地区 3.52 万元、西部地区 3.82 万元，中西部 22 个省（区、市）全面落实了连片特困地区乡村教师生活补助政策，提高了中小学教师工资待遇，累计建设 56 万套边远艰苦地区农村学校教师周转宿舍，不断提高乡村教师生活待遇保障水平；中小学教师职称评聘向乡村教师倾斜，激发教师提

---

① 具体按照《教育部关于印发〈教育类研究生和公费师范生免试认定中小学教师资格改革实施方案〉的通知》（教师函〔2020〕5 号）"建立师范生教育教学能力考核制度"有关要求执行。

② 教育部办公厅、人力资源社会保障部办公厅：《关于印发〈校外培训机构从业人员管理办法（试行）〉的通知》（教监管厅函〔2021〕9 号），http：//www.moe.gov.cn/srcsite/A29/202109/t20210914_ 562912. html。

③ 教育部办公厅：《关于公布 2021 年通过普通高等学校师范类专业认证专业名单的通知》（教师厅函〔2021〕22 号），http：//www.moe.gov.cn/srcsite/A10/s7011/202110/t20211021_ 574101. html。

升专业水平和能力的主动性和积极性。[①] 2021 年面向全国招聘了 8.4 万名乡村特岗教师。[②]

四 未来展望

面向未来发展，要持续强化教育人才队伍是建设高质量教育体系重要人力资本的理念，结合国家发展战略，不断优化教育人才队伍结构，推进教师教学资源数字化建设。

（一）优化基础教育教师配置

"十四五"时期，国家对学前教育、普通高中教育和职业教育教师配置提出了新要求，各地切实落实相关政策要求，是今后一段时间优化基础教育教师资源配置的重要任务。具体而言，相关要求主要涉及如下几点。首先，按照幼儿园教师配备标准，各地和学校要补齐公办园教职工，杜绝"有编不补"、长期使用代课教师的情况。民办幼儿园按国家配备标准，配足配齐教职工，确保幼儿教育需要。其次，县域普通高中要加大教师补充力度，依照配备和教师资格标准条件及时补齐教师。相关管理部门、教研机构不得占用县中教职工编制、借用县中教师，公办普通高中学校教师不得在民办高中任教。再次，落实国家有关规定和程序办理教师调动手续，发达地区、城区学校不得到薄弱地区、县中抢挖优秀校长和教师，未经组织人事部门和教育行政部门同意，从县中学校恶意抢挖人才的学校，取消其各类评优评先资格。[③] 最

① 教育部：《对十三届全国人大四次会议第 4609 号建议的答复》（教发建议〔2021〕257号），http：//www.moe.gov.cn/jyb ＿ xxgk/xxgk ＿ jyta/jyta ＿ ghs/202201/t20220106 ＿ 592663.html。
② 教育部：《对十三届全国人大四次会议第 10171 号建议的答复》（教基建议〔2021〕591号），http：//www.moe.gov.cn/jyb ＿ xxgk/xxgk ＿ jyta/jyta ＿ jijiaosi/202111/t20211102 ＿ 577163.html。
③ 教育部等九部门：《关于印发〈"十四五"学前教育发展提升行动计划〉和〈"十四五"县域普通高中发展提升行动计划〉的通知》（教基〔2021〕8号），http：//www.moe.gov.cn/srcsite/A06/s7053/202112/t20211216 ＿ 587718.html。

后，国家研制职业学校教职工配备基本标准，地方可在国家基本标准基础上，制定本地区职业学校教职工配备标准。

（二）加强中小学教师培养培训

教师培养培训仍是未来提高教育人才供给质量的重要手段。一是针对培养与实践脱节的问题，进一步深化高等师范院校学前教育专业课程改革，完善培养方案，强化学前儿童发展、教育专业基础以及教育实践能力培养，提高师范生培养质量和水平。二是针对培训质量不高的问题，各地研制幼儿教育教师和教研员培训计划，注重实践导向，提高培训针对性、实用性。国家充分结合"国培计划"，加大县域普通高中校长和骨干教师引领示范培训，各地可组织县域普通高中校长和教师全员培训，全面提升高中校长办学治校能力，提高教师教育教学水平。三是国家鼓励和支持高校、教科研机构和优质幼儿园、高中结对帮扶边远地区和欠发达地区的幼儿园和普通高中，协同提升办学能力、治校办园水平。

（三）建立健全职业教育教师治理体系

2022年4月，新修订的《中华人民共和国职业教育法》明确国家保障职业教育教师的权利，提高其专业素质与社会地位，为加强职业教育教师队伍建设提供了制度保障。未来可建立专门职业教育师范院校或在高等学校设立专门专业，培养职业教育教师，健全包括行业组织、企业各方参与的职业教育教师培养培训机制；采取多种方式，提高职业院校教师实践能力，并达到相应的技术技能水平；产教融合型企业应提供一定数量的岗位，接纳职业学校、职业培训机构教师参与产业实践；具备条件的企事业单位经营管理人员和专业技术人员，经教育教学能力培训合格后，可担任职业院校的专职或兼职专业课教师。建立技能水平与获得职业院校专业课教师资格贯通机制，高技能人才考取职业院校专业教师资格可视情况降低学历要求。职业院校可通过担任专兼职专业课教师、

设立专业工作室等方式聘请具有一定资质的高技能人才，参与人才培养培训、技术开发、技能传承等工作。①

（四）完善基础教育教师待遇保障和激励机制

在基础教育阶段，各地要统筹落实基础教育教师工资收入政策，完善工资结构，着力提升中小学教师工资待遇，建立激励机制。首先，落实公办幼儿园教师工资待遇保障政策，确保工资按时足额发放、同工同酬；民办幼儿园参照公办园教职工工资收入水平，合理确定教职工相应的工资收入。② 其次，落实幼儿园教师社会保障政策。针对有些地方和学校幼儿园教职工社会保障监管不到位问题，相关部门应依法依规进行检查，督促各类幼儿园足额足项为教职工缴纳社会保险和住房公积金。③ 针对一些地方存在的幼儿园教职工社会保障金缴费渠道不畅问题，农村集体办园可通过委托乡镇中心幼儿园、小学附属幼儿园可委托小学代缴的方式及时缴纳保障金。再次，适度提高中小学高级职称教师岗位比例，且可适当向县中、乡村学校倾斜。有效落实"强师计划"相关要求，对乡村教师的职称评聘实施"定向评价、定向使用"政策。④ 最后，科学合理核定绩效工资总量，绩效工资内部分配向优秀人才、一线教师倾斜。

（五）完善中小学教研工作制度

首先，完善中小学各级教研制度。按照国家要求，深化完善国家、省、

---

① 《中华人民共和国职业教育法》（1996 年 5 月 15 日第八届全国人民代表大会常务委员会第十九次会议通过，2022 年 4 月 20 日第十三届全国人民代表大会常务委员会第三十四次会议修订），《人民日报》2022 年 4 月 21 日。

② 教育部等九部门：《关于印发〈"十四五"学前教育发展提升行动计划〉和〈"十四五"县域普通高中发展提升行动计划〉的通知》（教基〔2021〕8 号），http：//www.moe.gov.cn/srcsite/A06/s7053/202112/t20211216_587718.html。

③ 教育部等九部门：《关于印发〈"十四五"学前教育发展提升行动计划〉和〈"十四五"县域普通高中发展提升行动计划〉的通知》（教基〔2021〕8 号），http：//www.moe.gov.cn/srcsite/A06/s7053/202112/t20211216_587718.html。

④ 教育部等八部门：《关于印发〈新时代基础教育强师计划〉的通知》（教师〔2022〕6 号），http：//www.moe.gov.cn/srcsite/A10/s7034/202204/t20220413_616644.html。

市、县、校五级教研工作制度，建立健全上下联动、相互支撑、运行高效的教研工作机制。地方教研机构可独立设置，也可在相对统一的教育事业单位内独立设置。其次，各级教研机构加强与中小学校、高等学校、科研院所、教师培训、考试评价、电化教育、教育装备等单位的协作，形成以教育行政部门为主导、教研机构为主体、中小学校为基地、相关单位通力协作的教研工作机制。① 再次，各地按相关规定和要求配齐基础教育各学科专业教研员，建立健全工作机制，有效推进对中小学教育教学工作开展有针对性的研究和指导，协助中小学教师提高教育教学质量。最后，加强对教研员队伍的培养培训，提高教研能力和质量，并探索开展相关教研工作的督导评估，确保各级教研员队伍能高质有效地推进中小学各学科教育教学工作。

（六）推进教师教学资源数字化建设

2022 年，教育部实施教育数字化战略行动。各级教育行政部门可结合国家智慧教育公共服务平台，创新教师资源供给模式，探索教师教学所需数字资源和服务供给，强化优质教学数据资源挖掘和分析，建立优质资源的共建共享机制。依托"国培计划""人工智能助推教师队伍建设试点""职业院校教师素质提高计划"等国家级项目，开发建设遴选教师数字化学习优质资源，为各类教师专业发展提供资源服务。探索建立教师数字化资源学习成效纳入教师培训学时学分的机制。

---

① 教育部等九部门：《关于印发〈"十四五"学前教育发展提升行动计划〉和〈"十四五"县域普通高中发展提升行动计划〉的通知》（教基〔2021〕8 号），http://www.moe.gov.cn/srcsite/A06/s7053/202112/t20211216_ 587718. html。

B.6
我国科技人力资源发展的
特点与趋势分析

黄园浙[*]

摘　要： 科技人力资源状况反映一个国家或地区科技人力的储备水平和供给能力。2005 年以来，我国科技人力资源发展呈现良好态势，具有如下特点：总量和密度持续增长，工学背景人员占比高、规模大，较高学历层次人员、青年人、女性占比不断提高。上述态势的形成得益于高等教育规模扩张、科技事业蓬勃发展、政策环境不断优化和崇尚科学的社会文化氛围日益浓厚。未来我国科技人力资源将在继续保持总量规模增长态势的基础上，着力促进质量水平提升和潜力发挥。

关键词： 科技人力资源　高等教育　科技事业

　　科技人力资源是一个国家或地区科技人力储备和供给的重要指标，也是国家科技事业发展重要的战略资源。了解我国科技人力资源发展的特点与趋势，对于进一步做好人才工作、充分发挥科技人才对社会经济发展的支撑作用具有重要现实意义。

---

* 黄园浙，中国科协创新战略研究院副研究员，主要研究方向为科技人才。

一 科技人力资源发展的基本特点[①]

（一）总量和密度持续增长

我国科技人力资源总量已从 2005 年的 4252 万人增长到 2020 年的 11234.1 万人，15 年间增长了 1.6 倍。多年来我国一直保持世界科技人力资源第一大国的地位。与此同时，我国科技人力资源密度也呈现增长态势。2005 年，我国每万人口中科技人力资源数量为 325.19 人，2011 年超过 500 人，到 2020 年已接近 800 人（见表 6-1）。15 年间，科技人力资源密度增长了 1 倍还多。

表 6-1 2005~2020 年部分年份全国科技人力资源总量和密度

单位：万人，人/万人

年份	2005	2009	2011	2014	2016	2018	2020
科技人力资源总量	4252	5799	6760	8114	9154	10154.5	11234.1
全国总人口	130756	133474	134735	136782	138271	139538	141178
密度	325.19	434.47	501.73	593.21	662.03	727.72	795.74

资料来源：根据历年《中国科技人力资源发展研究报告》、相关年份《国民经济和社会发展统计公报》数据整理计算。

科技人力资源总量和密度的增长是我国科技人力资源发展的最显著特征，也是我国作为世界科技人力资源第一大国最具优势的表现。

（二）工学背景人员占比高、规模大

我国科技人力资源的学科背景组成十分丰富，目前已包含高等教育的所

[①] 本部分数据主要来源于《中国科技人力资源发展研究报告（2020）——科技人力资源的回顾与展望》。总量相关数据截至 2020 年底，结构相关数据截至 2019 年底。由于数据获取原因，结构数据分析以接受过科技领域高等教育的科技人力资源为基础。

有学科。在接受过科技领域高等教育的科技人力资源存量中，我国科技人力资源的学科背景以工学为主。2005 年，我国科技人力资源中工学背景的约占总量的 1/3，随后一直呈现增长态势，到 2019 年已超过一半，占 55.84%（见图 6-1）。

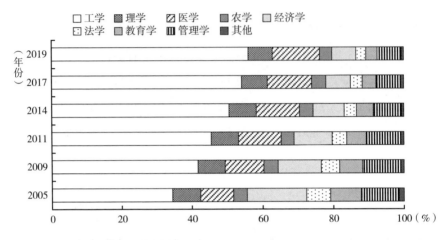

图 6-1　2005~2019 年部分年份全国科技人力资源的学科结构

资料来源：历年《中国科技人力资源发展研究报告》。

（三）较高学历层次人数及其占比不断增长

我国科技人力资源群体中，除约不到 10% 未受过科技领域高等教育而在科技岗位上工作的人员外，其余 90% 以上的人都接受过科技领域大专以上学历教育。在这些接受过科技领域大专以上学历教育的科技人力资源中，按照大专、本科、硕士、博士的学历层次进行统计，具有专科学历的科技人力资源比重呈现下降趋势。2005 年专科学历科技人力资源占比超过 60%，到 2019 年降到 53.22%。本科、硕士和博士层次科技人力资源占比都呈增长状态，其中硕士、博士增长更为明显。2019 年，硕士和博士层次科技人力资源所占比例分别达到 6.02% 和 0.89%，比 2005 年增长 1 倍还多（见图6-2）。

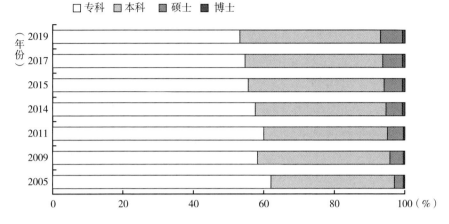

图6-2 2005～2019年部分年份全国科技人力资源的学历结构

资料来源：历年《中国科技人力资源发展研究报告》。

（四）青年人和女性占比日益提升

我国科技人力资源的主体是青年人，39岁及以下科技人力资源一直占大多数。截至2019年，39岁及以下科技人力资源占总量的73.89%，50岁以上的科技人力资源仅占9.94%。从整体来看，我国科技人力资源分布呈现随年龄增高人数减少的趋势，也就是说，29岁以下人群数量最多，然后是30～39岁、40～49岁、50～59岁，最少的是60岁以上人群（含60岁）。39岁以下科技人力资源群体占总量的比重从2005年的65.7%[①]增长到2019年约为3/4。这反映出我国科技人力资源队伍年轻化明显的特征与发展趋势。

我国科技人力资源性别均衡化特点主要通过女性科技人力资源占比提升来体现。截至2019年，接受过科技领域高等教育的科技人力资源中，女性科技人力资源为3997.5万人，占40.1%。女性科技人力资源占比提升还有

---

① 中国科学技术协会调研宣传部、中国科学技术协会发展研究中心：《中国科技人力资源发展研究报告》，中国科学技术出版社，2008。

一个显著特点，即学历层次越高，女性比重越大。据统计，近两年研究生层次中新增女性科技人力资源的比例已经超过 50%。

二 科技人力资源发展的主要促进因素

（一）高等教育规模扩大

从来源渠道看，科技人力资源培养的主要渠道是高等教育。多年来，高等教育培养的科技人力资源一直保持在 90% 以上。根据 2020 年的数据，[1] 在我国 11234.1 万科技人力资源中，通过高等教育获得科技领域相关专业大专及以上学历（位）的毕业生占比达 93.69%。因此，我国科技人力资源保持长期稳定增长得益于我国高等教育的大力发展。高等教育发展是我国科技人力资源发展的最直接因素。

长期以来，我国高等教育规模扩张与科技人力资源的规模扩张是基本同步的。作为科技人力资源来源的主要渠道，2020 年普通高等教育培养的科技人力资源约占总量的 60%。正因如此，高等教育，特别是普通高等教育的发展对于我国科技人力资源的发展有着最直接最显著的影响。尽管由于学科限制，不是所有高等教育毕业生都会被纳入科技人力资源，但高考录取率增加和普通高等教育招生入学人数增加带来的高等教育规模扩张，依然是我国科技人力资源总量增加的最重要因素之一。据统计，2005 年全国 877 万高考考生中录取人数为 504 万人，录取率为 57%，到 2019 年高考考生人数为 1031 万人，录取人数为 820 万人，录取率达到近 80%。由于研究生层次毕业生全部属于科技人力资源范畴，研究生培养规模的增长也是科技人力资源规模增加的重要原因。据统计，1949 年我国仅招收研究生 242 人，1978 年达到 10708 人，2005 年为 32.50 万人，到 2020 年招生数突破 110 万人。

---

① 中国科协调研宣传部、中国科协创新研究院：《中国科技人力资源发展研究报告（2020）——科技人力资源发展的回顾与展望》，清华大学出版社，2021。

（二）科技事业蓬勃发展

科技人力资源是国家科技实力的人力储备，也是科技事业发展的重要战略力量。科技事业的发展带来科技人力资源的强大需求，也是科技人力资源培养的重要推动力量。

多年来，我国科技投入力度不断加大，为科技事业发展提供了有力保障。2005 年，我国国家财政科技支出为 1334.9 亿元，到 2020 年增长为 10095.05 亿元。全国研发经费投入快速增长，2021 年研发经费投入达 27864.0 亿元，是 2005 年的 10 余倍，我国已成为仅次于美国的世界第二大研发经费投入国家。与此同时，我国研发经费投入强度由 2005 年的 1.34% 增长到 2021 年的 2.44%，已接近 OECD 国家疫情前 2.47% 的平均水平；[①] 研发人员（全时当量）人均经费支出由 2005 年的 18 万元增长到 2020 年的 46.6 万元。

科技事业的发展还表现在科技创新成就的不断涌现和科技实力水平的不断提高。近年来，我国科技创新取得了巨大成就，科技实力正在从量的积累迈向质的飞跃、从点的突破迈向系统能力的提升。2021 年，我国国家创新能力综合排名上升至世界第 12 位。基础研究、战略高技术领域、高端产业等整体实力显著加强，各种新突破不断涌现。科技在民生、国防等诸多领域都发挥着越来越重要的作用。比如，在新冠肺炎疫情防控过程中科技提供了有力支撑。[②] 国家重点研发计划等支持的科研项目取得了大量原创成果，也促进了很多宏大的工程实施。比如，祖冲之二号、九章二号研制成功，"四横四纵"的高铁网络形成，载人航天工程不断发展等，无一不是科技能力和水平持续提升的结果。在我国科技整体水平大幅度提升的过程中，无论是基础前沿领域的理论突破还是关键共性技术的应用研究，都形成了大量的人才需求，培养和造就了大批科技人才。

---

① 《2021 年我国研发投入强度创新高》，中国政府网，http：//www.satcm.gov.cn/xinxifabu/guowuyuanxinxi/2022-01-27/24406.html。

② 习近平：《在中国科学院第二十次院士大会、中国工程院第十五次院士大会、中国科协第十次全国代表大会上的讲话》，《人民日报》2021 年 5 月 29 日。

（三）政策环境不断优化

近年来，我国深入实施科教兴国战略、人才强国战略和创新驱动发展战略，为科技人力资源提供了广阔的发展空间和良好的政策保障，突出体现在对教育、人才和科技的高度重视。

在科教兴国战略、教育优先发展战略指导下，我国高等教育在育人方式、办学模式、管理体制、保障机制等方面不断创新，已建成世界上最大规模的高等教育体系，高等教育进入世界公认的普及化阶段。① 通过"2011 协同创新中心建设""双一流高校建设""高等教育内涵式发展"等举措，推进了教育理念、体系、制度、内容、方法、治理等方面的创新发展。2019年国务院印发的《中国教育现代化 2035》提出优先发展教育，突出体现了教育在国家现代化建设中的重要作用。②

党的十八大以来，习近平总书记在各种场合多次强调，人才是第一资源，创新驱动的实质是人才驱动。2015 年，中共中央、国务院印发《关于深化体制机制改革　加快实施创新驱动发展战略的若干意见》，将"坚持人才为先"作为四项总体思路之一。2016 年《中华人民共和国国民经济和社会发展第十三个五年规划纲要》发布，其中第九章"实施人才优先发展战略"，从建设规模宏大的人才队伍、促进人才优化配置、营造良好的人才发展环境三个方面部署加快建设人才强国的具体任务和目标。2021 年中央人才工作会议召开，这是我们党和国家历史上第一次以中央名义召开人才工作会议，充分凸显了党和国家对人才工作的空前重视。

对科技的重视也上升到前所未有的高度。党的十九届五中全会提出，坚持创新在我国现代化建设全局中的核心地位，把科技自立自强作为国家发展的战略支撑。科技创新被摆在各项规划任务的首位，并进行专章部署，这在

---

① 《我国接受高等教育的人口达 2.4 亿　高等教育毛入学率达 57.8%》，光明网，https：//m. gmw. cn/2022-05/17/content_ 1302950925. htm。

② 崔瑞霞、谢喆平、石中英：《高等教育内涵式发展：概念来源、历史变迁与主要内涵》，《清华大学教育研究》2019 年第 6 期。

我们党编制五年规划建议历史上是第一次。党的十九届六中全会审议通过《中共中央关于党的百年奋斗重大成就和历史经验的决议》强调，坚持实施创新驱动发展战略，把科技自立自强作为国家发展的战略支撑。2021 年中央经济工作会议首次把科技政策作为下一年度稳定宏观经济的七大政策之一，提出科技政策要扎实落地，强化国家战略科技力量是其中一项重要任务。

（四）崇尚科学的社会文化氛围日益浓厚

人才发展离不开精神文化环境。崇尚科学的社会文化是科技人力资源成长发展的沃土。

科学家精神的大力弘扬为科技人力资源发展提供了良好机遇。习近平总书记指出："科学成就离不开精神支撑。科学家精神是科技工作者在长期科学实践中积累的宝贵精神财富。"2019 年，中共中央办公厅、国务院办公厅印发《关于进一步弘扬科学家精神加强作风和学风建设的意见》。在中国共产党成立 100 周年之际，科学家精神成为第一批被纳入中国共产党人精神谱系的伟大精神之一，在全社会的影响力进一步扩大。

社会文化环境的营造还体现在对青少年一代的引导教育方面。作为科技人才的重要后备力量，青少年一代对于科技专业和岗位的偏好，直接关系着未来科技人力资源储备。可喜的是，这一偏好正在被越来越多的青少年认同。2009 年全国政协委员王庭大在北京两所中学和两所小学进行理想职业调查发现，科学家在九个备选职业中名列第七，远不及位列前列的企业家、歌星影星等。① 经济合作与发展组织（OECD）公布的 2015 年国际学生能力测试（PISA）结果中，中国将来期望进入科学相关行业的学生比例为16.8%，不仅明显低于美国（38%），甚至不及 OECD 国家 24.5% 的均值。②

① 《王庭大委员：让当科学家重新成为年轻人的理想》，http://news.sina.com.cn/c/2009-03-11/054917381404.shtml。

② 《中国学生期望进科学行业的比例仅 16.8% 美国 38%》，https://www.163.com/digi/article/CAL7VA4T001687H3.html。

在崇尚科学的社会文化影响下，这种情况有了明显好转。2021 年中国青年报社社会调查中心开展的一项针对 1630 名 14~35 岁青少年的有关科学家精神专项调查显示，了解到袁隆平等科学家的感人事迹后，81.4% 的受访青少年表示会因此立志当科学家，95.2% 的受访者明确表示，会将袁隆平、吴孟超等著名科学家作为人生偶像。① 2022 年北京教育科学研究院德育研究中心会同北大医疗脑健康行为发展教研院开展的针对北京 16 个区中小学生十大偶像选择的调查发现，在列举的 20 个偶像类型中，科学家（28.1%）位居榜首，比排名第二影视明星（12.7%）的数据高出一倍以上，袁隆平、钱学森、爱因斯坦、邓稼先、屠呦呦位居列出名字科学家的前五位。②

三　科技人力资源发展的趋势展望

（一）总量规模仍将继续扩大

科技人力资源总量将在高等教育发展的背景下继续增长。根据最新数据，③ 我国各类高等教育在学总规模 4430 万人，高等教育毛入学率达到 57.8%，这就意味着高等教育科技人力资源培养储备处在历史较高水平。根据教育部发布的《中国教育概况——2020 年全国教育事业发展情况》，2020 年全国共有普通高等学校 2738 所（含独立学院 241 所），比上年增加 50 所。全国普通本专科招生 967.5 万人，比上年增加 52.5 万人，增长 5.7%；成人本专科招生 363.8 万人，比上年增加 61.6 万人，增长 20.4%；研究生招生 110.7 万人（包括博士生 11.6 万人、硕士生 99.1 万人），比上年增加 19.0

---

① 《超九成受访青少年将袁隆平吴孟超等科学家作为人生偶像》，https：//baijiahao. baidu. com/s？id=1701594297338102157&wfr=spider&for=pc。

② 《北京中小学生心中的偶像是谁？"第一"实至名归》，https：//www. 163. com/dy/article/H8D9T2AE053471BQ. html。

③ 《我国高等教育毛入学率超五成　受高等教育人口达 2.4 亿》，https：//finance. sina. com. cn/money/insurance/health/2022-05-21/doc-imizirau4043825. shtml。

万人，增长 20.7%。从毕业生总量来看，"十四五"期间，我国高等教育毕业生人数将继续增长。2020 年全国普通本专科毕业生 797.2 万人，比上年增加 38.7 万人，增长 5.1%；研究生毕业 72.9 万人（包括博士 6.6 万人、硕士 66.2 万人），比上年增加 8.9 万人，增长 13.9%。

高等教育学科专业设置影响科技专业毕业生数量，从而影响科技人力资源总量。整体来看，高等教育学科专业设置调整倾向于理工科专业增加，而理工科专业毕业生的增加也将直接带动科技人力资源的规模扩大。在教育部公布的 2020 年本科高等学校专业备案和审批结果中，本科专业目录新增 37 个专业，理工科占一半多。与此同时，理工科学生录取比例也有所增加。很多省份加大了理工科招生规模。如 2021 年广东省发布了《"冲一流、补短板、强特色"提升计划实施方案（2021—2025 年）》，提出要"调整本科人才培养结构，扩大理工类专业占比和理工类学生规模"。

除了国内培养，国际人才流动带来的科技人力资源数量增加也是科技人力资源总量变化需要考虑的因素。随着我国科研环境不断改善、科技投入大幅增加，在我国开展科研活动有着越来越优越的条件和更大的吸引力，尤其是新冠肺炎疫情流行期间，中国所展示的大国担当和国家治理能力的提升，都让海外人才对国家环境改善有了更加直观的认识。国内国际环境变化带来的海外人才回流已成为我国科技人力资源规模提高不可忽视的因素。据报道，受疫情影响，加之就业移民政策收紧，2020 年回国求职海归数量暴增七成，人数突破 80 万人。① 数据显示，2020 年海归人员较上年度增长 33.9%，应届毕业准备回国就业的留学生数量增长 67.3%。② 尽管不是所有海外归国人才都属于科技人力资源，但根据已有研究，这其中属于科技领域或科技职业的人群占比日益增加，对于我国科技人力资源总量增加的积极影响不容忽视。

---

① 《海外人才加速回流：归国求职数量增七成，新一线城市"花式"揽才》，https://baijiahao.baidu.com/s? id=1688058341694528045&wfr=spider&for=pc。

② 《海外人才加速回流，新一线城市对海归吸引力升温》，http://news.sohu.com/a/503102903_120673625。

（二）质量提升是未来的发展重点

随着我国科技人力资源总量保持世界第一的位置，科技人力资源未来发展开始向质量提升的方向转换。无论是与世界发达国家现有情况比较，还是从适应社会发展需求的角度，我国科技人力资源质量都有较大提升空间。在保持总量优势的基础上，质量提升将成为未来我国科技人力资源发展的重点。科技人力资源质量提升，宏观层面主要体现在科技人力资源结构的不断优化，微观层面是科技人力资源个体素质和能力的持续提升。近年来，我国已通过多种政策举措向这一目标努力。

在学科结构方面，由理工农医学科背景组成的核心学科专业背景毕业生的数量和比重不断增加，对于提高科技人力资源直接支撑科技事业发展的能力产生积极作用。目前我国大力建设制造强国、实现高水平科技自立自强，理工科背景毕业生的市场需求更为紧俏，高校学科专业调整趋势和未来招生规模增加将促进核心学科专业背景毕业生的增加。

在学历结构方面，未来仍将着力提升我国本科及以上层次科技人力资源比例。高等教育专升本和研究生扩招政策带动了平均学历的提升。2020年专升本迎来大规模扩招，扩招人数达32.2万人。[①] 同年9月，教育部等九部门印发的《职业教育提质培优行动计划（2020—2023年）》明确提出，"适度扩大专升本招生计划"，确定了未来几年专升本继续扩招的总基调。研究生扩招力度也有所增大，2020年扩招18.9万人。2020年9月，教育部、国家发展改革委、财政部联合印发的《关于加快新时代研究生教育改革发展的意见》明确提出，博士研究生招生规模适度超前布局，硕士研究生招生规模稳步扩大。

在年龄结构方面，年轻化优势仍将继续保持。随着高等教育进入普及化阶段，未来高等教育招生数量和毛入学率仍将保持在较高水平，通过高等教

---

① 《2020年，专升本再次迎来大规模扩招，计划扩招人数32.2万人》，https://baijiahao. baidu.com/s？id=1677169166463686345。

育渠道进入科技人力资源存量的年轻人数量将会继续增加，必将促进我国科技人力资源队伍以青年为主的态势得以继续保持。

在性别结构方面，均衡化趋势仍将继续。我国一直非常重视女性及其教育，目前普通本专科在校生中，女生占比超过男生，为52.5%。与世界发达国家相比，我国女性接受高等教育的机会差距不大。2021年发布的《中国妇女发展纲要（2021—2030年）》提出了女性在健康、教育、经济、参与决策和管理、社会保障、家庭建设、环境、法律等八个领域的相关目标和措施。其中，在教育领域，提出了"女性接受职业教育的水平逐步提高""高校在校生中男女比例保持均衡，高等教育学科专业的性别结构逐步趋于平衡""大力培养女性科技人才，男女两性的科学素质水平差距不断缩小"等目标。上述目标任务的完成，将直接促进我国女性科技人力资源总量的增长。

在能力和素质提升方面，高等教育大众化是学历层次提升的基础，也是整体科学素质能力提升的直接体现。当前我国接受高等教育的人口达到2.4亿人，劳动年龄人口平均受教育年限已经达到10.9年，新增劳动力平均受教育年限达到13.8年。根据国家"十四五"规划，到"十四五"末期，劳动年龄人口平均受教育年限提高到11.3年，高等教育毛入学率力争提升到60%。整体科学素质的提高将成为科技人力资源质量提升的基础。随着我国高等教育逐步从规模扩张转向质量和效益提高发展，高等教育人才培养模式也将从传统方式向创新方式转变，学科交叉融合、面向实际需求、夯实本科教学质量等举措都使高等教育毕业生能力和素质大幅度提升。

（三）促进潜力发挥依然任重道远

科技人力资源的现状与供应水平代表着一个国家或地区创新发展的潜力。尽管当前我国科技人力资源发展取得了前所未有的成绩，在我国科技事业发展过程中发挥了重要作用，但促进科技人力资源潜力发挥，更好地服务我国高水平科技自立自强，依然存在空间。

科技人力资源密度有待提高。目前，我国科技人力资源总量和密度增长速度趋于放缓，说明我国科技人力资源已经走过了爆发式增长阶段，进入稳定增长期。尽管我国已长期保持科技人力资源世界第一大国的地位，但与世界发达国家和地区相比，人均水平还比较低，当前每万人口中科技人力资源数量低于欧盟、美国、日本等国家和地区 2005 年的水平，说明我国科技人力资源所体现的创新潜力还有待提高。未来应继续重视科技人力资源密度及其增长速度，通过努力使之继续保持或进一步提升，将对我国科技创新潜力的培育和充分发挥有重要意义。

我国科技人力资源还存在"人岗不相适"现象。一方面，部分科技人力资源没有在科技岗位上工作，这主要是因为，受到某些社会舆论影响和现实中部分非科技岗位的高薪吸引了一些接受过科技领域高等教育的毕业生。另一方面，部分科技岗位上的科技人力资源并没有选择适合自己的职业，比如，现实中就存在本来适合企业研发工作的科技人力资源出于子女就学、工作稳定等考虑留在高校科研院所的例子。未来应关注推动人才合理顺畅流动的制度设计。

近年来，我国深化人才发展体制机制改革的政策频频出台，事关人才培养、使用、评价、激励等各个环节，为我国科技人才创新创业提供了良好的政策环境。提高在科技岗位工作的科技人力资源积极性，是挖掘科技人力资源潜力必不可少的一环。目前，我国科技人才还面临由评价、激励机制等因素导致的潜力未充分发挥的问题，需要进一步强化政策支持。未来应进一步加强人才政策体系化设计，并通过评估政策实施效果，优化完善相关政策并促进政策措施真正落地，从而惠及科技工作者。政策落地效果提升和问题导向的政策创新，将成为调动科技工作者创新积极性的重要方式。

B.7
我国数字经济人才发展状况分析

翟爽 杨昆 王长林*

摘 要： 数字经济是继农业经济、工业经济之后的主要经济形态。目前，我国数字经济规模和发展速度已经跃居世界第二，仅次于美国。数字经济人才是推动我国数字经济创新和发展的关键资源。本文分析了我国数字经济人才发展的现状和面临的形势，提出了我国建设数字经济人才高地的建议：加快培养本土数字经济人才、精准引进国际数字经济人才、高质量打造数字经济人才生态、持续优化数字经济人才治理。

关键词： 数字经济 数字产业化 产业数字化 数字经济人才

数字经济是指以数字化的知识和信息为关键生产要素，以数字技术创新为核心驱动力，以现代信息网络为重要载体，通过数字技术与实体经济深度融合，不断提高传统产业数字化、智能化水平，加速重构经济发展与政府治理模式的新型经济形态。数字经济具体包括四部分——数字产业化、产业数字化、数字化治理、数据价值化。目前，我国数字经济规模和发展速度已经跃居世界第二，仅次于美国。2021年12月，国务院发布了《"十四五"数字经济发展规划》，对未来五年我国数字经济的发展战略和发展路径做出了

* 翟爽，江苏行政管理科学研究所所长，主要研究方向为人事人才政策、数字经济与数字人才；杨昆，河南财经政法大学硕士研究生，主要研究方向为电子商务与物流管理；王长林，博士，河南财经政法大学副教授、南通大学经济与管理学院教授（校聘），主要研究方向为数字化平台与治理、数字人才与政策。

系统化的设计和整体性布局。

提高数字经济水平是一项复杂的系统工程，数字经济人才是其中的"关键因子"。数字经济人才是指同时具备数字化思维和 ICT 相关专业技能的数字经济领域的人才。在数字经济发展背景下，国内对数字经济人才特别是数字化技术人才的需求急剧增长。但是，当前，我国数字经济人才短缺现象依旧明显。根据中国信息通信研究院发布的《数字经济就业影响研究报告》，2020 年我国数字经济人才缺口接近 1100 万人，伴随全行业的数字化推进，数字经济人才需求缺口正在持续放大。

为深入实施新时代人才强国战略，加快建设世界重要人才中心，早日实现人才创新高地目标，需要强化需求导向和发展导向，培养引进用好数字经济人才。

一 我国数字经济人才发展现状

数字产业是知识密集型产业，对人才资源依赖性高。近年来，国家大力推动数字产业化和产业数字化发展，不断深化人才体制机制改革，数字经济人才在规模持续扩大的同时，结构不断优化，效能也日益提升。

（一）数字经济人才总量持续增长

伴随着电子商务、物联网、信息安全、云计算与大数据等相关数字产业快速发展，数字经济领域的热门岗位也在不断拓展，据猎聘大数据，2018~2020 年，5000 人以上规模的企业，在数字化进程中数字经济人才数量出现明显增长，预计到 2025 年，数字经济带动就业人数将达到 3.79 亿人。

在我国数字经济人才分布最多的城市中，北上广深作为一线城市，引领数字经济发展。2021 年，北京以 16.0% 的全国数字经济人才占比位列第一，上海紧随其后，占比 15.8%，北京、上海人才规模优势更加显著；杭州、成都、苏州、南京、武汉、重庆等新一线城市，数字经济人才所占比例在全国城市中均位居前十，展现了良好的数字经济人才储备能力和发展潜力。从全国数字经济人才的城市群分布来看，长三角数字经济人才储量丰富，人才占比达到三成，优势明显；长三角、京津冀和粤港澳三大城市群的数字经济人才总量占比达到69.5%，占全国数字经济人才总量的近七成。[①]

（二）数字经济人才结构不断优化

数字经济人才具有明显的年龄和薪资优势，下面以金融业为例进行说明。[②] 年龄结构方面，我国金融业的数字经济人才与行业中高端人才年龄相比，35岁以上数字经济人才占比高于行业中高端人才占比。年薪方面，金融业数字经济人才年薪10万元以上的超过八成。对比金融业中高端人才的薪酬结构数据，金融业数字经济人才的薪资更具竞争力，且30万元以上的高薪段位优势更为突出。

随着数字经济人才需求的持续增加，有些从业人员的现有技术水平暂时可能无法达到新的岗位标准，亟须根据发展需求和岗位需要，优化从业技能，提高从业能力。自2019年以来，在数字经济领域，人力资源和社会保障部（以下简称"人社部"）已发布4批共56个新职业，认定了包括大数据工程技术人员、数字化管理师、全媒体运营师、互联网营销师、在线学习服务师、人工智能训练师等数字相关职业，未来应该会有更多基础研发型、交叉融合型和治理型数字经济人才出现，填补数字经济人才已有的结构性缺口。

（三）数字经济人才效能持续增强

数字经济人才是驱动数字经济发展的核心驱动力。《中国数字经济发展

---

① 猎聘：《2021数字经济人才白皮书》，2021。
② 中国信息通信研究院：《中国数字经济发展白皮书（2021）》，2021。

白皮书（2021）》显示，2020 年我国数字经济规模超过 1 万亿元的省份有广东、江苏、山东等 13 个，比 2019 年多了 3 个。从 GDP 占比看，北京、上海领先，分别达到 55.9% 和 55.1%；从增速上看，贵州、重庆、福建位列前三，增速均超过 15%。2021 年，全国规模以上电子信息制造业增加值比上年增长 15.7%，增速创下近十年新高。最为突出的浙江省产业数字化规模居全国第一，而且数字化竞争力强，单是数字经济领域的有效发明专利就达 6.5 万件。

当前，我国数字产业化、产业数字化进程全面推进，区域数字产业聚集和数字经济人才发展"相辅相成"，区域内头部企业为数字经济人才发展提供了"阵地"，成为数字经济人才成长并发挥作用的主要平台。上海、杭州已经在数字产业发展方面形成了一定优势和产业集聚效应，上海建成了一批具有全国影响力的工业互联网行业平台，拥有人工智能产业集聚核心企业1000 余家。南京也结合自身优势，通过各类数字产业相关扶持政策和项目支撑，带动长三角数字创新机构向本地转移，为数字经济人才提供稳定的"落脚点"。我国数字经济领域平台企业依靠国际化数字经济人才进军海外，其中"丝路电商"合作成果丰硕。

（四）数字经济人才体制机制改革进一步深化

截至目前，全国已有 26 个省（区、市）明确要大力发展数字经济，积极培育数字经济人才。2019 年 10 月，雄安新区、浙江、福建、广东、重庆、四川 6 地被确定为"国家数字经济创新发展试验区"，并进入加快探索改革和打造示范阶段。在数字经济人才成果的转化过程中，有的地方的人力资源社会保障部门开始会同科技等部门建立技术经纪人职称评价标准，会同工信、科技等部门对相关数字经济产业和人才项目进行评价，提高成果转化效率，完善人才工作机制。比如，2021 年《苏州市推进数字经济和数字化发展三年行动计划（2021—2023 年）》发布，显示了苏州支持数字经济人才发展的决心和优势。

近年来，随着各地不断实施数字经济专项人才行动，相关政策也陆续出台，国内数字经济人才体制不断完善。例如，在人才招引机制方面，增设引进急需紧缺人才的绿色通道。江苏人力资源和社会保障厅出台的《全省人力资源社会保障系统服务数字经济发展若干措施》提出，会同编制部门为数字经济人才建立事业编制人才"周转池"。当前，海外数字经济人才向我国流动的趋势明显。在防控疫情方面，我国彰显的大国担当，加速了国际数字经济人才/在外优秀留学生来华/归国求职，这为我国提升国际数字经济竞争力增添了砝码。

二 我国数字经济人才发展面临的形势

在数字经济人才发展保持良好态势的同时，数字经济人才供给与需求之间的矛盾依然比较明显，不仅在总量上存在不足，结构性矛盾也比较明显，而且体制机制仍需要进一步创新完善。具体而言，数字经济人才供应不足有三个典型表现：一是基层数字技能人才培养的数量和质量无法满足需求，这不仅对各类企业进行数字化转型带来挑战，也对企业国际化发展形成阻力；二是"高精尖"数字技术技能人才少之又少；三是同时掌握数字技能和业内有效经验的复合型人才不够，数字技能人才与现有市场匹配度较低。

（一）数字经济人才储备不足问题在一定时期一直存在

当前，数字行业发展速度快，行业人才培养周期长，人才供给跟不上，供求明显失衡，国内数字经济人才短缺已经对数字经济健康发展形成一大挑战。数字经济人才规模与经济发展水平高度相关。《"十四五"数字经济发展规划》指出，2020年我国数字经济核心产业增加值占国内生产总值（GDP）的比重达到7.8%。在数字经济高速增长的情况下，从数字经济就业结构来看，产业数字化人才需求规模远远大于数字产业化人才的需求量。比如，2020年我国数字产业化人才招聘规模占数字经济人才招聘总人数的比重仅为24.2%，其余的数字化人才招聘绝大多数都是产业数字化领域。

数字经济的发展创造了新生产方式和就业模式，比如外卖骑手、在线老师、网络医生等，不仅降低了数字经济人才的门槛，还增加了数字经济人才的总量。

结合供需来看，行业持续高速增长必将带来更为旺盛的人才需求。但不论是高等院校还是社会培训机构，数字经济人才的供给数量依然有限，且培养质量也有待提高，未来人才需求缺口将呈现持续扩大态势。而且因"复合型"数字经济人才的培养难度大，供求矛盾将长期存在。

（二）数字经济人才结构性矛盾依然明显

目前，在我国数字经济人才总量缺口较大的同时，结构性矛盾也比较突出。

从产业结构分布看，数字经济人才主要集中在第三产业，数字化就业岗位在第一、第二产业中占比较低，并且长期存在的由第一、第二产业向第三产业流动的趋势仍在加剧，就业供给结构调整滞后于产业结构调整。

从区域分布看，数字经济人才在我国整体呈"南强北弱"态势，东部沿海地区经济发达，我国数字产业也大多集中于此，形成数字产业带，因此这些区域的社会资源、经济水平、信息化技术发展方面都优势明显，可以吸引到一流的数字经济人才聚集。反观我国中西部地区，相对稀缺的社会资源和相对落后的信息技术，致使数字产业培养人才时出现需求中空问题，逐步造成东西部地区数字产业人才供给失衡，使得西部地区数字经济人才供给压力大。具体而言，聚集数字经济人才较多的省份包括广东、北京、上海、浙江等，数字经济人才岗位总量分别占全国的 25.7%、17.8%、12.2% 和 8.5%。从区域分布的发展趋势看，数字经济人才的聚集流动出现辐射和热点两种模式，数字经济人才分布不均的差距逐渐缩小。一类是以传统人才聚集地向周边扩散的"点对面"模式。如"上海辐射江浙沪"区域，"北京辐射京津冀"区域等。另一类是基于良好的教育基础和地方产业特色形成的区域热点，如中部的武汉、西部的西安、西南的成都、东北的大连等地。

从业内岗位分布看,数字经济人才队伍呈现两头小、中间大的特征,没有形成健康的梯队形人才储备结构。清华大学和LinkedIn《全球数字经济人才发展年度报告(2020)》指出,95%的数字经济人才供给集中在研发和运营环节,岗位分布失衡现象比较明显。

从从业经验看,受前期培养预期和当前培养周期等因素影响,具备数字化技能和有效从业经验的人才严重不足,这也是传统行业数字化转型慢、数字化应用难的重要影响因素。

(三)国际化数字经济人才的吸引力有待提高

从全球数字经济人才吸引力看,我国对该类人才的吸引力还亟待提高。我国的数字经济发展将会面临更复杂的全球化挑战,行业对数字经济人才的引进不能仅向国内看齐,必须要放眼全球。一方面,相对发展中国家,当前的数字经济人才对发达国家的依赖度仍然较高,我国数字产业总体创新能力仍然不强,"领军型"数字经济人才仍然不足。在新冠肺炎疫情和逆全球化双重冲击下,这种态势仍然将持续。另一方面,在聚集高层次数字经济人才方面,我国的市场配置力量还需要进一步强化。当前,我国人力资源市场的成熟度和发展质量还需要不断提高,管理与服务制度还有待进一步完善,相关标准体系也需要持续健全优化。

与此同时,更加积极开放有效的人才理念需要逐步强化。综合国力竞争说到底是人才竞争。我国在引进数字经济人才方面,还存在一些突出问题。比如,管理体制机制不够完善,创新创业政策不够系统,引进渠道和平台较为单一,引进人才缺乏前瞻性规划,人才工作的软硬环境有待进一步优化。此外,各地各部门出台的引进政策同质化现象明显,难以打造具有地方性特色的人才软硬环境,也会造成人才水土不服的现象。

(四)数字经济人才治理能力仍需提高

深入实施新时代人才强国战略,加快建设世界重要人才中心和创新高地，发展数字经济，都对提高数字经济人才治理能力提出了新要求。当前，我国人才治理机制仍然存在一些明显的问题。比如，人才评价轻实践应用。这种现象在数字经济人才的评价和使用中也存在。再如，高校、科研院所内部发展治理机制不够完善，行政化思维比较明显。具体到数字经济人才管理方面，人才评价的社会化、市场化尚不充分。此外，人才政策的前瞻性和稳定性有待提高。具体到数字经济人才发展方面，相关政策和制度供给还需要健全完善。

三 我国建设数字经济人才高地的对策

（一）加快培养本土数字经济人才

高校是数字经济人才培养的主力军。高校应面向发展需求，提高人才培养预见性，健全完善学科设置、专业设置、课程设置机制和培养模式，提高人才培养与经济社会发展的协同性。具体到当前数字经济人才培养，应及时进行专业和课程调整，增加相关专业与课程设置。比如，培育数字逻辑的支撑学科，增设有关前沿信息技术的关联学科，增加有关数字知识的核心内容；强化"政产学研金介用"一体化机制，搭建"培养（训）—认证—就业"的一体化闭环链路，推进产教融合，拓展校企合作，提高数字经济人才供给规模和培养质量。

（二）精准引进国际数字经济人才

开放的人才政策对数字经济人才最具吸引力。一是要具有前瞻性的眼光，精准把握引才需求，为加快建设数字经济人才高地、把握战略主动、促进数字经济发展提供坚强的国际人才支撑。二是要加强国际交流，让人才在交流碰撞下潜力和创造力得到更好的激发。三是要为数字经济人才提供一流的国际化平台，通过平台引人聚人。四是全面优化人才发展软环境。落实移民、居留、科技创新、服务保障、薪酬待遇等方面政策。

（三）高质量打造数字经济人才生态

积极构建数字经济平台载体，依托数字经济重点产业平台和创新平台，强化产学研合作，在数字经济领域发展新型研发机构和高层次平台载体，吸引数字经济人才聚集。健全优化数字经济人才政策体系，健全完善数字经济人才认定办法和评定标准，积极出台支持数字经济人才发展的专项政策。提高人力资源服务质量，创建开放式数字经济人才市场，绘制全球数字经济人才热力图，促进人才流、项目流、资金流、信息流等创新要素在数字经济人才市场汇聚融通、有序流动。打造便捷式人才政务服务生态，建设线上线下人才政务服务综合体，推动各领域人才数据全链路归集共享，形成链式闭环服务生态，实现数字经济人才"一站式"服务。

（四）持续优化数字经济人才治理机制

一是坚持党管人才不动摇。这是党和国家人才工作的根本原则，是数字经济人才未来发展治理体系构建的根本遵循。二是坚持创新发展。在新时代数字经济人才发展治理体系构建过程中坚持创新精神，以创新发展解决培养引进用好人才各环节存在的"疑难杂症"，用创新引领人才发展，用创新推动人才体制机制改革，用创新助推治理体系建设，实现全面培养引进用好数字经济人才的目标。三是要坚持法治思维。构建新时代数字经济人才发展治理体系，不仅要促进治理方式的信息化、网络化，更要强化治理方式的法治化，坚持依法治理。

参考文献

中国信息通信研究院：《中国数字经济发展白皮书（2021）》，2021。

中国信息通信研究院：《中国数字经济就业发展研究报告：新形态、新模式、新趋势（2021 年）》，2021。

北京市人力资源研究中心课题组：《2021 年北京人才发展报告：激发各类人才创新

活力　加快建设高水平人才高地》，2021。

张洪、万晓榆：《重庆市数字经济人才供需研究》，2020。

李佩洁、王娟：《高校数字经济人才培养体系建设现状与展望》，2021。

杨梽永：《数字经济人才建设新思路》，2020。

人才工作篇

Talent-related Work

B.8
新时代我国地方人才工作发展趋势

范青青　孙　锐*

摘　要： 近期，围绕新时代人才强国战略和创新驱动战略，各地积极贯彻落实中央人才工作部署，结合发展实际不断深化人才管理体制机制改革，陆续推出新时代人才工作专项行动：构建招才引智矩阵、注重人才培养培训、创新人才评价机制、加大人才激励力度、深化科研管理机制改革、优化人才服务机制、实施更加开放的人才政策等，地方人才工作发展路径不断推陈出新，地方人才发展红利进一步释放，人才引领发展作用进一步增强，推动经济社会高质量发展再上新台阶。

关键词： 地方人才工作　管理机制　改革创新

---

* 范青青，中国人事科学研究院助理研究员，主要研究方向为人才战略与人才政策；孙锐，博士，中国人事科学研究院研究员，主要研究方向为人才战略与人才政策、创新人力资源管理。

当前，科技创新一日千里，新经济浪潮席卷而来，创造力经济蓬勃发展，国与国之间竞争的实质是人才竞争。在2021年9月召开的中央人才工作会议上，习近平总书记提出深入实施新时代人才强国战略，加快建设世界重要人才中心和创新高地的总体构想和战略布局。[①] 2021年11月，党的十九届六中全会召开，再次强调要深入实施新时代人才强国战略。2022年4月，中共中央政治局召开会议，审议《国家"十四五"期间人才发展规划》，明确要全面加强党对人才工作的领导，牢固确立人才引领发展的战略地位，全方位培养引进用好人才。[②]

围绕推动实施新时代人才强国战略，推动新时代人才工作系统化升级、高质量发展，国家陆续出台了一系列重要的相关政策文件。[③] 大部分省市相继召开人才工作会议，实施具有自身特色的新时代人才工作专项行动，将习近平总书记关于新时代人才工作的新布局具象化、政策化、工程化、项目化，为我国建设世界重要人才中心和创新高地提供有力支撑。

近期，各地围绕新时代人才强国战略和创新驱动战略，积极贯彻落实中央人才工作部署，结合自身发展实际，不断深化人才管理体制机制改革，推动人才工作发展路径创新，助推实现人才引领发展和创新驱动发展。本文在梳理近期各地人才工作实践的基础上，重点分析了地方人才工作的发展趋势和特点。

一　完善招才引智矩阵

（一）优化人才工作管理架构

由无锡市国联集团组建的无锡市人才集团于2022年2月授牌成立。该

---

① 孙锐：《新时代人才工作新在哪儿》，《人民论坛》2021年10月25日。
② 《分析研究当前经济形势和经济工作审议〈国家"十四五"期间人才发展规划〉》，《人民日报》2022年4月30日。
③ 《"十四五"职业技能培训规划》《关于加强科技伦理治理的意见》《关于扩大高校和科研院所科研相关自主权的若干意见》《关于改革完善中央财政科研经费管理的若干意见》《关于健全完善新时代技能人才职业技能等级制度的意见（试行）》等。

集团业务上受市人才办指导，以"市场化、专业化、精准化和企业化"的运营模式，设立人才服务事业部、人才金融事业部等四个事业部。人才服务事业部一方面围绕太湖人才计划，落实人才引进政策，打造"太湖人才"国际猎头品牌，负责猎头、校园招聘、招聘流程外包、海外人才工作站及人才飞地设立运营等工作；另一方面开展人才分类认定、补贴政策落实等人才生态服务工作。

武汉人才集团有限公司于2021年5月获批成立，采取"政府主导、市场运作"的模式，聚焦城市高端人才引聚主平台、全国人才高地建设大平台、国际人才交流合作新平台三大功能定位，[①] 展开高端人才猎聘、人才公共服务、职业教育培训等方面的工作。2022年初，武汉市委人才工作会议宣布设立武汉市人才工作局，进一步优化升级人才工作架构。

广州开发区人才工作集团有限公司于2021年4月注册成立，以"政府引导、市场运作、服务人才"为经营指导思想，采用"人才工作集团+人才服务平台"的经营模式，主营业务涉及人才专业服务、人力资源服务、项目服务外包、活动策划等，持续升级"上管老、下管小"服务品牌。围绕中央人才工作会议上提出的"在粤港澳大湾区建设高水平人才高地"的战略要求，粤港澳大湾区成立了首个区级人才工作局——黄埔区委人才工作局（广州开发区党工委人才工作局）。2022年2月，黄埔区委人才工作局正式揭牌。[②]

（二）加大人才引进政策砝码

近年来，长沙不断迭代升级人才政策，逐步加大人才引进政策砝码。继"长沙人才政策22条""乡村振兴人才8条""湖南自贸区长沙片区人才政策45条"之后，于2022年4月印发《长沙市争创国家吸引集聚人才平台若干政策（试行）》，推出长沙人才政策"升级版45条"，从全球招揽顶尖英

① 金琳：《解读国有人才集团热：我国"人才争夺战"进入高潮期》，《上海国资》2021年9月20日。
② 黄舒旻、吴予瞳：《广州爱才 引之有道》，《南方日报》2022年3月11日。

才、创新树培产业帅才、广泛集聚青年俊才、培育壮大技能匠才等7个方面，提出45个政策点，对已有政策全面"攀高、扩面、提标、突破"。

杭州招才引智政策措施日益细致，求贤范围扩大到全球，并将落户门槛一再降低，不断强化对年轻人才创业就业的扶持力度。同时，注重构建"一条龙"引才补贴资金支持体系。截至2021年底，杭州出台的引才补贴政策类型主要包括：应届高学历毕业生生活补贴、大学生青荷礼包、新引进应届大学生租房补贴、高校毕业生到中小微企业就业补贴、小微企业新招用高校毕业生社保补贴、高校毕业生一次性临时生活补贴、高校毕业生灵活就业社保补贴、创业培训补贴、创业补贴、见习训练补贴等。2021年10月，杭州调整实施大学毕业生落户政策、应届毕业生生活补贴政策和应届大学生租房补贴政策，青年人才补贴政策逐步从粗放型向精准型过渡。

（三）调整人才引进入户标准

2022年1月，深圳出台文件废止取消一批人才政策，优化重构新版人才政策体系，进一步提高人才选拔标准，优化人才引进入户条件，人才政策体系逐步从重视引进人才数量过渡到重视引进人才质量。近年来，深圳人才政策逐步紧缩，一是停止发放租房和生活补贴，不再受理发放2021年9月1日及之后新引进人才的租房和生活补贴。[1] 二是提高政策性入户和积分落户年限，将在深圳合法稳定居住、就业的基本年限要求由5年调整延长至10年。[2] 三是提高学历门槛，《深圳市居住社保积分入户办法（征求意见稿）》提出，将核准类学历型人才、技术型人才和技能型人才的底线要求分别调整为全日制本科、"中级职称+全日制大专"和技师。[3]

2020年以来，上海密集调整人才引进政策，一方面是把开放的优势做得更足，另一方面在突出"塔尖"的基础上，更突出对青年人才的扶持。

---

① 谢玮：《抢人大战落幕了？杭州、广州、深圳等城市调整落户政策》，《中国经济周刊》2021年10月15日。
② 邹媛、林清容：《深圳拟修订户籍迁入规定》，《深圳特区报》2021年5月27日。
③ 崔璨：《大专学历不再直接核准落户》，《南方日报》2021年5月27日。

围绕加强海内外人才集聚，上海于 2020 年出台《关于新时代上海实施人才引领发展战略的若干意见》。① 不同于深圳市的人才落户政策收缩，上海逐步放松对应届毕业生落户的要求，上海市学生事务中心 2021 年 11 月发布通告，试点在自贸区新片区和"五个新城"就业的、符合基本条件的上海市应届研究生毕业生可直接落户的政策。② 从 2021 年 12 月 1 日开始，上海开始实行更宽松的"居转户"，以及引进人才、留学回国人员申办常住户口的政策。③

（四）实施更加开放的人才政策

完善境外人才薪酬税收激励机制。2021 年 4 月，北京发布税收优惠新政，④ 在特定区域对境外高端人才个人所得税实际税负超过 15% 部分给予补贴。⑤ 此外，北京便利境外高端人才境内经常项目下合法收入办理薪酬收入购汇汇出，便利其以自身名义办理随行子女额度外学费结汇；⑥ 给予在京中资机构海外员工薪酬结汇便利；允许外籍人员使用外国人永久居留身份证开办和参股内资公司等。⑦

助推海外高层次人才干事创业。北京市海淀区为更好地引进和匹配国际化科技人才资源，2021 年，依托海淀区部分重点企业和新型研发机构，搭建海外高层次人才回国/来华"落地适应"平台，采取政府和用人单位共同保障的模式，为海外顶尖人才回国工作设置合理的"适应期"。引进的人才在平台工作期间可深入了解国内情况，对相关单位和工作岗位进行充分慎重评估，允许其在过渡期结束后做出最终选择，提升用人主体和人才之间双向选择的有效性。

便利外国人来华工作许可办理。2022 年，广州印发《关于进一步优化

---

① 张骏：《以政策创新城市温度"海聚英才"》，《解放日报》2021 年 10 月 3 日。
② 李贝贝：《春节前上海楼市频现"日光盘"》，《华夏时报》2022 年 1 月 31 日。
③ 宋浩：《上海："海聚英才"，打造全球人才高地》，《中国城市报》2021 年 11 月 8 日。
④ 《北京市境外高端人才个人所得税补贴管理暂行办法》。
⑤ 《"两区"建设人才方案：服务首都高质量发展》，《科学中国人》2021 年 11 月 5 日。
⑥ 宗禾：《北京：推动"两区"建设 释放科技创新活力》，《中国财经报》2021 年 1 月 14 日。
⑦ 孙乐琪、张航：《北京推 15 项新举措释放科技创新活力》，《北京日报》2021 年 1 月 9 日。

外国人来华工作许可办理的若干措施》，进一步优化外国人来华工作许可办理，实行外国人工作许可资质互认，允许已取得粤港澳大湾区内地其他城市工作许可的外国人在广州办理工作许可时，[1] 原则上可按原许可认定类别直接办理工作许可证，无须提交最高学位（学历）证书、工作资历证明（从事职业、岗位不同的除外）。工作许可办理可以实施不见面审批，以"承诺+告知制"在网上进行全流程办理。[2] 同时，放宽对外国科技人才、高技能人才年龄和工作经历限制，推动外国人来穗工作便利化、规范化管理。

推进国际人才社区建设。2016 年，北京在国内率先提出首都国际人才社区建设理念。2020 年，北京实施首都国际人才社区建设导则和标识系统，提出九大建设场景和评价指标体系，以项目化方式推进人才社区建设，持续推进 8 个国际人才社区建设。2021 年 11 月，深圳发布《国际人才街区评价指南》地方标准，瞄准各区实际情况，围绕国际人才需求，将国际人才街区分为商务办公型、创新创业型、居住生活型、专业服务型四种类型，并在组织管理、人才服务、基础设施、宣传推广等方面引导不同类型的国际人才街区发挥自身特点，突出街区特色，[3] 打造多样化的街区类型，引导各街区向更高水平迈进。

二　加强人才培养培训

（一）注重高技能人才培养培训

2022 年 4 月，《北京市高技能人才研修培训工作管理办法》对高技能人才研修培训工作作出规定。培训对象以北京地区企事业单位生产服务一线岗

---

① 李鹏程：《外国人来穗工作许可实现大湾区内地城市资质互认》，《南方日报》2022 年 3 月 22 日。

② 李鹏程：《外国人来穗工作许可实现大湾区内地城市资质互认》，《南方日报》2022 年 3 月 22 日。

③ 庄媛：《建"国际人才街区"是个好思路》，《深圳特区报》2021 年 11 月 15 日。

位中，已取得技师及以上国家职业资格证书或技能等级证书的在职人员为主，对于企业重点培养的高精尖产业、新兴产业领域的技能人才，可适度放宽到高级工。参培人员考核合格后，由北京市就业促进中心发放"北京市高技能人才研修培训结业证书"。同年，郑州发布《郑州市高质量推进"人人持证、技能河南"建设工作方案》，围绕完善技能人才培养培训体系、完善技能人才评价激励体系、建立健全职业技能竞赛体系、完善技能人才就业创业支持体系，① 出台 11 条具体措施。重庆发布《"巴渝工匠 2025"行动计划》《技工教育"十四五"规划》，并在全国率先出台《重庆市"十四五"职业技能培训规划》，提出健全完善终身职业技能培训体系、提升职业技能培训供给能力、推进急需紧缺项目制培训、提高培训质量和标准化水平、畅通技能人才职业发展通道等多个方面的重点工作。

（二）加强文旅人才队伍建设

2022 年 4 月，山东多部门联合出台《山东省文化和旅游领域人才队伍建设若干措施》，围绕加快文化和旅游高端人才集聚、加大文化和旅游骨干人才培养力度、加强文化和旅游人才平台建设、激活文化和旅游人才体制机制、营造良好人才环境等方面，推出 21 条措施加强全省文化和旅游领域人才队伍建设。

（三）创新数字经济卓越工程师培养

2022 年 4 月，江苏推出新时代人才工作十大专项行动。其中，最引人关注的是强化数字经济人才的培育。比如，要制定数字经济人才发展规划，集聚一批顶尖数字人才、数字创客、数字工匠。明确将首创建立数字经济卓越工程师职称制度，每年培养 1000 名数字经济卓越工程师。再如，全省要新建一批数字技能类专业实训基地、技能大师工作室，举办数字技能高级研修班等。通过这一系列举措来助力"数字江苏"建设。

---

① 连新轩：《"技能中国行动"引领技能广州新发展》，《职业》2021 年 9 月 30 日。

三　创新人才评价机制

（一）开展国际职业资格考试及认可探索

2021 年，北京发布"两区"境外职业资格来京服务目录和境外人才职业资格考试目录,[①] 不断加深境内职业资格对境外人员开放程度。2021 年 4 月，北京围绕教育、金融、医疗健康服务、科技服务、建筑与工程服务等"两区"建设的重点领域，向境外人员开放 35 项职业资格考试，其中专业技术类 34 项、技能类 1 项。[②] 允许境外人士在北京市内申请参加我国相关职业资格考试（除涉及国家主权、安全外，不包含法律职业资格考试）。[③] 2021 年 9 月，北京首批认可 82 项境外职业资格，覆盖"两区"建设的重点领域；涉及美洲、大洋洲、欧洲、亚洲等大洲的国际性组织或知名行业协会，以及英国、美国、法国、德国、新加坡等国家和地区的证书颁发机构。[④] 持有目录内境外职业资格的外籍人员，其境外从业经历可视同境内从业经历；[⑤] 在办理工作许可业务时，年龄可放宽至 65 周岁（高精尖产业领域可放宽至 70 周岁），且不受工作经历、学历、学位限制；[⑥] 此外，持有目录内境外职业资格的外籍人员在办理出入境业务时可享受停居留便利政策。[⑦] 同时，北京设立了首个省级境外职业资格查验服务平台，对目录内境

① 《国家服务业扩大开放综合示范区和中国（北京）自由贸易试验区对境外人员开放职业资格考试目录（1.0 版）》《国家服务业扩大开放综合示范区和中国（北京）自由贸易试验区境外职业资格认可目录（1.0 版）》。
② 杨虹：《北京"两区"建设跑出加速度：吸引鼓励 82 种国际专业人员来京工作》，《中国经济导报》2021 年 9 月 8 日。
③ 孙乐琪、张航：《北京推 15 项新举措释放科技创新活力》，《北京日报》2021 年 1 月 9 日。
④ 崔紫阳：《外企集团等 6 家机构签约逾 2 亿元》，《首都建设报》2021 年 9 月 16 日。
⑤ 张敏：《北京人社局认可 82 项"高含金量"境外职业资格》，《中国青年报》2021 年 9 月 7 日。
⑥ 京仁轩：《引进持境外职业资格人才》，《中国组织人事报》2022 年 1 月 7 日。
⑦ 张敏：《北京人社局认可 82 项"高含金量"境外职业资格》，《中国青年报》2021 年 9 月 7 日。

外职业资格进行查询验证,[①] 验证结果可为引进人才、企业用人、办理工作许可和停居留等事项提供重要依据。[②]

（二）推进港澳人才参与内地职业评审

2021 年 12 月，广州南沙区发布《广州市南沙区建筑和交通工程专业港澳人才职称评价管理办法（试行）》。作为我国第一部关于港澳专业人才在内地申报职称的规范性文件，该管理办法规定了港澳专业人才申报职称评审需要满足的学历、学位、港澳居民身份、从事技术岗位专业范围以及职称评价标准等条件，突破内地与港澳地区在人才评价方面的相关技术壁垒，打通了港澳地区具有相应职业资格的人员晋升内地职称的通道，更加便捷港澳相关专业人才在内地就业创业。该管理办法适用于南沙区从事建筑工程领域专业技术工作和交通工程领域专业技术工作的港澳专业人才申报职称，已具备一定执业能力者可直接申报相应职称，最高可直接申报正高级职称。[③]

（三）强化用人单位人才评价主体作用

2022 年初，南京出台《关于加快打造高水平国家级人才平台推进新时代人才强市建设的意见（征求意见稿）》，提出注重"支持人"也"支持用人"，向用人主体授权，在人才举荐、职称评审等方面赋予用人单位更大空间。人才评价注重"破四唯"也"立新标"，加快人才管理职能转变，切实从定项目、分钱物转到制定政策、搞好服务、创造环境上来。在重大项目评审立项实施中，把人才配置作为必要条件，建立产业、科技、人才项目贯通评价机制。

（四）深化人才工程人才遴选方式改革

2021 年，深圳对"孔雀计划"进行全面升级，取消之前"认定＋

---

① 北京市人力资源和社会保障局、北京市人才工作局：《关于印发〈国家服务业扩大开放综合示范区和中国（北京）自由贸易试验区境外职业资格认可目录（1.0 版）〉的通知》。
② 崔紫阳：《外企集团等 6 家机构签约超 2 亿元》，《首都建设报》2021 年 9 月 16 日。
③ 柳时强、余丽颖、徐澈纯：《大湾区职称和职业资格业务一站式平台启用》，《南方日报》2021 年 11 月 16 日。

评审+推荐相结合"的人才评价方式,更加突出强调市场评价和用人单位评价。其中,在市场机制发挥主要作用的竞争性领域,强调"人才市场价值和经济贡献"这一主要评价标准,通过产业发展与创新人才奖、粤港澳大湾区个税优惠等市场激励方式予以支持。[①] 在市场发挥作用弱、政府主导投入的非竞争性领域,突出"以事择人、人岗相适"的评价标准,支持教育、科研、文化体育、卫生健康等领域用人主体设置特聘岗位,赋予其更大自主权。遵循人才成长规律,根据不同专业、不同学科特点,采取小同行评审、专家主审等方式,自主评价聘用高精尖缺人才,实现由以"帽"取人向"岗位评聘论水平、政策待遇看贡献""谁用谁评价、谁用谁管理"转变,尽可能地激发人才的积极能动性。[②]

2021年以来,武汉不断深化人才评价机制改革,以"武汉英才"评选认定为突破口,探索建立用人单位举荐人才制度,对符合条件的在汉高校院所、科创平台、企事业单位和投资机构赋予人才举荐权,支持其采取定向邀约、推荐举荐和榜单认定等方式提出"武汉英才"推荐人选。考虑到用人单位综合承载能力的不同,武汉市探索建立用人单位清单管理制度,在2021年度"武汉英才"举荐申报工作中,结合武汉产业地图,全面摸排筛选,将139家重点用人单位纳入推荐主体名录,从源头上保证了举荐人才的质量。同时,武汉市优化调整申报认定流程,建立随到随评机制,用人主体可常态化举荐人才,符合条件的优秀人才可直接认定入选。同时,开通特殊人才入选市级计划直通车,对在某方面有特殊贡献、某领域有标志性成果的人才,"一事一议"认定。

(五)健全完善职称制度体系

2021年以来,武汉探索开辟特殊人才评价绿色通道,对武汉重点产业

---

① 杨丽萍:《深圳未来5年将引逾百万青年人才》,《深圳特区报》2021年5月26日。
② 深才轩:《未来5年将引超百万青年人才》,《中国组织人事报》2021年5月28日。

集群发展急需紧缺的战略科技人才、行业领军人才和重点人才工程入选者，打破职称台阶限制，直接申报评定高级职称。[1] 完善"定向评价、定向使用"，针对农村基层卫生职称评价体系，设立独立评审标准条件；改革乡村中小学教师申报评审条件，允许不受结构比例限制"直评直聘"，推动向农村基层一线人员倾斜。[2] 按照谁用人、谁受益、谁评审、谁负责的原则，支持重点区域、用人单位按规定组建评委会，自主开展职称评审。同步出台《武汉市职称评审委员会工作规程》，对高、中级职称评审全程监督，建立评审专家库动态管理机制，确保"接得住、接得稳"。[3]

四 加大人才激励力度

（一）加大高技能人才激励力度

广州逐步规范落实技能人才经济待遇、社会待遇，进一步构建完善技能人才"政策激励体系"。继 2019 年底出台《培育"羊城工匠"行动计划（2019—2023 年）》之后，2021 年底出台广东首个技能人才薪酬激励文件——《关于开展集体协商健全技能人才薪酬激励机制的指导意见》，下大力气推动企业健全技能人才薪酬激励机制。[4] 该指导意见主要包括以下四个方面内容：一是营造尊重技能人才的良好氛围，大力弘扬劳动精神；二是多措并举，优化奖励方式，畅通技能人才（特别是"广东技工""粤菜师傅""南粤家政"）成长成才通道；三是建立健全技能价值导向，协商建立完善

---

[1] 刘阳艳、李珊珊：《武汉创新人才评价体系："大学之城"不拘一格降人才》，http：//hb. china. com. cn/2021-08/19/content_ 41650746. htm。
[2] 《创新人才评价体系"大学之城"为特殊人才开辟绿色通道》，http：//hb. news. cn/2021-08/20/c_ 1127779166. htm。
[3] 《谁用人、谁评审！武汉进一步下放职称评审权》，https：//www. thepaper. cn/newsDetail_ forward_ 14241593。
[4] 叶小钟、彭新启、罗瑞雄：《通过集体协商健全技能人才激励机制》，《工人日报》2022 年4 月 5 日。

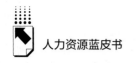
技能人才成长的激励机制；四是强化创新激励机制，通过协商落实职工参与科技创新、技术革新、发明创造的奖励措施。①

此外，广州探索将高技能人才纳入人才引进制度，于2021年底修订《广州市人才绿卡制度实施办法》，提出将人才绿卡分为A卡、B卡，② 允许"中华技能大奖"获得者、省级技术能手等高层次、高技能人才申领人才绿卡A卡。③ 符合相关条件的、具有高级以上职业资格的非本市户籍人员可以申请落户，④ 或按规定享受积分入户政策和申领人才绿卡。⑤

成都作为全国范围内第一个产业工人队伍建设改革全面试点的城市，于2021年出台十条政策措施礼遇"成都工匠"，围绕鼓励在蓉落户、子女入园入学、发放"成都工匠卡"、便捷就医服务、方便交通出行、丰富文体生活、关注身心健康、增强保险保障、促进学习交流、建设成都工匠公园这十个方面，全面加大对高技能人才的激励和保障力度。⑥

（二）激发女性科技人才创新活力

2021年12月，上海针对女性科技人才发布激励政策，⑦ 围绕提升科研学术活力参与科技决策咨询、建立健全评价激励机制、投身浦东引领区建设、加强后备人才培养、创设生育友好型环境等方面出台了12条举措，⑧ 进一步激发上海女性科技人才创新活力。此外，上海市妇联与市科技党委等

---

① 叶小钟：《广州市强化创新激励 通过集体协商健全技能人才激励机制》，《工人日报》2022年4月8日。
② 黄舒旻、吴予瞳：《广州爱才 引之有道》，《南方日报》2022年3月11日。
③ 何颖思：《广州拟规定：省级技术能手等高层次、高技能人才可申领人才绿卡A卡》，《广州日报》2021年11月23日。
④ 连新轩：《"技能中国行动"引领技能广州新发展》，《职业》2021年9月30日。
⑤ 《广州市人才绿卡制度（摘要）》，http://gdrc.gov.cn/gdrcw/rczc_gzs/201911/2390f01e124041a1b8aa921a878c30de.shtml。
⑥ 杨升涛：《推动更多产业工人由"工"变"匠"》，《成都日报》2022年3月28日。
⑦ 《关于支持女性科技人才在上海市建设具有全球影响力的科技创新中心中发挥更大作用的若干措施》。
⑧ 丁秀伟：《上海出台12条举措加大女科技人才培育支持力度》，《中国妇女报》2021年12月6日。

九部门联合发布《科技创新巾帼行动·上海宣言》；联合江苏、浙江、安徽省妇联开展"2021年长三角女性科技创新创业大赛"；筹备成立上海市女科技工作者协会，筹办世界人工智能大会女性菁英论坛、2022浦江创新论坛女科学家高峰会议等女性专场活动，为女性科技人才创造施展才华、成长进步、发挥作用的工作生活环境，进一步激发女性科技人才创新活力。

（三）试点片区人才企业年金激励

2021年11月，围绕进一步加强对人才的中长期激励，上海出台《关于促进本市企业年金发展的指导意见》，提出上海临港新片区率先在全国范围内试点探索首个"片区性人才企业年金计划"。[①] 上海临港新片区可以统一发起建立人才企业年金，制定相关企业和人才准入标准，吸纳尚未单独建立企业年金的驻区企业各类人才参加临港新片区人才企业年金计划，在企业年金发起主体、参加企业年金计划人才条件、财政资金激励等方面均有突破。[②] 与现行的企业年金制度相比，企业年金的发起主体由企业变为片区，并将制定一些标准作为门槛，同时，强化激励力度、完善激励机制，吸引更多的企业和人才参加片区企业年金计划。

五　深化科研管理机制改革

（一）创新科研机构人才管理方式

针对科技创新的痛点、难点问题，北京于2021年1月发布新政[③]加快推动科技创新发展。新政提出，对新型研发机构引进的战略科技人才及其团

---

① 王红茹：《人口老龄化加速　渐进式延迟退休试点是否需要再扩围?》，《中国经济周刊》2022年3月30日。
② 周渊：《全国首个! 临港新片区试点人才企业年金计划》，《文汇报》2022年2月23日。
③ 《加快科技创新发展推动国家服务业扩大开放综合示范区和中国（北京）自由贸易试验区建设工作方案》。

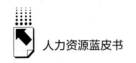

队，在团队组建自主权、研究路线决定权、出国（境）学术交流、职称评价等方面充分赋权；向部分区下放高新技术企业认定专家评审权限，简化评审程序。① 此外，北京支持高校院所探索建设技术许可办公室，强化内部技术转移机构建设，进一步加大对科技成果分配制度改革的探索力度。②

（二）赋予科研人员更大经费自主权

广东在 2019 年率先在省基础与应用基础研究基金的部分项目中试行经费使用"包干制"改革。2022 年 4 月，广东基于前期试点工作经验，出台省基金项目经费项目使用"负面清单+包干制"全面改革新政。③ 此次改革注重信任与监督并重，赋予科研人员更大的人、财、物支配权和技术路线决策权，加快构建一套有效的基于信任的科研管理机制。此外，跨境港澳的省基金项目同样适用该政策。因此，此次改革更有助于促进粤港澳基础科研合作。截至 2022 年 3 月，已有 121 项港澳地区单位省基金面上项目获得立项资助，直接拨付至港澳机构的资助经费已达到 1210 万元。④

（三）促进科技成果转化应用

2022 年初，北京经开区出台"科创 20 条"，⑤ 其中，在聚焦产学研用、促进科技成果转化落地方面，提出依托清华、北大、中科院等顶尖高校院所及重点产业资源，建设产教融合基地，统筹人才基地项目；实施"创新伙伴计划""创新成长计划"；加强"三城一区"创新联动发展，布局一批先导基地加速区，建设一批特色产业园区；⑥ 支持全球一流大学及科研院所在

---

① 孙乐琪、张航：《北京推 15 项新举措释放科技创新活力》，《北京日报》2021 年 1 月 9 日。
② 宗禾：《北京：推动"两区"建设　释放科技创新活力》，《中国财经报》2021 年 1 月 14 日。
③ 《关于深入推进省基础与应用基础研究基金项目经费使用"负面清单+包干制"改革试点工作的通知》。
④ 卞德龙：《广东试点科研经费"负面清单+包干制"》，《南方日报》2022 年 4 月 28 日。
⑤ 《北京经济技术开发区关于加快推进国际科技创新中心建设打造高精尖产业主阵地的若干意见》。
⑥ 王永生：《"两区"建设的亦庄加速度》，《中关村》2022 年 4 月 1 日。

北京经开区设立新型研发机构，根据上年度科技成果转化情况给予最高1000万元的奖励，推动产学研一体化高效协同；强化产业共性技术支撑能力，对服务企业大、行业影响力高的平台，根据其服务能力及效果，给予资金支持，发放科技创新服务券，促进科技资源开放共享。

六 优化人才服务机制

（一）创新高层次人才服务模式

近年来，青岛陆续出台相关政策，[①] 建立高层次人才服务绿卡制度和工作协调机制，全面推行"一式四化"人才服务新模式。"一式"即高层次人才一站式服务，"四化"即高层次人才服务的市场化、定制化、无感化、国际化。[②] 此外，青岛组织卫健、教育、公安等16个职能部门，编制《青岛市高层次人才服务指南》。截至2021年底，已发放高层次人才服务绿卡1541张，并为高层次人才配备1166名人才服务专员，落实落地落细家属随调、子女入学、医疗保健、出入境与居留等37个绿色通道服务事项。[③] 从政策出台到服务落地，青岛实现了"一条龙"贯穿到底。

（二）促进人才服务市场化专业化

2021年3月，上海市人力资源服务标准化技术委员会组建成立，推进人力资源服务行业标准化、规范化建设，参与制定5项国家标准，出台5项地方标准。2022年2月，《关于促进本市人力资源服务业高质量发展的实施意见》出台，围绕进一步加强人才队伍保障、进一步拓宽投融资渠道、进

---

① 《青岛市高层次人才服务实施办法》《青岛市高层次人才分类目录》《青岛市高层次人才全周期服务流程再造实施方案》等。
② 任晓萌：《青岛创新"一式四化"人才服务新模式》，《青岛日报》2022年1月16日。
③ 《关于我市推进招才引智助推创业城市建设工作情况的报告——2021年8月24日在市十六届人大常委会第三十五次会议上》，《青岛市人民代表大会常务委员会公报》2021年11月18日。

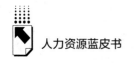

一步实行财税支持政策、进一步提升产业发展能级等四个方面提出了 23 条政策举措，助力人力资源服务产业高质量发展。[①]

自 2021 年 5 月起，北京开始实施《北京市促进人力资源市场发展办法》。该办法首次将人力资源服务业纳入本市高精尖产业登记指导目录，[②]提出鼓励和支持经营性人力资源服务机构发展跨境业务，以及引进国际先进人力资源服务理念、技术、标准和管理模式，同时允许在全市范围内设立外商独资人力资源服务机构。[③] 该办法明确，为北京市用人单位引进急需紧缺国际人才的经营性人力资源服务机构和用人单位，可以按照本市有关规定获得奖励。[④]

（三）加快人才服务数智化转型

2021 年，广州成立广州人才集团，依托"一个载体"，建设"两个平台"，着力发展"六项主业务"，逐步构筑"1+2+6"发展新格局。"一个载体"即中国广州人力资源服务产业园，"两个平台"即粤港澳大湾区人才产业研究院、粤港澳大湾区人才大数据运营中心，"六项主业务"即人才数据挖掘、高端人才猎聘引进、智能化人才招聘、人才综合评价、人才行业投融资、劳务派遣及人才服务外包。[⑤] 打造高端猎头服务网络，建立动态更新的高层次人才库。利用大数据技术综合分析研究，编制《广州市 2022 年重点产业紧缺人才目录》，服务广州重点产业发展。推进人力资源产业研究院、人才大数据研究院建设，打造人才服务创新联合体。积极探索"人工智能+人力资源"服务，推进广州"人才码"（广州市"穗才通"一站式政策平台），建立市、区、镇三级快速响应网络，创新人才服务工作业态。构建

---

① 申仁宝：《上海多条举措助人力资源服务业高质量发展》，《中国劳动保障报》2022 年 2 月 12 日。

② 崔紫阳：《人力资源服务业纳入高精尖产业》，《首都建设报》2021 年 4 月 13 日。

③ 代丽丽：《鼓励人力机构为"两区"建设引才》，《北京日报》2021 年 4 月 12 日。

④ 《北京：5 月起施行〈北京市促进人力资源市场发展办法〉》，http：//www.mohrss.gov.cn/SYrlzyhshbzb/dongtaixinwen/dfdt/202104/t20210412_412605.html。

⑤ 周甫琦：《人才航母起航，驶向星辰大海》，《南方日报》2021 年 8 月 20 日。

市、区两级人才服务联动机制，推行"人才管家"制度，各区设立人才专员，落地落细落实各项服务保障。

近期，特别是中央人才工作会议召开以后，各地围绕认真贯彻落实新时代人才强国战略部署，抓紧新时代地方人才工作战略谋划，积极建立完善人才工作机制，探索推动人才体制机制改革。各地瞄准发展需求，面向新经济、新基建、新技术、新产业，不断优化招才引智政策矩阵，[①] 更加注重战略人才引进培养，大力推进各类人才队伍建设。同时，各地更加重视搭建人才干事创业平台，逐步优化人才宜居宜业发展环境，不断改善人才成长创业政策环境，进一步推动人才政策开放创新。在职称创新方面，各地进一步创新职称管理，在推动国际人才职业资格考试及认可工作、推进港澳人才参与内地职称评审等方面迈出新步伐。同时，在技能人才特别是高技能人才培养激励方面，各地呈现出前所未有的重视。在科研管理机制改革方面，各地加大人才评审权下放力度，赋予科研人员更大经费自主权、流动自主权等，并不断推动跨地区科技合作交流。但与此同时，人才分层分类评价体系尚未健全、人才流动渠道不够通畅、人才工作法制体系不够健全、创新创业生态系统构建不够完备等问题仍然存在，需要进一步深化人才管理体制机制改革，在人才工作制度环境建设、人才发展法治环境建设、人才干事创业生态环境建设等方面，不断加强人才政策制度创新，持续优化人才工作发展路径，逐步增强人才引领发展作用，进一步推动地方经济社会高质量发展再上新台阶。

---

① 范青青、孙锐：《近期我国地方人才工作创新趋势追踪》，《中国科技人才》2021 年 10 月 20 日。

B.9
我国人才评价机制改革与发展趋势

孙一平*

摘　要： 我国职称制度、职业资格制度和职业技能等级认定制度改革进入
新的发展阶段。各地各部门在中央的总体部署下，持续推进各项
制度改革，分类健全评价标准，创新评价方式，完善管理服务，
加强重点领域人才评价改革，人才评价制度体系更加完善，人才
评价与培养、使用、激励等方面的衔接更为紧密。

关键词： 人才评价　职称制度　职业资格

一　改革整体情况

深化人才评价制度改革，是构建人才制度优势的重要战略举措。2021
年以来，我国的职称制度、职业资格制度、职业技能等级认定制度、职业技
能大赛制度等持续改革完善，人才活力进一步释放，为高质量发展提供了坚
实基础。

（一）明确新时代人才评价改革目标

2021年9月，首次中央人才工作会议召开，习近平总书记出席并发表
重要讲话，对新时代人才强国战略进行了顶层设计。在人才评价工作方面，
习近平总书记指出，当前人才评价体系不合理、"四唯"现象、"帽子"满

---

* 孙一平，博士，中国人事科学研究院副研究员，主要研究方向为人才评价、职业发展、人力
资源开发。

天飞等问题依然存在，根据基础前沿研究、社会公益性研究、应用技术开发和成果转化的不同特点，加快建立以创新价值、能力、贡献为导向的人才评价体系。学习贯彻习近平总书记重要讲话和中央人才工作会议精神，是当前和今后一个时期人才评价工作的一项重要政治任务。

（二）职称制度改革重点任务全部完成

2016 年 12 月，《关于深化职称制度改革的意见》印发，启动了本轮职称制度改革。2021 年 8 月，《关于深化实验技术人才职称制度改革的指导意见》印发，至此 27 个职称系列的改革指导意见全部出台，职称制度改革重点任务总体完成。

在中央的总体部署和各地各部门的积极探索下，职称制度体系、评价标准、评价方式、管理服务等方面均有重点突破。改革前 11 个没有设置正高级的职称系列全部设置到正高级，共新增高级职称 200 万人，其中正高级职称 18.8 万人。聚焦新业态、新技术、新职业，增设 100 多个评审专业；对艰苦边远地区和基层一线人才实行"定向评价，定向使用"，共有 3.5 万人通过"双定向"获得高级职称；贯通技术技能人才发展通道，目前已有 1 万余名高技能人才取得职称。[①] 系列与层级设置合理、评价标准与方式科学、管理与服务规范的职称制度基本形成。

表 9-1　职称制度改革各系列指导意见

序号	系列名称	文件名称	发布部门	发布时间
1	实验技术人才	《关于深化实验技术人才职称制度改革的指导意见》	人力资源和社会保障部（以下简称"人社部"）、教育部	2021 年 8 月
2	公共法律服务专业人员	《关于深化公共法律服务专业人员职称制度改革的指导意见》	人社部、司法部	2021 年 7 月

① 《建强人才队伍　激发创新活力——2021 年人社工作盘点　人才篇》，http://www.mohrss.gov.cn/SYrlzyhshbzb/dongtaixinwen/buneiyaowen/rsxw/202201/t20220120_433204.html。

续表

序号	系列名称	文件名称	发布部门	发布时间
3	卫生专业技术人员	《关于深化卫生专业技术人员职称制度改革的指导意见》	人社部、国家卫生健康委、国家中医药局	2021年6月
4	新闻专业人员	《关于深化新闻专业技术人员职称制度改革的指导意见》	人社部、国家新闻出版署	2021年6月
5	图书资料专业人员	《关于深化图书资料专业人员职称制度改革的指导意见》	人社部、文化和旅游部	2021年6月
6	工艺美术专业人员	《关于深化工艺美术专业人员职称制度改革的指导意见》	人社部、工业和信息化部	2021年2月
7	出版专业人员	《关于深化出版专业技术人员职称制度改革的指导意见》	人社部、国家新闻出版署	2021年1月
8	播音主持专业人员	《关于深化播音主持专业人员职称制度改革的指导意见》	人社部、国家广播电视总局	2021年1月
9	高等学校教师	《关于深化高等学校教师职称制度改革的指导意见》	人社部、教育部	2020年12月
10	审计专业人员	《关于深化审计专业人员职称制度改革的指导意见》	人社部、审计署	2020年11月
11	体育专业人员	《关于深化体育专业人员职称制度改革的指导意见》	人社部、国家体育总局	2020年10月
12	艺术专业人员	《关于深化艺术专业人员职称制度改革的指导意见》	人社部、文化和旅游部	2020年9月
13	船舶专业技术人员	《关于深化船舶专业技术人员职称制度改革的指导意见》	人社部、交通运输部	2020年6月
14	档案专业人员	《关于深化档案专业人员职称制度改革的指导意见》	人社部、国家档案局	2020年4月
15	统计专业人员	《关于深化统计专业人员职称制度改革的指导意见》	人社部、国家统计局	2020年3月
16	文物博物专业人员	《关于深化文物博物专业人员职称制度改革的指导意见》	人社部、国家文物局	2019年11月
17	哲学社会科学研究人员	《关于深化哲学社会科学研究人员职称制度改革的指导意见》	人社部、中国社会科学院	2019年10月
18	农业技术人员	《关于深化农业技术人员职称制度改革的指导意见》	人社部、农业农村部	2019年10月

序号	系列名称	文件名称	发布部门	发布时间
19	翻译专业人员	《关于深化翻译专业人员职称制度改革的指导意见》	人社部 中国外文局	2019年10月
20	中等职业学校教师	《关于深化中等职业学校教师职称制度改革的指导意见》	人社部、教育部	2019年8月
21	经济专业人员	《关于深化经济专业人员职称制度改革的指导意见》	人社部	2019年6月
22	自然科学研究人员	《关于深化自然科学研究人员职称制度改革的指导意见》	人社部、科技部	2019年4月
23	工程技术人员	《关于深化工程技术人才职称制度改革的指导意见》	人社部、工业和信息化部	2019年2月
24	民用航空飞行技术人员	《关于深化民用航空飞行技术人员职称制度改革的指导意见》	人社部、中国民用航空局	2019年2月
25	会计人员	《关于深化会计人员职称制度改革的指导意见》	人社部、财政部	2019年1月
26	技工院校教师	《关于深化技工院校教师职称制度改革的指导意见》	人社部	2017年11月
27	中小学教师	《关于深化中小学教师职称制度改革的指导意见》	人社部、教育部	2015年8月

资料来源：人社部网站。

（三）职业资格制度改革迈上新台阶

2017年9月，人社部首次公布《国家职业资格目录（2017年版）》，明确对职业资格进行清单式管理，确立了国家职业资格管理模式和基本框架。《国家职业资格目录》成为我国职业资格制度的"总户头"并进行动态更新。经过2019年更新之后，2021年12月，人社部又公布了《国家职业资格目录（2021年版）》，共含职业资格72项。其中，专业技术人员职业资格59项（准入类33项、水平评价类26项），技能人员职业资格13项。

《国家职业资格目录（2021年版）》的主要亮点如下。一是持续推进"放管服"改革要求，削减职业资格数量，优化后的目录与2017年相比，职业资格减少了68项，削减比例达48.6%。二是回应行业人才开发与评价需要，新增"矿业权评师""特种作业人员"等十余项资格。三是73项水平评价类技能人员职业资格全部退出目录，仅保留与公共安全、人身健康等密切相关的13项职业工种。四是加快推进政府职能转变，推动人力资源社会保障部门所属职业技能鉴定中心转向质量监督与公共服务工作，有序退出技能人员职业资格具体认定实施。以准入类资格和专业技术人员资格为主体的新时代国家职业资格框架体系基本形成。

（四）构建新时代技能人才职业技能等级制度

随着职业资格制度改革的推进，为稳妥有序承接退出《国家职业资格目录》后的技能人才评价工作，我国构建了职业技能等级认定制度。2022年3月，人社部印发《关于健全完善新时代技能人才职业技能等级制度的意见（试行）》，明确了新时代技能人才职业技能等级制度的基本规范。①

新时代技能人才职业技能等级制度的主要亮点如下。一是拓展了职业技能等级制度内涵，使职业技能等级认定制度集评价、培训、使用、激励于一体，促进技能人才评价与培训、使用、激励紧密结合，与国家职业资格制度相衔接，与终身职业技能培训制度相适应。二是健全了技能等级设置，进一步拓展了技能人才的职业发展通道。在五级职业技能等级设置的基础上，企业可结合自身实际，适当增加或调整技能等级，延伸和发展为新"八级工"制度。三是引导用人单位建立与技能等级相适应的绩效工资制，将职业技能等级作为技能人才工资分配的重要参考，强化工资收入分配的技能价值激励导向。

二 重点改革举措

各地各部门从健全人才评价标准、完善评价方式、推动国际互认、完善

---

① 《职业技能提升行动超额完成各项目标任务》，http://www.mohrss.gov.cn/wap/xw/rsxw/202205/t20220511_447475.html。

管理服务等方面入手，积极探索，勇于实践，扎实推进人才评价制度重点领域改革，取得了较大进展。

（一）分类健全评价标准

1. 加快实施分类评价

推动国家职业分类大典修订工作。2021年5月，2015年版《中华人民共和国职业分类大典》修订工作启动。人社部向社会发布通告，征集大典修订意见和建议，以求做到与时俱进，准确、客观地反映现阶段我国社会职业的发展变化。

有序开展新职业评价。扎实开展技能人才新职业评价。北京市探索采取社会化评价和"一岗双认"① 评价模式，遴选社会培训评价组织，为互联网营销师、网约配送员、电子竞技员、人工智能训练师等20个新职业劳动者开展技能等级认定工作。江西省紧跟新职业和数字经济发展变化，面向社会广泛征集新职业标准或评价规范，引导相关行业企业开发一批新职业和数字技能评价规范，组织新职业评价机构的征集遴选。② 积极探索"四新"经济领域增设职称评审新专业。例如，吉林省增设人工智能、物联网、大数据、网络营销等13个新专业，山东推出物联网工程技术、智能制造工程技术职称，北京市推出科学传播专业职称，四川推出网信专业职称，上海市推出快递工程技术职称。

深入完善职称分类评价体系。以职业属性和岗位需求为基础，积极推进人才分类评价改革。甘肃将自然科学研究人员分为基础研究、应用研究和技术开发与推广、科技咨询与科技管理服务三个类别。北京将会计人员分为"行政事业会计"和"企业及其他会计"两个类别，将翻译专业人员分为

---

① 同一岗位，劳动者可以获得新职业技能等级证书，也可以同时获得企业岗位认证证书。
② 《江西：加强新职业人才培养》，http://www.mohrss.gov.cn/SYrlzyhshbzb/dongtaixinwen/dfdt/202109/t20210915_ 423145. html。

"笔译"和"口译"两个类别，分类制定评价标准条件。[①] 广东将"大卫生、大健康"理念融入职称制度改革，在将职称评价群体范围由医疗卫生机构拓展到卫生健康系统各类企事业单位和社会组织的同时，将卫生健康专业技术人才细分为卫生专业技术人才、基层卫生专业技术人才、卫生研究人才三个类别，实施各有侧重的人才分类评价。

2. 突出品德评价

将品德评价放在职称评价首位。2021年陆续出台的各个系列职称制度改革意见突出品德评价重要性，建立职业道德正向激励和失信惩戒机制。其中，实验技术人才评价，要求把思想品德和职业道德放在首位；公共法律服务专业人员评价要求坚持德才兼备、以德为先，强化社会责任；新闻专业技术人员评价，要求坚持党对新闻舆论工作的领导，坚持以人民为中心的工作导向，把思想政治素质放在职称评价的首位。将职业道德作为职称评审的第一标准，有利于引领专业技术人员重视职业操守，弘扬积极社会风尚。

3. 完善评价标准体系

颁布新一批国家职业标准。2021年1月至今，人社部先后与交通运输部、工业和信息化部等部门共同颁布了城市轨道交通服务员、智能制造工程技术人员等30个职业的国家职业标准；2021年12月，人社部又单独颁布了网约配送员、建筑信息模型技术员等18个职业的国家职业标准，全年合计颁布标准数达48个。

优化职业资格考试标准。调整准入类职业资格考试工作年限标准。2021年以来，注册城乡规划师等11项准入类职业资格考试工作年限要求降低，注册验船师等2项准入类职业资格考试工作年限要求取消。扩大实行固定合格标准的职业资格考试范围。[②] 2022年2月，人社部发布《关于33项专业技术人员职业资格考试实行相对固定合格标准有关事项的通告》，将实行相

---

① 《北京：深化会计、翻译专业人员职称制度改革》，http：//www.mohrss.gov.cn/SYrlzyhshbzb/dongtaixinwen/dfdt/202204/t20220421_ 444491.html。
② 《从管理人才到服务人才，我国职业资格制度改革迈上新台阶》，http：//www.mohrss.gov.cn/SYrlzyhshbzb/ztzl/zyhzyzggg/gzdt_ zc/202202/t20220225_ 436760. html。

对固定合格标准的专业技术人员职业资格考试由 17 项增至 33 项。调整后,一级建造师、一级造价工程师、监理工程师等职业资格考试各科目合格标准为试卷满分的 60%。[1]

(二)创新评价方式

1. 创新多元评价方式

引入大数据等方式推动人才评价方式创新。广东依托大数据技术建立人才量化评价系统,突破以学历、证书、论文、工作年限"论英雄"的传统方式,依托充分利用医院信息管理系统、公立医院绩效考核系统等已广泛使用的医疗信息系统,以病案首页为载体,有效抓取病种覆盖率、患者人次数、工作时长、次均费用等关键数据,对卫生健康专业技术人才的服务数量、服务质量进行量化评价。厦门在外籍人才评价中引入大数据手段,结合相关产业与技术的现状和发展趋势,运用多模态数据解析及知识图谱构建技术,从适应性、创新性、迫切性切入,对外籍人才与聘用岗位的匹配程度进行综合分析,形成多维人才画像。北京建立人社与公安、经信、市场监管等部门的信息数据共享与联动机制,通过数据比对、复查核查等方式,发现职称评价中存在的伪造学历、资历、论文等弄虚作假行为。[2]

打造联盟评价新平台。各地着力凝聚行业和区域用人主体、培养主体和评价主体,推动形成业内权威人才评价标准,提高评价公信力。黑龙江成立了企业职业技能等级认定单位联盟和技工院校职业技能等级认定单位联盟,依托首批 4 家联盟企业和 30 所联盟院校,开展等级认定 1.5 万余人。[3] 广东结合自身特色,组织有关行业协会、龙头企业、院校等发起成立了"粤菜师傅"人才培养与评价联盟、"南粤家政"人才培养与评价联盟、战略性产

---

[1] 《关于 33 项专业技术人员职业资格考试实行相对固定合格标准有关事项的通告》,http://www.mohrss.gov.cn/SYrlzyhshbzb/fwyd/sykaoshi/zyjsryzyzgkshgbz/202202/t20220217_436122.html。

[2] 《北京:深化会计、翻译专业人员职称制度改革》,http://www.mohrss.gov.cn/SYrlzyhshbzb/dongtaixinwen/dfdt/202204/t20220421_444491.html。

[3] 《黑龙江:组建"政校企"联盟助力产业发展 共推乡村振兴》,http://www.mohrss.gov.cn/SYrlzyhshbzb/dongtaixinwen/dfdt/202204/t20220407_442660.html。

业人才培养与评价联盟，吸引300多家单位参与，共商共建共治共享，推动形成行业公认的人才培养评价标准。①

2. 促进评价和使用、激励紧密衔接

试点开展特级技师评聘工作。2021年9月，人社部印发《关于开展特级技师评聘试点工作的通知》，试点企业可以在高技能人才中设置高级技术职务，开展特级技师评聘工作。2022年初，中国船舶集团有限公司首批80名技能人才通过特级技师评审，成为我国启动特级技师评聘试点工作以来评出的首批特级技师。② 广西结合"技能强企"行动，鼓励龙头企业、大型企业积极参与试点工作，同时建立相关的特级技师研修制度和监督退出机制。③

推行技能价值导向的薪酬分配制度。各地积极贯彻落实《技能人才薪酬分配指引》，促进技能人才评价与激励相结合。山东鼓励和引导企业建立管理序列、专技序列、技能序列并行的薪酬分配体系，推动技能人才的技术技能水平与薪酬等级挂钩。④ 陕西借助研究机构等社会专业力量，通过开展《技能人才薪酬分配指引》专题培训、深入企业推介指导等方式，积极为企业提供技能人才薪酬分配专业化个性化的咨询服务。⑤

建立健全人才退出机制。教育部聚焦"唯帽子"问题，印发《关于正确认识和规范使用高校人才称号的若干意见》，推进人才称号回归学术性、荣誉性，不把人才称号作为评价人才、配置学术资源的唯一依据，扭转"唯帽子"倾向，不给人才贴"永久牌"。深圳积极探索人才"全周期管理"，

① 《广东：三项工程系列技能人才培养启动》，http：//chinajob. mohrss. gov. cn/c/2021 - 09 - 30/325723. shtml。
② 《特级技师评聘试点评出首批特级技师》，http：//www. mohrss. gov. cn/SYrlzyhshbzb/rdzt/zyjntsxd/zyjntsxd_ zxbd/202201/t20220104_ 432149. html。
③ 《广西开展特级技师评聘试点工作 | 晋升》，https：//www. 163. com/dy/article/H8KEU6H205 30WJIN. html。
④ 《山东青岛：跑出技能人才培养"加速度"》，http：//www. mohrss. gov. cn/SYrlzyhshbzb/dongtaixinwen/dfdt/202112/t20211216_ 430570. html。
⑤ 《我省推动实施〈技能人才薪酬分配指引〉》，https：//m. thepaper. cn/baijiahao_ 13361922。

在推行特聘岗位制度过程中，事前设置评聘的"基准线"，明确特聘岗位比例；事中建立考核管理、经费管理、绩效评估等制度；事后根据考核评估结果，动态调整各单位引才经费，有效破除"低效引才""只进不出"问题。

3. 贯通专业技术人员和技能人才职业发展

各地积极出台举措，支持高技能人才参加职称评审和职业资格考试，促进两类人才融合发展。河北、甘肃等地积极稳妥地扩大贯通领域，支持符合条件的高技能人才取得专业技术人员职业资格。山东推行高技能人才与工程技术、农业技术、技校教师、工艺美术等领域的专业技术人才贯通发展，有效激发技能人才活力。[①] 重庆鼓励专业技术人员参加职业技能等级认定，2000 余名工程技术领域专业技术人才取得职业技能等级证书。[②]

（三）继续推动国际化互认

认可一批境外职业资格。多个省市采取"目录清单+便利服务+动态更新"的模式，聚焦金融、建筑、制造、专业服务等领域，出台职业资格清单。北京发布《"两区"境外职业资格认可目录（1.0 版）》，对 82 项高水平境外职业资格进行认可。上海浦东新区发布"境外职业资格证书认可清单"，自贸区临港新片区将金融等多个领域 124 项国际职业资格纳入认可清单。深圳市发布境外职业资格便利执业认可清单，首批清单涵盖六大领域，包括税务师、注册建筑师、注册城乡规划师、医师、船员、导游等 20 项职业资格。

开放职业资格考试。人社部落实中央部署，对港澳台同胞全面开放职业资格考试，会同中国外文局在俄罗斯、白俄罗斯设置"翻译"职业资格考试的海外考点，扩大我国国家职业资格证书的国际影响力。[③] 海南、北京、重庆等地还编制地方职业资格考试目录，对符合条件的境外人员开放。

---

① 《山东青岛：跑出技能人才培养"加速度"》，http：//www. mohrss. gov. cn/SYrlzyhshbzb/dongtaixinwen/dfdt_201112/t20211216_430570. html。

② 《建强人才队伍　激发创新活力——2021 年人社工作盘点　人才篇》，http：//www. mohrss. gov. cn/SYrlzyhshbzb/dongtaixinwen/buneiyaowen/rsxw/202201/t20220120_433204. html。

③ 《从管理人才到服务人才，我国职业资格制度改革迈上新台阶》，http：//chinajob. mohrss. gov. cn/c/2022-02-25/343794. shtm。

（四）加强重点领域人才评价改革

1. 加快推进科技人才评价机制改革

加快建立科技人才评价体系。各地针对自身产业、科技事业发展特点，"破四唯""立新标"并举，纷纷创新科技人才评价标准。北京高标准建设新型研发机构，充分赋予科研机构人才评价自主权。深圳基于职业属性和岗位要求，构建"能力+业绩"的人才评价体系，分领域分赛道评价"高精尖缺"人才。山东、甘肃、浙江等地结合实际，选取经济绩效、社会效益、创新绩效、成果转化绩效等评价标准，激发人员创新活力。例如，山东出台政策明确，横向科研项目单项到位经费超过50万元的，在人才评价、职称评聘等方面视同省级科技计划项目；甘肃规定，单个技术项目转让交易额累计到账50万元或3年内多个技术项目转让交易额累计到账100万元的，可视同一项主持完成的省部级课题。

科学合理设置评价考核周期，突出中长期目标导向。鼓励持续研究和长期积累，适当延长基础研究人才评价考核周期。上海试点建立了全国首个"基础研究特区"，瞄准"从0到1"原始创新，率先构建与基础研究规律相适应的全周期管理机制，改革完善选题立项、经费投入、项目管理、人才评价等多个环节管理方式。河北、辽宁、广西、湖南、福建等地着力构建科研项目的容错免责机制，对于创新性强、风险性高、探索性明显的科研项目，如果原始记录证明项目负责人已经履行勤勉尽责义务的，可视为结题。

2. 健全哲学社会科学人才评价体系

统筹部署哲学社会科学人才评价改革。2022年4月，中共中央办公厅印发了我国第一部国家层面的哲学社会科学发展规划《国家"十四五"时期哲学社会科学发展规划》。在加强新时代哲学社会科学人才队伍建设和人才评价上，规划指出，要推进哲学社会科学人才评价制度改革，完善优秀人才表彰奖励制度，为"十四五"时期我国哲学社会科学人才评价改革指明了方向。

加快确立符合哲学社会科学特点的人才评价标准。教育部聚焦高校社科领域存在的"唯论文"不良倾向，印发《关于破除高校哲学社会科学研究评价中"唯论文"不良导向的若干意见》，明确提出10个"不得"，优化评价方式，探索多元评价。黑龙江实行定性与定量评价相结合，推行代表作评价制度，注重评价标志性成果的质量、贡献和影响力，从重数量、重形式向重质量、重内容转变，建立符合哲学社会科学研究人员职业特点的职称制度。广东在哲学社会科学职称评审中推行代表作制度，注重标志性成果的质量、学术贡献和影响。

3.完善面向基层一线和乡村振兴人才的评价机制

扎实开展基层专业技术人员职称评聘工作，继续开展部分职业资格考试单独划线。2021年11月，《关于加强国家乡村振兴重点帮扶县人力资源社会保障帮扶工作的意见》印发，强调要落实好乡村振兴重点帮扶地区"定向评价、定向使用"等人才评价倾斜性政策，继续做好部分职业资格考试在原适用地区单独划定考试合格线工作。[1] 2022年2月，《中共中央　国务院关于做好2022年全面推进乡村振兴重点工作的意见》强调开展基层职称评聘"定向评价、定向使用"，对中高级专业技术岗位进行总量控制、比例单列。贵州、湖北、甘肃、新疆等地聚焦基层专业技术人才队伍建设薄弱环节，在重点帮扶县开展职称定向评价工作。[2]

引导人才向基层一线流动。各地结合实际、创新举措，大力推动人才人事帮扶，引导人才向基层一线流动。新疆阿克苏地区结合基层工作年限，实行专业技术人员加分制。江西明确中小学教育、卫生类等专业人才晋升高级

---

[1] 人力资源社会保障部、国家乡村振兴局：《关于加强国家乡村振兴重点帮扶县人力资源社会保障帮扶工作的意见》，2021。

[2] 《贵州：支持重点帮扶县巩固拓展脱贫攻坚成果　接续推进振兴》，http://www.mohrss.gov.cn/SYrlzyhshbzb/dongtaixinwen/dfdt/202204/t20220414_443416.html。《湖北：16条措施力促乡村振兴》，http://www.mohrss.gov.cn/SYrlzyhshbzb/dongtaixinwen/dfdt/202201/t20220104_432176.html。《凝聚人社力量　助推乡村振兴——2021年人社工作盘点　乡村振兴篇》，http://www.mohrss.gov.cn/SYrlzyhshbzb/dongtaixinwen/buneiyaowen/rsxw/202201/t20220120_433201.html。

职称应有一定期限的服务农村经历；对长期在乡村一线工作的专业技术人员，可适当放宽学历、资历限制。①

开展技能评价有效带动脱贫。各地持续加强重点帮扶地区高技能人才和乡村工匠培养，进一步筑牢防止返贫致贫防线。河北建立完善以提升发展能力为核心的就业帮扶体系，完善行业标准，建立技能评价体系，开展技能比赛，提升从业者技能水平。② 重庆实施高素质农民能力提升计划，开展农民职称评审工作。③

举办系列乡村振兴职业技能大赛。2021年9月，全国首届乡村振兴职业技能大赛举办。大赛以"展技能风采　促乡村振兴"为主题，共有23个省（区、市）开展省级选拔赛，6000余名选手参加选拔；共设砌筑工、汽车维修工、农机修理工、电工等11个与农村实用技能密切相关的比赛项目，最终参赛700余名选手，受到了社会的广泛关注，营造了良好氛围。④

4.完善青年人才评价机制

举办大赛促进博士后创新创业。2021年5月，人社部、全国博士后管理委员会正式启动的第一届全国博士后创新创业大赛，是我国博士后制度实施以来举办的规模最大、层次最高、覆盖面最广的全国性博士后创新创业赛事。大赛以"博采科技精华、创新引领未来"为主题，设创新赛、创业赛、海外（境外）赛和揭榜领题赛等四个组别，产生了57个金奖、91个银奖、125个铜奖，现场签约54个项目，意向合作金额11.27亿元。⑤

完善青年科技人才评价机制。2022年5月，中国科协、教育部、科

---

① 《江西：职称评聘向扎根乡村人才倾斜》，http：//www.mohrss.gov.cn/SYrlzyhshbzb/dongtaixinwen/dfdt/202112/t20211224_431180.html。

② 《河北：增强脱贫人口就业能力》，http：//www.mohrss.gov.cn/SYrlzyhshbzb/dongtaixinwen/dfdt/202203/t20220315_438682.html。

③ 《重庆出台26条措施加速乡村人才振兴》，http：//www.gov.cn/xinwen/2021-09/10/content_5636575.htm。

④ 《全国乡村振兴职业技能大赛》，http：//www.mohrss.gov.cn/SYrlzyhshbzb/dongtaixinwen/buneiyaowen/rsxw/202109/t20210923_423698.html。

⑤ 《建强人才队伍　激发创新活力》，https：//baijiahao.baidu.com/s？id=1722523425642855834&wfr=spider&for=pc。

技部等八部门联合发出《关于支持青年科技人才全面发展联合行动倡议》，倡导用人单位完善以创新价值、能力、贡献为导向的科技人才评价机制，杜绝简单以论文数量、人才"帽子"、科技奖励和项目承担经历为决定性依据的评价。山东出台《山东省青年科技人才培养规划》，完善科技创新团队评价办法，实行以合作解决重大科技问题为重点的整体性评价，尊重认可青年科技人员在团队中的实际贡献。江苏探索青年人才长周期考核，鼓励青年人才瞄准重大原创性基础前沿和关键核心技术的科学问题。

5. 关注抗击疫情医务人员评价体系

加大职称评审支持力度。各地纷纷出台措施，支持疫情防控一线的专业技术人员参与职称评审，同等条件下所在单位优先推荐申报。上海出台《本市人社领域全力支持抗击疫情的若干政策措施》，规定在防控一线经历可视同基层工作经历、视同完成当年继续教育学时；对在防控一线作出突出贡献、获得省部级以上表彰奖励的，开辟职称评审绿色通道，结合业务能力水平评价，可直接申报参加高一级职称评审或考试。[1] 吉林出台《吉林省人社领域全力支持抗击新冠疫情若干政策措施》，在全力激励关爱抗疫一线医务工作者及相关人员方面，实施职称专项激励，提高专技岗位比例，开辟事业单位招聘绿色通道，优先推荐评选人才项目和荣誉。

（五）完善管理和服务

1. 保障和落实用人单位自主权

加快下放职称评审权。深化"放管服"改革，科学合理下放评审权限，推动人才管理向创造良好环境、提供优质服务转变。陕西全省110所普通高校教师系列全部实现自主评审，中小学教师系列高级职称评审全部下放各

---

① 《上海：十六条人社措施支持抗疫》，http：//www.mohrss.gov.cn/SYrlzyhshbzb/dongtaixinwen/ dfdt/202204/t20220412_ 443229. html。

市；授权 32 个行业主管部门和 18 家大型国有企业、科研院所自主开展工程系列评审；向重点人才创新平台的创新型企业下放职称评审权。① 湖北明确企业自主开展职称评审的标准条件，符合条件的企业，不仅可以承接本单位职称自主评审，还可以承接本行业职称社会化评审。② 山东将专业技术二级岗位评审权下放至省委、省政府直属事业单位、省直有关部门和各设区市事业单位人事综合管理部门自主组织。

推动职业技能等级认定自主评价。鼓励市场主体结合生产经营特点和实际需要，自主确定评价职业（工种）范围，自主设置职业技能岗位等级，自主开发制定评价标准规范，自主开展技能人才评价工作。江苏实施企业技能人才自主评价，鼓励企业结合生产实际，采取线上理论考试、生产过程考核、工作业绩考评等方式，对职工开展技能评价。③ 北京积极引导央企在京分支机构、市属企业、辖区企业通过技能等级认定备案，截至 2021 年 8 月底，已有 203 家企业通过备案，覆盖 70 万名职工和 399 个职业（工种）。截至 2021 年 10 月底，全国有 9600 多家企业、2700 多家社会培训评价组织已完成职业技能等级认定评价机构备案，540 多万名技能人员经评价合格取得职业技能等级证书。④

2. 健全管理服务体系

加快推动职称评审信息化建设。一是搭建上线信息查询平台，为专业技术人才跨地区流动提供便利服务。2021 年 9 月，人社部上线运行全国职称评审信息查询平台，归集了各地和各有关部门上报的 1300 万条信息，面向各地人社部门、用人单位及个人提供跨地区在线核验查询服务。⑤ 二是持续

---

① 《陕西：职称制度改革让人才活力竞相进发》，http://www.mohrss.gov.cn/SYrlzyhshbzb/dongtaixinwen/dfdt/202111/t20211115_427793.html。

② 《湖北省向企业下放职称评审权》，http://www.gov.cn/xinwen/2021-09/22/content_5638663.htm。

③ 《江苏：向重点民营企业送政策送技工送补贴》，http://www.mohrss.gov.cn/SYrlzyhshbzb/rdzt/zyjntsxd/zyjntsxd_zxbd/202112/t20211203_429391.html。

④ 《为高质量发展加强人才队伍建设》，http://www.mohrss.gov.cn/SYrlzyhshbzb/rdzt/zyjntsxd/zyjntsxd_zxbd/202112/t20211229_431733.html。

⑤ 《建强人才队伍　激发创新活力》，https://baijiahao.baidu.com/s?id=1722523425642855834&wfr=spider&for=pc。

推行网上申报等便利服务。2021 年，贵州已在工程、经济、新闻、艺术等 12 个系列和自主评审单位职称评审中启用职称评审管理系统。① 北京优化职称评价信息化建设，实行网上申报、审核、缴费、查询、取证等便利化服务，自 2020 年推行电子证书以来，已发布电子职称证书 25 万余本。

加强职业技能竞赛管理。为进一步规范职业技能竞赛活动，加强竞赛组织管理，更好地发挥示范引领作用，各地纷纷出台专门的技能竞赛管理办法。江西印发《江西省职业技能竞赛管理暂行办法》，明确全省职业技能竞赛实行分级分类管理，对职业技能竞赛办赛原则、竞赛体系、竞赛计划管理等方面，设定了相应的规范，明确了程序和标准。② 江苏坚持分类指导与分级管理相结合，对开展职业技能等级认定和竞赛工作的技术标准进行了明确；对省内各地组织职业技能竞赛的选手参赛资格、各地区职业技能竞赛外地选手参赛以及跨区域联合办赛进行了规范。③

3. 优化公平公正评价环境

维护职称评审评价公信力，营造权威、公平、诚信的评审环境。④ 河南、北京、天津、福建、四川等地出台职称评审管理暂行办法，明确了各级人社行政部门、行业主管部门、职称评审委员会承办单位、用人单位等的主体责任以及违规责任追究办法。青岛、武汉等城市还出台了职称评审工作规程，在落实国家、省有关要求的基础上，进一步规范和细化基本程序、各环节操作流程、参与各方权利义务，实行评审专家随机遴选、匿名评审、高级职称异地评审，落实评审中巡查、随机抽查和评审后复查、倒查等措施，确保职称评审过程更加规范严谨、结果公平公正。

---

① 《贵州：专技人员职称全程"云上"评》，http：//www.mohrss.gov.cn/SYrlzyhshbzb/dongtaixinwen/dfdt/202203/t20220307_437467.html。

② 《江西：出台职业技能竞赛管理暂行办法》，http：//www.mohrss.gov.cn/SYrlzyhshbzb/dongtaixinwen/dfdt/202204/t20220427_445504.html。

③ 《江苏：强化"五个规范" 进一步加强技能人才评价工作》，http：//www.mohrss.gov.cn/SYrlzyhshbzb/dongtaixinwen/dfdt/202204/t20220414_443417.html。

④ 《北京：深化会计、翻译专业人员职称制度改革》，http：//www.mohrss.gov.cn/SYrlzyhshbzb/dongtaixinwen/dfdt/202204/t20220421_444491.html。

健全职业技能培训、评价社会监督机制。一是引入外部力量加强质量监督。福建印发《福建省职业技能等级认定质量督导工作实施办法（试行）》，委派内部和外部质量督导员，对职业技能等级认定工作情况进行专项和日常督导。江苏苏州引入第三方质量监管，以购买服务的方式，实施"内部+外部+再监督"模式，提升质量监管的精度和深度。二是完善质量管理与评价监管规范。浙江全面实行等级认定信息公开，在全国率先建立技能等级认定计划公告制，制定技能人才评价监管细则，探索开展技能评价监管应用试点，面向全省推广职业技能评价监管系统。

技术技能类山寨证书专项治理。2022年4月，人社部印发通知，要求各地各部门对面向社会开展的技术技能类培训评价发证活动进行全面核查，对评价发证中存在的违规使用有关字样和标识、虚假或夸大宣传、违规收费等情况进行治理，建立"黑名单"制度，对技术技能类评价活动进行常态化管理。

三　发展展望

（一）加速构建定位明确、功能清晰的人才评价体系

目前，职业技能等级认定制度的定位较为明晰，但是职业资格制度、职称制度的属性、设置条件、实施主体、适用范围等关键制度要素仍缺乏比较清晰的设计，导致各方面理解含混不清，职称越来越资格化，职业资格越来越"准入化"和"专业技术化"。未来改革中应合理界定职称制度、职业资格制度的功能定位和适用范围。在职业资格制度改革方面，以职业分类为基础，突出职业化、专业化、社会化和国际化导向；进一步明确水平评价类职业资格的功能定位、设置标准。在职称制度改革方面，以职位（职务）分类为基础，突出职务管理、单位管理和自主管理导向；明确社会化评审职称系列和专业的发展方向、社会化评审的职称与水平评价类职业资格的区别与联系。构建国家职业资历体系，以

职业资历体系建设统领各类人才评价制度的衔接与融合，增强各项制度的系统性、整体性和协调性。

（二）健全人才评价的质量管理体系

当前职业资格制度、职称制度、职业技能等级认定制度等质量管理的核心仍以规范、公平、公正为主，未来应适时借鉴欧盟在资历框架建设和专业认证方面的经验，树立以标准为核心的质量管理体系。以学习成果理论为基础，对职业资格、职称、职业技能等级认定的标准体系进行统筹分析和谋划。健全国家职业资格、职称、职业技能等级认定制度的质量管理体系，更新完善评价标准制定技术规范，建立健全质量监测评估标准体系和第三方评估机制。促进专业发展，加强人才评价与职业教育、继续教育、会员管理、行业自律和职业诚信等制度的关联复合。

（三）加强境外资格境内认可的顶层设计

当前国内多地已经推出了地方认可的境外职业资格目录，未来需要适时加强顶层设计与统筹规划。以国家职业资格目录、职称系列和专业目录、职业技能等级认定目录为基础，对国际职业资格的能力要求和应用范围、各国的具体实践进行专题研究，建立境外职业资格白名单，对国际上比较权威的职业资格进行研究收录，并定期评估更新。鼓励各地结合当地重点产业发展实际需要，在白名单的基础上研究制定特色化境外职业资格境内认证目录，对未收录的境外职业资格探索建立"即审即录即认"制度。

参考文献

习近平：《深入实施新时代人才强国战略　加快建设世界重要人才中心和创新高地》，《人民日报》2021 年 9 月 29 日。

孙锐：《新时代人才强国战略的内在逻辑、核心构架与战略举措》，《学术前沿》2021 年第 24 期。

孙一平：《用好"指挥棒" 评出"真"人才》，《中国人力资源社会保障》2021年第6期。

京仁轩：《谁用人谁评价 谁发证谁负责》，《中国组织人事报》2021年10月15日。

卢伟、罗嫣然：《重庆探索构建人才"三评价"体系》，《中国组织人事报》2021年9月3日。

B.10
职业资格制度改革工作进展与发展态势

谢 晶*

摘 要： 2021~2022年职业资格制度改革持续推进，具体工作集中在以下几个方面：颁布新版国家职业资格目录，推行电子证书，改革考试合格标准，降低工作年限要求，治理山寨证书，探索境外人员资格认证认可机制等。面向新发展阶段的职业资格制度改革，需要有效回应创新技术技能人才评价制度、加快构建国家资历框架、推动技术技能人才全球化配置等方面需求，在进一步明确功能定位、加快职业标准建设、推进考试认证体系改革、畅通社会化监督反馈机制、加速国际互认进程等方面持续发力，促进职业资格制度从规范有序向科学完善逐步迈进。

关键词： 职业资格制度 水平评价 人才评价

一 职业资格制度改革的推进状况

2021~2022年，人力资源和社会保障部（以下简称"人社部"）加快推进职业资格制度改革进程，采取了很多政策措施。比如，颁布了新版国家职业资格目录；加大职业资格制度改革力度，包括推行电子证书、改革考试合格标准、降低工作年限要求、治理山寨证书等。此外，各地也在积极探索，采取境外资格认可和职业资格考试开放等措施，发挥职业资格的"引才聚才"作用。

---

* 谢晶，博士，中国人事科学研究院副研究员，主要研究方向为职称和职业资格、心理测量与评估、人才选拔与评价、职业指导与咨询、人力资源服务标准化。

（一）新版国家职业资格目录颁布

2021年11月底，人社部公布了《国家职业资格目录（2021年版）》，包含59项专业技术人员职业资格和13项技能人员职业资格，共计72项。其中，专业技术人员职业资格中包括33项准入类资格、26项水平评价类资格；技能人员职业资格全部是准入类职业资格。相较2017年最初颁布的目录而言，总数减少了68项，削减近49%。从专业技术人员职业资格情况来看，总数不变，其中准入类资格从36项调整为33项，水平评价类职业资格从23项增加为26项。从具体资格情况来看，注册石油天然气工程师、出入境检疫处理人员、乡村兽医等资格退出目录，职业病诊断医师、矿业权评估师、精算师等专业性和社会通用性强的资格适时纳入目录；从技能人员职业资格情况来看，目录中仅保留与公共利益密切相关的，关系到公共安全、人身健康等方面的准入类资格，在原有的5项准入类职业资格的基础上，增加了安全保护服务人员、消防和应急救援人员、航空运输服务人员、危险货物化学品运输从业人员、特种作业人员、建筑施工特种作业人员、特种设备安全管理人员和作业人员等8项准入类资格，合计13项。原目录中73项技能人员水平评价类资格全部退出目录，不再由政府或其授权的单位认定发证。

（二）推行专业技术人员职业资格电子证书

2021年12月，人社部办公厅印发通知，① 决定在专业技术人员职业资格中推行电子证书，涉及31项职业资格的专业技术人员。其中，注册城乡规划师、注册测绘师、注册核安全工程师等② 24项专业技术人员职业资格

---

① 人社部办公厅，关于推行专业技术人员职业资格电子证书的通知。
② 注册城乡规划师、注册测绘师、注册核安全工程师、注册建筑师（一、二级）、监理工程师、造价工程师（一级）、建造师（一级）、勘察设计注册工程师、注册验船师、护士执业资格、注册安全工程师（中级）、注册消防工程师（一级）、注册计量师（一、二级）、执业药师、社会工作者职业资格（初、中、高级）、经济专业技术资格（初、中级）、环境影响评价工程师、机动车检测维修专业技术人员职业资格、卫生专业技术资格（初、中级）、审计专业技术资格（初、中级）、设备监理师、统计专业技术资格（初、中级）、出版专业技术人员职业资格（初、中级）、翻译专业资格。

的电子证书使用"中华人民共和国人力资源和社会保障部专业技术人员职业资格证书专用章"电子印章；拍卖师、工程咨询（投资）专业技术人员职业资格、资产评估师、房地产经纪专业人员职业资格、公路水运工程试验检测专业技术人员职业资格、税务师、银行业专业人员职业资格等7项专业技术人员职业资格的电子证书使用有关行业协会、学会或有关部门指定机构的电子印章。上述职业资格证书可在中国人事考试网（网址：www.cpta.com.cn）进行下载和查询验证，与纸质证书具有同等法律效力。推行电子证书后，纸质证书仍按照原方式制发。已制发的纸质证书遗失、损毁，或者逾期不领取的，不再办理补发。

（三）实行相对固定合格标准的专业技术人员职业资格考试增至33项

2022年2月，人社部发布通告，① 决定自2022年度起，将实行相对固定合格标准的专业技术人员职业资格考试由17项增至33项。注册城乡规划师、注册测绘师、注册核安全工程师、注册建筑师（一、二级）、监理工程师②等32项职业资格考试，各科目合格标准为试卷满分的60%。护士执业资格考试专业实务科目合格标准为300分，实践能力科目合格标准为300分。

（四）进一步降低部分职业资格考试工作年限要求

2022年2月，经国务院同意，人社部印发通知，③ 在不降低职业资格水

---

① 关于33项专业技术人员职业资格考试实行相对固定合格标准有关事项的通告。

② 注册城乡规划师、注册测绘师、注册核安全工程师、注册建筑师（一、二级）、监理工程师、一级造价工程师、一级建造师、注册验船师、中级注册安全工程师、一级注册消防工程师、注册计量师（一、二级）、执业药师、拍卖师、工程咨询（投资）、通信（初、中级）、计算机技术与软件（初、中、高级）、社会工作者（初、中、高级）、会计（初、中级）、资产评估师（含珠宝评估专业）、经济（初、中、高级）、环境影响评价工程师、房地产经纪专业人员（初、中级）、机动车检测维修（初、中级）、公路水运工程试验检测（初、中级）、卫生（初、中级）、审计（初、中、高级）、税务师、设备监理师、统计（初、中、高级）、出版（初、中级）、银行业专业人员（初、中级）、翻译专业资格（一、二、三级）。

③ 关于降低或取消部分准入类职业资格考试工作年限要求有关事项的通知。

平的前提下，适当降低注册城乡规划师、注册测绘师、注册核安全工程师、监理工程师、造价工程师、建造师（一级）、渔业船员、注册安全工程师（中级）、注册计量师（一级）、特种设备检验检测人员资格、执业药师等11项职业资格考试工作年限要求，取消了注册验船师、拍卖师等2项职业资格考试工作年限要求，为一毕业即从事相关工作、有能力但受限于年限要求的考生提供了更多的机会，推动降低就业创业门槛。根据通知，自2022年起，考生就可以按新的报名条件参加考试。考试工作年限要求调整后，专业技术人员取得的职业资格，可继续按照有关规定与相应系列和层级的职称对应，并可作为其申报高一级职称的条件。为了保证职业资格证书质量，还要求各地区各部门要强化职业资格领域事前、事中、事后的全领域全链条式监管，考试大纲制定要严格，履行命题职责要认真，对实际工作能力考察的力度要加大，打击考试违纪行为要严厉，取得职业资格人员的专业能力评估和继续教育要加强，从而确保政策落地后职业资格水平不降低。

（五）开展技术技能类"山寨证书"专项治理工作

2022年3月，人社部和中央网信办联合下发通知，① 面向社会开展的与技能人员和专业技术人员相关的培训评价发证（含线上）活动开展专项治理，治理内容包括：一是违规使用"中华人民共和国""中国""中华""国家""全国""职业资格""岗位合格（凭证）""专业技术职务"等字样，国徽、政府部门徽标等标识，以及与上述相关或易产生歧义和误导的字样、图案或水印标识，本机构以外其他部门或单位的标识等情况；二是假借行政机关名义或使用"中华人民共和国""中国""中华""国家""全国""×××部""原×××部"和"包过"等字样进行培训评价发证活动等虚假或夸大宣传的情况；三是违规培训（包括超出办学许可范围开展培训，无办学许可证开展培训）、违规收费（包括违反法律、法规增加收费项目，提高

---

① 关于开展技术技能类"山寨证书"专项治理工作的通知。

收费标准）、违规发证［包括伪造培训证书、职业资格证书、职业技能等级证书，甚至不培训（评价）或培训（评价）走过场直接发证］、恶意终止培训、抽逃资金等情况；四是故意混淆概念、误导社会的炒作和涉嫌欺骗欺诈等其他违法违规情况。

（六）各地积极探索发挥职业资格的"引才聚才"作用

职业资格证书是国际通行的人才评价制度，是就业创业、求职任职、聘用晋升的重要参考依据。构建具有国际竞争力的引才用才机制，职业资格认证机制必不可少。近年来，各地积极探索通过境外职业资格单方认可、向境外专业人士开放职业资格考试等方式助推"引才聚才"。2021年9月，北京市人力资源社会保障局、市人才局联合发布"两区"境外资格认可目录，①涉及金融、教育、建筑与工程服务、科技服务、医疗健康服务等10个北京市"两区"建设重点领域，共计82项认可的境外职业资格，为持有这些职业资格的专业人员提供包含3项便利举措、2项保障措施、1个查询平台的"3+2+1"支持政策，以吸引他们来京创新创业。2022年初，深圳市人力资源社会保障局会同相关部门联合发布《深圳市境外职业资格便利执业认可清单》，清单涵盖六大领域，包括税务师、注册建筑师、注册城乡规划师、医师、船员资格、导游等在内的20项职业资格。允许持有清单内境外职业资格的专业人员按照相关实施办法，在深圳市备案登记后执业，提供专业服务。此外，国家也开始向符合条件的境外人员开放职业资格考试，如面向港澳台同胞，人社部牵头全面开放职业资格考试；除涉及国家安全、公共安全、意识形态等领域外，允许符合条件的境外人员参加国内的职业资格考试。为了提高国家职业资格的国际影响力，人社部还会同中国外文局在俄罗斯、白俄罗斯设置翻译资格考试海外考点。②

---

① 国家服务业扩大开放综合示范区和中国（北京）自由贸易试验区境外职业资格认可目录（1.0版）。

② 高阳：《从管理人才到服务人才，我国职业资格制度改革迈上新台阶》，《中国组织人事报》2022年2月24日。

二 深化职业资格制度改革面临的形势任务

《人力资源和社会保障事业发展"十四五"规划》提出,"完善职业资格制度,动态优化职业资格目录。推动职业资格国(境)内外互认""建立与国家职业资格制度相衔接、与终身职业技能培训制度相适应的职业技能等级制度"是专业技术人才队伍和技能人才队伍建设的主要任务之一。面向"十四五"时期的目标任务,要求职业资格制度改革要从规范有序向科学完善逐步迈进。

(一)创新技术技能人才评价制度

从专业技术干部和工人两种身份演化来的专业技术人才队伍和技能人才队伍,一直是两支相对独立的人才队伍。1994 年,国家开始推行职业资格制度,按照职业属性分为专业技术人员职业资格和技能人员职业资格两类,同时按性质又分为执业资格和从业资格。2013 年开始国家对职业资格进行大规模清理整顿,2017 年出台国家职业资格目录清单,清单中分为专业技术人员和技能人员两类资格,包括准入类和水平评价类两种性质的资格。2020 年底,技能人员水平评价类职业资格退出国家职业资格目录,建立职业技能等级认定制度。2021 年发布的新版职业资格目录清单中包括专业技术人员职业资格(含准入类和水平评价类)和技能人员准入类职业资格。

随着经济社会不断发展、科技不断进步,特别是数字经济时代的到来,专业技术人才和技能人才的职业边界在许多领域越来越模糊,2018 年中央出台有关人才评价制度改革的指导性文件,① 提出"创新技术技能人才评价制度",这是技术人才和技能人才首次合体出现在中央文件中。同年人社部出台《关于在工程技术领域实现高技能人才与工程技术人才职业发展贯通的意见(试行)》,开始尝试在工程技术领域将专业技术人才和技能人才的

---

① 中共中央办公厅、国务院办公厅:《关于分类推进人才评价机制改革的指导意见》,2018。

评价制度衔接起来。两年试点后，2020 年人社部印发《关于进一步加强高技能人才与专业技术人才职业发展贯通的实施意见》，支持高技能人才参与经济、会计、统计、审计、翻译、出版、通信、计算机技术与软件等 8 项专业技术水平评价类职业资格考试，鼓励专业技术人才参加职业技能评价。但是目前这种方式，并没有实现制度上的主动衔接，只是参评人可以"两头参评"，一定程度上是一种重复评价，还额外加重了人才的考试负担，不是真正意义上的贯通。面向"十四五"的经济社会发展以及未来的长期发展，职业资格作为专业技术人才和技能人才的主要评价制度之一，需要将改革持续向纵深发展，从职业标准、考评标准和考试方式等方面加快适应技术技能人才融合发展趋势。

（二）加快构建国家资历框架

2021 年 8 月，国务院印发的《"十四五"就业促进规划的通知》明确提出，"加快构建国家资历框架，畅通管理人才、专业技术人才及技能人才的职业发展通道"。从国际经验看，涵盖职业资格、职业技能等级认定、职业培训和继续教育等证书的职业资历框架与涵盖各类各级学历学位的教育资历框架，是构建国家资历框架的"两大支柱"，二者相互支撑、相互衔接，架起了劳动者多样化学习、多路径成才的"立交桥"。同时，国家资历框架是职业资历和学历文凭国际互认的共同参照，其可比性、等效性和影响力将成为我国在资格国际互认谈判中的"筹码"和重要依据。国家资历框架的推行离不开职业资历和教育资历之间连续衔接的等级体系的构建；离不开二者之间规范统一的标准体系的构建；离不开职业资历认证认可机制、教育资历认证认可机制以及二者之间"学习成果"的转换认可机制的构建。

从国际经验和长远发展看，在国家资历框架建设中，职业资格证书不能缺位。作为国家资历框架的重要组成部分，现行的职业资格制度还有许多问题亟待解决。比如，如何进一步明确功能定位，处理好与学历文凭、职称、职业技能等级认定、继续教育与职业培训制度的关系？如何推进立法工作和制度建设，建立符合我国国情的职业资格体系框架？如何在多元主体社会化

人才评价体系中，既能更好地发挥政府作用（目录清单内），又能更好地发挥市场配置资源的决定性作用（目录清单之外）？如何适应制定国家资历框架的新要求，改革完善分类体系、等级标准体系和管理服务体系？等等。综上，在建设国家资历框架的背景下，职业资格制度改革任重道远。

（三）新经济形态下人才评价有新需求

随着科技快速发展，特别是在新一代信息技术革命、新工业革命以及制造业与服务业融合发展的背景下，许多行业的技术集成度、复合度进一步提升，"新技术、新产业、新业态、新模式"经济形态（以下简称"四新经济"形态）展现出了强大的增长力。调查显示，① 新冠肺炎疫情发生以来，以数字产业、智能产业、云端经济等为代表的新经济形态快速发展，成为我国经济发展的新亮点，对经济复苏发挥了重要作用。2021 年，围绕"四新经济"，全国共计新设 383.8 万家企业，同比增长 15.8%，在新设企业总量中占比达到 42.5%，相较上一年的占比提高 1.2 个百分点。

新经济形态催生了大量新职业，自 2019 年开始启动新职业发布工作以来，人社部牵头分四批发布的 56 个新职业，大多数都与新经济形态有关，如 12 个专业技术人员新职业中，10 个属于数字化新职业。这些新职业领域的技术技能人才不仅需要更完整的知识体系，还需具备更加复合的专业能力和技术技能。人才评价制度在促进从业人员职业发展中起着风向标和指挥棒的作用，既能体现对新职业人才的认可，又能推动新职业的健康持续发展。职业资格制度是市场经济的产物，是市场化社会化程度最高的人才评价制度，其改革趋势应该及时反映新经济形态对人才评价的新需求，因此，有必要建立职业资格和新职业动态调整联动机制，以满足新职业从业人员的评价发展需求，为建立健全新职业人才发展通道提供必要的支持和保障。

（四）推动技术技能人才全球化配置

《中华人民共和国国民经济和社会发展第十四个五年规划和 2035 年远景

---

① 国家市场监管总局：《新经济形态成为我国经济发展新亮点》，《新京报》2022 年 1 月 29 日。

目标纲要》指出，要"加快构建以国内大循环为主体、国内国际双循环相互促进的新发展格局"。"必须坚定不移扩大开放，持续深化要素流动型开放，稳步拓展制度型开放，依托国内经济循环体系形成对全球要素资源的强大引力场。""必须强化国内大循环的主导作用，以国际循环提升国内大循环效率和水平，实现国内国际双循环互促共进。"人才作为第一资源，伴随着世界多极化、经济全球化、社会信息化、文化多样化深入发展和"一带一路"建设深入推进，一方面我国要更加积极有效地引进急需紧缺海外高层次人才，聚天下英才而用之，另一方面我国越来越多的技术技能人才也迫切需要随着"中国制造""中国服务"走出去。通过实行职业资格制度对从事特定职业的人员资质进行适度规制是世界各国通行的做法。职业资格认证、认可和互认机制是支持技术技能人才全球化流动的重要举措。职业资格认证是指由相关机构对申请人进行职业资格评定的过程，如我国部分省市向境外人员开放职业资格考试；职业资格认可是指相关机构对申请人已取得的职业资格进行认可的过程，如北京、深圳等地均出台了境外职业资格认可清单；职业资格互认一般是通过签署互认协议来实现签署国之间职业资格互相认可，比如我国2016年正式加入华盛顿协议，成为18个正式成员国之一，成员国之间的工程教育本科专业认证互相认可。

　　发达国家对职业资格制度的实践探索已有200余年的历史，相较而言，我国自1994年才开始建立的职业资格制度尚处在实验摸索阶段。相较发达国家，我国职业资格无论是数量还是质量，都还有巨大的发展空间。目前我国职业资格目录清单中仅有72项职业资格，远远不能满足自贸区建设、粤港澳大湾区建设对职业资格互认的旺盛需求。为了更好地服从和服务于国家经济高质量发展需求，职业资格制度亟须"瘦身"与"健体"并重，持续深化"放管服"改革，加快构建职业资格制度服务于技术技能人才全球化流动的新发展格局。

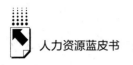

三 进一步深化职业资格制度改革的对策思考

作为职业化、社会化、国际化程度最高的人才评价制度，职业资格制度改革需要持续深化，进一步明确功能定位，加快职业标准建设，推进考试认证体系改革，畅通社会化监督反馈机制，加速国际互认进程。

（一）进一步明确功能定位

职业资格制度是国家为了维护公共利益、规范人力资源市场秩序、提升专业服务质量，证明资格申请人具备从事某一职业所需知识、技能或信誉的一项人才评价制度，在我国多元主体人才评价制度中发挥着基础性、支撑性和引领性作用。目前，虽然已经通过国家职业资格目录清单形式对国家属性的职业资格进行了规范，明确了其设置条件、实施主体、设定依据等要项，但长期以来，在概念术语界定和类别划分方面，"执业资格与从业资格""许可类资格与水平评价类资格""资格许可与资格认定"交替使用，导致社会公众对职业资格类别的理解和判定含糊不清，误以为"凡政府的"都是"强制性"的，部门资格、行业资格或地方资格就是国家资格。此外，由于职业资格与职称的历史渊源，造成部分职业领域中两种功能作用各不相同的评价制度交织在一起，产生"职称就是职业资格，职业资格就是职称"的误解。因此，需要尽快从制度层面进一步厘清职业资格的功能定位，明晰国家职业资格的合理功能作用、设置依据和条件以及适用对象范围，对于准入类职业资格数量需要严格把控，对于水平评价类职业资格要注重提高证书质量。

（二）加快职业标准体系建设

标准是经济活动和社会发展的技术支撑，是国家基础性制度的重要方面。按照《中华人民共和国劳动法》第六十九条规定，国家组织开展职业分类有关工作，对规定的职业制定相应的职业技能标准，并且实行职业资格证书制度。职业标准是在职业分类的基础上，根据职业活动内容，对从业人员的理论知识和技术技能要求提出的综合性水平规定。它是开展职业教育培训和人才技术技能水平评价的基本依据。2012年6月，人社部开发了"国家职业技能标准查询系统"，覆盖了正式出版的全部国家职业技能标准，可供查询1164个职业的职业技能标准，其中898个是依据《中华人民共和国职业分类大典（1999年版）》规定的职业（工种）制定颁布并正式出版的，266个是依据《中华人民共和国职业分类大典（2015年版）》规定的职业（工种）制定颁布并正式出版的。综上，还有很多职业未制定职业标准。下一步，应按照国家职业标准技术规范和程序规则，以职业分类为基础、以职业活动为导向、以通用职业能力标准（而不是特定岗位标准或职务标准）为核心，借鉴国际经验，并结合我国国情，设计从业人员能力水平等级框架和对应标准，加快推进职业标准体系建设。在此基础上，根据职业资格制度有关规定，按照知识技能、能力素质和情感价值观等维度，设计职业资格评价标准和考评方式，科学评价职业能力水平。

（三）推进考试认证体系改革

考试是职业资格认证过程的最重要环节，目前《国家职业资格目录清单》中的职业资格认证，基本都采取通过考试进行认证的方式，考试合格者才能取得相应级别的职业资格。公众在谈到职业资格制度时有一个刻板印象就是"考试"和"发证"。当前的职业资格考试认证体系，更多凸显的是考务管理制度，而其他相关制度安排如职业分类、职业标准、等级标准设置、专业技能发展和质量监督保障等体系严重缺失、缺位。这与资格考试考务管理体系相对独立和配套制度没及时跟进有关。制度安排的系统性、整体性和协调性不够，相互关联不够，不仅严重制约和影响了职业资格证书制度功能作用的充分发挥，而且也严重制约和影响资格认证质量和政府的公信力。因此，建议持续深化职业资格制度改革，打造考试认证闭环系统。一是完善职业分类体系，强化国家职业分类大典对职业资格制度

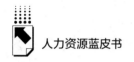

的支撑作用。二是制定职业资格设定评估标准，完善职业资格决策过程中的听证、论证制度。三是建立健全资格认证机构和考试机构认可制度。四是制定职业资格考评标准技术规范和程序规则。五是完善命题、阅卷、考务等管理办法，创新考试认证方式方法，提高考试认证质量。六是建立健全国家职业资格证书质量监测评估标准体系和第三方评估机制。

（四）强化职业资格的市场化社会化属性

职业资格制度发源于市场经济体系，1993年11月，中共十四届三中全会做出《关于建立社会主义市场经济体制若干问题的决定》，明确提出"实行学历文凭和职业资格两种证书制度"的要求，建立职业资格制度作为我国劳动人事制度的一项改革，成为建立社会主义市场经济体制的重要举措。从各国实践来看，职业资格制度是市场化社会化程度最高的人才评价制度。一般而言，由政府主导设置的职业资格一般都是直接关系国家安全、公共安全、公众健康等重大公共利益的资格，大多为行政许可类资格。而更多水平评价类职业资格都是由行业协会、专业学会、大学研究所、企业等发起组织的，并由这些机构负责考试和证书颁发，对参评人的能力水平进行评价，社会公众自愿参与。市场和社会认可度高的资格证书基本成为从事这些职业的必备条件和事实标准。因此，职业资格制度改革需要正确处理政府与市场和社会的关系，推进职业资格行政决策公开，健全职业资格信息披露制度，完善面向公众、用人单位、业内专家的公示机制，确保相关利益群体均能通过有效途径获悉职业资格设置和调整情况。积极培育市场化、社会化的人才评价机制，发挥市场配置人力资源的决定性作用。

（五）加速国际互认进程

职业资格制度建立之初就强调国际互认。1994年劳动部、人事部颁发的《职业资格证书规定》明确提出，国家职业资格证书参照国际惯例，实行国际双边或多边互认。从职业资格的国际互认的实践来看，主要是通过签订双边或多边协议进行的。目前这些协议主要可以分为两类。一类是服务贸易协定中关于职业资格认定的规定。专业技术人员跨国提供服务，本身就是服务贸易的一部分，为此，《服务贸易总协定》中第七条专门设置"承认"条款，明确对资格互认不作"最惠国待遇"要求，而是鼓励各成员国间就资格互认展开谈判，同时规定要给予同等条件成员国的平等谈判机会。另一类是专业团体间签署的职业资格认证协议。如国际工程联盟互认体系中包括三个教育互认协议和四个工程技术人员互认协议。① 2016 年，由中国科协作为代表，我国正式加入《华盛顿协议》，成为其中第 18 个会员国。《华盛顿协议》作为工学教育国际互认协议之一，是很多国家工程师执业资格评价的条件之一，至此我国经过认证的相关专业毕业生在其他成员国申请工程师执业资格时，就能享有本国毕业生的同等条件待遇。职业资格国际互认中，首要解决的问题就是标准互认问题。因此，下一步改革应以增强国际可比、质量等效为重点，逐步完善各专业领域工程师资格认证标准；依托工程师国际组织搭建的平台，积极主动地参与国际工程标准的制定；同时依托粤港澳大湾区、澜湄合作区、"一带一路"建设等，推动我国工程师标准转为国际标准。

---

① 国际工程联盟协议体系中，教育互认协议包括《华盛顿协议》《悉尼协议》《都柏林协议》；工程技术人员互认协议包括《国际职业工程师协议》《国际工程技术员协议》《国际工程技师协议》《亚太工程师能力协议》。

公共部门人事管理篇

Public Sector Personnel Management

B.11
公务员管理工作的现状与发展趋势

刘军仪*

摘　要： 近一年来，我国公务员管理工作以习近平新时代中国特色社会主义思想为指导，全面贯彻党的十九大和十九届历次全会精神，贯彻落实全国组织部长会议精神，在推进分类管理，深化分类分级考录、考核、培训，健全激励约束机制，突出重视基层导向等方面进行了实践探索，为更好地推动制度优势转化为治理效能、推进公务员工作高质量发展奠定了良好基础。

关键词： 公务员管理　分类改革　队伍建设

　　自 2019 年新修订的公务员法实施以来，我国公务员管理步入新阶段。近年来，公务员管理工作坚持把政治建设摆在首位，在加强公务员法配套法

* 刘军仪，博士，中国人事科学研究院副研究员，主要研究方向为公务员管理、干部人事制度。

规建设、深化公务员分类改革、完善公务员激励保障、提升公务员培训质量和效能、严格公务员管理监督、推进公务员工作高质量发展和加强高素质专业化公务员队伍建设等方面实施了一系列新举措。本文重点梳理 2021 年以来各级公务员管理部门的实践探索，在此基础上分析了我国公务员制度建设的现状和发展趋势。

一　公务员管理整体情况

（一）加强公务员队伍政治建设

2022 年全国组织部长会议强调，要坚持以习近平新时代中国特色社会主义思想为指导，深化对"两个确立"决定性意义的领悟，增强"四个意识"、坚定"四个自信"、做到"两个维护"，落实全面从严治党战略方针，以迎接和服务党的二十大胜利召开为主线，着力推动组织工作高质量发展，为全面建设社会主义现代化国家提供坚强组织保证，为公务员管理工作提供了行动指南。

各级机关坚持党管干部原则，贯彻党的组织路线，把政治建设摆在首位，严把公务员队伍"入口"关，在公务员考录、遴选、调任、聘任等各项工作中突出政治标准，在设置报考资格条件、资格审核、考察、试用等各个环节突出政治标准。各级公务员主管部门坚持贯彻落实以习近平新时代中国特色社会主义思想武装头脑的要求，大力开展习近平新时代中国特色社会主义思想学习培训，深入开展"不忘初心、牢记使命"主题教育、党史学习教育，学习贯彻党的十九届六中全会精神，提高政治判断力、政治领悟力、政治执行力，把政治标准和政治要求贯穿融入公务员管理全过程，努力践行以人民为中心的发展思想，把全心全意为人民服务的根本宗旨落实到治国理政的方略和实践中。

（二）建设高素质专业化公务员队伍

党的十九届六中全会审议通过的《中共中央关于党的百年奋斗重大成

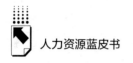

就和历史经验的决议》指出："党和人民事业发展需要一代代中国共产党人接续奋斗，必须抓好后继有人这个根本大计。"大力培养选拔德才兼备、忠诚干净担当的高素质专业化干部特别是优秀年轻干部，是确保党和人民事业后继有人的战略之举。

公务员是我国干部队伍的重要组成部分，是中国特色社会主义事业的中坚力量，是人民的公仆。各级机关紧紧围绕抓好后继有人这个根本大计，认真落实新时代好干部标准，抓好新录用公务员入口关，统筹开展调任和遴选工作，加大面向社会招录急需紧缺专业聘任制公务员力度，广泛吸纳各类优秀人才进入公务员队伍，使公务员队伍更好适应新时代党和国家事业发展。

（三）加强公务员队伍治理能力建设

党的十九大提出，到2035年，要基本实现国家治理体系和治理能力现代化。公务员是治国理政的骨干力量，提高新时代公务员队伍治理能力是加强公务员队伍建设的重要任务。

各级机关深入贯彻落实习近平总书记提出的一系列重要指示要求，贯彻落实全国组织部长会议部署要求，按照"信念坚定、为民服务、勤政务实、敢于担当、清正廉洁"的好干部标准，持续推动公务员培养提质增效，提高公务员队伍治理能力，不断增强"八项本领"、提高"七种能力"，大力加强忠诚干净担当的公务员队伍建设，提高制度执行力和治理能力。

（四）完善中国特色公务员制度体系

公务员制度是中国特色社会主义制度的重要组成部分。2019年新修订的公务员法实施以来，中央公务员主管部门以新修订的公务员法为主线，不断完善配套管理法规，推进中国特色公务员制度体系的进一步完善。

面对新时代的新要求，根据新形势新任务的变化，2021年9月17日，中共中央组织部印发《公务员录用考察办法（试行）》《行政执法类公务员培训办法（试行）》《公务员初任培训办法（试行）》和新修订的《公务员公开遴选办法》，2021年9月18日，中共中央组织部、人力资源社会保障部印发新修订的《公务员录用违规违纪行为处理办法》，为确保公务员管理工作在新时代党的组织路线指引下高质量发展提供制度保障。

二　公务员管理的重点举措

2021年，各级公务员管理部门以政治建设为统领，以完善中国特色公务员制度、建设高素质专业化公务员队伍为目标，在深入推进分类改革、严把考录入口关、健全激励约束机制、突出重视基层导向等方面进行积极的探索，取得了较好成效。

（一）出台公务员管理的相关规章

为了贯彻落实新修订的公务员法，进一步提升新时代公务员工作的规范化、法治化水平，中央公务员主管部门出台了《公务员录用考察办法（试行）》《行政执法类公务员培训办法（试行）》《公务员初任培训办法（试行）》，并修订了《公务员公开遴选办法》《公务员录用违规违纪行为处理办法》。

1. 修订《公务员公开遴选办法》

新修订的《公务员公开遴选办法》共8章36条，内容更加细致具体。根据《中华人民共和国公务员法》和《公务员转任规定》等有关法律法规要求，对公务员公开遴选的概念、工作原则、公开遴选的程序、纪律监督等进行了具体规定，主要修订的内容如下。

一是在"总则"一章，明确要求公开遴选应当突出工作需要，保持适度规模；强调公开遴选坚持党管干部原则，突出政治标准；赋予省级以上公务员主管部门根据需要对公开遴选程序进行调整的权限；新增可以授权或者委托考试机构以及其他专业机构承担对于专业性、技术性、事务性工作岗位的遴选、原则上面向辖区内遴选、一般应当集中开展的内容。

二是在"申报计划与发布公告"一章，公务员主管部门面向社会公开发布的公告内容中增加了公开遴选名额的要求。

三是在"报名与资格审查"一章，强调机关党委（党组）或者公务员主管部门在资格审查中把好第一关的责任；在资格条件中突出政治标准的要求，增加了心理素质要求；将"具有2年以上基层工作经历和2年以上公务员工作经历"调整为"一般应当具有2年以上基层工作经历"，将"公务员年度考核均为称职以上等次"的要求调整为"一般应当在本级机关工作2年以上，年度考核没有基本称职以下等次"；新增报考行政机关中行政处罚决定审核、行政复议、行政裁决、法律顾问等职位的，应当取得法律职业资格的要求；进一步细化明确了不得参加公开遴选的7种相关情形，新增被开除中国共产党党籍的，被依法列为失信联合惩戒对象的，受到诫勉、组织处理或者党纪政务处分等影响期未满或者期满影响使用的，在乡镇机关、艰苦边远地区未满最低服务年限或者对转任有其他限制性规定的，提拔担任领导服务未满1年的，不得参加公开遴选报名的限制条件；此外，与公务员法第七十四条衔接，首次明确了公开遴选回避规定。

四是在"考试"一章，明确了测试重点内容为用习近平新时代中国特色社会主义思想指导分析和解决问题的能力；面试应当组成面试考官小组；新增了职位业务水平测试、心理素质测评、体能测评等测评方式。

五是在"考察"一章，明确了差额考察的比例一般不高于2∶1；考察突出政治标准，明确了政治素质的具体内容，丰富了考察方式方法，聚焦考准考实，把好政治关、品行关、能力关、作风关、廉洁关；新增公开遴选机关根据职位需要，经公务员主管部门同意，可以对报名人员进行体检。

六是在"决定与任职"一章，规范了试用期的相关规定，包括明确规定拟任职人员的试用期一般不超过6个月，在试用期内拟任职人员在原工作单位的人事工资关系、待遇不变；将拟任职人员公示期"一般为7天"调整为"不少于5个工作日"。

七是在"纪律与监督"一章，强化了纪律性要求。增加了"发生泄露试题、违反考场纪律以及其他影响公平、公正行为的"情形，由公务员主管部门视情况予以责令纠正或者宣布无效。

2.修订《公务员录用违规违纪行为处理办法》

新修订的《公务员录用违规违纪行为处理办法》由原来的21条调整为

5章26条，根据《中华人民共和国公务员法》和《公务员录用规定》等有关法律法规要求，对公务员录用违规违纪行为的适用范畴和认定与处理原则、报考者违规违纪行为处理、工作人员违规违纪行为处理、违规违纪行为处理程序等进行了具体规定。

一是进一步严把考生纪律关。在"报考者违规违纪行为处理"一章，采用列举式进一步规定了报考者违纪违规行为的相应处理，包括认定其报名无效、终止其录用程序的处理、取消本次报考资格并五年内限制报考的处理、所涉科目（场次）考试成绩为零分的处理、取消本次考试资格并五年内限制报考的处理、取消本次考试资格并终身限制报考的处理、涉嫌违法犯罪的，移送有关国家机关依法处理。

二是进一步加强对工作人员的管理。在"工作人员违规违纪行为处理"一章，采用列举式进一步规定了报考者违纪违规行为的相应处理，对于出现发生泄露试题、违反考场纪律以及其他影响公平、公正行为的，根据情节轻重，依规依纪依法追究负有责任的领导人员和直接责任人员责任；涉嫌违法犯罪的，移送有关国家机关依法处理。

三是完善违规违纪行为处理程序，保障考生和工作人员权益。在"违规违纪行为处理程序"一章，进一步明确了决定书送达可采取直接送达、委托送达、邮寄送达或者公告等方式；对给予五年内限制报考公务员或者终身限制报考公务员处理的报考者，规定限制报考的日期自作出处理决定之日起计算。

3. 制定《公务员录用考察办法（试行）》

新出台的《公务员录用考察办法（试行）》共20条，根据《中华人民共和国公务员法》和《公务员录用规定》等有关法律法规要求，对公务员录用考察的对象、考察的工作原则、考察组织和实施、考察内容和标准、考察方法和程序、纪律监督等内容进行了具体规定，为各级机关规范公务员录用考察工作、严把公务员队伍入口关提出了明确具体的指导和要求。

为了确保考察工作的全面性、客观性和准确性，针对服务基层项目人员、高校毕业生、退役士兵、具有国（境）外学习或者工作经历的人

员、报考机要和国家安全等涉密职位的人员、报考要求具有基层工作经历职位的人员的不同特点，除考察政治素质、道德品行、能力素质、心理素质、学习和工作表现、遵纪守法、廉洁自律之外，还增加了相应的有关情况的考察。

严肃考察工作纪律，实行考察工作责任制。因失察失责造成不良后果的，应当根据具体情况，按照有关规定追究相关单位和人员的责任。

此外，注重保障考察人选权益，拟录用结果要及时通知考察人选。当出现考察人选有异议的情况，要及时复核相关情况，并作出复核结论。

4. 制定《公务员初任培训办法（试行）》

新出台的《公务员初任培训办法（试行）》共14条，根据《中华人民共和国公务员法》和《干部教育培训工作条例》、《公务员培训规定》等有关法律法规要求，对初任培训的对象和组织主体、初任培训的工作原则、培训内容和标准、培训方式和程序、组织和实施、经费保障、考核评估等内容进行了具体的规定。

首先，明确了公务员初任培训突出政治标准和政治训练，把习近平新时代中国特色社会主义思想作为主课、必修课。

其次，明确要求初任培训一般采取集中脱产培训的方式，一般不少于12天或者90学时，并在试用期内完成；规范初任培训班举行开班式的程序，一般包括集体宪法宣誓、优秀公务员作事迹报告或者经验介绍、公务员主管部门负责同志作开班动员三个环节。

再次，初任培训坚持从严管理，严肃培训纪律，切实改进学风，严格教师和学员管理；对学员参加初任培训的表现和成效进行考核评价，新录用公务员参加初任培训的情况作为试用期满考核的内容。没有参加初任培训或者初任培训考核不合格的新录用公务员，不能任职定级。

最后，完善初任培训登记制度，培训结束后填写"公务员初任培训考核表"并存入干部人事档案。这些要求为提高公务员初任培训工作科学化、制度化、规范化水平，加强源头培养和战略培养，建设高素质专业化公务员队伍提供了制度性保障。

5. 制定《行政执法类公务员培训办法（试行）》

新出台的《行政执法类公务员培训办法（试行）》共15条，根据《中华人民共和国公务员法》和《干部教育培训工作条例》、《行政执法类公务员管理规定（试行）》、《公务员培训规定》等有关法律法规要求，对行政执法类公务员培训的对象和组织主体、培训的工作原则、培训内容和标准、培训程序、培训方式、组织和实施、经费保障、培训机构和师资队伍建设、结果评估等内容进行了具体的规定。

首先，行政执法类公务员培训坚持突出政治标准，坚持分类分级、实战实用，坚持严格管理、精准高效。

其次，培训内容应当注重增强时代性、针对性和实用性，重点抓好思想政治素质、业务工作能力、职业道德水准、廉政警示教育等培训。根据公务员初任培训、任职培训、专门业务培训、在职培训的不同要求设置培训内容，并做好与行政执法资格培训的衔接。培训形式以脱产培训、岗位实训为主，实行教、学、练、战一体化培训模式。

再次，坚持从严管理，严格过程管理和学员管理，加强风险防范，确保培训安全。开展培训考核，重点考核实际执法能力，考核结果作为上岗、任职、晋升等的依据之一，存入干部人事档案。

最后，加强相关培训机构（基地）、师资队伍、课程体系、教材体系建设，提高标准化水平。

上述规章的及时修订和适时出台，为各级机关贯彻落实新修订的公务员法和有序开展公务员录用、培训、公开遴选工作提供了制度保证和重要依据。

（二）深入推进公务员分类管理

2019年新修订的《中华人民共和国公务员法》实施以来，我国陆续出台了《公务员职务与职级并行规定》以及专业技术类、行政执法类公务员职级设置管理办法等政策法规，中国特色公务员分类管理制度体系基本形成。各地在贯彻实施新修订的《中华人民共和国公务员法》及配套法规的

基础上，在推进分类管理改革方面做了积极探索，根据综合管理类、专业技术类、行政执法类三类公务员的特点，深入推进分类考录、分类考核、分类培训，促进三类公务员的分渠道发展和专业化建设，不断提高管理科学化、精细化水平。

1. 探索设置专业技术类职位，为分类管理探路破题

在加强制度建设的同时，积极开展研究与试点探索。近年来，中央国家机关和各地积极探索设置专业技术类职位，取得了较好的成效。例如，2022年，最高人民检察院落实分类管理要求，在直属参公事业单位检察技术信息研究中心完成参照专业技术类公务员分类管理的套转工作，50名专业技术人员成为全国检察机关首批专业技术类公务员。新疆制定专业技术类公务员分类改革实施方案和专业技术任职资格评定实施细则，首批确定审计、生态环境两个专业215个职位170人划入专业技术类范围。[1] 同时，采取有效激励措施，注重对专业技术类公务员的培养选任，培养选拔自治区事业发展需要的专家型领导干部。

2. 积极推进行政执法类队伍建设，提升行政执法水平

在行政执法类公务员队伍建设方面，18个省份和新疆生产建设兵团将改革到位、具备条件的执法队伍列入行政执法类公务员管理。[2] 比如，新疆完成执法队伍参照管理重新认定工作，将地县执法支队、大队、基层站所等全部纳入行政执法类职位，实现六大领域综合执法队伍全面入轨。根据行政执法类公务员职位特点，积极开展分类考录和分类培训。在公务员考录计划中单列480个行政执法类职位，突出法律素养、法律执行等方面的测评；在公务员培训中单独开设综合执法队伍依法行政研讨班，突出依法办事能力的培训。江苏根据《深入推进行政执法类公务员分类管理实施方案》的任务要求，选取部分行政执法领域开展分类培训、分类考核、分类考录试点。

---

[1] 《推进公务员工作高质量发展——全国公务员工作推进会发言摘登》，《中国组织人事报》2022年4月1日。

[2] 闫嘉欣：《铸魂赋能 锻造中坚力量》，《中国组织人事报》2022年1月2日。

（三）进一步增强公务员考录的精准性科学性

公务员考录是公务员队伍建设的源头工程。各级机关认真贯彻执行法律法规要求，聚焦人岗相适、人事相宜，进一步增强公务员考录精准性科学性。

1. 严格入口把关，确保新录用公务员质量

各级机关切实落实规范要求，严把公务员入口关，坚持把对考生政治素质的测查评价贯穿考录工作全过程。比如，福建认真落实新时代好干部标准，严把录用考察关，加强档案核查力度，全面客观公正地评价考察对象的基本情况。天津在面向优秀村（社区）党组织书记定向考录中，专门设置政治品德和工作实绩测评环节，占总成绩的40%，高于笔试、面试权重。[①]辽宁葫芦岛市在考察中增设查询社会信用记录，一旦发现考察对象被列为失信被执行人，考察给予不合格并不予录用。

2. 推进分类分级考录，精准选拔人才

为了进一步落实分类分级考试原则，提升选拔的针对性和科学性，2022年国家公务员笔试考试进一步细化考试内容分类。公共科目笔试试卷分为3类，分别适用于中央机关及其省级直属机构综合管理类职位、市（地）级及以下直属机构综合管理类职位和行政执法类职位。与此同时，一些地方也开展了实践探索。比如，福建加大对特殊专业职位实操内容的测评，实操成绩占总成绩的比重达到80%。以翻译人才招录为例，福建省级招录主管部门负责定期组织专业考试，为省内相关系统招录优秀人才。北京探索建立分级分类考录体系。综合管理类根据市区职位、街乡职位两个级别岗位的特点，分别设计测评框架，分别命制试题。行政执法类职位专业科目笔试，突出对法律运用、执法素质和执法能力等方面的测查。

3. 加大面向基层、面向高校毕业生招录力度

一方面，各地落实稳就业工作要求，加大专门面向应届普通高校毕业生

---

① 《推进公务员工作高质量发展——全国公务员工作推进会发言摘登》，《中国组织人事报》2022年4月1日。

招录力度。比如，浙江2022年公务员招录计划中3268个名额专门面向高校应届毕业生招录。山东考招录应届生职位占比达90%以上。另一方面，招录计划向基层倾斜，解决基层机关招人难、留人难问题。比如，河南近三年来招录的县乡公务员占全省新招录公务员总数的69.9%。[①] 同时，拓宽来源渠道，通过招录基层选调生，面向优秀村（社区）党组织书记、大学生村官、"三支一扶"人员定向招录乡镇公务员等举措，有效补充了基层工作需要的重要力量。浙江2022年度公务员招录首次推出31名招录计划，探索定向山区26个县事业编制人员招录当地乡镇公务员。湖南2022年县级及以下机关（含基层垂管部门及派出机构）招录计划占全省招录计划的83.5%，并安排514名基层计划面向服务基层项目人员和普通高校毕业生退役士兵招考。

4. 提升考录信息化水平，优化服务保障

为应对新冠肺炎疫情影响，各级公务员主管部门和招录机关进一步提高考录管理的信息化水平。比如，福建积极推广"云办公"模式，通过考录网站实现对全省考录工作统一管理和在线办公，满足疫情防控需要。河南安阳市制定《疫情防控方案和应尽预案》等方案，建立考务、巡视、监督、保密、安全保卫、风险防控等一体化保障体系。山东推进"互联网+考录"，实现从报名到录用结果查询"一网通办"；研发公务员招录职位申报系统、面试管理系统，提高工作效率；依托信息化手段，对命题效度、面试考官评分等进行及时分析，增强考录工作的精准性。

（四）持续完善公务员考核奖励制度

2019年以来，中央公务员主管部门制定或修订了《公务员考核规定》《公务员平时考核办法（试行）》等政策法规，推动公务员考核工作迈上新台阶。各地综合运用平时考核、年度考核、专项考核方式，发挥考核指挥

[①] 《推进公务员工作高质量发展——全国公务员工作推进会发言摘登》，《中国组织人事报》2022年4月1日。

棒、风向标作用。

1. 推动平时考核常态化，促进公务员更好地履职尽责

一方面，各地认真执行《公务员平时考核办法（试行）》，开展联系点工作，提升平时考核质效。北京立足首都功能定位，织密点面结合网络，从市、区、街道（乡镇）选取 30 个单位作为市级联系点，将平时考核落到实处。江苏宿迁市宿豫区使用考核情况登记表对公务员平时表现实施百分制量化考核，对公务员工作成效、业务能力、政治素质、出勤情况等 10 个指标分别赋分，并根据工作产生影响、受奖惩情况等因素设置加减分项。[①]

另一方面，加强平时考核结果使用，推动考核发挥实效。比如，北京64.3%的街道乡镇将平时考核结果作为选人用人的重要参考，"好"等次重点向参与重大活动等中心工作部门和个人倾斜。四川对平时考核工作成效明显、在承担联系点工作中完成任务好的，提高 2% 的年度考核优秀等次比例。

2. 发挥考核激励导向作用，与精神物质奖励和职务职级晋升挂钩

各级机关把考核结果与日常管理挂钩，激励公务员干事创业、担当作为。比如，四川年度考核优秀等次向在基层一线、艰苦岗位和完成疫情防控等重要工作任务的公务员倾斜。天津开展公务员绩效管理试点，积极推行年度绩效奖差异化分配，持续激发干事动力。江苏、新疆对一大批在脱贫攻坚、疫情防控等重大任务、重点工作中表现突出的公务员优先晋升职务职级。云南强化考核结果运用，与职务职级挂钩，对平时考核结果为较差等次的公务员降低一个职级层次。

3. 开展表彰奖励强化正向激励机制

为了树立新时代人民公仆新风貌，2020 年以来，中共中央组织部、宣传部联合开展了两次"最美公务员"学习宣传活动，作为深化拓展做"人民满意的公务员"活动、完善担当作为的激励机制的重要举措，共评选了

---

① 朱永伟：《江苏宿迁宿豫区对公务员平时表现百分制量化考核》，《中国组织人事报》2021年 9 月 7 日。

64 名全国"最美公务员"。省级公务员主管部门积极组织开展本地区"人民满意的公务员"和"人民满意的公务员集体"评选表彰活动。这些活动的开展展现了公务员为民服务的风采、树立了一大批新时代先进典型，起到了正向激励、示范带动的重要作用。与此同时，各地深入贯彻落实新修订的公务员法及配套法规，加强专项考核奖励力度，对在处理突发事件和承担专项重要工作中做出显著成绩的公务员进行及时奖励，激发履职担当作为。比如，四川 2021 年出台《公务员及时奖励办法》后，共开展及时奖励 50 批次，嘉奖 810 人、记三等功 476 人、记二等功 71 人，实现了有功即奖、奖在平时。[①] 江苏将及时奖励分为嘉奖、记三等功、记二等功、记一等功、授予称号五个等次并设置了相应的比例要求。其中，嘉奖、记三等功、记二等功、记一等功的比例依次为不超过参评人数的 30%、10%、3% 和 0.5%。此外，对符合及时奖励条件的已故人员可追授奖励。天津连续 3 年开展全市重点工作专项考核，2021 年以来对 60 个集体、408 名个人进行嘉奖记功。

（五）持续提升公务员培训质量

各级机关坚持加强公务员培养锻炼工作，把学习贯彻习近平新时代中国特色社会主义思想作为培训首要任务，注重加强思想淬炼、政治历练、实践锻炼、专业训练，使公务员具备过硬的政治素质与工作能力，推进国家治理效能提升。

1. 突出政治标准和政治训练

各地贯彻落实《公务员培训规定》，不断提升公务员的政治判断力、政治领悟力、政治执行力。比如，山西围绕宣传阐释习近平总书记重要讲话精神开展课题研究，开发新课程。山东临清市将补足理想信念之"钙"作为年轻公务员培训的第一主题，在开展课堂理论教学的基础上，开办红色现场教学精品课程，让公务员体悟红色文化、赓续红色基因。河南强化理论武

[①] 《推进公务员工作高质量发展——全国公务员工作推进会发言摘登》，《中国组织人事报》2022 年 4 月 1 日。

装，将习近平新时代中国特色社会主义思想作为基层公务员的主课、必修课，统筹用好省内特色红色资源，依托焦裕禄干部学院、红旗渠干部学院、大别山干部学院和愚公移山精神教育基地、新乡先进群体教育基地、南水北调精神教育基地，打造特色培训。

2. 抓好公务员初任培训，稳步迈出职业生涯第一步

山西在公务员初任培训环节强化实践培训，将太原作为试点建立"从实践中来到实践中去"的"双实践"培训模式，每月集中2天时间，安排新录用公务员到基层一线、田间地头开展课题实践，对实践中遇到的问题进行理论研究，再把研究成果运用到工作实践中。湖南长沙市统筹安排初任公务员集中培训学习后到信访部门进行3个月的岗前实践，进一步增强宗旨意识，了解社情民意，提升化解矛盾、解决问题的能力。

3. 全面提高能力，使公务员队伍更好地适应新时代党和国家事业发展需要

进入"十四五"时期，对公务员的治理能力和领导水平提出了新要求。围绕全面加强公务员能力建设，各级机关培训工作聚焦重点热点问题开展培训，提升培训工作"精准滴灌"作用，增强培训效果。比如，山西围绕国家战略和山西发展实际开展系列专题培训，分类分级举办50个专题、60期培训班，培训9608人次。① 河南根据基层工作特点编制县域治理、乡镇工作的教材，强化案例和现场教学、情景模拟和演练等，大力提升公务员专业能力。

（六）着力加强基层公务员队伍建设

近年来，各级机关突出重视基层导向，通过加大基层公务员招录力度、改善待遇保障、职级晋升向基层倾斜、加强教育培训等举措，持续加强基层公务员队伍建设。

1. 充实和稳定基层公务员队伍，破解基层治理难题

各地对艰苦边远地区的乡镇采取适当放宽招录资格条件要求、招录计划

---

① 《推进公务员工作高质量发展——全国公务员工作推进会发言摘登》，《中国组织人事报》2022年4月1日。

向基层倾斜、拓宽来源渠道等举措，有效缓解基层机关"招人难"问题。比如，河北深入实施公务员招录"夯基筑台"工程，加大基层招录力度，每年县乡机关空缺编制约90%用于招录。① 河南为确保基层及时补充工作力量，要求县市区为每个乡镇调剂10~15名编制，推动现有空编乡镇2年内补齐人员；同时规范乡镇公务员交流工作，基层公务员转任遴选到上级机关需要满足最低服务年限要求，上级机关严禁从基层随意借调工作人员，避免基层人才流失。②

2.加强教育培训，增强干事创业本领

各地结合基层工作需要和基层公务员队伍能力素质现状，有计划、有步骤、有重点地开展培训工作。比如，河南实施新时代基层干部主题培训行动，实现全省22万余名基层公务员学习培训全覆盖。山西充分运用送教下基层、结对帮扶和网络培训等多种方式，整合优质资源向基层延伸倾斜，市县组织部门举办专题培训班1583期，培训近21万人次，着力提升基层公务员执行力。

3.加强对基层公务员的激励关爱，激发干事创业的积极性

通过加大选拔使用力度、提高工资待遇、改善生活条件、体检休假等举措，加大对基层公务员的关爱力度。宁夏加大对脱贫攻坚一线工作业绩突出的干部提拔使用力度，职级晋升、表彰奖励向县乡基层倾斜，2020年当选的全国和全区"最美公务员"中基层公务员占71%，树立了良好的选人用人导向。新疆喀什地区强化对基层公务员的保障关爱，通过增加地、县两级财政专项投入，改善基层公务员工作和生活条件，设立专项资金为"访惠聚"驻村公务员发放生活补贴；出台文件切实解决基层公务员夫妻两地长期分居问题。广西对在乡镇工作的公务员发放乡镇工作补贴，从2019年开始对连续在乡镇工作5年以上的基层公务员增发10%的乡镇工作补贴标准，对工作10年以上的基层公务员增发30%。

---

① 冀组轩:《河北实施公务员招录"夯基筑台"工程》,《中国组织人事报》2021年11月11日。
② 《推进公务员工作高质量发展——全国公务员工作推进会发言摘登》,《中国组织人事报》2022年4月1日。

三　公务员管理的发展趋势

（一）坚定不移加强政治建设

政治建设决定了党的建设的效果和方向。公务员队伍的政治属性、职责定位和使命任务决定了要始终把政治建设摆在首位，把旗帜鲜明讲政治落实到公务员管理的各个环节。因此，立足新要求，加强公务员队伍政治建设，需要紧紧围绕打造一支忠诚干净担当的高素质专业化公务员队伍这一目标，从以下两个方面着手。

一是突出政治标准、严把政治关。政治素质具有一定的抽象性和隐蔽性，在日常管理中不容易把握。如何考准考实公务员政治素质、实现精准画像是一个需要深入研究的重点问题。一方面，要从来源上把好政治关。在公务员考录资格条件审查、考察、政审、档案核查等关键环节，全面真实地了解拟招录公务员的思想政治等各方面的情况；另一方面，在调任转任、公开遴选、聘任和选拔任用工作中突出政治标准，要改进完善考察方式方法、细化量化标准、加强分析研判，全方位、多角度、立体式考准考实政治表现，同时注重从关键时刻、重要关头的表现中考察识别公务员的政治品质和政治能力，提高选人用人质量。

二是加强教育培训、提升政治能力。政治能力是检验公务员是否可堪大用能担重任的第一标准，注重提升公务员的政治能力对于队伍建设具有重要的意义。各级机关需要不断强化理论武装，大力开展习近平新时代中国特色社会主义思想学习培训，深入开展党的十九届六中全会精神学习培训，坚定捍卫"两个确立"、坚决做到"两个维护"，有效保障广大公务员"不忘初心、牢记使命"；要不断加强政治训练和政治历练，培养斗争精神，提高斗争本领，有效服务保障党和国家工作大局。

（二）建设高素质专业化公务员队伍

实现第二个百年奋斗目标、实现中华民族伟大复兴的中国梦，需要着眼建强党的执政骨干队伍，建设高素质专业化公务员队伍。围绕这一目标，要坚持新时代好干部标准，系统谋划和培养锻造公务员队伍。

首先，要深化分类改革，科学划分职位类别，避免过细过繁；根据专业技术类、行政执法类和综合管理类公务员各自的特点和实际工作需要，实行分类考录、分类考核、分类培训等制度，促进专业技术类、行政执法类和综合管理类公务员分渠道发展。

其次，坚持发挥考录主渠道作用，拓宽公务员队伍来源渠道。发挥聘任制开放灵活的用人机制作用，坚持多渠道调任选任，加大选调生工作力度，优化公务员队伍结构，把政治素质好、专业能力强的优秀人才充实到各级机关。

再次，注重培训培养，适应推进国家治理体系和治理能力现代化要求和高质量发展需要。推进分类分级培训，提高政治素质、治理能力，促进知识更新，持续提升公务员队伍的专业能力和专业精神；进一步增强实践锻炼的针对性、实效性，在实际工作中提高为群众办实事、解难题的能力。

最后，突出严管厚爱结合、激励约束并重。一方面，加强正向激励，完善考核机制，坚持干什么考什么，加强考核评估结果运用，激励广大公务员群体奋进新时代，为实现第二个百年奋斗目标提供坚强人力资源保障。另一方面，要坚持从严管理，加强公务员职业道德建设，健全日常管理监督制度，严格依法依规开展公务员管理各项工作。

（三）突出重视基层导向

2022年3月，全国公务员工作推进会以电视电话会议形式在京召开。会议强调，要突出重视基层导向，加强基层公务员队伍建设。基层公务员是我国公务员队伍的重要组成部分，是基层政权正常运转的基石和保证。针对基层公务员队伍建设中存在的"招人难"问题，要加强政策引导，扩大选拔视野、拓宽来源渠道，为基层及时补充力量；针对职业发展空间狭窄问题，发挥公务员职务与职级并行制度的激励作用，晋升职级向基层公务员倾斜；针对基层公务员能力素质不尽适应问题，要整合优质教育资源，搭建分层分类培训体系，加大培训教育力度，全面提升能力素质；针对基层"留人难"问题，改善待遇，有计划开展双向交流，完善来自基层一线干部的培养选拔机制，完善关爱机制等，为基层公务员松绑减负，激发基层公务员扎根基层、坚守一线、干事创业的积极性。

参考文献

《中共中央关于党的百年奋斗重大成就和历史经验的决议》，人民出版社，2021。

《推进公务员工作高质量发展——全国公务员工作推进会发言摘登》，《中国组织人事报》2022年4月1日。

陈希：《必须抓好后继有人这个根本大计》，《人民日报》2021年12月1日。

B.12
"十四五"开局之年事业单位
人事制度改革进展

丁晶晶*

摘　要： 深入实施新时代人才强国战略和乡村振兴战略，对事业单位人事
制度改革提出了新要求，人社事业"十四五"规划对事业单位
人事制度改革进行了具体部署。事业单位人事制度改革在公开招
聘、评价与激励、领导人员选拔任用、能力建设等方面均取得了
突破性进展。下一步事业单位人事制度改革要着重在政策的精准
性、衔接性和实效性等方面持续发力。既要考虑制度的稳定性与
灵活性的平衡问题，也要重视部门间政策的衔接，同时还要完善
充分授权与有效用权的协同机制，营造更好地发挥用人单位自主
权的良好环境。

关键词： 事业单位　人事制度改革　公开招聘

"十四五"开局之年，为更好地服务国家重大改革重点任务，事业单位
人事制度改革在重点领域精准施策，持续推动相关制度的健全完善，提升制
度的科学性和有效性。

一　事业单位人事制度改革重点任务

各项国家战略的持续实施，特别是深入实施新时代人才强国战略和乡村

＊ 丁晶晶，博士，中国人事科学研究院副研究员，主要研究方向为事业单位管理。

振兴战略，对事业单位人事制度改革提出了具体要求。人社事业"十四五"规划对事业单位人事制度改革进行了具体部署。

（一）实施新时代人才强国战略对事业单位人事制度改革提出了新要求

2021年9月，在中央人才工作会议上，习近平总书记发表重要讲话，为事业单位人事制度改革指明了方向。事业单位是科技人才的集聚高地，是贯彻落实人才强国战略的重要试验田。未来事业单位人事制度的改革方向就是要建立有利于人才发展的制度生态。

会议从实施新时代人才强国战略的高度，对事业单位人事制度改革提出了以下新要求。在管理自主权方面，一方面强调向用人主体授权，发挥用人主体的积极作用；另一方面也对用人主体的管理理念提出要求，即避免用行政化手段管理人才，要从遵循人才成长规律和科研规律的角度完善人才管理制度。在人才使用方面，要做到人尽其才、不论资排辈、不求全责备。在人才激励方面，收益分配要体现创新要素价值，不能简单以头衔、称号确定薪酬待遇。在人才评价方面，要完善人才评价体系，特别强调要以创新价值为导向，对基础前沿研究、社会公益性研究、应用技术开发和成果转化评价建立不同的评价导向。在人才队伍建设方面，不仅要培养一批战略科学家、一流科技领军人才、青年科技人才、卓越工程师，还要造就大批哲学家、社会科学家、文学艺术家等人才。

结合目前事业单位人事制度的发展现状，可以从以下几个方面进行相应改革。其一，从为人才松绑和提高人才使用效能的角度，研究落实事业单位用人自主权。其二，以落实职称制度改革为抓手，促进完善事业单位人才评价体系，建立以创新价值、能力、贡献为导向的人才评价体系。其三，以实施事业单位科研人员职务科技成果转化现金奖励、落实事业单位高层次人才绩效工资总量单列等政策为出发点，充分体现知识、技术等创新要素价值的收益分配导向，激励人才。其四，从扩大哲学社会科学领域专业技术一级岗位设置试点工作出发，造就大批哲学家、社会科学家、文学艺术家等各方面专业技术人员。

（二）实施乡村振兴战略需要基层事业单位人事制度改革强化助力

为助力乡村振兴战略实施，基层事业单位人事制度改革在招聘、职称评聘、绩效工资等方面，对重点帮扶县落实事业单位人事管理倾斜政策。

实施乡村振兴战略首先需要人才支撑，这对事业单位人事制度改革提出了具体要求。其一，通过建立特殊招聘渠道和设定特殊招聘条件，引导人才向基层流动。其二，通过设立特殊津贴、工资倾斜、管理岗位职务职级并行以及降低职称评审条件等方式，用待遇留住基层人才。其三，通过建立较为灵活的聘用机制，促进人才在基层顺畅流动。为此，近几年出台的涉及事业单位人事制度改革的相关政策主要围绕以下几个方面。

在招聘方面，一是落实基层事业单位工作人员"三放宽一允许"招聘倾斜政策，二是引导高校毕业生到重点帮扶县基层事业单位工作，三是开展针对"三支一扶"人员、公费师范生、定向医学生、退役士兵等人员的专项招聘工作。在岗位管理方面，继续使用好"特岗计划"。在职称评聘方面，落实"定向评价、定向使用"制度，高级岗位可不受结构比例限制。在人员聘用管理方面，采取县域统筹方式，合理调配人员。例如，义务教育学校教师可"县管校聘"，脱贫地区基层医疗卫生机构可推广"县管乡用""乡管村用"。在工资收入方面，一方面要完善事业单位乡镇工作补贴实施办法，加大倾斜力度；另一方面提升基层工作人员工资水平，对到有关地区县以下事业单位工作的高校毕业生实施高定工资政策，并在绩效工资核定方面予以倾斜。此外，根据中央部署，要在重点帮扶县进一步推进县以下事业单位管理岗位职员等级晋升制度的落实。在充分保障事业单位科研人员在职称评审、工资福利、社会保障等方面权益的前提下，支持和鼓励其到乡村和涉农企业创新创业。①

---

① 参见 2021 年 2 月中办、国办印发的《关于加快推进乡村人才振兴的意见》；2021 年 11 月人力资源和社会保障部（以下简称"人社部"）、国家乡村振兴局发布的《关于加强国家乡村振兴重点帮扶县人力资源社会保障帮扶工作的意见》；2021 年 2 月卫健委、人社部等十三部门印发的《关于巩固拓展健康扶贫成果同乡村振兴有效衔接的实施意见》；2020 年 7 月教育部等六部门印发的《关于加强新时代乡村教师队伍建设的意见》。

各地也陆续出台相关政策，通过创新人事管理制度助力乡村振兴。例如，湖北省出台相关政策，鼓励针对农村小学教师、乡镇卫生院全科医生等开展订单委托培养；对于同类招聘岗位可统筹合并岗位计划，实行二次招聘选岗，将基层专业技术高级岗位结构比例提高至15%，小规模事业单位可联合设岗并共享相关岗位结构比例；制定符合基层事业单位实际的人才评价标准，高校毕业生薪级工资按规定高定1~2级；等等。①

（三）人社事业"十四五"规划为事业单位人事制度改革谋篇布局

《人力资源和社会保障事业发展"十四五"规划》对"十四五"期间事业单位人事制度改革进行了全方位布局。总的改革导向还是要按照事业单位分类改革的精神，分类推进事业单位人事制度改革，通过建立人事管理权责清单，厘清不同管理主体之间的权责关系，以进一步实现政事分开、事企分开，从而有利于落实事业单位管理自主权。

从制度完善层面来看，要继续推进相关制度的建立和健全，主要包括岗位管理制度、公开招聘制度、聘用合同管理制度、交流制度、考核奖惩制度、培训制度、人事监督制度、绩效工资制度等。在落实国家重大战略层面，一是从落实乡村振兴战略的角度进一步配套完善基层事业单位人事制度改革，并落实艰苦边远地区津贴标准正常调整机制；二是鼓励事业单位科研人员按规定创新创业并取得合法报酬；三是完善高层次人才收入分配机制，单列其绩效工资总量。

在制度推行层面，一是强调要在县以下事业单位推行管理岗位职员等级晋升制度，二是推进专业技术一级岗位设置工作，三是推行事业单位人事管理"一件事"服务模式，四是落实科研人员职务科技成果转化现金奖励政策。②

---

① 参见2022年1月湖北省委组织部、人社厅印发的《关于创新县乡事业单位人事管理促进乡村振兴的若干措施》。
② 参见2021年6月人社部印发的《人力资源和社会保障事业发展"十四五"规划》。

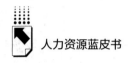

二 事业单位人事管理重点领域改革进展

2021 年，事业单位人事制度改革在公开招聘、评价与激励、领导人员选拔任用、能力建设等重点领域均取得了突破性进展。

（一）落实公开招聘制度改革要求

在公开招聘领域，主要围绕技工院校教师招聘、高校和职业院校毕业生应聘、中小学教师公开招聘等侧重点进行制度完善。

1. 完善技工院校教师招聘工作

一是安排一定比例的教师岗位或通过流动岗位等形式招聘兼职教师，这部分教师可由面向社会和企业招聘高技能人才担任。二是对优秀高技能人才，可按相关规定通过考察方式予以聘用。三是与其他岗位教师相比，生产实习指导教师的招聘学历要求相对较低，专科毕业生或技工院校高级工班毕业生等均可应聘。①

2. 对艰苦边远地区和基层事业单位进行倾斜

一是稳定事业单位招聘规模，引导更多高校毕业生到基层工作。② 二是继续加强对"三支一扶"人员的倾斜政策，基层事业单位应拿出一定数量或比例的岗位，对"三支一扶"服务期满考核合格的人员进行专项招聘，聘用后可以不再约定试用期；省市事业单位可对同等条件下的"三支一扶"服务期满考核合格的人员进行优先聘用。③ 三是落实艰苦边远地区基层事业单位面向高校毕业生的公开招聘倾斜政策，做好公开招聘工作。四是保证"特岗计划"的招聘完成率。五是对乡村振兴重点帮扶县的事业单位，可拿

---

① 参见 2021 年 8 月人社部、发改委、财政部印发的《关于深化技工院校改革　大力发展技工教育的意见》。

② 参见 2021 年 3 月人社部印发的《关于做好 2021 年全国高校毕业生就业创业工作的通知》。

③ 参见 2021 年 5 月中组部、人社部等十部门印发的《关于实施第四轮高校毕业生"三支一扶"计划的通知》。

出一定数量岗位招聘本地户籍人员。六是对本科以上毕业生,可通过面试、直接考察的方式进行招聘,并可根据情况适当降低开考比例,或不设开考比例。① 七是明确提出要继续做好港澳青年参加粤港澳大湾区事业单位公开招聘工作,促进人才交往交流。②

3.实行职业院校毕业生与普通高校毕业生享有同等待遇

为保障职业院校毕业生与普通高校毕业生享有同等待遇,在公平招聘资格条件要求方面,不得将毕业院校、国(境)外学习经历、学习方式设置为限制性条件;在专业要求方面,要以完成岗位职责任务为依据;在学历要求方面,如果是注重职业技能等级要求的岗位,则可不设或降低学历要求;在技能测试方面,强调实际操作能力测试,其在考试中的比重原则上不低于50%。此外,对于亟须补充紧缺技能人才的乡村振兴重点帮扶县基层事业单位,可面向职业院校毕业生专项招聘。③

(二)优化评价机制

主要从完善评价体系,推进职称制度与职业资格、职业技能等级制度有效衔接,深化职称制度改革等方面着手进行机制优化。

1.完善评价体系

在科技成果评价中要破"四唯",实行"谁委托科研任务谁评价""谁使用科研成果谁评价"机制,健全完善分类评价体系,对基础研究成果和应用研究成果采用不同的评价方式,前者以同行评议为主,后者以行业用户和社会评价为主。④

2.推进职称制度与职业资格、职业技能等级制度有效衔接

支持高技能人才参加职称评审和职业资格考试。在评价标准上,对高技

---

① 参见 2021 年 4 月人社部办公厅、教育部办公厅印发的《关于做好 2021 年中小学幼儿园教师公开招聘工作的通知》。

② 参见 2021 年 9 月人社部、财政部、国家税务总局、国务院港澳事务办公室印发的《关于支持港澳青年在粤港澳大湾区就业创业的实施意见》。

③ 参见 2021 年 10 月人社部印发的《关于职业院校毕业生参加事业单位公开招聘有关问题的通知》。

④ 参见 2021 年 8 月国办印发的《关于完善科技成果评价机制的指导意见》。

能人才可淡化学历要求、强化技能贡献、建立绿色通道，可采用技能操作考核、竞赛选拔等多种方式进行评价。①

3. 深化职称制度改革

人力资源和社会保障部（以下简称"人社部"）联合教育部、司法部、卫健委、国家新闻出版广电总局、文化和旅游部、工信部、国家广播电视总局等部门，就实验技术人才、公共法律服务专业人员、卫生专业技术人员、新闻专业技术人员、图书资料专业人员、工艺美术专业人员、出版专业技术人员、播音主持专业人员的职称制度提出指导意见，主要从健全制度体系、完善评价标准、创新评价机制、加强职称评审监管、强化结果应用等方面，落实并深化制度改革安排。

其中，重点强调了要完善专业类别。例如，将公共法律服务专业人员职称专业类别分为公证员和司法鉴定人，强调可根据公共法律服务工作实际，动态调整专业设置。卫生专业技术人员职称包括医、药、护、技四个类别。将新闻专业技术人员职称分为记者和编辑两个专业类别。

特别强调了评价标准应与岗位特点密切相关。例如，对于公证员，可探索引入公证书等成果形式；对于司法鉴定人，司法鉴定意见书等可作为业绩，重点评价司法鉴定实务等方面的能力。对临床医生执业能力评价，可将门诊工作时间、收治病人数量、手术数量等作为申报条件，并引入患者评价；公共卫生类别医师则重点考核其完成基本公共卫生服务等方面的能力；对中医药人员重点考察其掌握运用中医经典理论、中药处方运用以及师带徒等情况。对于"操作型"的图书资料行业岗位强调实际操作水平和解决问题、创新方法的能力；对于"学术型"的则强调学术水平、学术影响和应用效果。对主要从事播音工作、节目主持工作以及同时承担教学指导和学术研究的播音主持专业人员则应制定不同的评价标准。可将采写编辑的消息、通讯、评论，拍摄录制的图片、音频、视频等工作成果作为新闻专业人员职称评审的重要内容。

---

① 参见2021年1月人社部印发的《关于进一步加强高技能人才与专业技术人才职业发展贯通的实施意见》。

同时,对优秀人员可制定相应的破格评审条件,适当放宽学历、资历条件。例如,作出重大贡献的工艺美术专业人员,可直接申报评审正高级或副高级职称。对引进的海外高层次人才和急需紧缺人才可直接申报评审高级职称。此外还特别强调要以德为先,对剽窃他人研究成果等学术不端行为实行"一票否决制"。在评价方式的选择上,可综合采用个人述职、面试答辩、业绩展示、专家评议等多种方式。①

(三)完善领导人员选拔任用制度

2022 年 1 月,中共中央办公厅印发《事业单位领导人员管理规定》(以下简称《管理规定》),是对 2015 年 5 月印发的《事业单位领导人员管理暂行规定》的修订,在保持暂行规定的基本框架和主要制度的基础上,落实了中央对于干部选拔任用工作的新精神和新要求,回应了事业单位领导管理中的普遍问题,衔接了近年来修订或制定出台的相关政策法规的有关内容,总结和吸收各地各部门的好经验、好做法。

《管理规定》细化了有关要求。例如,对事业单位领导人员除了要突出政治标准,还对以专业技术为主的单位领导班子的专业性提出了要求,即要有从事本行业专业工作的经历。同时,再次强调了要把公益性导向作为履行公共服务的必备素养,即事业单位领导人员需热爱公益事业,应有忠实履行公共服务的政治责任和社会责任。

《管理规定》对选拔任用方式、程序进行了优化和完善。关于选拔任用方式,一般采取内部推选、外部选派,同时还可根据需要,采取竞聘上

---

① 参见 2021 年 8 月人社部、教育部印发的《关于深化实验技术人才职称制度改革的指导意见》;2021 年 7 月人社部、司法部印发的《关于深化公共法律服务专业人员职称制度改革的指导意见》;2021 年 6 月人社部、卫健委、国家中医药局印发的《关于深化卫生专业技术人员职称制度改革的指导意见》;2021 年 6 月人社部、国家新闻出版署印发的《关于深化新闻专业技术人员职称制度改革的指导意见》;2021 年 6 月人社部、文化和旅游部印发的《关于深化图书资料专业人员职称制度改革的指导意见》;2021 年 2 月人社部、工信部印发的《关于深化工艺美术专业人员职称制度改革的指导意见》;2021 年 1 月人社部、国家新闻出版署印发的《关于深化出版专业技术人员职称制度改革的指导意见》;2021 年 1 月人社部、国家广播电视总局印发的《关于深化播音主持专业人员职称制度改革的指导意见》。

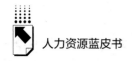

岗、公开选拔等方式。在程序上强调将民主推荐作为必备环节,可采取谈话调研推荐和会议推荐方式方法,严格执行干部选拔任用工作任前事项报告制度。

《管理规定》新增了"交流、回避"一章。一是明确了交流的重点对象,[①] 限定了交流的主要范围,[②] 强调了在干部交流时应注意发挥其专业特长。二是明确将事业单位领导人员回避分为"任职回避"和"履职回避"两类,除了与《事业单位人事管理回避规定》的有关内容进行衔接外,还进一步界定了回避范围,增强了制度的可行性和公平公正性。

此外,《管理规定》对事业单位内设机构负责人选拔任用工作也作出了规定。

(四)推进岗位管理重点改革

在岗位管理领域,一方面,继续推广哲学社会科学一级岗位教授和研究员聘任的试点工作;另一方面,事业单位职员等级晋升制度开始在全国范围内正式实施推行。2022 年 1 月 27 日,中组部、人社部召开全国事业单位人事管理工作座谈会,会议要求准确把握县以下事业单位建立管理岗位职员等级晋升制度的基本内涵和具体政策,扎实抓好组织实施工作。

此外,各行业领域亦在不断完善岗位管理制度。例如,在公立医院高质量发展的意见中,提出将岗位类别设置为医、护、药、技、管等,通过编制岗位责任书明确岗位职责和要求,并增加护士配备,逐步使医护比达到 1∶2 左右。[③]

(五)推动激励分配制度改革

在不断完善现行收入分配制度的同时,从完善科研经费管理、加大对重点人群和行业激励力度的角度,不断补充激励手段,加大激励力度。

---

① 一般是"正职领导人员,专职从事党务工作、分管人财物的副职领导人员以及其他因工作需要交流的人员"。
② 在同行业或者相近行业事业单位之间进行交流。
③ 参见 2021 年 6 月国办印发的《关于推动公立医院高质量发展的意见》。

1. 完善现行收入分配制度

明确提出事业单位收入分配要体现知识、技术等创新要素价值,不仅从优化收入结构、合理核定绩效工资总量、建立工资稳定增长机制、保障基础研究人员稳定工资收入、探索对极少数高层次人才实行年薪制、提高科技人员工资水平等角度完善现行工资制度,还提出要用落实兼职收入、奖酬金提取以及采取股权、期权、分红等多种方式激励科技人员。①

2. 完善科研经费管理激励制度

一是可将间接费用全部用于绩效支出,二是允许中央级科研院所从基本科研业务费等稳定支持科研的经费中提取不超过20%作为奖励经费。②

3. 落实科研成果转化收益激励制度

一方面可对科技成果转化收益具体分配方式和比例进行约定;③ 另一方面要落实科技成果转化收益的现金奖励,计入绩效工资总量但不受核定总量限制,不作为社会保险缴费基数,也不作为核定下一年度单位绩效工资总量的基数。④

4. 加大对重点人群、重点行业的激励力度

对于女性科技人才,特别提出国家人才计划适当放宽女性申报人年龄限制,在相关评选表彰中提高女性科技人才的入选比例,鼓励提名女性作为项目负责人,鼓励社会力量设立面向女科学家的科技奖项。⑤ 在国有文艺院团推行文化艺术领域荣誉表彰制度,健全中国文化艺术政府奖(文华奖)评选办法、奖项设置。⑥

---

① 参见 2021 年 12 月全国人大通过的《中华人民共和国科学技术进步法(2021 年修订)》;2021 年 8 月国办印发的《关于改革完善中央财政科研经费管理的若干意见》。
② 参见 2021 年 8 月国办印发的《关于改革完善中央财政科研经费管理的若干意见》。
③ 参见 2021 年 8 月国办印发的《关于改革完善中央财政科研经费管理的若干意见》。
④ 参见 2021 年 2 月人社部、财政部、科技部印发的《关于事业单位科研人员职务科技成果转化现金奖励纳入绩效工资管理有关问题的通知》。
⑤ 参见 2021 年 6 月科技部等十三部门印发的《关于支持女性科技人才在科技创新中发挥更大作用的若干措施》。
⑥ 参见 2021 年 6 月中办、国办印发的《关于深化国有文艺院团改革的意见》。

在公立医院领域，要落实"两个允许"① 要求，合理确定、动态调整公立医院薪酬水平，合理增加薪酬总量，且不计入总量核定基数。合理确定人员支出占公立医院业务支出的比例，对高层次医疗人才集中、中医药特色突出、绩效考核评价结果优秀的医院，可适当进行倾斜。除了应向关键岗位、高风险岗位等人员倾斜外，还需兼顾不同岗位间、不同科室间、编内外人员间的平衡，薪酬体系要与岗位职责和知识价值挂钩，并通过考核兑现。在落实医院内部分配自主权方面，在完善岗位绩效工资制度的基础上，可采取年薪制、协议工资制等多种分配方式。在核定的薪酬总量内，公立医院可采取多种方式自主分配，可自主设立薪酬项目，实现既有保障又有激励的功能与效果。对公立医院负责人的薪酬水平进行合理核定，并注重长期激励，鼓励实施年薪制。②

此外，还强调要根据职业院校承担培训任务情况，合理核定并及时核增绩效工资总量和水平，并向承担培训任务的一线教师倾斜。③

（六）加强专业技术人员能力建设

为进一步提升专业技术人员的知识技能水平，以专业技术人才知识更新工程为代表的专业技术人员能力建设工作不断推进。

在专业技术人才知识更新工程方面，明确提出要推进分类分层的专业技术人才继续教育体系建设，分别建立高级研修项目、专业技术人员能力提升项目、数字技术工程师培育项目、国家级专业技术人员继续教育基地建设项目，以培养高层次、急需紧缺和骨干专业技术人才。④

---

① 具体是指"允许医疗卫生机构突破现行事业单位工资调控水平，允许医疗服务收入扣除成本并按规定提取各项基金后主要用于人员奖励"。
② 参见2021年6月国办印发的《关于推动公立医院高质量发展的意见》；2021年7月人社部、财政部、卫健委、国家医保局、国家中医药局印发的《关于深化公立医院薪酬制度改革的指导意见》。
③ 参见2021年5月人社部、财政部、教育部印发的《关于扩大院校毕业年度毕业生参加职业技能培训有关政策范围的通知》。
④ 参见2021年9月人社部、财政部、工业和信息化部、科技部、教育部、中国科学院联合印发的《专业技术人才知识更新工程实施方案》。

在有关行业和有关群体的继续教育和培训方面，国家新闻出版署联合人社部等部门提出，事业单位要在职责范围内，依法做好本单位新闻专业技术人员继续教育的管理和实施工作，并对新闻专业技术人员继续教育的管理体制、教育内容与形式、学时管理、继续教育机构、考核与监督等作出明确规定。① 人社部、发改委、财政部则提出，实施技工院校教师开展一体化师资专项培训计划，遴选50个左右一体化师资研修基地，扩大技工院校网络师资研修覆盖范围，分级打造教学名师、专业带头人、青年骨干教师等高层次人才队伍，定期举办教师职业能力大赛。②

三 事业单位人事改革展望

2021年是"十四五"规划的开局之年，随着改革向纵深发展，事业单位人事制度体系日臻完善，尤其在服务国家重大战略方面，发挥了较大作用，取得了较好效果。但具体的制度实施环节还存在衔接不够顺畅、差异性考虑不足、可操作性欠缺等问题。为此，下一步事业单位人事制度改革要着重在政策的精准性、衔接性和实效性等方面持续发力。

第一，事业单位人事制度改革要充分考虑制度的稳定性与灵活性的平衡问题。这些年来，随着人才强国战略、科教兴国战略、创新驱动战略、乡村振兴战略等重大战略的深入实施，事业单位人事制度及时跟进，在为重大战略实施保驾护航方面发挥了较大作用。但在此过程中，需要着力解决好基本制度的稳定性与针对性措施灵活性之间的协调平衡问题。在保持基本制度贯彻落实的前提下，可以适度为特殊人群、特殊行业制定特殊政策。但这些特殊政策首先应定位为阶段性要求，是否转化为基本制度，则需要审慎考虑，充分论证。

第二，事业单位人事制度改革要考虑各方政策影响，充分重视部门间政

---

① 参见2022年4月国家新闻出版署、人社部等印发的《新闻专业技术人员继续教育暂行规定》。
② 参见2021年8月人社部、发改委、财政部印发的《关于深化技工院校改革 大力发展技工教育的意见》。

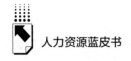

策的衔接。实践领域经常会遇到用不好政策的问题。一方面可能是用人单位的认知度不够；另一方面则可能是政策间存在冲突点，导致实操层面无法真正落实。因此，事业单位人事制度体系应是一个综合系统，需要各个部门间的相互协同与配合，只有这样才能真正将政策落实到位，发挥好现有制度的优势。

第三，要完善充分授权与有效用权协同机制，营造更好发挥用人单位自主权的良好环境。在中央人才工作会议上，习近平总书记提到，"要根据需要和实际向用人主体充分授权"。虽然近年来下放事业单位自主权的改革呼声不断，但是否真正授权以及授的权能否接得住、用得好，则与上级职能部门和事业单位自身的治理能力密切相关。因此，授权要合理到位，不是简单地放手、松绑，而是要切实转变职能，健全服务、监督、问责等相关配套政策，只有这样才能更好地放权并确保用人单位自主权的合理使用，并达到更好的实施效果。

B.13
公立医院人事制度的改革与发展

李晓燕　闫丽娜*

摘　要： 不同历史阶段面临的发展环境不同，其改革导向也会存在差异。本文分四个阶段梳理了改革开放以来我国公立医院人事制度的改革发展历程，总结了不同发展阶段的改革侧重点。在此基础上，分析了今后一段时间公立医院人事制度改革的态势：进一步强化人才在高质量发展中的战略地位；建立健全符合行业特点的人事制度；有效落实用人自主权，充分激发创新创造活力。

关键词： 公立医院　人事制度改革　医务人员

公立医院是我国卫生事业单位的重要组成部分，承担向社会和公众提供专业化、公益性医疗卫生服务的职责。改革开放几十年来，我国公立医院发展的外部环境发生了深刻变化，尤其是深化新一轮公立医院改革、推进公立医院高质量发展，公立医院在运行机制、管理制度等方面都要作出调整和改革。其中，人事制度改革不仅复杂，而且涉及面广、社会影响大，关系公立医院单位职工的切实利益，是公立医院改革发展的重点与难点。本文力图系统梳理改革开放以来我国公立医院人事制度改革的发展历程，总结不同阶段公立医院人事制度改革的侧重点，明确其发展脉络，为下一步更科学地推进公立医院人事制度改革提供借鉴和参考。

---

* 李晓燕，国家卫生健康委干部培训中心（党校）助理研究员，主要研究方向为卫生人才队伍建设和人才政策；闫丽娜，国家卫生健康委卫生发展研究中心助理研究员，主要研究方向为卫生人才队伍建设和人才政策。

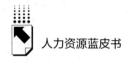

一 初期探索阶段：1978～1993年

党的十一届三中全会召开后，我国工作重心转变，事业单位改革拉开序幕，重点是改变原有制度，鼓励各类事业单位为经济建设这一中心服务，激发事业单位发展活力。1985年，国务院转批《关于卫生工作改革若干政策问题的报告》（以下简称"报告"），首次对卫生工作改革作出全面要求，明确提出要放宽政策、简政放权，扩大全民所有制卫生机构的自主权。这一时期，我国公立医院人事制度改革进行了初步探索和尝试，以扩大公立医院人事管理自主权、激发人员活力和积极性为重点，着力明确公立医院人员配置、评价、聘任、收入分配等政策，通过人事制度改革提高医疗卫生服务的供给效率。改革的主要举措包括如下几个方面。

（一）扩大医院人事管理自主权

报告提出，扩大全民所有制卫生机构自主权，实行院（所、站）长负责制，院（所、站）长由上一级任命，其他干部实行聘任制，工人实行合同制。院（所、站）长有人员奖惩、解聘、辞退、院外招聘等权力。1988年，卫生部、财政部等五部门下发文件，[①] 允许有条件的医院从事有偿业务服务，获得收入扣除必要费用后作为个人酬金由单位自主分配，不计入奖金总额，从而明确了医院内部分配自主权。

1992年，为全面贯彻落实党中央关于加快第三产业发展的决定，卫生部印发《关于深化卫生改革的几点意见》，"转换运行机制，推动劳动人事及工资制度改革"是其重要内容，主要涉及如下几个方面：进一步扩大单位自主权，让单位拥有人事安排权和工资奖金分配权；实行干部聘任制、专业技术职务聘任制或全员劳动合同制，还要试行评聘分开，逐步实现干部能上能下、职工能进能出、收入能升能降；促进人员合理流动，鼓励单位内部

---

① 《关于扩大医疗卫生服务有关问题的意见》，1988。

优化组合，支持人才到农村和基层工作或创办高新技术企业；打破平均主义分配方式，根据单位属性或条件，可实行不同的工资模式；鼓励医疗机构扩大医疗卫生服务，并落实按劳分配政策。

（二）制定公立医院人员编制标准

1978 年，卫生部印发《综合医院组织编制原则（试行草案）》，结合新时期总任务的要求，对 1956 年制定的《医院、门诊部组织编制原则（草案）》进行了修订，明确了综合医院的科室设置、病床分配、人员编制、工作量及人员配备等方面的相关标准。比如，根据医院的规模和担负的任务，综合医院病床与工作人员之比的标准范围为 1∶1.3~1.7；承担科研教学任务和各类院外任务的医院视具体工作任务再增加 5%~25% 人员编制。再如，行政管理和工勤人员、卫生技术人员编制总量的比重分别为 28%~30%、70%~72%。在行政管理和工勤人员中，行政管理人员占 8%~10%；在卫生技术人员中，医师、护理人员、药剂人员、检验人员、放射人员、其他卫技人员的占比分别为 25%、50%、8%、4.6%、4.4%、8%。上述标准一直沿用至今。

（三）建立卫生专业技术职务聘任制

1986 年，国务院印发文件，[①] 实施专业技术职务聘任制度，明确了专业技术职务聘任制度的基本规范。同年，卫生部印发《卫生技术人员职务试行条例》，明确了卫生专业技术职务聘任制的基本架构。具体而言，卫生专业技术职务分为医、药、护、技四个类别，各类别设置高级、中级、初级三个大的等级，其中高级包括正高级和副高级；各等级任职资格分别由高级、中级、初级职务评审委员会负责评审；卫生专业技术职务采取评聘结合方式，用人单位只能在具有相应职务指标和空岗时，才能进行评聘。此文件规定的卫生专业技术职务的基本类别和职务名称，一直沿用至今。

---

① 《关于实行专业技术职务聘任制度的规定》，1986。

（四）推行以职务工资为主的结构工资制

1985年，为逐步消除当时工资制度中的平均主义和其他不合理因素，初步建立起能够较好体现按劳分配原则的新工资制度，中共中央、国务院印发《国家机关和事业单位工作人员工资制度改革问题的通知》，决定普通中、小学和幼儿园自1985年1月1日起执行新的工资制度，国家机关和其他事业单位从1985年7月1日起执行新的工资制度。新的工资制度贯彻按劳分配原则，把人员工资同工作职务、责任和业绩密切联系起来，实行以职务工资为主的结构工资制和正常晋级增资制。同年，国务院工资制度改革小组、劳动人事部下发通知，[①]明确了医疗卫生事业单位工作人员工资制度改革方案：医疗卫生事业单位的行政管理人员、卫生技术人员实行以职务工资为主的结构工资制，工资由基础工资、职务工资、工龄津贴、奖励工资四部分组成；工人实行以岗位（技术）工资为主要内容的结构工资制，工资由基础工资、岗位（技术）工资、工龄津贴和奖励工资四部分组成。

（五）建立医疗卫生人员津贴补贴标准体系

津贴补贴是事业单位工资的重要组成部分。这一时期，主要确立了我国医疗卫生行业津贴补贴的主要类别及相应的标准体系。1979年，卫生部、财政部、国家劳动总局下发通知，[②] 自1980年1月1日起，卫生防疫站从事有毒、有害、有传染危险和长年外勤的现场卫生防疫人员实行卫生防疫津贴制度。上述人员的津贴分为四类，明确了四类津贴的具体标准和发放办法。具体而言，从一类到四类，每人每月分别为15元、12元、9元、6元。

同年，卫生部、财政部、国家劳动总局下发通知，[③] 医疗卫生工作单位专职从事或直接接触有毒、有害、有传染危险的人员试行医疗卫生津贴办

---

① 《关于卫生部医疗卫生事业单位工作人员工资制度改革问题的通知》，1985。
② 《关于卫生防疫人员实行卫生防疫津贴的通知》，1979。
③ 《关于颁发医疗卫生津贴试行办法的通知》，1979。

法，明确了津贴发放范围、标准、办法以及政策适用范围和生效时间。具体而言，此津贴同样分为四类，从一类到四类每人每月分别为 13~15 元、10~12 元、7~9 元、4~6 元。

1985 年，卫生部印发的《关于护士工龄津贴的若干规定》明确，护士人员从事护理工作满五年不满十年，护龄津贴每月三元；满十年不满十五年，每月五元；满十五年不满二十年，每月七元；满二十年以上每月十元。1988 年，人事部、卫生部、财政部《关于印发〈关于提高护士工资标准的实施办法〉的通知》，提出从 1988 年 10 月起，将国家机关、事业单位护士现行的各级工资标准（基础工资、职务工资之和）提高 10%。

总体来看，这一时期我国确立了包括编制管理、干部管理、职称聘任、工资分配等相互支撑、相互作用的公立医院人事与薪酬制度体系，为解决既往公立医院人事管理僵化、效率低下、平均主义等问题发挥了重要作用，也对以后公立医院人事与薪酬管理体系产生了深远影响。

二 持续推进阶段：1993~1998年

随着党的十四大提出我国经济体制改革的方向是建立社会主义市场经济体制，改革开放和现代化建设事业进入一个新的阶段，事业单位改革的主基调是实行政事分开，事业单位在机构职能、人事制度、工资制度、管理体制等方面与党政机关区别开来，事业单位人事人才政策和导向也进行相应调整，包括建立符合不同事业单位特点的工资制度，发挥市场在人力资源配置中的作用，加强高层次人才选拔和培养等。改革的主要举措包括如下几个方面。

（一）进一步扩大经营管理自主权

1997 年，为贯彻落实国家"九五"计划关于卫生工作的任务部署，中共中央、国务院印发《关于卫生改革与发展的决定》，继续深化人事制度与分配制度改革，打破平均主义，提高卫生资源利用效率，统筹规划、合理配置机构、床位、人员、设备和经费等卫生资源，加快制定卫生机构设置、人

员编制配置标准。建立卫生技术人员执业资格制度，完善卫生技术职称评定和职务聘任工作。

（二）实行职务等级工资制度

1985年起实行的以职务工资为主的结构工资制，在当时发挥了非常重要的作用，但其缺点是事业单位特点体现不足。党的十三届七中全会和十四大均提出事业单位要逐步建立符合自身特点的工资制度。1993~1994年，国家先后印发相关政策文件，① 提出对事业单位科学分类，依据按劳分配原则建立体现不同类型、不同行业特点的事业单位工资制度。具体而言，根据其特点和经费来源，事业单位分为全额拨款、差额拨款、自收自支三种类型。1994年，人事部、卫生部下发文件，卫生事业单位贯彻落实《事业单位工作人员工资制度改革方案》。卫生事业单位专业技术人员实行专业技术职务等级工资、管理人员实行职员职务等级工资制、技术工人实行技术等级工资制、普通工人实行等级工资制。文件进一步明确，等级工资由职务工资和津贴两部分组成。其中，职务（技术等级）工资是工资中的固定部分，体现工作能力、责任、贡献、劳动的繁重复杂程度，津贴为工资中的活的部分，主要体现各类人员的岗位特点、实际工作的数量与质量差别。工资总量中，全额拨款单位、差额拨款单位固定部分和活的部分的结构比例分别为7∶3和6∶4。此外，新的工资制度还建立了正常增资机制，连续两年考核合格可以晋升一个职务工资档次。

（三）高层次人才选拔和培养制度

这一阶段，国家层面建立了突出贡献中青年专家、政府特殊津贴专家、百千万人才工程人选等高层次人才培养选拔制度。卫生部门也先后印发文件，加大本领域高层次人才队伍建设力度。

---

① 比如，《关于机关和事业单位工作人员工资制度改革问题的通知》《关于印发机关、事业单位工资制度改革三个实施办法的通知》。

三　加速推进阶段：1998~2011年

随着我国社会主义市场经济体制改革的深入推进，事业单位改革方向更加明确，调动了事业单位积极性，事业单位的发展环境不断改善。进入 21 世纪，事业单位人事制度改革沿着既定方向加速推进，逐步成为事业单位改革的突破口。2000 年 6 月，中央印发《深化干部人事制度改革纲要》，明确了深化事业单位人事制度改革的基本要求和主要措施。这一时期，公立医院人事制度改革遵循卫生事业单位人事制度改革基本路径，围绕聘用制、岗位管理制度、职称评价制度、绩效工资制度等方面进行，从试点到全面推行，再到全面入轨，在很大程度上激发了公立医院自身的活力，适应社会主义市场经济的人才管理新体制新机制正在逐步形成。

（一）确立深化公立医院人事制度改革基本规范

2000 年，中组部、人事部、卫生部印发文件，[①] 对深化卫生事业单位人事制度改革进行部署，明确了深化改革的总体要求，并围绕改革卫生管理体制、优化卫生人力资源配置、改革用人制度、改革工资分配机制等做出了全面系统安排。总的来看，深化改革的核心是优化卫生人才资源配置，提高卫生服务质量，具体措施是创新完善管理体制和运行机制，目标是逐步建立科学合理、符合卫生工作特点的人事管理体制和充满生机活力的人事管理运行机制，目的是为推进卫生改革和促进卫生事业发展提供有力的组织保证和人才支持，更好地服务于社会主义现代化建设和满足人民群众卫生需求。

（二）推行聘用制和岗位管理制度

2000~2007 年，国家和有关部门出台了一系列包括公立医院在内的有关

---

① 《关于深化卫生事业单位人事制度改革的实施意见》，2000。

卫生事业单位人事制度改革的政策文件,[①] 提出要实行聘用制,实现由身份管理向岗位管理转变,根据社会需求、单位发展、人才机构等因素进行科学合理的岗位设置。领导干部推行公开选拔制度,改革单一委任制,采取多种形式选拔任用干部;管理人员实行职员聘用制,中层干部实行任期目标责任制;专技人员实行从业准入制和专业技术职务聘任制;新进人员实行公开招聘制度,采取考试与考核相结合方式择优聘用。通过实行上述制度,事业单位用人由行政依附关系向平等人事主体转变,由国家用人向单位用人转变。

2007年人事部、卫生部印发《关于卫生事业单位岗位设置管理的指导意见》,这是卫生事业单位首次进行岗位设置和岗位聘任。文件对卫生事业单位岗位类别设置、岗位等级设置、专业技术岗位名称及岗位等级、岗位基本任职条件以及岗位设置审核、岗位聘用等做出了非常明确的规定。

(三)优化专业技术职务聘任制

2000年12月,人事部、卫生部发布《关于加强卫生专业技术职务评聘工作的通知》,强调了卫生人事管理制度改革的体制机制目标,从完善评聘工作、加强结构比例管理、落实用人单位聘任权、严格考核制度、确保资格评审质量、加强高级评审委员会管理、逐步推行专业技术资格考试制度等方面对相关工作做出安排。此文件明确提出,卫生初、中级专业技术资格逐步实行以考代评和与执业准入制度并轨的考试制度。2001年,卫生部、人事部印发相关文件,建立初、中级卫生专业技术资格考试制度,[②] 初、中级卫生专业技术资格实行以考代评。2003年,根据相关文件,[③] 执业护士资格考试与护理初级(士)资格考试并轨。

[①] 比如,《关于深化卫生事业单位人事制度改革的实施意见》《卫生部关于印发卫生事业单位人事制度改革配套文件的通知》《事业单位公开招聘人员暂行规定》等。

[②] 包括《临床医学专业技术资格考试暂行规定》、《预防医学、全科医学、药学、护理、其他卫生技术等专业技术资格考试暂行规定》及《临床医学、预防医学、全科医学、药学、护理、其他卫生技术等专业技术资格考试实施办法》等。

[③] 《关于护士执业考试与护理专业技术资格考试并轨的通知》,2003。

（四）建立岗位绩效工资制度

2002 年，《卫生部关于印发卫生事业单位人事制度改革配套文件的通知》（以下简称"配套文件"）。其中的《关于卫生事业单位内部分配制度改革的指导意见》明确要求，根据卫生事业单位的性质、特点、运营情况、财政补贴情况、发展需要及国家工资政策，实行不同的工资管理办法。不依靠国家财政拨款的单位，可将工资构成中活的部分与单位创收中可用于分配的部分合并重新进行分配，也可自主确定内部工资分配形式，建立以岗位工资为主的分配制度；工资分配向关键岗位和优秀人才倾斜。配套文件中的《医疗事业单位年薪制试行办法》《卫生事业单位工作人员考核暂行办法》，对医院主要领导干部及各类工作人员的考核内容、标准、结果使用等做出明确规定。2004 年，人事部、卫生部、财政部印发《关于调整卫生防疫津贴标准的通知》，对卫生防疫津贴标准进行调整，由按月发放改为按工作日发放，各类补贴每人每个工作日的具体标准为：一类 9 元、二类 7 元、三类 5 元、四类 3 元。

2006 年，人事部、财政部、卫生部联合下发文件，[①] 医疗卫生事业单位开始实施岗位绩效工资制度，人员工资包括岗位工资、薪级工资、绩效工资和津贴补贴四部分。其中，基本工资由岗位工资和薪级工资组成，执行国家统一政策标准；绩效工资是收入分配中活的部分，主要体现工作人员的实绩和贡献，绩效工资的总体水平由各级政府人事、财政和卫生主管部门根据实际情况调控；津贴补贴分为艰苦边远地区津贴和特殊岗位津贴补贴；在专业技术人员基本工资标准基础上，护士的岗位工资和薪级工资标准提高 10%。

四 全面深化改革阶段：2011年至今

自 2011 年开始，随着我国事业单位分类改革的推进，事业单位人事制

---

① 《卫生事业单位贯彻〈事业单位工作人员收入分配制度改革方案〉的实施意见》，2006。

度改革进入全面深化阶段。2011 年 8 月，中共中央办公厅、国务院办公厅下发文件，[①] 部署进一步深化事业单位人事制度改革，明确了未来一段时间，事业单位人事制度改革的总体要求和主要措施。在总体要求的指导思想中，不仅明确了深化改革的基本遵循，还明确了深化改革的核心、重点、主要任务。这一时期，我国开始新一轮医药卫生体制改革，公立医院改革是其中的重要内容。基于此的公立医院人事制度改革落实公立医院改革总体要求，更加突出行业特点，强化创新。具体举措如下。

（一）明确公立医院人事制度改革的总体目标

新一轮公立医院改革始终将深化人事制度改革作为重要内容，调动医务人员积极性，激发公立医院活力。2010 年，卫生部等五部门印发文件，[②] 部署公立医院改革试点工作，明确提出要深化公立医院人事制度和收入分配制度改革，具体涉及科学合理定编；建立健全人事管理制度；完善职称制度；合理确定待遇水平；完善绩效考核制度，实行岗位绩效工资制度；探索注册医师多点执业方式，引导人员合理流动。

2017 年，国务院办公厅印发的建立现代医院管理制度的部署文件[③]提出要健全医院人力资源管理制度。文件强调，建立健全医院人事管理制度要统筹考虑编内编外人员；单位自主分配要体现岗位差异，兼顾学科平衡，做到多劳多得、优绩优酬；在薪酬分配方式选择方面，医院可以探索实行目标年薪制和协议薪酬。

2021 年，国务院办公厅部署推动公立医院高质量发展的文件[④]中关于人事管理改革主要涉及三个方面：改革人事管理制度，合理制定并落实人员编制标准，建立动态核增机制，落实用人自主权，统筹考虑编制内外人员待遇，落实岗位管理制度；改革薪酬分配制度，落实"两个允许"，合理确

---

① 《关于进一步深化事业单位人事制度改革的意见》，2011。
② 《关于公立医院改革试点的指导意见》，2010。
③ 《关于建立现代医院管理制度的指导意见》，2017。
④ 《关于推动公立医院高质量发展的意见》，2021。

定、动态调整薪酬水平；健全培养评价制度，健全培养体系，优化培养方式，加快培养高层次复合型医学人才，改革评价机制，实施分层分类评价，突出品德能力业绩导向，合理设置评价标准。

（二）探索创新公立医院编制管理制度

2011 年，国务院办公厅印发的创新事业单位机构编制管理的文件①明确提出，"事业单位机构编制要实行分类管理，公益二类事业单位逐步实行机构编制备案制"。文件还提出，"可先在中央部门所属高等院校、公立医院进行备案制试点"。2015 年国务院办公厅印发的两个相关改革文件②也都对创新公立医院编制管理提出了要求，主要涉及如下方面：在总编制内合理核定公立医院编制总量；逐步实行公立医院编制备案制，建立编制动态调整机制；在人事管理实践中，对编制内外人员进行统筹考虑。

（三）全面推进落实各项公立医院用人管理制度

按照中央进一步深化事业单位人事制度改革的总体要求，公立医院要以转换用人机制和搞活用人制度为核心，以健全聘用制度和岗位管理制度为重点，逐步落实单位用人自主权，逐步探索符合行业特点、更为灵活的人事管理制度。2015 年国务院办公厅印发的两个相关改革文件，③ 不仅再次强调了上述改革要求，还明确提出，对医院紧缺人才、高层次人才，可按规定采取考察方式招聘和公开。

（四）建立完善符合行业特点的医学人才培养制度

2013 年，国家卫生计生委等 7 部门联合下发《关于建立住院医师规范

---

① 《关于创新事业单位机构编制管理的意见》，2011。
② 《关于全面推开县级公立医院综合改革的实施意见》《关于城市公立医院综合改革试点的指导意见》。
③ 《关于全面推开县级公立医院综合改革的实施意见》《关于城市公立医院综合改革试点的指导意见》。

化培训制度的指导意见》，标志着我国正式建立实施住院医师规范化培训制度，基本形成院校教育、毕业后教育、继续教育三阶段连续统一的临床医学人才培养体系，在国家层面确立了符合行业特点的临床医学人才培养制度。2014年，先后印发《住院医师规范化培训管理办法（试行）》《住院医师规范化培训基地认定标准试行》《住院医师规范化培训内容与标准（试行）》等系列配套文件，初步构建起了住院医师规范化培训政策体系，使住院医师规范化培训制度更具可操作性。2015～2017年，相关文件均提出，不再招收七年制临床医学专业，建立本科与住院医师规范化培训有机衔接的临床医学硕士专业学位研究生培养机制；促进临床医学、口腔医学、中医专业学位研究生教育与住院医师规范化培训有机衔接。以"5+3"为主体、"3+2"为补充的临床医学人才培养路径基本形成，中国特色标准化、规范化医学教育体系基本建立。

2014年，教育部等六部门联合印发文件，[1] 部署医教协同深化临床医学人才培养改革工作，明确具体改革举措：深化院校教育改革，提高人才培养质量；建立健全毕业后教育制度，培养合格临床医师；完善继续教育体系，提升卫生计生人才队伍整体素质等。2017年，国务院办公厅印发文件，[2] 部署深化医教协同进一步推进医学教育改革工作，不仅明确了总体要求，还提出了四个方面的具体措施：构建标准化规范化医学人才培养体系，提升培养质量；促进医学人才供需有效衔接，优化培养结构；创新体制机制，加强医教协同管理；完善人才使用激励政策。

（五）以用为本，创新人才评价机制

2016年12月，中共中央办公厅、国务院办公厅印发文件，[3] 系统部署职称制度改革。2021年6月，《关于深化卫生专业技术人员职称制度改革的指导意见》下发，明确改革的总体要求和具体措施。卫生专业技术人员职

---

① 《关于医教协同深化临床医学人才培养改革的意见》，2014。
② 《关于深化医教协同进一步推进医学教育改革与发展的意见》，2017。
③ 《关于深化职称制度改革的意见》，2016。

称制度建设要以促进人才发展为目标，以科学评价为核心，以品德能力业绩为导向。文件还强调，要动态调整卫生职称考试或评审专业，促进卫生职称制度与职业资格制度有效衔接。将医德医风考核放在人才评价首位，强化实践导向、突出评价业绩水平和实际贡献，重点评价业务工作的数量和质量，建立完善临床医生执业能力评价指标体系。完善评价方式，畅通评价渠道，提高评价信息化水平，创新评价机制。此外，文件还提出，要促进评价与使用相结合，引导人才向艰苦边远地区和基层一线流动，改进职称管理服务方式。

（六）推动公立医院薪酬制度改革

2017年1月，人力资源和社会保障部等4部门联合印发文件，[①] 部署公立医院薪酬制度改革试点工作，标志着我国开始启动公立医院薪酬制度改革。改革的主要内容涉及如下几个方面。一是积极落实"两个允许"要求，探索具有激励性的薪酬制度，并根据医院考核结果建立动态调整机制。二是优化公立医院薪酬结构，以现行岗位绩效工资制度为基础进行探索完善，合理确定公立医院薪酬结构，注重医务人员长期激励，探索实行年薪制、协议工资制、项目工资制等多种分配模式。三是改革医院主要负责人薪酬，采用年薪制等分配方式，根据医院考评结果、个人履职情况等因素确定具体薪酬水平。四是落实医院内部分配自主权，绩效工资由医院自主分配，体现知识、技术、劳务、管理等要素价值，体现不同岗位差异，兼顾不同学科平衡，适当提高低年资医生薪酬水平，推动编制内外人员同岗同薪同待遇。五是健全以公益性为导向的考核评价机制，考核结果与薪酬挂钩。

2021年7月，人力资源和社会保障部等五部门联合印发文件，[②] 对深化公立医院薪酬制度改革做出系统安排，明确了深化改革的指导思想和基本原则。文件也明确了深化改革的具体措施。文件特别强调，要与医疗、医保、

---

① 《关于开展公立医院薪酬制度改革试点工作的指导意见》，2017。
② 《关于深化公立医院薪酬制度改革的指导意见》，2021。

医药联动改革相衔接，落实"两个允许"要求，实施以增加知识价值为导向的分配政策，建立适应我国医疗行业特点的公立医院薪酬制度。文件在合理确定公立医院薪酬水平、充分落实公立医院内部分配自主权、建立健全公立医院负责人薪酬激励约束机制、健全以公益性为导向的考核评价机制等方面，提出了一系列具体改革措施。

五　总结与趋势展望

近年来，我国公立医院人事管理和薪酬管理进行了积极的改革探索，出台了相关的政策文件，明确了制度建设要求，符合行业特点的公立医院人事与薪酬制度逐步建立，对加快公立医院人才队伍建设、推进公立医院高质量发展发挥了重要作用，为下一步深化公立医院人事与薪酬制度改革奠定了基础。进入新发展阶段，公立医院发展面临的内外部环境更加复杂，面对新形势、新任务提出的新要求，公立医院人才队伍建设和人才管理制度改革将呈现如下特点及趋势。

（一）进一步凸显人才在公立医院高质量发展中的战略地位

在中央人才工作会议上，习近平总书记提出了一系列新时代人才工作的新理念新战略新举措，系统擘画了新时代人才强国战略新蓝图。其中，确立并坚持人才引领发展的战略地位是重要内容。新时期推动公立医院高质量发展，必须把人才资源开发放在最优先位置，面向人民生命健康、面向世界医学科技前沿，大力加强创新型、应用型高层次人才培养，完善高层次人才引进与使用机制，建立以创新价值、能力、贡献为导向的评价体系，构建体现知识和技术价值的分配机制，着力夯实公立医院创新型人才发展的基础。

（二）建立健全符合行业特点的公立医院人事制度

公立医院人才与人事管理面临诸多难点重点问题，如人才招聘"高学历论"现象普遍，进人标准与医院临床工作实际不匹配；空编缺编现象严重、编制管理滞后公立医院事业发展需求；职称晋升存在重科研、重论文、轻实践倾向，与临床工作实践脱节；等等。归根结底，这些问题都是现行人事制度与行业特点契合度不够的具体表现。下一步，需要以热点和难点问题为突破口，深化改革，大力探索适应公立医院实际、符合卫生健康行业特点的人才培养和使用制度。进一步完善院校教育、毕业后教育、继续教育三阶段有机衔接的医学人才培养体系，以行业需求为导向，促进医教协同；深化卫生专业技术人员职称制度改革，遵循卫生人才成长规律和工作实际，健全以服务水平、质量和业绩为导向，以社会和业内认可为核心的人才评价机制；合理制定公立医院人员编制标准并建立动态调整机制，妥善解决编制外用人问题，创新编制管理方式，盘活用好存量编制，提高编制使用效率。

（三）有效落实公立医院用人自主权，充分激发公立医院创新创造活力

扩大和落实用人主体人事管理自主权、充分激发人才的创新创造活力，是近年来事业单位改革的核心价值目标。中央人才工作会议强调，要根据需要和实际向用人主体充分授权，真授、授到位。目前，公立医院改革的系列文件明确提出公立医院依法依规行使内部人事管理、中层干部聘任、人员招聘和人才引进、内部绩效考核与薪酬分配等自主权，并在相关的改革文件中细化了落实自主权的政策要求。如公立医院可结合本单位实际，自主确定其他更加有效的分配模式，充分落实其内部分配自主权；公立医院根据职称评审结果合理使用卫生专业技术人员，实现职称评审结果与岗位聘用、考核、晋升等衔接，落实用人自主权等。下一步，要进一步明确公立医院的独立法人地位，充分落实其用人自主权，制定各项具有可操作性的配套政策。同时，建立有效的自我约束和外部监督机制，确保公立医院切实履行好主体责任、用好自主权。

（四）适应健康服务模式转变，创新公立医院人才治理机制

建立中国特色优质高效的整合型医疗卫生服务体系，是卫生健康事业高

质量发展的必然要求。构建整合型医疗卫生服务体系，需要创新人才配置政策和激励机制，深化人才发展体制机制改革，实现专业之间、机构之间、层级之间人才管理的有机协同，提升资源配置和管理运行效率。长期以来，公立医院人事管理层级严格，跨专业、跨机构的人才组合和服务团队所需的灵活机制受到僵化规则的制约，影响了公立医院服务效能的提升。下一步，根据整合型服务体系构建、医防融合等新要求，积极探索任务导向的人才配置机制，在医共体、医疗集团或一定区域范围内，统筹进行岗位设置、岗位聘用，以特定服务或专项任务为单元，组建跨层级、跨机构、跨专业、结构合理的服务团队，形成与特定任务相匹配的人才组合、技能搭配，切实提高人才配备和使用效率。

（五）强化政策协同，提高公立医院人事管理效能

经过 40 多年的发展，我国公立医院人才培养培训、评价使用、流动配置、薪酬激励等政策均不断完善，人才队伍建设的政策基础不断夯实，人才管理的科学化水平不断提升。但是，公立医院人事制度改革是一项系统工程，仅靠一项或几项改革措施难以奏效，需要整合现有的各项人才管理政策，发挥政策集成和叠加效应，形成功能互补、有序协同、运行高效、富有韧性的人才管理制度体系。同时，加快专业化、职业化公立医院管理队伍建设，配齐、配强、配优人才工作力量，强化组织培训和实践锻炼，锤炼学习本领、政治领导本领、改革创新本领、科学发展本领、依法执政本领、群众工作本领、狠抓落实本领、驾驭风险本领，做人才管理工作的行家里手，提升公立医院人才管理效能。

B.14
国企改革三年行动背景下国企人事
制度改革的进展与成效

佟亚丽*

摘　要： 国企改革三年行动实施以来，基本实现董事会应建尽建和外部董
事占多数、全面推行经理层成员任期制和契约化管理、积极统筹
协调用足用好各类中长期激励政策、持续完善有利于科技创新的
人才管理体制机制、推进三项制度改革在各层级子企业落地见效
等改革部署，有力促进了国有企业在完善法人治理结构、推进混
合所有制改革、健全中国特色现代企业制度等重点领域改革取得
关键性进展，有效激发了国有企业发展活力和内生动力。目前国
企改革三年行动主体任务完成进度超过90%，整体进入决战决
胜阶段，需要全力以赴，攻坚克难，确保务期必成。

关键词： 国企改革　人事制度改革　国有企业

一　基本实现董事会应建尽建和外部董事占多数

《国有企业改革三年行动方案》在完善中国特色现代企业制度方面提出，
未来将更加深入贯彻"两个一以贯之"，推动董事会应建尽建，落实董事会职
权，进一步厘清企业党委、董事会、经营管理层在企业法人治理结构中的责

---

* 佟亚丽，中国人事科学研究院副研究员，主要研究方向为工资薪酬问题、企业家队伍建设与
职业化问题、高级专门人才的管理问题、企业人事制度改革、专业技术人员队伍建设、技能
人才培养。

任和职权界限，加快建立责权明晰、运转协调、制衡有效的公司治理机制。

建立和完善董事会是事关中央企业改革发展全局的一项重要任务。早在2004年中央企业就已开展试点工作，规范董事会建设。之后，国资委针对国有企业加强党的领导、开展董事会和董事评价、外部董事选聘及管理、薪酬等出台了多项改革措施。例如，开展公司治理示范企业创建活动，深入开展落实董事会职权试点，加强董事履职尽责培训，成立中央企业专职外部董事党委，持续优化央企外部董事人才库，建立服务中央企业二级企业和地方国有一级企业董事会建设的外部董事人才储备库，各中央企业和各地国资委普遍加强外部董事履职支撑服务，有的还在外部董事专职化等方面进行了创新性探索。国资委聚焦董事会规范高效运行和董事会功能作用有效发挥，持续加强对中央企业董事会工作的指导监督和考核评价。[1] 推动董事会定战略、作决策、防风险的功能作用充分发挥，[2] 外部董事队伍建设得到明显加强。

2021年是国企改革三年行动攻坚之年，是承上启下的关键之年。2021年5月，《关于中央企业在完善公司治理中加强党的领导的意见》提出，央企党委具有法定地位，应发挥"把握方向、掌管大局、促进落实"的领导作用。意见进一步明确了中央所属企业党委（党组）在决策制定、管理执行、监管督查等各环节的责任与职权以及运作方式，既体现了党对企业的领导，又体现了公司治理中发挥董事会的作用。对此，国务院国资委党委委员、秘书长彭华岗进一步阐释说，为使党委真正发挥把方向、管大局、促落实作用，党委（党组）研究讨论企业的重大问题应该清单化，重大问题党委（党组）要前置研究讨论，但是并不代表前置决策，要加强董事会建设，集团公司、各级子公司、国有全资公司、国有独资公司、国有控股公司、国有绝对控股公司、国有相对控股公司需要探索差异化治理机制，切实提高公司治理效果。国有独资公司外部董事要占到一半以上，保证决策的科学性。

---

① 刘静：《央企董事会建设取得重大进展》，《工人日报》2021年10月19日。
② 王璐：《央企董事会建设从"试点探索"进入"全面推进"》，《经济参考报》2021年10月19日。

2021年6月，国资委召开中央企业改革三年行动推进会。国资委发布的数据显示，应建董事会的子企业有93%已经建立，其中外部董事占多数的企业超过60%。央企集团全部制定了党委（党组）讨论前置事项清单。结合国资委通过在线督办系统，从对99家中央企业（含中汽中心、中国铁塔）、37个地方重点改革任务进展进行的统计分析看，按照董事会"应建"标准，94.7%的中央企业子企业、98.2%的地方一级企业、97.9%的地方各级子企业已建立董事会，基本实现全覆盖。在已建董事会范围内，70.7%的中央企业子企业、49.4%的地方国有企业董事会实现了外部董事占多数，较2020年底分别增长21.7%、24.9%。[①]

2021年9月，国务院国资委印发《中央企业董事会工作规则（试行）》，对进一步加强董事会建设提出要求、做出规定。规则与《关于中央企业在完善公司治理中加强党的领导的意见》配套，是全面落实习近平总书记坚持党对国有企业的领导必须"一以贯之"、建立现代企业制度必须"一以贯之"[②]的重要指示要求的基本制度规范，与之后出台的《中央企业董事会和董事评价办法》《关于进一步落实中央企业董事会考核分配职权的实施意见》等，对于加快完善中国特色现代企业制度、促进制度优势更好转化为治理效能，具有十分重要的意义。

国资委中央企业董事会建设研讨班于2021年10月在京举办。会议认为，全国国企党建会召开五年多来，央企集团全面完成党建工作进入公司章程，书记、董事长由同一人担任，专职副书记配齐配全并进入董事会。央企董事会建设取得重要进展和明显成效，央企集团层面82家建立了董事会，子企业层面建立了董事会的占96.9%，其中实现外部董事占多数的占78.8%。董事会制度体系更加健全，有效发挥科学、民主、依法决策的功能作用，企业依法治理水平和风险防控能力明显提升。

2022年1月17日召开的国企改革三年行动专题推进会的有关信息显

---

① 杜雨萌：《国资委：央企中长期正向激励空间较大》，《证券日报》2021年7月31日。
② 刘志强：《改革向纵深推进、国企活力更足》，《人民日报》2022年2月27日。

示，国企公司制改革基本完成，央企占比 97.7%，地方企业占比 99.9%。[①]
央企董事会建设取得明显成效和重大进展，全面制定了前置事项清单并落地
见效。中央企业集团层面全部建立了董事会，子企业建立了董事会的占
98.2%，有 70%以上的集团公司制定了以《公司法》为依据的董事会授权
制度，99.3%的央企和 94.2%的地方国企子企业层面实现了外部董事占多
数，在符合条件的二、三级子企业中实现外部董事占多数的占 89.9%。

2022 年是国企改革三年行动收官之年，地方国企改革扎实推进，公司
制改革基本完成。5 月 7 日国资委"地方国企改革三年行动推进会"的相关
数据显示，地方一级企业及二级企业基本建立了董事会，其中已建董事会外
部董事占多数的企业超过 90%。

目前，国有企业普遍构建起中国特色现代企业制度的整体框架。按照部
署，国资国企系统要坚持"两个一以贯之"，深度推进加强党的领导与完善
公司治理相统一；[②] 推动董事会配齐建强高效运转；统筹协调国资出资人、
国资监管和党建工作职责，构建完善的一体化监督体系。

二　推动经营管理人员全面实行任期制和契约化管理

经理层成员任期制、契约化管理改革是国企改革三年行动的"标志性
改革动作"，是改革的一个重要支点。从顶层设计来讲，中央对于建立健
全国有企业的市场化经营机制有明确安排，其核心是要使企业成为独立的
市场主体，大力推进经理层任期制，实行契约化管理，推行职业经理人
制度。

按照国企改革三年行动的要求，国有企业要完善法人治理结构，通
过任期制、契约化的刚性约束，打破"铁交椅"，实现经理层的"能上
能下"。

---

① 刘志强：《国企改革三年行动取得重要阶段性成果》，《人民日报》2022 年 1 月 18 日。
② 刘志强：《国企改革三年行动取得重要阶段性成果》，《人民日报》2022 年 1 月 18 日。

2021 年 3 月，国资委出台《关于加大力度推行经理层成员任期制和契约化管理有关事项的通知》。4 月初，国改办召开国有企业经理层成员任期制和契约化管理专题推进会，对此项工作进行再部署、再推进。会议强调，中央企业和地方各级国资委要通过明确任职期限、签订并严格履行聘任协议，对经理层成员实现规范化、常态化的任期管理；要强调考核的刚性退出，实现企业经营管理人员职务"能上能下"。

为实现国企改革三年行动方案的要求，全国各地的国有企业相继开展相关项目的试点和初期推行，逐渐从 2020 年初双百企业试点的范围覆盖到所有国企。2021 年 6 月，92% 的央企、74% 的地方一级企业建立了子企业经营管理层的任期制和契约化管理制度，较 2020 年底分别增长 28.3%、19.7%。8 月底，已经与经理层签订了有关合同或契约的子企业占到了 68.3%。10 月，实行契约化管理的中央企业各级子企业占 74.4%，地方各级子企业 61.7% 实现了管理人员能上能下。2021 年底"国企改革三年行动"时间过半，国资委发布的数据显示，中央和地方国有企业公开招聘人数占比总体超过 95%。2022 年 1 月，来自国企改革三年行动专题推进会的信息显示：经理层成员已签订契约的央企子企业和地方国企占比分别达到 97.3% 和 94.7%。[①]

经理层任期制和契约化管理，要在国企系统实现全覆盖、高质量，凡是有考核的单位，都将纳入契约化管理范围。[②] 将业绩目标与任期制契约化绑定，实行经营管理人员竞争上岗和不胜任退出。

三 积极统筹协调用足用好各类中长期激励政策

激励机制是提升企业活力和效率的动力源泉。自新一轮深化改革以来，国务院国资委围绕完善薪酬决定机制、分类推进中长期激励、强化关键岗位

---

① 祝嫣然：《国企改革三年行动今年收官，杜绝"纸面"改革和"数字"改革》，《第一财经日报》2022 年 1 月 18 日。

② 刘志强：《改革向纵深推进，国企活力更足》，《人民日报》2022 年 2 月 27 日。

核心人才激励等重点定政策、强推进，顶层设计体系日臻完善。中长期激励机制，包括超额利润分享、股权激励、分红激励等，国企改革三年行动将灵活开展多种方式的中长期激励作为健全国有企业市场化经营机制的重要抓手。

2021 年，央企出台考核分配、中长期激励、职级晋升、荣誉奖励等方面各种措施，推动企业统筹运用各类具有中长期性质的激励政策以及丰富实用的激励方式方法，完善市场化薪酬激励机制，通过推动中长期激励机制激发改革动力。据统计，截至 2021 年 6 月，中央企业共计开展了 500 个中长期激励实践，涉及 13.7 万名关键岗位核心人才，有效推动了收入能增能减。2022 年 5 月 7 日国务院国企改革领导小组办公室召开地方国企改革三年行动推进会的信息显示，省级国资委监管企业已开展中长期激励的子企业占具备条件的企业比例超过 80%。

2022 年 1 月 17 日国企改革推进会强调，2022 年国企改革三年行动计划还有两个重点任务，其中之一就是激励机制扩大政策覆盖面和应用深度，完善企业内部分配机制。

四　持续完善有利于科技创新的人才管理体制机制

国企是科技创新主力军，迫切需要在核心技术攻关、产业升级上寻求更大突破，加快实现创新驱动发展。2020 年 4 月，"科改示范行动"正式启动实施，支持引导科技企业深化改革、提升自主创新能力，打造一批国有科技型企业的改革样板和创新尖兵。

2021 年在"力争到 2021 年底完成三年改革任务的 70%以上"的目标引领下，科技创新仍然是重点发力领域。国资委对关键核心技术攻关团队的工资允许实行单列管理。同时，通过推动技术成果作价入股，推动实施创新业务的员工跟投计划。[1]

---

[1] 《国资委将进一步引导央企加大科技创新投入》，国务院新闻办公室，2020 年 10 月 12 日。

2021 年 6 月印发的《关于系统推进中央企业科技创新激励保障机制建设的意见》强调，推动国有企业成为打造原创技术的引擎，着力突破一批关键核心技术，在推动国企转型升级与创新发展中起带动和引领作用，打造出关键核心技术人才精准激励的"政策高地"。

2021 年 11 月 10 日，国务院国有企业改革领导小组办公室通报"科改示范企业"推动改革创新和发展情况，有关信息显示，200 余家"科改示范企业"不断加大科研投入力度、加大人才引进力度、灵活运用正向激励工具，科技人才队伍日益壮大，科技创新能力不断增强，企业经营业绩显著提升。

2022 年 3 月，国务院国资委新成立科技创新局，进一步完善国资监管体制机制，更好发挥监管效能，这一举措有利于更好推动中央企业强化科技创新。

五　基层职工评价国企改革三年行动成效

2022 年是国企改革三年行动的收官之年，国务院国资委专门在网上做了一次大规模问卷调查，旨在从基层员工的角度了解对国企改革三年行动的看法，进一步验证改革的成效。

国企广大基层员工通过网络、手机客户端的形式积极参与调查，10 天内，共回收有效答卷 120 万份。问卷统计分析显示，对国企改革三年行动和本企业的重点任务有所了解的占 73.4%；对实际成效总体表示满意的占 80.0%；[1] 86.7% 的国有企业基层员工对本企业领导班子、中层干部的工作作风、履职状态和精神面貌表示满意；体现"工作业绩和能力导向"实行竞争上岗，优胜劣汰的选人用人工作得到了本企业 83.2% 的基层员工认可；国有企业基层员工对本企业实施的岗位晋升、薪酬绩效、中长期激励机制表示认可的占 83.7%；认为实施国企改革三年行动以来，周围同事的工作积

---

[1]　刘静：《一季度央企经济效益稳步增长》，《工人日报》2022 年 4 月 20 日。

极性、主动性有显著提升的基层员工占 87.6%。[①] 总体而言，"基层员工对国企改革三年行动的了解、认可度较高，普遍认为成效显著，具有一定的满足感"。

六　结语

2022 年既是国企改革三年行动的攻坚之年，也是收官之年。受内外部复杂因素的影响，国有企业运营面临较大压力，深化国企改革特别是人事制度改革依然存在很多困难和挑战。要确保三年行动务期必成，就需要进一步逐级压实责任，在总结以往做法和经验的基础上，结合企业自身实际，坚持以问题为导向，补齐短板、靶向攻关、定点爆破、尽锐出战，推动各项改革走深走实、落地见效。

---

① 赵晓雯：《国企改革三年行动即将收官，上百万基层职工这样说》，中国网，2022 年 4 月 1 日。

就业创业与劳动关系篇

Employment，Entrepreneurship and Labor Relations

B.15
我国就业发展状况（2021~2022）

奉 莹*

摘 要： 作为"十四五"规划的开局之年，2021年，我国就业形势总体
保持稳定。就业结构实现优化发展，就业报酬不断增加。就业工
作主要围绕下列几个方面开展：加强宏观调控和政策支持、聚焦
重点群体就业、积极推进创新创业、不断加强公共就业服务、助
力国家乡村振兴。面对未来需求萎缩、供给冲击和预期转弱等多
重压力，要采取多种措施保就业稳就业，促进就业高质量发展。

关键词： 就业形势 就业结构 公共就业

一 2021年就业发展基本状况

2021年，在复杂的国内外形势下，应对严峻的风险挑战，深入实施就

---

* 奉莹，博士，中国人事科学研究院助理研究员，主要研究方向为劳动力市场、就业创业。

业优先政策，在党中央、国务院的坚强领导下，我国保持了就业局势的稳定
发展。

（一）就业局势总体稳定

1. 超额完成城镇新增就业人数全年目标任务，失业率下降

2021 年，我国就业总量为 74652 万人（见图 15-1）；城镇新增就业人
数超过 1100 万人的预期目标，达到 1269 万人，比 2020 年增加 83 万人，同
比增长 7.00%（见图 15-2）。

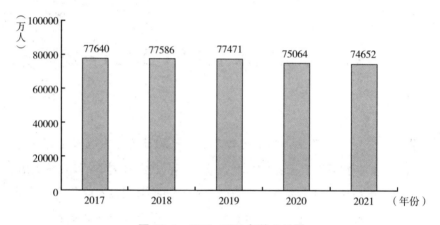

图 15-1　2017~2021 年就业总量

资料来源：2017~2021 年人力资源和社会保障事业发展统计公报。

2021 年，有 545 万城镇失业人员实现再就业，比 2020 年增加 34 万人；
有 183 万就业困难人员实现就业，比 2020 年增加 16 万人（见图 15-3）。

2021 年，全国城镇登记失业人数比上年减少 120 万人，为 1040 万人，
同比下降 10.35%，城镇登记失业率和全国城镇调查失业率分别为 3.96%
（见图 15-4）和 5.1%。2021 年全年共帮助 4.4 万户零就业家庭实现每户至
少一人就业。

2. 高校毕业生总量再创新高，就业保持稳定

2021 年，高校毕业生达到 909 万人，比上年增加 35 万人，增长了

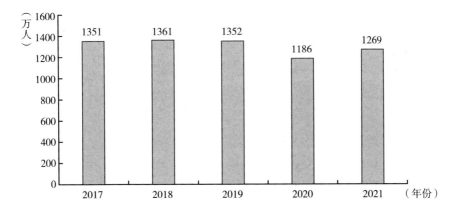

图 15-2　2017~2021 年城镇新增就业人数

资料来源：2017~2021 年人力资源和社会保障事业发展统计公报。

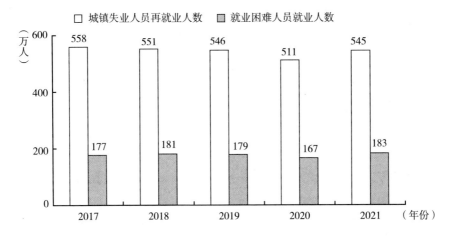

图 15-3　2017~2021 年城镇失业人员再就业人数和就业困难人员就业人数

资料来源：2017~2021 年人力资源和社会保障事业发展统计公报。

4.00%。2017~2021 年，高校毕业生人数从 795 万人增加到 909 万人，增加了 114 万人（见图 15-5），年平均增加 28.5 万人。总体来看，高校毕业生就业保持稳定，年底就业去向落实率好于上年。2021 年，共选派 3.8 万名高校毕业生到基层从事"三支一扶"服务。

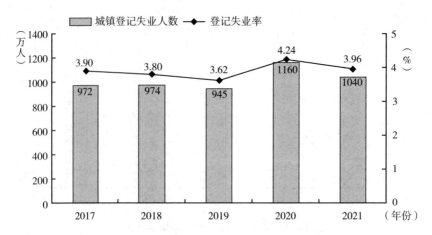

图 15-4　2017~2021 年城镇登记失业人数及登记失业率

资料来源：2017~2021 年人力资源和社会保障事业发展统计公报。

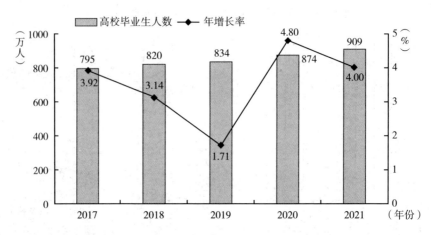

图 15-5　2017~2021 年高校毕业生人数及年增长率

资料来源：国家统计局。

3. 农民工规模回升，外出务工农民工数量扩大

2021 年，全国农民工总人数为 29251 万人，比 2020 年增加 691 万人，同比增长 2.40%。其中，外出农民工人数为 17172 万人，比 2020 年增加 213 万人（见图 15-6），同比增长 1.26%；本地农民工人数为 12079 万人，

比 2020 年增加 478 万人，同比增长 4.12%。春节期间，为应对新冠肺炎疫情的影响，人力资源社会保障部门会同相关部门专门针对返岗复工农民工开展了"点对点"服务保障工作。采取提供专车、专列、包机等方式，帮助 161.73 万农民工顺利返岗复工，其中脱贫劳动力 75.69 万人。

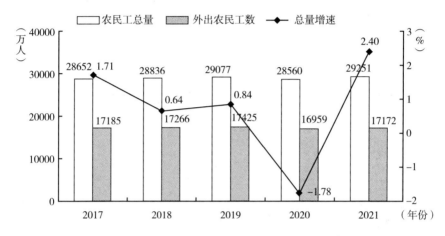

图 15-6　2017~2021 年农民工总量及年增长率、外出农民工数量

资料来源：国家统计局。

（二）就业结构日益优化

1. 第三产业就业人数不断增加

就业人员在第一、第二、第三产业的分布结构进一步优化。2021 年，三次产业的就业人数占就业总量的比重分别为 22.9%、29.1% 和 48.0%。2017~2021 年，第一产业就业人数占就业总量的比重下降了 3.8 个百分点；第二产业就业人数占就业总量的比重提高了 0.5 个百分点；第三产业就业人数占就业总量的比重提高了 3.3 个百分点（见图 15-7）。

2. 城镇就业人员占比持续提高

2021 年，我国城镇就业人员 46773 万人，占全国就业人员比重为 62.7%。2017~2021 年，城镇就业人员占比从 56.8% 增加到 62.7%，增加了 5.9 个百分点；乡村就业人员占比从 43.2% 下降为 37.3%（见图 15-8）。

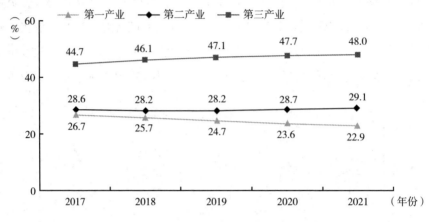

图 15-7　2017~2021 年就业人员产业分布

资料来源：2021 年度人力资源和社会保障事业发展统计公报。

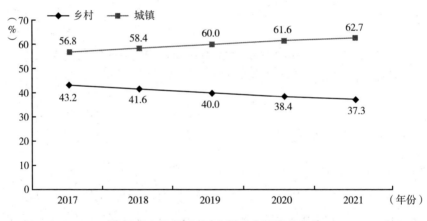

图 15-8　2017~2021 年就业人员城乡分布

资料来源：根据国家统计局《中国统计年鉴 2021》计算。

（三）就业报酬持续增加

1. 城镇非私营单位就业人员年平均工资首次超过10万元

2021 年，全国城镇非私营单位职工年平均工资首次突破 10 万元，达到 106837 元，比 2020 年增长 9.71%，扣除价格因素后实际增长 8.6%；城镇私营单位职工年平均工资达到 62884 元，比 2020 年增长 8.93%（见图 15-9），扣除价格因素后实际增长 7.8%。

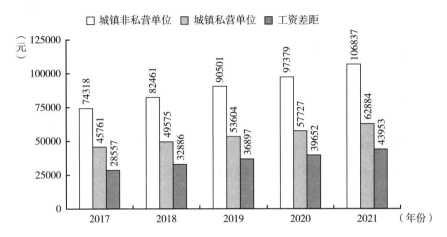

图 15-9　2017~2021 年城镇单位就业人员年平均工资及工资差距

资料来源：国家统计局。

从增速变化情况来看，城镇非私营单位和城镇私营单位职工年平均工资均有所提高。其中，城镇非私营单位职工年平均工资增速与 2020 年相比，提高了 2.11 个百分点；城镇私营单位职工年平均工资增速与 2020 年相比，提高了 1.24 个百分点。2017~2018 年，城镇非私营单位和城镇私营单位职工年平均工资增速出现增长，在之后的 2 年中不断下降，到 2021 年又双双提高。但与 2020 年相比，2021 年城镇非私营单位和城镇私营单位职工年平均工资增速的差距有所扩大（见图 15-10）。

2. 农民工人均月收入涨幅超过往年

2021 年，农民工人均月收入 4432 元，比 2020 年增加 360 元，同比增长 8.84%。其中，外出农民工月均收入 5013 元，比 2020 年增加 464 元，同比增长 10.20%；本地农民工月均收入 3878 元，比 2020 年增加 272 元，同比增长 7.54%。

2017~2021 年，农民工人均月收入水平不断增加，从 3485 元增加到 4432 元，增加了 947 元，年均增加 236.75 元。总体来看，农民工人均月收

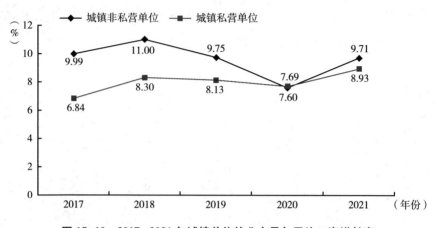

图 15-10 2017~2021 年城镇单位就业人员年平均工资增长率

资料来源：国家统计局。

入增速呈增长趋势，从 2017 年的 6.41% 下降到 2020 年的 2.78%，再增加到 2021 年的 8.84%（见图 15-11）。

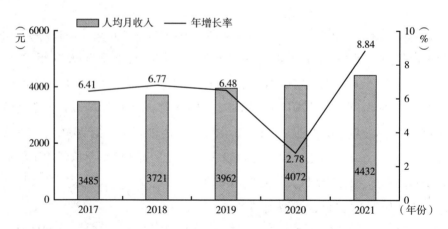

图 15-11 2017~2021 年农民工人均月收入及年增长率

资料来源：国家统计局。

农民工就业主要集中在制造业，居民服务、修理和其他服务业，建筑业，住宿和餐饮业，批发和零售业，交通运输、仓储和邮政业等六大行业。其中，农民工月均收入增速最快的行业是制造业，比上年增加 412 元，增幅

10.06%；排第二的是居民服务、修理和其他服务业，农民工月均收入增速为9.54%；排第三的是建筑业，农民工月均收入增速为9.41%；其后依次是住宿和餐饮业，批发和零售业，交通运输、仓储和邮政业，农民工月均收入增速分别为8.34%、7.47%和7.00%（见表15-1）。

表15-1　农民工就业比较集中的六大行业月均收入

单位：元，%

行　　业	2020年	2021年	2021年增速
合　　计	4072	4432	8.84
制造业	4096	4508	10.06
居民服务、修理和其他服务业	3387	3710	9.54
建筑业	4699	5141	9.41
住宿和餐饮业	3358	3638	8.34
批发和零售业	3532	3796	7.47
交通运输、仓储和邮政业	4814	5151	7.00

资料来源：国家统计局。

3. 全部行业年平均工资实现增长

从行业年平均工资水平来看，2021年城镇非私营单位年平均工资最高的三个行业排名情况与2020年保持一致，仍然是信息传输、软件和信息技术服务业，科学研究和技术服务业，金融业。这三个行业的年平均工资分别为201506元、151776元、150843元，比全国平均水平分别高了88.61%、42.06%、41.19%。年平均工资排名最低的三个行业，从低到高依次是住宿和餐饮业，农、林、牧、渔业，居民服务、修理和其他服务业，这三个行业的年平均工资分别为53631元、53819元、65193元，是全国平均水平的50.20%、50.37%、61.02%。

从各行业年平均工资的增长速度来看，所有行业2021年平均工资均实现增长，全行业年平均工资增速达到9.7%。在19个行业中，有近一半的行业年平均工资增速高于全行业年平均工资增速。其中，年平均工资增速最高的行业是信息传输、软件和信息技术服务业，比2020年增长13.5%；其次是金融业，增长了 13.1%；排第三的是采矿业，增长了 12.2%。年平均工资增速最低的行业是水利、环境和公共设施管理业，增长了 3.0%；其次是教育业，增长了 4.6%；倒数第三的是文化、体育和娱乐业，增长了 4.7%（见表 15-2）。

表 15-2　2021 年城镇非私营单位就业人员分行业年平均工资

单位：元，%

行　　业	2020 年	2021 年	名义增长率
合　　计	97379	106837	9.7
农、林、牧、渔业	48540	53819	10.9
采矿业	96674	108467	12.2
制造业	82783	92459	11.7
电力、热力、燃气及水生产和供应业	116728	125332	7.4
建筑业	69986	75762	8.3
批发和零售业	96521	107735	11.6
交通运输、仓储和邮政业	100642	109851	9.2
住宿和餐饮业	48833	53631	9.8
信息传输、软件和信息技术服务业	177544	201506	13.5
金融业	133390	150843	13.1
房地产业	83807	91143	8.8
租赁和商务服务业	92924	102537	10.3
科学研究和技术服务业	139851	151776	8.5
水利、环境和公共设施管理业	63914	65802	3.0
居民服务、修理和其他服务业	60722	65193	7.4
教育业	106474	111392	4.6
卫生和社会工作	115449	126828	9.9
文化、体育和娱乐业	112081	117329	4.7
公共管理、社会保障和社会组织	104487	111361	6.6

资料来源：国家统计局。

二　就业工作基本情况

2021 年是国家实施"十四五"规划的开局之年，也是我国在 2020 年经历严重疫情后经济逐渐恢复发展的关键一年。在新冠肺炎疫情全球范围扩散并且引发世界经济深度衰退的严峻形势下，我国坚持实施促进更高质量就业的政策，稳就业，促增收，加强宏观调控和政策支持，聚焦重点群体就业，积极促进创新创业，不断加强公共就业服务，助力乡村振兴，就业形势保持总体稳定。

（一）加强宏观调控和政策支持

1. 制定《"十四五"就业促进规划》

2021年8月，国务院印发《"十四五"就业促进规划》，明确了就业促进总体要求和重点任务。比如，主要目标是，在提高就业质量、缓解结构性就业矛盾、释放创业带动就业活力、增强应对风险能力等方面取得积极成效，使就业形势保持总体稳定。重点任务涉及如下几个方面：坚持经济发展就业导向，强化创业带动作用，完善重点群体就业支持保障体系，提高劳动者技能素质，缓解结构性矛盾，完善就业服务体系，提高劳动者收入水平和权益保障水平，防范化解大规模失业风险等。

2. 强调宏观政策协同保就业

2021年9月，国务院召开常务会议，要求在财政、金融、就业等领域加强政策联动，保就业、保民生、保市场主体，落实宏观政策。2021年底召开的中央经济工作会议进一步强调"六稳""六保"，要求继续优化完善减税降费措施，助力中小微企业和个体工商户减负担、缓压力、恢复发展。2022年4月7日，胡春华在京主持召开就业形势座谈会，强调要深入加强就业形势分析和研判，保证中央经济工作会议确定的稳就业目标任务顺利完成。5月18日，李克强主持召开稳增长稳市场主体保就业座谈会，强调加快和加力实施宏观政策着力稳市场主体以稳增长保就业保民生。

（二）聚焦重点群体就业

继续聚焦重点群体，促进下岗失业人员、离校未就业高校毕业生、退役军人、农民工和其他重点群体实现就业。

1. 继续将促进高校毕业生就业作为重中之重

一是加强部署。2022 年 5 月，国务院办公厅下发通知①强调，要认真贯彻落实党中央决策部署，关注青年群体就业，把高校毕业生作为重中之重，重点帮助困难高校毕业生就业，同时做好青年群体的就业创业工作。

二是进一步提高毕业生就业服务质量。人力资源和社会保障部（以下简称"人社部"）启动"全国高校毕业生精准招聘"平台，开展有针对性的集中服务，并于 2022 年 3 月至 6 月组织了"公共就业服务进校园"活动，开展高校毕业生就业政策宣传，提供招聘服务、就业指导、创业服务、职业培训等。

三是促进离校未就业大学生就业。人社部把促进未就业高校毕业生就业作为"我为群众办实事"的重要内容，聚焦未就业毕业生求职需求，于 2021 年 9 月至 12 月针对离校未就业高校毕业生开展了"2021 年高校毕业生就业服务行动"。在活动中，为高校毕业生密集提供岗位信息，启动了专项职业指导，同时，集中开展培训见习，对困难高校毕业生进行帮扶，加大就业权益保护力度，加强政策宣传落实，取得了良好成效。

四是加大对中西部、少数民族地区毕业生就业支持力度。为促进"三区三州"地区高校毕业生就业，人社部、国务院国资委、教育部于 2021 年 11 月至 2022 年 6 月组织开展了第 11 届中央企业面向西藏青海新疆高校毕业生专场招聘活动。

五是开展高校毕业生就业见习和职业技能培训工作。2022 年 3 月，人社部、教育部、科技部等十部门启动实施"百万就业见习岗位募集计划"，进一步促进就业见习，帮助青年提高就业能力。

六是支持高校毕业生创新创业。2021 年 10 月，国务院办公厅印发文件②对高校深化创新创业教育改革、优化人才培养模式提出了新要求。同时，文件还指出要进一步加强大学生创新创业服务平台建设，为大学生创业

---

① 《关于进一步做好高校毕业生等青年就业创业工作的通知》，2022。
② 《关于进一步支持大学生创新创业的指导意见》，2021。

提供包括财税和金融在内的各项政策支持，持续优化高校毕业生创新创业环境。

七是加强对贫困大学生的就业援助。加强零就业家庭、低收入家庭和残疾人毕业生就业援助，加强就业促进，开展心理咨询，对困难毕业生及时发放求职创业补贴。

2. 促进农民工就业

一是继续开展"春风行动"。2022年1月21日至3月31日，人社部联合工信部、民政部等部门，在全国组织开展以"春风送温暖就业送真情"为主题的活动，主要服务对象既包括返乡农民工、疫情滞留农民工、贫困人口、低收入人口等就业群体，又包括各类用人单位。通过开展"春风行动"，实现了"留岗有关怀、就业有帮扶、用工有支持"。

二是对接助力乡村振兴行动。为了引导和鼓励农村劳动力特别是农村妇女到家政服务领域就业，2021年6月，人社部、国家乡村振兴局、全国妇联组织开展家政服务劳务对接助力乡村振兴行动。同年11月，人社部和国家乡村振兴局印发文件，① 对加强国家乡村振兴重点帮扶县人力资源社会保障帮扶工作进行部署。该文件强调，"十四五"期间要保持重点县扶贫人口年就业规模总体稳定，帮助有就业意愿的农村劳动力实现就业和收入增长。此外，2021年12月，人社部和国家开发银行印发通知，② 决定设立劳务协作贷款，融资支持劳务协作成效良好的企业，稳定和扩大就业岗位。

三是建设劳务品牌。2021年9月，人社部、国家发展改革委等多部门联合印发有关促进劳务品牌建设的指导意见，要求在制造业、建筑业、快递物流等就业吸纳能力大的地区，国家乡村振兴重点县、搬迁安置区，以及搬迁群众、脱贫人口、农村留守妇女较多的地区，打造保障民生的劳务品牌。

3. 继续推进其他重点群体就业工作

一是开展困难群体就业帮扶。2022年元旦、春节期间，人社部、国

---

① 《关于加强国家乡村振兴重点帮扶县人力资源社会保障帮扶工作的意见》，2021。
② 《关于开展开发性金融支持劳务协作有关事项的通知》，2021。

家乡村振兴局、中国残联等部门，在全国组织开展就业援助月专项活动，集中为各类困难群众提供就业帮扶。具体帮扶内容包括开展走访慰问、建立帮扶清单、积极收集岗位、实施精准服务、组织特色招聘、支持灵活就业等。活动期间，共走访77万户困难家庭，帮助25万困难人员实现了就业。

二是开展针对长江禁捕退捕渔民的安置保障工作。2022年5月，人社部、国家发展改革委、民政部、财政部、农业农村部联合印发通知①要求，强化就业帮扶的针对性，提升技能培训的有效性，确保养老保险应保尽保，切实巩固安置保障成果，实现退捕渔民上岸就业有出路、生活有保障。将就业不稳定、就业转失业、新产生就业意愿、零就业退捕渔民家庭、大龄困难人员、退捕前后收入落差大的退捕渔民，作为重点帮扶对象，纳入台账管理。

三是支持港澳青年就业创业。2021年9月，人社部、财政部、税务总局、港澳办联合印发支持港澳青年在粤港澳大湾区就业创业的相关文件，决定实施"大湾区青年就业计划"，同时，允许符合条件的港澳青年报名参加"三支一扶"项目，为有创业意愿的港澳青年提供有针对性的创业培训，促进港澳青年提高创新创业能力，对在粤港澳创业的港澳青年，提供税收优惠、创业担保贷款及贴息、场馆支持。

（三）积极促进创新创业

1.将"大众创业、万众创新"引向深入

2021年6月，国务院部署"十四五"期间促进创业的工作任务，要求进一步促进创业带动就业，打造更好的大众创业创新发展生态系统，强化创业创新政策激励，激发市场活力，促进发展，扩大就业，造福民生；确定加快发展对外贸易新形式、新模式，促进对外贸易升级，培育新的竞争优势。10月，"全国大众创业万众创新周"启动，国务院总理李克强在出席启动仪

---

① 《关于进一步做好长江流域重点水域退捕渔民安置保障工作的通知》，2022。

式时强调，要把大众创业创新提升到一个新的水平，凝聚力量，推动经济发展。在此期间，人社部、吉林省人民政府举办了第三届全国创业就业服务展示交流活动。

2. 举办创新创业活动

相关部门和各地方政府组织开展了形式多样的创新创业活动。例如，举办了第七届中国国际"互联网+"大学生创新创业大赛、第二届全国技工院校学生创业创新大赛、第十届中国创新创业大赛、全国博士后创新创业大赛；组织了第三届全国创业就业服务展示交流活动；各地举办了以"高质量创新创造，高水平创业就业"为主题的全国"大众创业、万众创新"活动周。

（四）不断加强公共就业服务

加大力度完善全方位公共就业服务体系，积极促进人力资源服务业发展，规范人力资源市场秩序，促进企业吸纳就业。

1. 完善全方位公共就业服务体系

人社部、国家发展改革委等部门于2021年10月印发实施提升就业服务质量工程的相关文件，指出要强调公共就业服务的需求导向和目标导向，坚持扩容提质，注重均等化与精准化，继续巩固和完善覆盖全民、贯穿全程、辐射全域的全面、便捷、高效的公共就业服务体系，为促进就业、推动共同富裕、构建新的发展格局提供保障和支撑。通过实施提高就业服务质量工程，健全均等化服务制度，促进基本公共就业服务均等化水平有效提高；不断完善服务功能和体系，保障多元化、多层次的就业服务需求；提高专业化、智能化就业服务能力，使劳动力供求双方对就业服务的满意度保持在较高水平。

2. 促进人力资源服务业发展

2021年7月，改革开放以来第一次全国人力资源服务业发展大会在重庆召开。李克强总理作出重要指示，指出要以实施就业优先、人才强国和乡村振兴等国家战略为引领，进一步提高人力资源服务水平。大力支持劳动力市场、人才市场、零工市场建设，更好促进就业扩大和优化人力资源配置，更大激发亿万劳动者和各类人才的创业创新活力。11月，人社部、国家发展改革委、财政部、商务部、国家市场监督管理局联合印发相关文件，① 鼓励地方政府综合利用现有资金渠道，采取税收优惠等政策，促进人力资源服务业发展；推动人力资源服务机构通过上市、发行集体信托、公司债券、企业债券、中小企业私募债券等公司信用债券融资；加强政府购买人力资源服务，将人力资源服务纳入政府采购服务指导目录；深化"放管服"改革，优化经营环境；加强人力资源服务业领军人才培养，开展高级管理人员研修培训。同月，人社部在武汉举办"全国高校毕业生人力资源市场就业服务周暨首届长江经济带人力资源服务业创新与发展峰会"。

3. 规范人力资源市场秩序

人社部于2021年3~10月组织开展了全国劳务中介专项整治行动。通过开展专项整治工作，有效规范了人力资源市场秩序，维护了各类市场主体的合法权益，优化了市场环境。7月，国务院召开常务会议，确定了一系列政策和措施，以加强对新就业形态劳动者权益的保障。同月，人社部、国家发展改革委等八部门联合印发《关于维护新就业形态劳动者劳动保障权益的指导意见》，提出要通过规范用工、健全制度、提升效能、齐抓共管，进一步明确责任、补齐短板、优化服务、完善机制。

4. 促进企业吸纳就业

为了充分发挥民营企业作为吸纳就业主渠道的作用，促进高校毕业生、农民工、脱贫劳动力、退役军人、登记失业人员、残疾人等重点群体就业，人社部、教育部、退役军人事务部等多个部门于2022年4月下旬至5月下旬在全国开展民营企业招聘月活动。活动期间举办定制式现场招聘活动，打造不断线网上服务，提供针对性职业指导，进行全方位企业用工指导，开展精准化就业政策解读。同时，人社部2022年4月印发《关于加强企业招聘用工服务的通知》，提出要充分发挥公共就业服务机构的示范作用，强化对招聘信息的有效性审核，提供招聘用工兜底服务和重特大突发事件应急服

---

① 《关于推进新时代人力资源服务业高质量发展的意见》，2021。

务。应对企业对高端服务的需求，鼓励人力资源服务机构提供专业化服务，例如，猎头服务、人才测评、人力资源管理咨询等。鼓励社会组织提供政策宣传、需求摸排等招聘用工服务。鼓励企业组建用工服务志愿团队，招募就业专家、企业家、人力资源服务机构从业人员、高校就业指导老师等人员，提供公益性招聘用工服务。

（五）助力国家乡村振兴

1. 强化就业帮扶

为了进一步强化就业帮扶，人社部、国家乡村振兴局联合出台政策文件并组织实施相关活动。例如，2021年6月，两部门联合发布《国家乡村振兴重点帮扶地区职业技能提升工程实施方案》；7月，组织实施就业协作帮扶专项活动；11月，印发《关于加强国家乡村振兴重点帮扶县人力资源社会保障帮扶工作的意见》，提出推进劳务输出、培树劳务品牌、促进就地就近就业、鼓励返乡入乡创业、提升公共就业服务、加大就业补助资金的倾斜支持等政策措施。

2. 促进技能提升

2021年9月，人社部、国家乡村振兴局在乌鲁木齐举办"全国乡村振兴职业技能大赛"，并组织了一系列活动，包括"技能中国行　走进新疆"技能展示交流活动、"中华绝技"走进全国乡村振兴技能大赛表演、职业技能竞赛业务交流活动等。12月，人社部、教育部发布《"十四五"职业技能培训规划》，提出要针对农村转移劳动力、返乡农民工、脱贫劳动力等就业群体，实施职业技能提升计划，对重点群体开展职业技能培训和安全知识培训。分别以输出地和输入地为主，组织农民工开展就业创业培训、技能培训和新职业新业态培训。依托职业院校和职业技能培训机构等，对准备外出就业的青年农民工进行职业指导和有针对性的培训服务。积极推进乡村建设所需的本地人才技能培训，培养一批高技能人才和乡村工匠。对高素质农民开展先进实用技术技能培训，促进各类现代农业技术培训和其他涉农技术培训的发展，有效提升相关主体的经营管理能力。

三　就业形势展望

当前和今后一个时期，劳动力供求矛盾仍然突出，国际环境复杂多变，我国面临需求萎缩、供给冲击、预期转弱等多重压力，就业形势依然严峻，任务十分艰巨。

（一）应对需求萎缩，坚持就业优先，多措并举

经济增长放缓、消费萎缩，会造成就业需求萎缩。根据联合国发布的《2022年世界经济形势与展望报告》，由于新冠肺炎疫情持续存在、劳动力市场问题、持续的供应链挑战以及日益增长的通货膨胀压力，全球经济正面临巨大冲击。联合国预测，在2021年全球经济增长5.5%之后，2022年和2023年全球经济增长将分别下降到4%和3.5%。世界经济衰退不可避免波及我国，可能会引发经济增长放缓，从而对就业带来较大影响，加上国内疫情反复和行业监管趋严，使部分行业企业用工需求减少，企业稳岗压力有所加大。同时，消费者收入减少使得消费能力下降，进一步影响了消费增长，导致行业减少用工需求。以餐饮、教育、互联网为代表的服务业就业前景不容乐观，特别是就业容量大的批发零售、住宿餐饮、交通旅游等行业复苏缓慢，恢复招聘需求还有一个过程。

在以国内大循环为主体、国内国际双循环相互促进的新发展格局下，未来要坚持就业优先，多措并举，刺激消费带动经济发展，保就业稳就业。

一是制定新一轮减负稳岗扩就业政策，针对受疫情影响重、就业容量大的服务业等特殊困难行业精准帮扶。根据形势变化及时调整完善政策措施，充分发挥市场主体承载就业创业的基础性作用，针对受疫情和经济形势影响较大的行业企业，用好资金补贴、税收减免、社会保险费缓缴等政策杠杆，促进劳动密集型产业发展，激励更多中小微企业、个体工商户等吸纳就业。

二是促进创业带动就业。降低贷款门槛，解决初创企业资金难题；丰富服务供给，为创业者提供更多便利；举办创业大赛，激发创业热情。

三是开发公益性岗位托底安置各类就业困难人员就业，例如，大龄就业

困难人员、零就业家庭成员、重度残疾人、就业困难退役军人等。

四是推动吸纳农村劳动力转移就业，组织开展职业技能培训和创业培训，加强公共就业服务，密切关注农民工返乡返岗需求，因地制宜开展用工服务，保障农民工权益。

（二）应对结构性矛盾，坚持服务重点，提质增效

从就业供给来看，2022 年高校毕业生首次突破 1000 万人，达到 1076 万人，再加上留学回国人员和往届未就业毕业生，青年就业压力持续加大。根据国家统计局发布的数据，2022 年 5 月，我国 16~24 岁青年人口调查失业率达 18.4%。同时，结构性就业矛盾突出，其主要表现为招工难与就业难"两难"并存。一方面，企业面临招工难，服务员、生产操作工等一线普工常年短缺，技能人才的求人倍率长期高于 1.5 的水平，高技能人才的求人倍率甚至达到 2.5 以上。另一方面，部分劳动者的知识技能达不到现代产业发展的高要求，求职和就业难度加大。此外，疫情反复对人员流动和经济发展有一定影响。

未来要进一步稳定高校毕业生等青年就业，通过促进大规模职业技能培训，提升就业质量、缓解结构性就业矛盾，促进就业服务质量提升。

一是促进青年就业。努力创造更多适合毕业生的优质岗位；提升就业服务有效性，加强毕业就业工作衔接，相关部门协同发力，推动就业服务提前进校园，将校内就业服务适当向后延伸；实施支持青年就业创业专项计划，启动百万就业见习岗位募集计划，强化长期失业青年帮扶。

二是开展重点群体重点行业专项培训，为经济高质量发展、产业转型升级提供技能人才支撑。紧紧围绕制造业转型升级，多渠道筹集资金加大投入力度，加快培养适应产业发展和企业岗位实际需要的各类人才。健全技能人才发展政策制度体系，完善新职业信息发布制度和职业标准开发机制，拓宽就业新领域。广泛开展职业技能竞赛活动，大力弘扬劳模精神、劳动精神、工匠精神。

三是深入实施就业服务质量提升工程。推动劳动者在常住地享受政策服务，统筹开展各类就业服务专项活动，提高劳动力市场供求匹配效率，进一

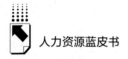
步细化政策措施，强化重点企业常态化用工服务，缓解企业招工难问题。培育壮大市场化服务力量，促进人力资源服务业创新发展，开展人力资源服务业促就业行动，扩大就业服务供给。

（三）应对不确定性风险，坚持防控兜底，增强就业信心

从面临的环境看，未来不确定不稳定因素增多。新冠肺炎疫情仍然存在，世界经济复苏动力较弱，外部环境更趋严峻复杂，以俄乌冲突为代表的地区冲突进一步加剧了国际社会的紧张形势。坚持"外防输入、内防反弹""动态清零"，防失业、稳定和提高劳动者收入压力大。2022年3月，中央政治局常务委员会召开会议，部署疫情防控工作指出，要科学统筹疫情防控，以最小的代价获得最大的防疫效果，尽可能降低对于经济社会的影响。

面对未来复杂局面，要增强风险意识、强化底线思维，防止发生规模性失业风险。

一是兜牢风险防范底线。密切关注经济环境和就业形势变化，持续抓好各项就业常规统计，加强大数据比对分析，健全多方会商研判机制。密切跟踪重点行业、群体、区域就业变化，加强重大政策就业影响分析，动态捕捉风险苗头，提早预判风险走势，加强政策储备。持续开展清理整顿人力资源市场秩序的专项行动，依法查处劳动用工中的虚假欺诈现象，严厉打击就业歧视、非法中介等行为，切实维护劳动者合法权益。

二是促进灵活就业。灵活就业是就业的"蓄水池"，对于稳定和扩大就业具有重要意义。目前，我国灵活就业人员规模巨大，根据国家统计局公布的数据，截至2021年底，我国灵活就业人员已达2亿人，占就业人员总数的27%。要健全灵活就业劳动用工和社会保障政策，维护劳动者权益，开展新就业形态劳动者职业伤害保障试点，推广规范化零工市场建设经验，支持灵活就业健康发展。

三是要进一步深化"放管服"改革，打破壁垒，加强创业支持，不断激发劳动者的创业积极性。优化完善创业政策，加强创业孵化基地等载体建设，加大对各类群体的创业支持力度。

B.16
促进中小微企业招聘高校毕业生就业

曹　佳*

摘　要： 中小微企业是国民经济和社会发展不可或缺的重要力量，目前，
受经济下行压力影响，经营困难多，虽吸纳近八成的城镇劳动
力就业，但结构性矛盾凸显，劳动力需求疲软，招聘不积极，
尤其是校招意愿较低，预期谨慎。究其成因，有现行促进政策
及服务举措激励效应不足、中小微企业吸引力不够的因素，也
有相关引导不足、部门衔接不畅、供需结构错位等因素。在就
业局势不确定性加大、高校毕业生就业总量压力加大、政府助
力中小微企业"活得好"、供需之间的结构性矛盾逐步走向结构
性适应的形势下，应强化政策稳定性和透明度，健全就业影响
评估机制，稳预期强信心；强化政策资源供给，注重部门协同，
提高毕业生就业服务质量；强化中小微企业政策扶持，促进其
适时改进人力资源发展战略；强化市场引导，优化高等教育资
源配置，健全高校毕业生就业质量报告制度；强化观念创新，
营造良好氛围，引导毕业生树立正确就业观。

关键词： 中小微企业　招聘工作　高校毕业生　就业观

中小微企业是我国社会主义市场经济的重要组成部分，是推动经济社会
发展的重要力量，是稳就业保就业的重要抓手，党和国家出台了系列纾困解

---

* 曹佳，博士，中国劳动和社会保障科学研究院副研究员，主要研究方向为就业创业理论及政策。

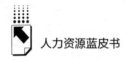

难政策。目前，我国中小微企业总体发展机遇良好，但仍存在成本高、融资贵、招工难等问题，特别是，人才匮乏成为部分中小微企业管理落后、产品质量不高、技术创新能力弱的一个重要原因，制约其健康发展。打通中小微企业与高校毕业生之间的堵点，促进中小微企业招聘高校毕业生，具有重要意义。

一 中小微企业吸纳高校毕业生就业的现状

目前，我国中小微企业占全国实有各类市场主体的比例已超过95%，但受经济下行压力影响，中小微企业经营压力持续加大，在此背景下，作为吸纳高校毕业生就业的主渠道之一，中小微企业需求疲软，预期谨慎，校招意愿不强，而供给端的高校毕业生到中小微企业就业的意愿也不甚强烈。

（一）中小微企业是吸纳就业的重要载体

1. 中小微企业吸纳近八成城镇劳动力就业

中小微企业吸纳就业的作用突出，是吸纳就业的主要渠道之一。据第四次全国经济普查系列报告，2018年末，中小微企业吸纳就业2.33亿人，占全部企业就业人员的79.4%，2013年末为79.3%。当前，虽然受多种因素影响，中小微企业面临成本上升、订单需求减少等生产经营困难，在一定程度上影响其招工用工，但中小微企业仍是吸纳就业的主力军。《领英中小企业人才市场环境洞察报告》的数据显示，疫情初期有八成的中小企业人才计划被打乱，而随着疫情防控常态化，中小企业职位发布回弹力度高于大型企业，2020年3月底中小企业的职位申请量和新发布职位数量比上年同期分别增长39%和21%。

2. 中小微企业是吸纳高校毕业生就业的重要载体

高校毕业生是国家宝贵的人力资源，是具有较高人力资本投入、最有创造力的群体之一。随着社会分工和学科专业设置细化，高校毕业生就业也出现了毕业生身份去精英化、就业观念和去向多元化、就业形式多样化、职业发展多变化等新特点。中小微企业也成为吸纳毕业生就业的重要载体。《2021 年中国本科生就业报告》数据显示，2020 届本科毕业生在民营企业/个体就业的比例最高，为 52%，比国有企业、政府机构/科研或其他事业单位均高出 31 个百分点。《2021 年中国高职生就业报告》数据显示，民企是招用高职毕业生的主力军，2020 届高职毕业生在民营企业就业的比例最高，为 69%，分别比国企和政府机构/科研或其他事业单位高出 53 个和 60 个百分点。从专业来看，文化艺术类、新闻传播类、电子信息类、财经商贸类毕业生在民营企业就业比例较高。另据《清华大学 2021 年毕业生就业质量报告》的数据，清华大学 2021 届毕业生中（含硕博）有 26.8% 进入民营企业，其中本科生进入民营企业的占比为 43.4%，民营企业是本科生就业选择占比最大的一类用人单位。

（二）劳动力需求疲软的中小微企业吸纳高校毕业生意愿不强

1. 中小微企业劳动力需求疲软，预期谨慎

由于经济恢复放缓、散点多发的疫情影响，加之 2021 年 8 月下旬以来部分地区限电限产等因素，企业用工需求疲软，劳动力市场供需矛盾趋紧。中国中小企业协会数据显示，2021 年中小微企业劳动力指数由 1 月的 105.1 震荡下降至 12 月的 105.0，其中劳动力需求指数为 98.6，供应指数为 111.4，供需矛盾凸显。另据平台企业问卷调查，[①] 调查时点 2021 年第四季度超三成企业减员，其中员工流失率低于 50% 的占 23.8%，流失率高于 50% 的占 9.6%。其中超八成因为新订单减少主动裁员。另外，在 2021 年第四季度已经进行了裁员的 2439 家企业中，仍有 40% 的企业表示将在下个季度继续裁员，这一比例明显高于全部企业的平均水平。从对 2022 年上半年

---

① 该调查为 2021 年 12 月中国劳动和社会保障科学研究院联合阿里研究院开展的 2021 年第四季度平台中小微企业经营与用工状况问卷调查。本次调查获得有效网络问卷 7304 份，问卷 IP 覆盖 31 个省（区、市），各级城乡区域均占有一定比例。样本以小微型企业（年度营业收入低于 500 万元）为主，占比超过 80%；直接进行生产加工的占 47.5%，纯代理销售的占 52.5%。下文中所用第四季度调查数据均来自此次调查。

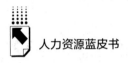

企业用工人数的预期而言，整体样本企业预期较谨慎。具体而言，有58.0%的认为2022年上半年用工人数保持基本不变，25.6%的认为会减少用工，仅有16.4%的认为会增加用工。

2. 中小微企业招聘行动不积极，特别是校招意愿较低

据平台企业问卷调查数据，从企业招工情况看，第四季度样本企业招聘行动不积极，超八成企业未招工，其中47.6%的企业超过1年没有招工，17.9%的超半年没有招工，15.9%的三个月内未招工。从招聘意愿看，样本企业中有38.3%的企业表示2022年第一季度会增加正式员工、兼职、零工、外包用工等，39.3%的企业会保持员工数量不变。特别是2022年第一季度开展招聘的企业中，校招和社招意愿均下降，校招意愿要低于社招，同时招聘兼职、零工、外包等灵活用工的企业比例相对较高。具体而言，计划招聘兼职、零工、外包等企业占比为15.9%，计划招聘社会有经验人员的占比为14.2%，招聘高校毕业生的占比仅为8.2%；与上季度预期比，计划招聘社会有经验人员的比重下降2.5个百分点，招聘兼职、零工、外包等的比重下降1.6个百分点，招聘高校毕业生的比重下降1.2个百分点。

（三）高校毕业生到中小微企业就业的意愿不强烈

1. 中小微企业缺乏竞争力，对高校毕业生的吸引力不足

我国中小微企业大部分处于产业链中低端，发展稳定性不强、抗风险能力较弱，利润空间较小，在工作环境、福利待遇、职业发展空间、工作稳定性等方面与大企业相比，还有较大的提升空间，近年来对于高校毕业生和高精尖端人才的吸引力不足。招聘市场的"冰火两重天"就是高校毕业生用脚投票的最好例证。北京市人社局的资料显示，"中字头"企业备受青睐，民企招聘常遇冷场。近年来，毕业生总量持续增长，但求职关注更加多元、就业选择更加稳慎，且易受舆论影响，民营企业招聘困境并未发生明显改善。《2021年中国本科生就业报告》数据显示，近三届本科毕业生的就业趋向中民营企业/个体就业比例下降了2个百分点，国企和政府机构等均上升了2个百分点。

2. 供需结构错位和就业质量不高是进中小微企业意愿低的主要原因

究其原因，进中小微企业意愿低主要由"不适合"和"不愿意"两种"不"组成。"不适合"即供需结构错位加剧结构性矛盾。学校教育教学与市场需求脱轨，学校专业设置、教学内容和人才培养模式与市场产业和技术发展脱节，学生所学非所用。一方面部分传统理工科专业、文科专业等招生规模大，但市场需求偏弱；另一方面新产业所需基础性人才、高端人才短缺，一些新技术变革催生新的岗位大量增加，如 AI 技术、机器人运营维护、新型装备制造和数字化升级的岗位等，但这些新兴岗位缺乏足够的所需专业和技能要求的毕业生。"不愿意"即就业过程面临实际困难，中小微企业的就业质量不高导致不愿意。据到中小微企业就业的高校毕业生反映其就业质量有待提高。有部分中小微企业对员工发展缺乏长期规划和培养，存在重使用、轻培养的现象，企业员工看不到晋升渠道，看不到发展空间。

（四）现行促进政策及服务举措的供需激励效应不足

1. 专项政策落实存在难点，激励效应不足

目前高校毕业生已经成为我国劳动力市场中的重要组成部分，每年应届毕业生总数占新成长劳动力的 70% 左右。2022 届高校毕业生规模达 1076 万人，同比增加 167 万人，规模和增量均创历史新高。受经济下行、疫情散点多发及国际局势影响，高校毕业生就业也面临多方面压力。政府针对保市场主体、促进高校毕业生就业等出台系列政策措施，提供多项服务。在政策具体实施过程中，发现部分企业对政府出台的系列政策有"享不享受无所谓"的态度。这一方面是因为中小微企业大多处于产业链的低端，企业对高校毕业生的需求不旺盛，吸纳高校毕业生人数少，直接影响社保补贴、技能提升补贴等补贴享受金额的程度不高；另一方面，相关补贴的申领程序虽然在简化，但还是需要花时间去办理，有些企业表示与其花时间去跑流程，申请一点点补贴，不如省点时间干别的事。

2. 部分监管政策从供需两端影响中小微企业招聘

2021 年以来，对劳动力市场影响较大的政策有"能耗双控下的限电"

及"义务教育双减"政策。调研发现，短期内，这两项政策对中小微企业经营及招聘高校毕业生就业有一定影响。具体而言，能耗双控下的限产，短期内对中小微企业经营和招聘均造成一定影响，主要表现为限电通知的临时性和不确定性，影响生产经营的计划性，增加企业生产成本，影响产品品质，造成人员流失。比如，有的企业反映，有时候限电在前一天告知，有时候甚至要求"开二停五""开一停六"，企业自动化产线断电一次费用要高于持续生产的费用，企业本来要扩产，增加员工，但由于限电影响到员工加班收入，不仅老员工流失，新员工招聘也不尽如人意。"义务教育双减政策"则主要影响高校毕业生就业，教育行业曾经是高校毕业生就业的重要去向之一，《2021年中国大学生就业报告》数据显示，2020届本科毕业生就业比例最大的行业是"教育业"，为17.0%，比2016届增长3.3个百分点。其中中小学教育机构、幼儿园与学前教育机构就业的比例为11.4%，比2019届增长0.6个百分点。2022届我国高校毕业生规模为1076万人，如果按照民办中小学及教辅机构从业比7.6%计算，将有81.78万人受到"双减"政策影响。

3. 部分民营企业招聘进高校难

一方面，教育部门和高校对企业进校园招聘有时间限制，这不仅限制了企业校招的效率效能，也影响相关职能部门促进高校毕业生就业政策在高校毕业生中的知晓度与响应度。另一方面，高校在招聘季在校内开展的招聘活动，对于进入校园的企业有标准要求，一些地方的民营企业很难满足这些要求。此外，有的中小微企业反映不清楚高校招聘会的时间点，有的知道的时候报名时间已经截止了，有的直接被省属高校挡在高校招聘会的门外。

4. 高校毕业生就业质量报告的就业导向与引导高校毕业生基层就业相偏离

高校毕业生就业质量报告是每所高校在毕业季都要常规公布的报告，其中包括毕业生总规模、毕业去向落实率与毕业去向、出国（境）深造、就业地域、就业单位分布、自主创业等多项数据，是衡量一所高校毕业生就业质量的最直观的依据。但目前高校毕业生就业质量报告中将考公、考编、去一线大城市就业作为就业高质量的衡量指标，对于到中小微企业就业的数据统计得很少，即便是有"基层就业"的相关数据，也是公布的通过具体制度渠道到基层公共部门就业的人数，仍然是属于体制内就业。高校毕业生就业质量报告的这种导向与目前引导高校毕业生到基层就业、到中小微企业就业的取向有一定偏离。

二　中小微企业吸纳高校毕业生的未来趋势

当下及未来一段时期，在新冠肺炎疫情持续影响、外部环境不确定性增加的形势下，我国经济面临"需求收缩、供给冲击、预期转弱"等多重压力，总体就业形势更加复杂严峻，毕业生就业总量压力有增无减，结构矛盾更加凸显。但随着数字经济发展，政府不断赋能中小微企业，将会有效促进中小微企业与高校毕业生的供需结合。

（一）宏观经济趋弱，就业局势不确定性加大，高校毕业生就业压力加大

就业局势的未来走势与宏观经济走势密切相关。从部分国际机构目前的经济预测情况看，未来世界经济充满不确定性。受经济下行压力加大和新冠肺炎疫情的影响，全球经济复苏缓慢，并且呈现复苏分化局面。即便国际供应链重构步伐加快，但由于相较于需求，供应能力恢复需要更长时间，多国因供应链危机出现的局部和阶段性"短缺经济"问题或将持续到2023年。种种不确定性，令全球经济复苏预期摇摆不定。据国际货币基金组织（IMF）2021年10月的预测，预计2022年全球经济增长4.9%，但由于新冠变异病毒毒株的扩散，该组织总裁表示考虑下调全球经济增长预期。而经济合作与发展组织（OECD）发布的《世界经济展望》预测，2022年全球经济增速略有放缓至4.5%，低于IMF的预测。宏观经济增长走弱，对就业的影响将进一步显现，加大了就业局势的不确定性。

高校毕业生作为我国就业工作的重点群体之一，其未来就业压力将加

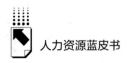

大。近年来，高校毕业生规模呈持续扩大态势，2022届高校毕业生已超千万，为1076万人。加之2021年及之前积累的历届离校未就业毕业生，人力资源市场上毕业生供给人数将有所增加。而且，未来几年高校毕业生的规模会持续扩大。据中国劳动和社会保障科学研究院的预测，2021~2025年，高校毕业生将以年均950万左右的规模进入劳动力市场。从需求侧看，往年高校毕业生吸纳较多的金融、计算机、房地产、汽车等相关行业发展不容乐观，其用人需求难以有效扩大。再加上新冠肺炎疫情的散点频发，将导致高校毕业生就业压力高于以往。

（二）进一步加大政策扶持力度，助力中小微"活下来"且"活得好"

目前，政府加大对中小微企业的政策扶持力度，多次安排部署促进中小微企业发展事宜。如2021年12月15日国务院常务会，部署进一步加强对中小微企业的金融支持；2022年5月7日，李克强总理对全国稳就业工作电视电话会议作出重要批示，指出加快落实减负纾困政策，帮助尽可能多的中小微企业、个体工商户挺过难关留住岗位。从"活下来"和"活得好"两个方面共同发力，从生产经营、招工用工、融资渠道等各方面出台与落实服务政策。如通过减免税费、普惠金融政策等助力其"活下来"，通过取消违规收费、拓宽企业融资渠道、失业保险稳岗返还等，优化营商环境，颁布规范性与创新性政策，帮助中小微企业"活得好"。可以预见，下一步，有关部门将密切跟踪中小微企业运行态势，持续优化市场营商环境，积极回应中小微企业政策需求，落实前一阶段的减负纾困政策，加大对实体经济特别是中小微企业的扶持力度，提高中小微企业应对风险挑战的韧性，推动中小微企业向"专精特新"发展转型升级。

（三）数字化赋能中小微企业，实现从"低人工成本策略"向"高质量就业战略"转变

数字化通过技术和要素两个途径，对数以亿计的劳动者及成千上万中小

微市场主体发挥作用，促进就业资源和机会下沉，浇注劳动力市场底层，增强市场包容性，对就业基本面产生影响。"十四五"时期，是我国数字经济向规范发展、普惠共享、深化应用转换的新阶段，随着《"十四五"数字经济发展规划》的出台，数字经济将更加规范健康发展。更多中小微企业也将随着工业企业生产设备数字化水平的提升而迈上"云端"，平台企业加速出海，影响力和竞争力不断提升。而中小微企业自身也将更加主动适应劳动力市场变化趋势和技术产业变革趋势，抢抓先机实现转型升级，抢占产业链、价值链高端位置，加快数字化、自动化技术应用。与此同时，就宏观部门和职能部门而言，一方面，加强对企业用工指导，引导企业根据人力资源市场供求变化趋势，克服用工路径依赖，适时调整改进人力资源发展战略和策略，实现从"低人工成本策略"向"高质量就业战略"转变；另一方面，加快引入战略竞争者，通过引进行业头部企业、提升行业用工标杆，引领劳动力市场发展。

（四）高校毕业生就业结构性矛盾将常态化，且逐步呈现结构性适应态势

中小微企业招工难、用工难问题和劳动者特别是高校毕业生不愿意到中小微企业就业的结构性矛盾，在未来一段时期将呈现常态化。与外部经济环境和经济下行压力并行，我国经济发展目前正进入转型升级和结构调整的关键时期，新兴产业不断发展，新技术、新模式和新业态不断涌现。在传统制造业向机械化、自动化转型的同时，信息化、数字化、智能化发展加速推进，技术应用跨代升级。新兴产业在经历 20 多年发展之后，进入新的战略调整期，一些互联网企业进行发展战略规划调整、业务和组织架构重组。传统的服务业在新技术、新模式应用中加速转型升级。从机械化、自动化解放劳动者体力向智能化、数字化进一步解放劳动者智力转变，对劳动者的素质要求从技能提升向整体知识素质能力提升转变。不同经济要素的同时转型升级，可能会使就业结构性矛盾更加突出。据中国劳动和社会保障科学研究院的测算，到 2025 年，智能化、自动化的使用将直接替代岗位超过 1500 万个，

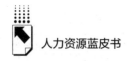

间接影响的上下游相关岗位将会更多；而此时制造业十大重点领域人才缺口接近 3000 万人。通过对就业结构性矛盾的研究与长期关注，我们预测，在宏观经济发展推动和政府积极作为、中小微企业适度参与、高校毕业生主动改观的形势下，未来中小微企业与高校毕业生之间的结构性矛盾会逐步走向结构性适应。

三 促进中小微企业吸纳高校毕业生的对策选择

在当前复杂形势下，做好中小微企业招工用工和高校毕业生就业工作，保持就业形势稳定，实现中小微企业可持续发展和高校毕业充分高质量就业，需要多方协同，加大政策与服务支持力度。

（一）强化政策稳定性和透明度，健全就业影响评估机制，稳预期强信心

在需求收缩、供给冲击、预期转弱三重压力下，强化信心尤为重要。要做好长短期的政策储备，防止长期政策短期化、短期政策碎片化和不可持续性。强化就业优先导向的宏观政策，健全就业影响评估机制，拓展政策关切行业，将获得感较强的政策长期化。对于受政策影响较大的行业企业，根据形势需要，可适时考虑安排就业补助资金给予稳岗补贴。做好岗位储备，发动公共就业服务机构和经营性人力资源服务机构，储备一批有针对性的岗位。

（二）强化政策资源供给，打破部门壁垒，提高毕业生就业服务质量

要进一步完善各项毕业生就业政策，加大支持力度，特别是针对毕业生就业结构性矛盾，探索研究针对不同毕业生群体的政策和服务措施，因地因人加强针对性政策扶持和服务。加强政府部门、市场机构和社会组织联动，形成合力，打通高校内外服务资源，推动人社部门公共就业服务进校园，促进公共就业政策和服务资源更多惠及高校毕业生。充实高校就业服务力量，建立公共部

门共享的毕业生信息资源库，为毕业生提供不断线和优质便捷的就业服务。统筹岗位信息进校园，推动公共服务机构和市场机构岗位信息与校园信息网络互通互联，加大对招聘网站平台的监管，规范人力资源市场秩序，严厉打击虚假招聘、售卖简历、求职培训贷、就业歧视等违法违规行为，为毕业生提供安全有序的就业服务；简化毕业生就业落户、档案、入职体检等各方面手续，让毕业生少跑路、少办证、少花钱；统筹安排各类资格考试和招录考试时间，优化招聘招考时间布局，有序开展招才引智活动，为毕业生提供更多选择机会和发展空间。要加大对长期失业或往届未就业毕业生的政策支持和服务力度，开展有针对性的专业化就业服务，提高其劳动参与意愿和就业能力。

（三）强化中小微企业政策扶持，促进其适时改进人力资源发展战略

进一步加大中小微市场主体的政策扶持力度，系统评估现行政策的有效性，适时研究短期政策与长期政策的结合转换。针对承压能力较弱的中小微企业和个体工商户等，压实责任主体，落实减负纾困政策。加强宏观管理部门和职能部门对企业用工的指导，引导企业着力解决从灵活用工到稳定用工的突出问题，科学安排生产经营，合理规划用工安排，落实权益保障，降低员工流失率，提升自身吸引力。引导企业根据人力资源市场供求变化趋势，克服用工路径依赖，适时调整改进人力资源发展战略和策略，实现从"低人工成本策略"向"高质量就业战略"转变。另外，对中小微企业招聘高校毕业生的堵点和痛点进行专项研究，构建产业转型升级与促进高校毕业生就业的联动机制。在全面推进供给侧结构性改革和构建现代化产业体系中，将支持中小微企业发展与鼓励高校毕业生就业创业政策结合起来。在高校毕业生就业时特别关注的落户、职称评定等问题，给予中小微企业与机关、事业单位、国企等用人单位同等支持。

（四）强化市场引导，优化高等教育资源配置，健全高校毕业生就业质量报告制度

优化高等教育资源配置，提高高等学校在专业设置、课程内容、培养模

式方面的自主性；坚持市场引导，加强校企合作，发挥企业优势，通过把企业人员引入学校教育和技能培训，将教育教学和培训引入企业，提高教育培训内容、方法与市场需求的适应度，提升毕业生专业知识和技能素质的市场适应和转换能力。加强对高校毕业生的职业规划教育和就业创业引导，提升其就业能力，增强其就业意愿。健全高校毕业生就业质量报告制度，更新优化高校毕业生就业质量报告的写法和对高质量就业的评价指标，更好地贯彻引导高校毕业生到基层就业、到中小微企业就业的政策，更好地发挥高校毕业生就业状况对高校招生、学科专业设置、人才培养的反馈作用。

（五）强化观念创新，营造良好氛围，树立正确的就业观

加强对高校毕业生的就业观念引导责任重大，政府、社会、学校、家庭都要承担责任。一是政府要指导各类用人单位科学进行人力资源规划，合理设置招聘条件，破除唯名校、唯学历的用人导向和不合理限制，保障职业院校、非重点本科院校毕业生，女性毕业生，残疾毕业生等平等群体的就业权利。二是高校将职业教育和就业创业引导课程前置，提前至大三或者贯穿大学生活和学习的全过程，强化学生就业优先的意识。积极引导高校毕业生到基层、到边远地区、到重点工程项目就业，并将之纳入高校毕业生就业评价指标体系。三是加强社会舆论对高校毕业生就业创业的价值观引导，营造有利于毕业生就业创业的社会氛围。四是高校毕业生自己要保持积极乐观心态，疏解焦虑急躁等悲观情绪，合理设定就业期望值，提高心理承受能力。即便是"慢就业"也要在"待机"的这段时间里积极学习职业技能，多方接收推送信息，摆正心态，积极就业。

参考文献

莫荣、丁赛尔等：《高校毕业生就业研究——产业转型升级下的机遇与挑战》，社会科学文献出版社，2018。

曹佳：《后疫情时代高校毕业生就业的建议》，《中国劳动保障报》2020 年 7 月 4 日。

　　任泽平：《中国中小微企业经营现状研究 2021》，泽平宏观，2021 年 12 月 20 日。

　　韩春光、许艳丽、王智丽：《高校毕业生到中小微企业就业政策执行分析》，《高教纵横》2017 年第 2 期。

　　曹佳：《平台中小微企业经营用工调查分析报告（2021 年四季度）》，劳动和社会保障政策研究，2022 年 1 月 16 日。

B.17
我国劳动关系治理的新进展

肖鹏燕　赵贝贝*

摘　要： 2021 年是"十四五"的开局之年，劳动关系治理工作稳步推进。全年劳动人事争议立案受理案件数量及其涉及劳动者人数、调解组织仲裁机构办理案件数量及其涉及劳动者人数有所增加，农民工权益保护状况持续向好，劳动保障监察工作稳步推进，国家相关部门出台了一系列政策文件，各地从实际出发，务实创新，有效落实党中央、国务院部署安排，持续深化和谐劳动关系治理实践。在疫情防控常态化、经济发展影响因素复杂化的背景下，劳动关系治理面临新挑战，需要持续强化体制机制建设，不断提高前瞻预见性、协同动员性和精准处置能力。

关键词： 劳动关系　劳动者　劳动人事争议

　　2021 年是"十四五"的开局之年，在疫情防控常态化下，我国经济保持恢复发展的态势，国内生产总值达到 114 万亿元，增长 8.1%。城镇新增就业 1269 万人，城镇调查失业率平均为 5.1%，城镇登记失业率为 3.96%。[①] 这些为我国总体稳定的劳动关系奠定了坚实基础。

---

* 肖鹏燕，博士，中国人事科学研究院助理研究员，主要研究方向为大学生就业创业与劳动关系；赵贝贝，首都经济贸易大学，主要研究方向为公司人力资源实践。

① 数据来源为国家统计局发布的 2021 年国民经济和社会发展统计公报。

一 2021年劳动关系的总体情况

（一）集体合同数量和实行特殊工时制度的企业数量均有减少

全国经人力资源社会保障部门（以下简称"人社部门"）审查并在有效期内的集体合同累计 132 万份，同比减少 13 万份（见图 17-1）；覆盖职工 1.2 亿人，同比减少 0.2 亿人。[①]

2021 年，经人社部门审批且在有效期内实行特殊工时制度的企业 7.8 万户，同比减少 1.6 万户，涉及职工 1400 余万人，同比增加 20 万人。[②]

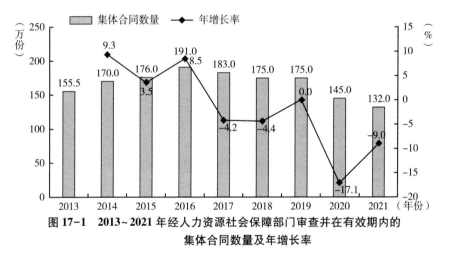

图 17-1　2013~2021 年经人力资源社会保障部门审查并在有效期内的集体合同数量及年增长率

（二）劳动人事争议立案受理案件数量及其涉及劳动者数量持续增加[③]

1. 劳动人事争议立案受理案件数量年增幅14.3%

2021 年，劳动人事争议立案受理案件共 125.2 万件，比 2020 年增加

---

① 本部分所用数据见人力资源和社会保障部网站公布的 2013~2021 年人力资源和社会保障统计快报数据。
② 本部分数据来源于 2020~2021 年人力资源和社会保障统计快报。
③ 本部分数据来源于 2013~2021 年人力资源和社会保障统计快报。

15.7 万件，增幅 14.3%，比 2020 年的增幅提高 12 个百分点，仅低于 2019 年的增幅① （见图 17-2）。

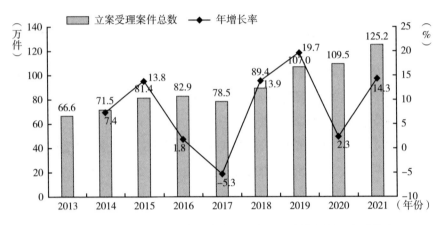

图 17-2　2013~2021 年劳动人事争议立案受理案件数量及年增长率

2. 劳动人事争议立案受理案件涉及劳动者数量增幅9.5%

2021 年我国劳动人事争议立案受理案件涉及劳动者数量为 140.5 万人，比 2020 年增加 12.2 万人，增幅 9.5%，比 2020 年的增幅提高 8.8 个百分点② （见图 17-3）。

3. 案均涉及劳动者数量为多年来最低

2021 年，平均每件案件涉及的劳动者数量为 1.12 人，比 2020 年少 0.05 人，比案均涉及劳动者人数较多的 2015 年少 0.3 人③ （见图 17-4）。

（三）农民工权益保护状况持续向好④

2021 年，农民工数量较往年有所增加，高龄、高文化程度、有家室、中西部地区就业的农民工持续增加。与上一年度相比，从产业分布来看，从

---

① 本部分所用数据根据 2013~2021 年人力资源和社会保障统计快报数据整理计算而得。
② 本部分所用数据根据 2013~2021 年人力资源和社会保障统计快报数据整理计算而得。
③ 本部分所用数据根据 2013~2021 年人力资源和社会保障统计快报数据整理计算而得。
④ 本部分数据来源于国家统计局《2021 年农民工监测调查报告》。

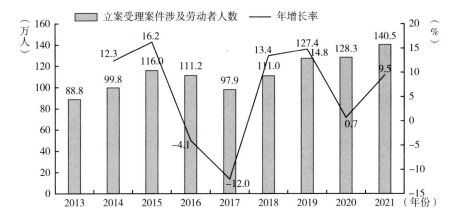

图17-3　2013~2021年劳动人事争议立案受理案件涉及劳动者人数及年增长率

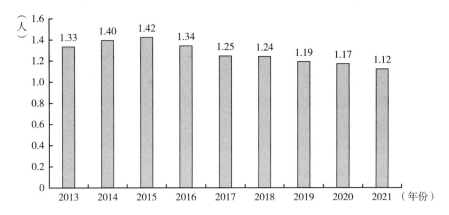

图17-4　2013~2021年劳动人事争议立案受理案件案均涉及劳动者人数

事第一产业的农民工占比略有增加，从事第二产业的农民工占比也有所增加，但从事第三产业的农民工占比出现一定下降；从具体行业来看，从事建筑业的农民工占比增加，从事住宿和餐饮业的农民工占比仍在降低，从事居民服务、修理和其他服务业的农民工占比降幅加大，比2020年下降了0.6个百分点。整体上看，农民工的收入水平、福利状况均有改善。

1.农民工月均收入水平持续提高

如图17-5所示，2021年，农民工月均收入为4432元，为近年收入水

平最高的一年，比 2020 年增长 8.8%，增幅比 2020 年的增幅提高了 6 个百分点，为近年增幅最高的一年。

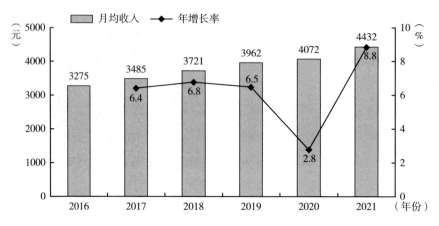

图 17-5　2016~2021 年农民工月均收入及年增长率

2. 农民工居住、随迁儿童教育、社会融入状况均进一步改善

2021 年人均居住面积为 21.7 平方米，比 2020 年增加 0.2 平方米，增幅 0.9%（见图 17-6）。

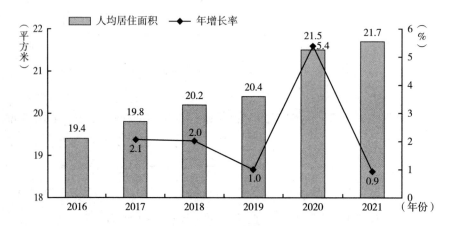

图 17-6　2016~2021 年农民工人均居住面积及年增长率

拥有汽车（含经营用车）、洗衣机、独用厕所、洗澡设施、电冰箱的农民工占比持续提高，具体占比分别为 34.1%、70.8%、71.7%、86.5%、68.9%，比 2020 年分别提高了 3.3 个、2.7 个、0.2 个、1.1 个、1.9 个百分点。

3~5 岁随迁儿童入园率为 88.2%，比 2020 年提高 2.1 个百分点。义务教育阶段儿童在校率为 99.6%，也比上年略有提高。

进城农民工的本地归属感和适应度不断提升。进城农民工中适应本地生活并且认为自己是本地人的占比持续提高。此外，进城农民工对业余生活的满意度以及参加所在社区活动的积极性也在不断提高。总的来看，进城农民工社会融合情况持续向好。

二 劳动关系治理工作推进情况

（一）务实精细，政策法规出台紧贴实际

2021 年 3 月至 2022 年 3 月，国家有关部门出台了一系列与劳动关系治理直接或间接相关的政策（见表 17-1）。其中相当一部分是多部门联合发文。

表 17-1 2021 年 3 月至 2022 年 2 月发布的与劳动关系相关的政策文件

序号	政策名称	发文单位	发文日期
1	《关于印发〈工会劳动法律监督办法〉的通知》	中华全国总工会办公厅	2021 年 3 月
2	《关于深入实施"人社服务快办行动"的通知》	人力资源社会保障部	2021 年 4 月
3	《关于开展"法治人社 志愿青春"千名青年仲裁员志愿者联系万家企业活动的通知》	人力资源社会保障部办公厅	2021 年 4 月
4	《关于印发〈关于全面推行中国特色企业新型学徒制 加强技能人才培养的指导意见〉的通知》	人力资源社会保障部、财政部、国务院国资委、中华全国总工会、全国工商联	2021 年 6 月

续表

序号	政策名称	发文单位	发文日期
5	《关于做好快递员群体合法权益保障工作的意见》	交通运输部、国家邮政局、国家发展改革委、人力资源社会保障部、商务部、市场监管总局、全国总工会	2021 年 6 月
6	《关于联合发布第二批劳动人事争议典型案例的通知》	人力资源社会保障部、最高人民法院	2021 年 6 月
7	《关于发布〈电子劳动合同订立指引〉的通知》	人力资源社会保障部办公厅	2021 年 7 月
8	《关于印发〈工程建设领域农民工工资专用账户管理暂行办法〉的通知》	人力资源社会保障部、国家发展改革委、财政部、住房城乡建设部、交通运输部、水利部、人民银行、国家铁路局、中国民用航空局、中国银保监会	2021 年 7 月
9	《关于维护新就业形态劳动者劳动保障权益的指导意见》	人力资源社会保障部、国家发展改革委、交通运输部、应急管理部、市场监管总局、国家医保局、最高人民法院、全国总工会	2021 年 7 月
10	《关于落实网络餐饮平台责任切实维护外卖送餐员权益的指导意见》	市场监管总局、国家网信办、国家发展改革委、公安部、人力资源社会保障部、商务部、中华全国总工会	2021 年 7 月
11	《关于切实维护新就业形态劳动者劳动保障权益的意见》	中华全国总工会	2021 年 7 月
12	《关于印发〈工程建设领域农民工工资保证金规定〉的通知》	人力资源社会保障部、住房和城乡建设部、交通运输部、水利部、银保监会、铁路局、民航局	2021 年 8 月
13	《关于开展根治欠薪冬季专项行动的通知》	国务院根治拖欠农民工工资工作领导小组办公室	2021 年 10 月
14	《关于畅通失业保险关系跨省转移接续的通知》	人力资源社会保障部办公厅、财政部办公厅	2021 年 11 月
15	《拖欠农民工工资失信联合惩戒对象名单管理暂行办法》	人力资源社会保障部	2021 年 11 月

续表

序号	政策名称	发文单位	发文日期
16	《关于加强交通运输新业态从业人员权益保障工作的意见》	交通运输部、中央宣传部、中央网信办、国家发展改革委、公安部、人力资源社会保障部、市场监督管理总局、中华全国总工会	2021 年 11 月
17	《关于加强国家乡村振兴重点帮扶县人力资源社会保障帮扶工作的意见》	人力资源社会保障部、国家乡村振兴局	2021 年 11 月
18	《关于开展开发性金融支持劳务协作有关事项的通知》	人力资源社会保障部、国家开发银行	2021 年 12 月
19	《关于建立劳动人事争议"总对总"在线诉调对接机制的通知》	最高人民法院办公厅、人力资源社会保障部办公厅	2021 年 12 月
20	《关于推进基层快递网点优先参加工伤保险工作的通知》	人力资源社会保障部办公厅、国家邮政局办公室	2021 年 12 月
21	《关于修改部分规章的决定》	人力资源社会保障部	2022 年 1 月
22	《关于劳动人事争议仲裁与诉讼衔接有关问题的意见(一)》	人力资源社会保障部、最高人民法院	2022 年 2 月

注：本表格所列政策文件截至 2022 年 3 月 6 日，来源为相关主管部门网站。

下面对几份典型政策文件进行具体介绍。

1. 《关于做好快递员群体合法权益保障工作的意见》

此意见于 2021 年 6 月由交通运输部、国家邮政局等七个部门联合印发。意见提出了做好快递员权益保障工作的四大原则：坚持依法保障、注重公平；坚持企业主责、强化治理；坚持齐抓共管、综合施策；坚持目标导向、循序渐进。意见还明确了"十四五"末实现"一个基本"、"四个更加"和"两个持续"的工作目标。"一个基本"是相关制度机制基本健全；"四个更加"是薪资待遇更加合理、企业用工更加规范、从业环境更加优化、就业队伍更加稳定；"两个持续"是"获得感""幸福感""安全感"持续提升，职业的自我认同和社会认同持续增强。意见聚焦重点环节和关键问题，提出了八项重点任务和一系列具体措施，其中八项任务包括形成合理收益分配机

制、保障合理劳动报酬、提升社会保障水平、优化生产作业环境、落实企业主体责任、规范企业加盟和用工管理、加强网络稳定运行监管、完善职业发展保障体系。

2.《工程建设领域农民工工资专用账户管理暂行办法》

该暂行办法根据《保障农民工工资支付条例》《人民币银行结算账户管理办法》等法律法规制定，2021年7月由人力资源和社会保障部（以下简称"人社部"）等十个部门联合印发，旨在进一步规范农民工工资专用账户管理，推动解决工程建设领域拖欠农民工工资问题，有效维护农民工劳动报酬权益。暂行办法共七章三十五条，明确了专用账户的开立及撤销、人工费用拨付、工资支付、监控预警平台建设以及监督管理机制等方面的具体规范。

3.《关于劳动人事争议仲裁与诉讼衔接有关问题的意见（一）》

此意见于2022年2月由人社部和最高人民法院联合印发，旨在贯彻党中央关于健全社会矛盾纠纷多元预防调处化解综合机制的要求，主要解决实践中出现的裁审案件受理范围不一致、法律适用标准不统一、程序衔接不规范等方面的问题。意见对调解协议后续程序性保障、终局裁决范围、证据和裁决事项等方面的裁审衔接规则、部分法律适用标准等进行了具体规定。

4.《关于维护新就业形态劳动者劳动保障权益的指导意见》

该意见于2021年7月由人社部、国家发展改革委等八个部门联合印发。意见共四个部分十九条，对维护新就业形态劳动者劳动保障权益做出系统安排。其中，第一部分着眼明确劳动者权益保障责任，规范用工；第二部分着眼补齐劳动者权益保障短板，健全制度；第三部分着眼提升效能，优化劳动者权益保障服务；第四部分着眼提高协同治理能力，完善劳动者权益保障工作机制。

（二）稳步推进劳动人事争议调解仲裁和劳动监察执法工作

1. 各级调解组织和仲裁机构办理劳动人事争议案件数量、涉及劳动者人数均明显增长，涉案金额数略有增加

一是全年办理的调解仲裁案件数量增长明显。如图17-7所示，2021

年，各级劳动人事争议调解组织和仲裁机构共办理劳动人事争议案件 263.1 万件，比 2020 年增加 51.3 万件，增幅为 24.2%，为近 8 年来最高。①

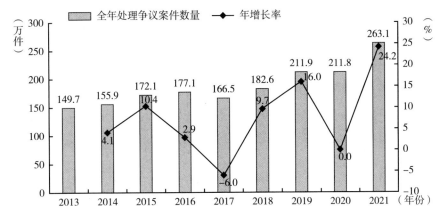

图 17-7 2013~2021 年各级劳动人事争议调解组织和仲裁机构办理劳动人事争议案件数量及年增长率

二是全年劳动人事争议调解组织和仲裁机构办理案件的涉案人数增长明显。如图 17-8 所示，2021 年全年各级劳动人事争议调解组织和仲裁机构办理的争议案件涉案人数为 285.5 万人，比 2020 年增加 39 万人，增幅 15.8%，比 2020 年的增幅提高了 12.3 个百分点。②

三是全年劳动人事争议调解组织和仲裁机构办理劳动人事争议案件的涉案金额同比增长 8.6%。如图 17-9 所示，2021 年，全年各级劳动人事争议调解组织和仲裁机构办理的劳动人事争议案件涉案金额为 576.3 亿元，比 2020 年度增加 45.6 亿元，同比增长 8.6%，增幅比 2020 年提高了 0.2 个百分点。③

2. 劳动人事争议调解组织和仲裁机构当期审结案件数、办结案件数大幅增加

一是当期审结案件数同比增长 14.1%。如图 17-10 所示，2021 年，劳

---

① 本部分所用数据根据 2016~2021 年人力资源和社会保障事业发展统计公报整理计算而得。
② 本部分所用数据根据 2016~2021 年人力资源和社会保障事业发展统计公报整理计算而得。
③ 本部分所用数据根据 2016~2019 年人力资源和社会保障事业发展统计公报整理计算而得。

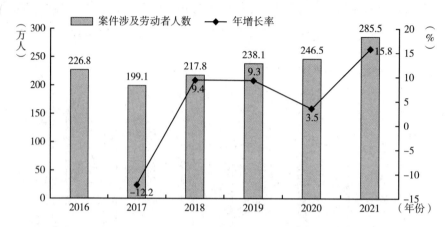

图 17-8　2016~2021 年劳动人事争议调解组织和仲裁机构办理
劳动人事争议案件涉及劳动者人数及年增长率

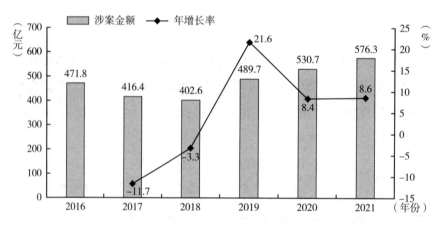

图 17-9　2016~2021 年各级劳动人事争议调解组织和仲裁机构办理
劳动人事争议案件涉案金额数及年增长率

动人事争议调解组织和仲裁机构当期审结案件数量为 125.6 万件，为近 9 年审结案件数量最高的一年，比 2014 年增加 60.5 万件，比 2020 年增加 15.5 万件，同比增长 14.1%，增长率同比提高 11 个百分点。①

———————

① 本部分所用数据根据 2013~2021 年人力资源和社会保障统计快报数据整理计算而得。

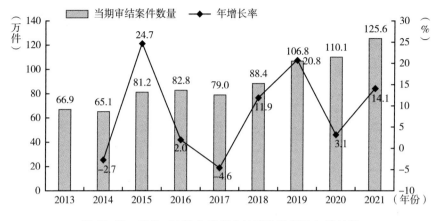

图 17-10　2013~2021 年当期审结案件数量及年增长率

二是办结案件数同比增长 18.7%。如图 17-11 所示,2021 年全年劳动人事争议调解组织和仲裁机构办结案件数为 252 万件,比上一年度增加 39.7 万件。①

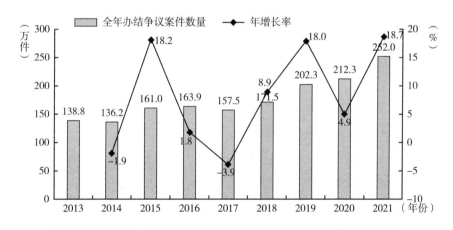

图 17-11　2013~2021 年全年办结劳动人事争议案件数量及年增长率

三是调解成功率、仲裁结案率均有增长。如图 17-12 所示,2021 年,全国劳动人事争议调解组织的调解成功率有所提升,达到 73.3%,比 2020 年提

---

① 根据 2016~2021 年度人力资源和社会保障事业发展统计公报整理计算而得。

高2.7个百分点，是近5年调解成功率最高的一年。① 2021年仲裁结案率为97.0%，比2020年提升0.8个百分点，是近5年仲裁结案率最高的一年。②

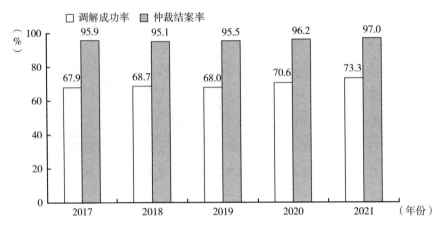

图17-12　2017~2021年劳动人事争议案件调解成功率及仲裁结案率

3.扎实推进劳动保障监察执法工作

一是主动检查用人单位数量同比有所增加。如图17-13所示，2021年劳动保障监察机构主动检查用人单位116.3万户次，同比增加4.1万户次，增幅3.7%，是近8年来首次正增长。③

二是查处违法案件数与2020年持平。如图17-14所示，2021年，劳动保障监察机构查处违法案件数量为10.6万件。④

三是督促补签劳动合同数量持续减少。如图17-15所示，2021年，劳动保障监察机构共督促用人单位为45.4万名劳动者补签了劳动合同，同比减少13.1万人，减幅22.4%，比2020年的减幅下降了3.2个百分点。⑤

四是督促缴纳社会保险费数额有所增加。如图17-16所示，2021年，

---

① 根据2017~2021年度人力资源和社会保障事业发展统计公报整理计算而得。
② 根据2017~2021年度人力资源和社会保障事业发展统计公报整理计算而得。
③ 本部分所用数据根据2013~2021年人力资源和社会保障统计快报数据整理计算而得。
④ 本部分所用数据根据2013~2021年人力资源和社会保障统计快报数据整理计算而得。
⑤ 本部分所用数据根据2013~2021年人力资源和社会保障统计快报数据整理计算而得。

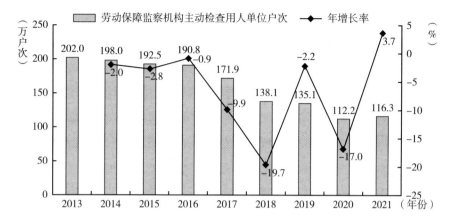

图 17-13 2013~2021 年劳动保障监察机构主动检查用人单位户次数及年增长率

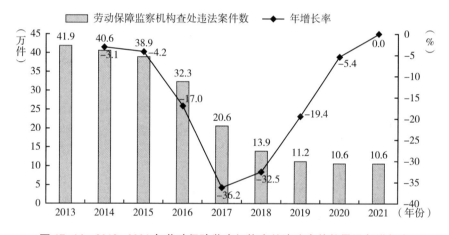

图 17-14 2013~2021 年劳动保障监察机构查处违法案件数量及年增长率

劳动保障监察机构共督促缴纳社会保险费 4.6 亿元，比 2020 年增加 0.5 亿元，同比增长 12.2%，为近 8 年的首次正增长。①

五是追发工资等待遇数额有所增加。如图 17-17 所示，2021 年，劳动保障监察机构共为劳动者追发工资等待遇 79.9 亿元，同比增加 14.7 亿元，增幅 22.5%，为近 6 年的首次正增长。

① 本部分所用数据根据 2013~2021 年人力资源和社会保障统计快报数据整理计算而得。

图 17-15　2013~2021 年劳动保障监察机构督促补签劳动合同
涉及劳动者数量及年增长率

图 17-16　2013~2021 年劳动保障监察机构督促缴纳社会保险费金额及年增长率

（三）地方劳动关系治理工作稳步推进

综合人力资源和社会保障部网站 2021 年 2 月 23 日至 2022 年 2 月 15 日编发的地方劳动关系工作情况的相关报道发现，在疫情防控常态化背景下，各地从实际出发，着眼机制建设、制度建设、机构和队伍建设，改革创新，劳动关系治理工作稳步推进。

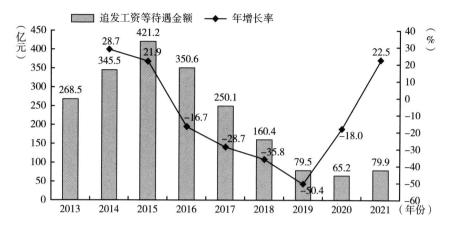

图 17-17　2013～2021 年劳动保障监察机构追发工资待遇金额及年增长率

如图 17-18 所示，笔者对上述时段的相关报道进行了结构化处理，从报道内容看，对"农民工维权"关注得最多，占报道题目总量的 50%，其次为"劳动人事争议处理"，占 40.5%，关注"劳动保障监察和仲裁联动"的占 4.8%，排在第四位的为"和谐劳动关系构建""女职工劳动权益维护"，均占 2.4%。在以"劳动人事争议处理"为主题的报道中，涉及"争议调解"的占 29.4%，涉及"机构建设"的占 17.6%，涉及"制度建设"的占 5.9%。

下面仅就具有典型意义的强化劳动人事争议调处机制创新和农民工欠薪防治机制创新的做法进行具体介绍。

1. 强化基层服务：劳动关系治理服务再下沉

上海崇明、山东青岛等地着眼基层机制建设，切实营造和谐劳动关系氛围。上海崇明持续夯实乡镇基层调解工作基础，设立乡镇劳动关系协调中心，内设乡镇劳动关系三方联席会议办公室、劳动人事争议调解中心和劳动保障监察协管队三个机构，为用工信息采集、劳动保障政策宣传指导、和谐劳动关系单位创建、群体性矛盾预警和化解等方面筑牢服务基础。山东青岛成立首家村级劳动人事争议联动调解工作站——胶州市胶北街道后寨村劳动人事争议联动调解工作站，全面拉开调解工作站进村系统工程序幕。调解工

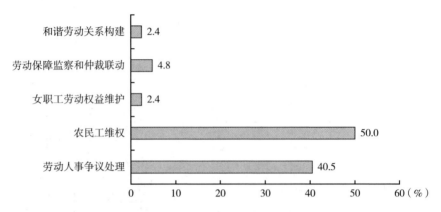

图 17-18 人社部网站报道的地方劳动关系工作动态涉及的内容及其分布

作站对村委委员、村居法律顾问、人民调解员开展全员培训，培训合格的取得争议调解员证书，强化了协调员队伍；构建多方联调机制和多元化解机制，保护农民工权益，培育农村特色调解文化。设立村级劳动人事争议调解工作站，是争议预防和调解服务再前移、再下沉的有益尝试，是夯实和谐劳动关系调处基础的重要举措。

2. 构建智能机制：提高劳动人事争议处理质效

广州加快推进劳动人事争议仲裁案件审理模式转变与创新。2021年广州在全国率先实行劳动人事争议仲裁案件互联网异步审理。这种审理模式充分分解了现场开庭的各种必需要素组合，在规定的时限内，当事人可以自主选择时间登录异步审理平台，完成答辩、调查、举证、质证并充分发表意见，仲裁委根据平台信息进行审理裁决。互联网异步审理模式仅适用于事实清楚的案件，与"视频面对面"的互联网同步审理相比，这种模式突破时空限制，当事人可以利用零碎时间维权、应诉，"零跑路""免预约"完成庭审。烟台在山东省先行先试，深入推进要素式办案改革，成效明显。实施这种办案模式需要以审理流程标准化为基础，优化和精简办案程序。在推行要素式办案模式的过程中，烟台市借助信息化赋能，开发了要素式办案智能系统，搭建了包括30余类400余条要素项的劳动人事争议要素库。通过实行要素式办案模式，烟台市的庭审时间缩短 40% 以上、裁决书瘦身 30% 以上、审理时限缩短 25% 以上。重庆"易简裁"融入要素式办案原则，提升办案效能。具体而言，"易简裁"开发了 PC 端和微信小程序移动端服务系统，实现全程在线、异地服务。要素式办案模式的嵌入，实现了市场监督管理、司法、法院、邮政快递等部门以及企业信息、参保信息的数据共享，切实保障了争议处理以"简"解繁，服务到家。浙江宁波海曙区积极探索劳动人事争议调解仲裁工作"线上模式"，方便当事人"足不出户"维权。从 2020 年始，海曙区配备专人指导有关人员进行网络立案。2021 年，海曙区网络立案数量上升到 181 件，占立案总量的 13.7%，网络调解率为 45.9%。此外，海曙区还实现了全部仲裁档案卷宗数字化。

3. 优化欠薪治理：从"清欠"转向"防欠"的探索

治理欠薪一直是维护农民工权益的重要工作。2021 年，各地深入探索从清欠向防欠转变的治理模式，以下以浙江温州为例对相关实践进行介绍。具体而言，温州市从政府、企业、劳动者三个维度入手，构筑精密智控、精准治理、精细服务三大机制，建立新型劳动用工数字化监管服务体系，优化欠薪治理模式。精密智控机制包括全流程数字监管体系、全流程快速处置体系、全流程应急调度体系三大板块，实现部门信息共享，开发"智慧监察—阳光支付"系统和"红黄绿"三色预警系统，打造市、县、乡三级互联互通数字化应急处置体系，加大了监管力度，提高了处置质效，有效保障了群体性、突发性事件吸附在当地、防控在当地、处置在当地。精准治理机制重在创新在线风险提示、大轮训大考核、信用扣分场景，精准落实制度，规范企业劳动用工。精细服务机制，通过"一窗"受理、"一码"集成、多金兜底机制，提高服务便利度、快捷度、满意度，切实保障劳动者的合法权益。

三　结语

2021 年，在疫情防控常态化背景下，在以习近平同志为核心的党中央

的坚强领导下，经济保持恢复发展，就业形势保持总体平稳，人民生活水平稳步提高，实现了"十四五"的良好开局。各级人社部门，持续完善劳动关系治理体制机制，提质增效，为我国劳动关系持续保持总体稳定和谐奠定了坚实基础。

未来，面对比较复杂的经济发展形势，在多措并举激发市场活力和强化内生动力的基础上，在持续推进"就业优先""六稳""六保"的基础上，劳动关系治理工作应扎实贯彻落实党中央国务院的决策部署，持续创新体制机制，进一步夯实基础，稳步推进和谐劳动关系构建各项工作。

社会保险篇
Social Security

B.18

我国社会保险发展状况（2021~2022）

王　梅[*]

摘　要： 2021 年是"十四五"的开局之年，在党中央、国务院统一部署下，在各级政府主管部门的努力推动下，我国社会保险事业取得积极进展，社会保险覆盖面稳步扩大、社保基金规模持续增加、社会保险待遇水平继续提高、各项保险制度更加完善。本报告总结了 2021~2022 年我国社会保险事业发展的基本情况，梳理了各项社会保险制度的重要改革措施，对我国社会保险制度未来的发展趋势做出了展望。

关键词： 社会保险　保险制度　改革措施

　　2021 年，各项社会保险制度改革扎实推进、保障范围继续扩大、基金监管不断加强，社会保险制度的公平性、持续性进一步提升。

---

* 王梅，博士，中国人事科学研究院副研究员，主要研究方向为社会保障和收入分配。

一 制度实施情况

（一）制度覆盖范围稳步扩大

我国基本养老保险覆盖范围稳步扩大。2021年末，全国参保人数达102871万人（见图18-1），较上年度增加3007万人。其中，城镇职工参保人数48074万人，同比增加2453万人；城乡居民参保人数54797人，同比增加554万人。①

基本医疗保险和生育保险参保人数小幅增加。2021年，全国基本医疗保险参保人数136297万人（见图18-1），比上年度增加0.12%，参保率稳定在95%以上。其中，职工医保参保人数35431万人，比上年增长2.8%；城乡居民基本医疗保险参保人数100866万人，比上年减少0.8%。全国生育保险参保人数为23752万人，比上年增长0.78%。②

失业保险覆盖范围进一步扩大。截至2021年底，全国失业保险参保人数为22958万人（见图18-1），同比增加1268万人；失业保险金领取人数259万人，同比减少11万人。③

工伤保险参保人数持续增加。2021年末，全国工伤保险参保人数28287万人（见图18-1），比上年末增加1523万人。全年认定（视同）工伤129.9万人，有206万人享受工伤保险待遇。④

（二）社保基金规模持续增大

2021年，我国社会保险基金累计结存额度继续增加。五项社会保险基金全年总收入为96933亿元，同比增加21420亿元，增幅为28.37%；总支

---

① 人力资源和社会保障部：《2021年度人力资源和社会保障事业发展统计公报》，2022。
② 国家医疗保障局：《2021年全国医疗保障事业发展统计公报》，2022；国家医疗保障局：《2020年全国医疗保障事业发展统计公报》，2021。
③ 人力资源和社会保障部：《2021年度人力资源和社会保障事业发展统计公报》，2022。
④ 人力资源和社会保障部：《2021年度人力资源和社会保障事业发展统计公报》，2022。

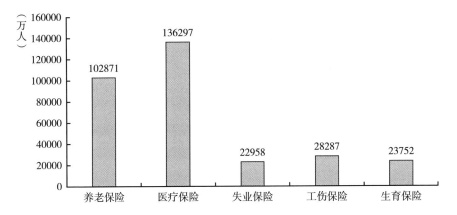
图 18-1　2021 年社会保险参保人数

出为 86730 亿元，同比增加 8119 亿元，增幅为 10.33%。[①]

　　基本养老保险基金收入和支出均有较大增幅，累计结存额度增加。2021 年，我国基本养老保险收入 65793 亿元（见图 18-2），同比增长 33.65%；支出 60197 亿元，同比增长 10.14%。基本养老保险基金累计结存额度达 63970 亿元。[②]

　　基本医疗保险（含生育保险）基金收支总量均比上年增加，累计结余额度进一步增长。2021 年，我国基本医疗保险基金（含生育保险）总收入 28728 亿元，同比增长 15.62%；基本医疗保险基金（含生育保险）总支出 24043 亿元（见图 18-2），同比增长 14.32%。全国基本医疗保险基金（含生育保险）累计结存 36156 亿元。[③]

　　失业保险基金收入增幅和支出减幅明显，累计结存额度略有下降。2021 年，我国失业保险基金收入 1460 亿元，同比增加 508 亿元，增幅 53.36%；

---

① 人力资源和社会保障部：《2021 年度人力资源和社会保障事业发展统计公报》，2022；人力资源和社会保障部：《2020 年度人力资源和社会保障事业发展统计公报》，2021；国家医疗保障局：《2021 年全国医疗保障事业发展统计公报》，2022；国家医疗保障局：《2020 年全国医疗保障事业发展统计公报》，2021。

② 人力资源和社会保障部：《2021 年度人力资源和社会保障事业发展统计公报》，2022；人力资源和社会保障部：《2020 年度人力资源和社会保障事业发展统计公报》，2021。

③ 国家医疗保障局：《2021 年全国医疗保障事业发展统计公报》，2022；国家医疗保障局：《2020 年全国医疗保障事业发展统计公报》，2021。

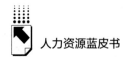
基金支出 1500 亿元（见图 18-2），同比减少 603 亿元，降幅 28.67%。失业保险基金累计结存 3313 亿元。[1]

工伤保险基金收入和支出均有较大增幅，收入小于支出，累计结存额度小幅下降。2021 年，工伤保险基金收入 952 亿元，同比增加 466 亿元，增幅 95.88%；基金支出 990 亿元（见图 18-2），同比增加 170 亿元，增幅 20.73%。[2] 工伤保险基金累计结存 1411 亿元。[3]

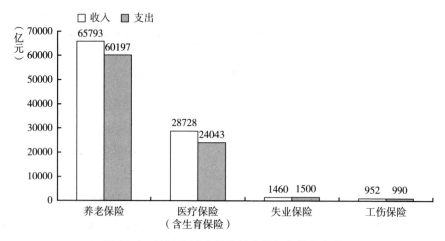

图 18-2 2021 年社会保险基金收入和基金支出

二 制度改革进展

（一）社会保险总体制度改革进展

1. 健全多层次社保体系

2021 年 6 月，《人力资源和社会保障事业发展"十四五"规划》（以下

---

① 人力资源和社会保障部：《2021 年度人力资源和社会保障事业发展统计公报》，2022；人力资源和社会保障部：《2020 年度人力资源和社会保障事业发展统计公报》，2021。

② 人力资源和社会保障部：《2020 年度人力资源和社会保障事业发展统计公报》，2021；人力资源和社会保障部：《2019 年度人力资源和社会保障事业发展统计公报》，2020。

③ 人力资源和社会保障部：《2020 年度人力资源和社会保障事业发展统计公报》，2021。

简称《规划》）发布，提出全面实施全民参保计划、完善社会保障制度体系、健全社会保险待遇调整机制、加强社会保险基金监管、提升社会保障经办管理服务等健全多层次社会保障体系的具体措施。与此同时，《规划》还部署了一系列具有创新型、突破性的重大政策和改革举措：针对完善社保制度，提出实施全民参保计划，实现法定人员应保尽保；建立实施企业职工基本养老保险全国统筹、失业保险基金省级统筹；稳妥实施渐进式延迟法定退休年龄；工伤保险制度覆盖范围扩大到公务员和参公管理的机关（单位）工作人员。

2. 对特困行业实施缓缴社保费政策

2022年4~5月，我国出台相关文件，对受疫情影响较大的特困行业实施缓缴社会保险费政策，企业可申请缓缴基本养老保险费、失业保险费、工伤保险费的单位应缴纳部分。

一是划定实施缓缴政策的困难行业范围。对餐饮、零售、旅游、民航、公路水路铁路运输等5个特困行业企业和产业链供应链受疫情影响较大、生产经营困难的制造业企业，实施缓缴三项社会保险费政策。

二是受疫情影响较大、生产经营困难的中小微企业和以单位方式参保的个体工商户，可申请缓缴单位缴费部分。

三是进一步发挥失业保险稳岗作用。加大稳岗返还支持力度；拓宽一次性留工培训补助受益范围；企业招用毕业年度高校毕业生后参加失业保险的，发放一次性扩岗补助。

缓缴社会保险费政策是疫情发生以来，党中央、国务院保市场主体、保就业、保民生推出的重要措施，对帮助困难企业渡过难关、恢复发展起到了积极作用。

3. 完善困难群体社会保险帮扶政策

2021年8月，人力资源和社会保障部（以下简称"人社部"）等部门联合印发文件，强调推动社会保险法定人员全覆盖，完善困难群体社会保险帮扶政策，提高社会保险保障能力，提升基金安全性和可持续性、社会保险经办服务水平，充分发挥社会保险的积极作用，有效防止参保人员因年老、

工伤、失业返贫致贫，为巩固拓展脱贫攻坚成果、全面推进乡村振兴贡献力量。

4.加强社保基金监管

我国社会保障事业快速发展，社会保险基金规模逐年增加，为提升基金监督效率效能、更好守护基金安全，2022年2月，人社部印发《社会保险基金行政监督办法》，明确了人力资源社会保障行政部门的基金行政监督职责、范围、权限、程序和相关法律责任的认定与处理等相关规范。

社会保险基金行政监督职责包括检查社会保险基金收支情况、查处基金违法违规问题、宣传基金监督法律政策等。

社会保险基金行政监督范围包括对社会保险经办机构、社会保险服务机构和与社会保险基金收支、管理直接相关单位的监督事项三个方面。

社会保险基金行政监督权限包括要求被监督单位提供有关资料；查阅、记录、复制被监督单位有关财务资料、用户信息、数据管理等；要求与监督事项有关的单位和个人作出说明、提供有关佐证；对提供虚假信息资料的行为予以制止并责令改正；对侵害社会保险基金的行为予以制止并责令改正。

对社会保险经办机构及其工作人员违规操作、社会保险服务机构和用人单位、个人欺诈骗保以及相关组织和个人违规工伤认定、提前退休、劳动能力鉴定等三类侵害社会保险基金的法律责任给出处理措施。

该文件构建了多部门协同配合、社会各方积极参与的监督体系，拓展了监督范围，细化了违法情形，明确了法律责任，有利于理顺社会保险基金行政监督工作体制、健全社会保障基金监管体系、推动社会保障事业健康发展。

（二）养老保险制度改革进展

1.基本养老金水平继续上调

从2022年1月1日起，继续上调基本养老金水平，调整范围为2021年底前已退休的企业和机关事业单位退休人员，总体调整比例为4%。

本次调整采用定额调整、挂钩调整、适当倾斜相结合的方式，体现公平与效率结合的原则，对高龄退休人员、艰苦边远地区退休人员进行适当倾斜。

2. 推动实施基本养老保险全国统筹

人社部在 2021 年第四季度新闻发布会上介绍，从 2022 年 1 月开始在全国范围内推动实施养老保险中央统筹。

此次养老保险全国统筹将在养老保险政策、经办服务、基金管理、信息系统等方面实行统一管理。统筹制度实施后，将根据各地养老保险基金当期收支和积累结存情况，在全国范围内进行调剂，从制度上解决基金的结构性矛盾问题，进一步提升养老保险的保障能力。

3. 第三支柱养老保险正式建立

2022 年 4 月，《国务院办公厅关于推动个人养老金发展的意见》正式印发。制度覆盖范围是在中国境内已参加基本养老保险的劳动者；制度模式是完全积累的个人账户制度，缴费由参加人个人承担。

缴费水平上，设定缴费上限为每年 12000 元，以后将根据经济发展水平和国家养老保险体系情况适时调整。

基金管理上，由参加人自主选择投资渠道，可用于购买符合规定的各类金融产品。

待遇领取上，符合领取条件的，可以按月、分次或者一次性领取个人养老金。

国家制定税收优惠政策，鼓励符合条件的人员参加个人养老金制度并依规领取个人养老金。

个人养老金制度推出后，将与基本养老保险、企业年金和职业年金，共同组成我国养老保险体系的"三支柱"。经过多年的不断发展，我国已正式形成多层次、多支柱的养老保险体系，将进一步丰富居民养老产品选择、完善居民养老资产结构、增强居民养老保障能力。

4. 扩大专属商业养老保险试点

专属商业养老保险试点自 2021 年 6 月启动以来，总体运行平稳。为更好满足人民群众多层次养老保障需求，2022 年 2 月，中国银保监会印发通

知，将专属商业养老保险试点区域扩大到全国。

专属商业养老保险具有投保简便、交费灵活、收益稳健等特点，为消费者提供了更多安全稳健的长期养老保障选择。扩大试点范围可以为更多地区的消费者提供专属商业养老保险产品，丰富人民群众的养老选择；有利于推动试点保险公司继续探索商业养老保险发展经验，促进第三支柱养老保险发展，满足人民群众多层次养老需求。

5. 推动新时代老龄事业高质量发展

2021年11月，中共中央、国务院印发加强新时代老龄工作的相关文件，把积极老龄观、健康老龄化理念融入经济社会发展全过程，从六大方面系统谋划，满足老年人多层次、多样化需求。

一是完善养老服务体系。创新养老服务模式，鼓励发展机构养老，建立基本养老服务清单，完善多层次养老保障体系。

二是健全老年人健康服务体系。提高老年人健康服务和管理水平，加强失能老年人长期照护服务，深入推进医养结合。

三是促进老年人社会参与。增加老年教育资源供给，提高老年文体服务质量，鼓励老年人参与社会活动。

四是构建老年友好型社会。打造老年宜居环境，加强老年人权益保障，营造社会敬老氛围。

五是积极培育银发经济。加强规划引导，发展适老产业。

六是强化老龄工作保障。加强人才队伍建设，加强老年设施供给，完善相关支持政策，强化科学研究和国际合作。

文件以满足老年人需求为出发点，提出加强老龄工作的系列措施，建立健全相关政策体系和制度框架，推动老龄事业高质量发展。

（三）医疗保险制度改革进展

1. 建立医疗保障待遇清单制度

为推进新形势下健康中国建设，建立实施医疗保障待遇清单制度，包含基本制度、基本政策、医保基金支付的项目和标准、不予支付的范围等。

基本制度包括基本医疗保险、补充医疗保险和医疗救助。基本医疗保险覆盖城乡全体就业和非就业人口，公平普惠保障人民群众基本医疗需求；补充医疗保险分担参保人在社保目录内、基本医保之外需要个人承担的医疗费用；医疗救助的保障对象是困难群众，帮助其获得基本医疗保险服务、减轻医疗负担。

基本政策包括参保、筹资、待遇支付政策等。内容涉及制度覆盖范围、筹资渠道、缴费标准和费用报销政策。

基金支付范围包括以准入法和排除法确定的药品医用耗材目录和医疗服务项目支付范围。

2. 提升门诊共济保障能力

2021年4月，国务院办公厅印发文件，提出建立健全职工门诊共济保障机制的具体举措。

一是增强门诊共济保障能力。将多发病、常见病的普通门诊费用纳入统筹基金报销，政策范围内支付比例从50%起步，适当向退休人员倾斜。

二是改进个人账户计入办法。基本医疗保险费的单位缴纳部分不再划入个人账户，全部计入统筹基金。

三是规范个人账户使用范围。个人账户资金的支付范围包括参保人员本人及其配偶、父母、子女在医保政策内的自付费用。

四是加强监督管理。完善医保基金稽核和内控制度，执行医保基金预算管理制度。

五是完善付费机制。对基层医疗服务、日间手术及符合规定的门诊特殊病种，分别推行按人头付费、按病种或按疾病诊断相关分组付费。

职工基本医疗保险门诊共济保障机制通过调整基金内部结构、促进家庭与社会协同保障，减轻了参保人员医疗费用负担，增强了医保基金的风险保障功能。

3. 持续推动医保跨省直接结算①

我国自2014年起逐步启动异地就医直接结算政策，从省内到跨省，从

---

① 国家医保局。

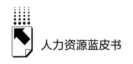

住院到门诊逐渐扩容。目前，住院费用跨省直接结算已覆盖全国所有省份、所有统筹地区、各类参保人员和主要外出人员。

截至2022年4月底，已有5.73万家定点医疗机构联网全国住院费用跨省直接结算系统，累计直接结算1324.96万人次。

在门诊跨省结算方面，全国门诊费用跨省直接结算已联网定点医疗机构6.10万家，定点零售药店12.73万家；2022年1~4月，全国门诊费用跨省直接结算671.56万人次，涉及医疗费用16.64亿元，基金支付9.85亿元。4月，全国门诊费用跨省直接结算171.55万人次，涉及医疗费用4.15亿元，基金支付2.54亿元。累计直接结算共1918.93万人次。

4. 加强医疗保障基金监督管理

从2021年5月1日起，《医疗保障基金使用监督管理条例》（以下简称《条例》）开始施行。《条例》从基金使用主体、基金监督管理、违规责任等方面对医疗保障基金使用监管作出全面部署。

一是明确基金使用相关主体的职责。《条例》具体规定了医疗保障行政部门、医疗保障经办机构、定点医药机构和参保人员等相关主体的职责。

二是健全基金监督体制，强化基金监管措施。建立多个管理部门的监管合作机制；加强信息交换和共享，创新监督管理方式；强调医保行政部门应遵循的规范以及履行的义务。

三是明确违规使用基金的惩处措施。明确医疗保障行政部门、医疗保障经办机构、定点医药机构和参保人员等不同主体的违法情形，提出惩处措施。

《条例》的出台，以法治手段解决医疗保障基金使用监督管理中的突出问题，为医保基金使用监管提供了基本依据，对保障基金安全、促进基金有效使用有着重要意义。

（四）失业保险制度改革进展

1. 稳岗位促就业政策持续发力

为减少疫情对就业市场的不利影响，主管部门要求失业保险做好稳岗位提技能防失业工作，继续实施稳岗返还和保障扩围政策，加强失业保险对困难企业和人群的帮扶。

一是继续实施失业保险稳岗返还政策。上年度裁员率不高于全国城镇调查失业率控制目标的参保企业，可申请失业保险稳岗返还。

二是扩大技能提升补贴发放范围。取得职业资格证书或职业技能等级证书的参保职工、领取失业保险金人员，可按规定申请技能提升补贴，每年补贴次数最多不超过三次。

三是实施职业培训补贴政策。接受职业培训、领取失业保险金的失业人员，可领取职业培训补贴。

四是试点地区继续实施扩大失业保险支出范围政策。试点地区失业保险基金可用于发放职业培训补贴、职业技能鉴定补贴、岗位补贴和社会保险补贴，发放对象为参加失业保险且符合就业补助资金申领条件的单位和个人。

五是发放一次性留工培训补助。对因新冠肺炎疫情影响暂时无法正常生产经营的中小微企业，发放一次性留工培训补助。

六是大力支持职业技能培训。各统筹地区可根据本地情况，提取累计结余4%左右的失业保险基金，用于职业技能培训。

七是实施缓缴社保费和降费率政策。对困难行业企业继续实施缓缴养老、失业、工伤保险费政策。延续实施降低失业保险、工伤保险费率政策1年。

八是保障失业人员基本生活。扩大失业保险发放范围，加大失业补助金发放力度。

减负稳岗扩就业政策措施是一套"组合拳"，对稳就业保民生起到了积极作用。

2. 畅通失业保险关系跨省转移接续

2021年11月印发的失业保险关系转移接续的相关文件，明确了参保职工和参保失业人员跨省转移失业保险关系时的缴费记录、保险费用、待遇标准、办理流程等问题。

一是参保职工和参保失业人员失业保险关系跨省转移接续。参保职工和

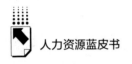
参保失业人员跨省就业的，可以转移失业保险关系。符合领取失业保险金条件的参保失业人员回户籍地申领待遇的，须办理失业保险关系转移。

二是关于需划转的失业保险费用计算方式及待遇发放标准。失业保险关系跨省转迁的，失业保险费用应随失业保险关系相应划转。但在转出地参保缴费不满1年的，只转移失业保险关系，不转移失业保险费用。需划转的失业保险费用包括失业保险金，领金期间基本医疗保险费，领金期间接受职业培训、职业介绍的补贴。其中领金期间接受职业培训、职业介绍的补贴按参保失业人员应享受失业保险金总额的一半计算。失业保险关系转入后，失业保险金发放期限和各项失业保险待遇按照转入地经办机构统筹地区规定和标准核定。

三是关于失业保险关系转移接续的办理流程。参保职工或参保失业人员可先到转出地经办机构开具转移凭证，之后到转入地经办机构办理关系转入；也可直接到转入地经办机构申请转移失业保险关系。转出地经办机构应在失业保险关系转出后的1个月内向转入地划转失业保险费用。失业保险费用划转期间，不影响转入地经办机构按规定为参保失业人员发放失业保险待遇。转入地经办机构不得以费用未划转到位，拒发失业保险待遇。

该文件进一步规范了参保人员跨省转移接续失业保险关系的办法，明确了失业保险待遇发放标准和计算方式，保障了劳动者的失业保险权益。

三　制度改革展望

（一）健全多层次养老保险制度体系

经过多年发展，我国第一支柱基本养老保险、第二支柱企业年金和职业年金已具备相对完备的制度体系和良好的发展基础，第三支柱个人储蓄性养老保险和商业养老保险没有全国统一的制度性安排，是多层次养老保险体系的短板。个人养老金制度的出台标志着第三支柱养老保险正式建立，开始进入全新发展阶段。根据个人税收递延型商业养老保险试点情况分析，个人养老金制度落地还需进一步出台实施细则，从养老金缴费渠道、基金管理方式、待遇计发办法、信息平台建设、税收优惠政策等方面给予明确规定，界定国家、单位和个人的三方责任，为积累个人养老金提供制度保障，才能更好地满足人民群众多样化养老需要，推动健全多层次、多支柱养老保险体系。

（二）继续扩大社会保险制度覆盖面

近年来，以平台经济、共享经济为代表的新业态就业规模迅速增加，其最大优点是灵活，相应弊端就是不确定、不稳定、责权利不清晰，从业人员对参加社会保险、保障个人权益方面的认识存在一定差距，同时在政府监管方面也存在一定的难度。因此，要进一步完善适应新业态从业人员和灵活就业人员的社会保险政策，鼓励新业态从业人员和灵活就业人员参加社会保险，将其纳入覆盖范围。

（三）加强社会保险法制建设

《社会保险法》是为了规范社会保险关系，维护公民参加社会保险和享受社会保险待遇的合法权益，使公民共享发展成果而制定的规范社会保险制度的专门法律。2010 年《社会保险法》出台后，2018 年进行了一次修正。目前，《社会保险法》中的相关内容与各项保险制度的改革发展形势已经存在一定差距。为适应社会保险整体改革的发展需求，推动社会保险有序健康发展，社会保险法应根据实践发展适时进行进一步的修改完善。

参考文献

人力资源和社会保障部：《2021 年度人力资源和社会保障事业发展统计公报》，2022。

人力资源和社会保障部：《2020 年度人力资源和社会保障事业发展统计公报》，2021。

国家医保局：《2021 年全国医疗保障事业发展统计公报》，2022。

国家医保局：《2020 年全国医疗保障事业发展统计公报》，2021。

马慧：《人口老龄化背景下对第三支柱个人养老金制度的思考》，《产业经济》2022
年第 5 期。

聂国春：《个人养老金制度如何实施：4 部门解读个人养老金制度热点问题》，《中
国消费者报》2022 年 4 月 29 日。

B.19
养老保险制度改革发展现状与趋势分析

陈　敬　宋明辉*

摘　要： 2021 年，我国基本养老保险参保人数继续增加，当期基金收入大幅增长，累计基金结存规模继续下降。城镇职工和城乡居民的养老金水平继续提升。2022 年，继续实施阶段性缓缴费措施，企业和个人缴费压力得到缓解，企业职工基本养老保险全国统筹启动实施，个人养老金制度一系列框架性规定出台，灵活就业人员参保户籍限制放开。下一步，应按照完善多层次多支柱养老保险制度的要求，稳步推进基本养老保险全国统筹，尽快出台配套政策促进第三支柱安全规范发展，加强顶层设计推动灵活就业人员参加职工养老保险，推动建设更加公平、协调、可持续的养老保险制度。

关键词： 养老保险　全国统筹　个人养老金　灵活就业人员

一　制度实施现状

（一）参保情况

截至 2021 年底，全国基本养老保险参保人数共计 102871 万人，比 2020

---

* 陈敬，博士，中国人事科学研究院助理研究员，主要研究方向为养老金政策、事业单位人事管理与收入分配；宋明辉，博士，首都师范大学数学科学学院统计学专业，主要研究方向为统计学。

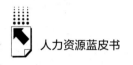

年末增加 3007 万人，增长 3.0%。

城镇职工基本养老保险参保人数达到 48074 万人，比 2020 年末增加 2453 万人，增长 5.3%。其中，参保职工和离退休人员分别为 34917 万人和 13157 万人，分别比上年末增加 2058 万人和 395 万人，分别增长 6.2% 和 3.1%。2021 年末执行企业制度的城镇职工基本养老保险参保人数共计 42228 万人，比 2020 年末增加 2320 万人，增长 5.8%。

城乡居民基本养老保险参保人数为 54797 万人，比 2020 年末增加 554 万人，增幅为 1.0%。其中，实际领取养老金人数为 16213 万人。

截至 2021 年末，企业年金参保企业为 11.75 万家，参保人数达 2875 万人，比上年末增加 157.5 万人，增长 5.8%。

（二）基金收支情况

与上年相比，基本养老保险基金收入大幅增加。2021 年全年，全国基本养老保险基金收入为 65793 亿元，支出为 60197 亿元，与上年相比，分别增长 33.6% 和 10.1%，其中收入增速明显提升。截至 2021 年末，基本养老保险基金累计结存 63970 亿元，比上年末减少 5895 亿元。

城镇职工基本养老保险基金收入为 60455 亿元，支出为 56481 亿元，与上年相比，分别增长 36.2% 和 10.1%。与 2020 年相比，城镇职工基金收入增长显著，支出增长率提升。截至 2021 年末，基金累计结存 52574 亿元，比上年末增长 4257 亿元（见图 19-1）。

城乡居民基本养老保险基金收入为 5339 亿元，支出为 3715 亿元，与上年相比，分别增长 10.0% 和 10.7%。与 2020 年相比，城乡居民基本养老保险基金收入增长率降低，支出增长率略有升高。截至 2021 年末，基金累计结存 11396 亿元，比上年末增加 1637 亿元（见图 19-2）。

（三）待遇保障

2021 年是我国连续上调企业退休职工基本养老金的第 17 个年头，也是连续统一调整企业和机关事业单位基本养老金待遇的第 6 个年头。

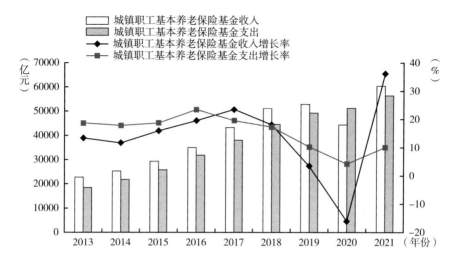

图 19-1　2013~2021 年城镇职工基本养老保险基金收支规模及年增长率

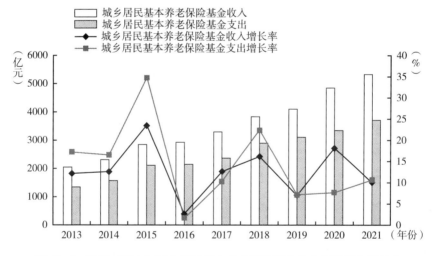

图 19-2　2013~2021 年城乡居民基本养老保险基金收支规模及年增长率

2021 年 4 月，人力资源和社会保障部（以下简称"人社部"）、财政部联合印发《关于 2021 年调整退休人员基本养老金的通知》，从 2021 年起，对企业和机关事业单位退休人员的基本养老金水平作出调整，受益对象为所有调整日期前已按规定退休并领取基本养老金的人员。以 2020 年退休人员

的基本养老金平均水平为基数，全国整体调整比例为 4.5%，各省份以此为高限，自主制定具体调整方案。调整方式依然是定额调整、挂钩调整和适当倾斜的思路。其中，定额调整体现对退休人员的公平保障；特别提出加大挂钩调整的比例，体现缴费激励；适当倾斜体现对特殊群体的保障，如高龄人员和艰苦边远地区退休人员等，并特别规定在企业退休的军转干部不能低于当地企业人员的基本养老金水平。

2021 年 8 月，人社部等六部门联合印发《关于巩固拓展社会保险扶贫成果助力全面实施乡村振兴战略的通知》，强调进一步提高城乡居民基本养老保险全国基础养老金水平，完善落实城乡居民基本养老保险待遇确定与基础养老金正常调整机制，适时提高城乡居民基础养老金标准，并进一步提出规范个人账户记账利率办法，切实提高个人账户养老金水平。

二 制度改革进展

（一）企业职工基本养老保险全国统筹制度启动实施

根据社会保险"大数法则"，提升基本养老保险的统筹层次是养老保险制度改革的重要任务，我国基本养老保险经历了从县级统筹到省级统筹的长期过程。党的十九大报告以及"十四五"规划纲要均明确提出要实现基本养老保险全国统筹。2021 年 11 月发布的《中共中央 国务院关于加强新时代老龄工作的意见》再次要求尽快实现企业职工基本养老保险的全国统筹。截至 2020 年底，全国范围内实现了基金省级统收统支，很大程度上解决了省内基金负担不均衡的问题。2018 年 7 月，企业职工基本养老保险基金中央调剂制度启动，中央对部分养老保险基金统一调剂使用，截至 2021 年底，跨省调剂基金共计 6000 多亿元，为困难省份基本养老金按时足额发放提供了有力支持。

在实现基金省级统收统支和建立企业职工基本养老保险基金中央调剂制度的基础上，2022 年 1 月，企业职工基本养老保险全国统筹启动实施，多地陆续启动了企业养老保险数据向全国统筹系统的转移工作，制度运行基本平稳。第一季度跨省调剂基金计545亿元，实现全国范围内职工基本养老金调剂余缺。[①]

职工基本养老保险的全国统筹，一是在制度上解决了区域之间人口经济不均衡导致的社保基金收支结构性矛盾，基金规模效应得到更大程度发挥，为全国范围内养老金按时足额发放提供了更有力的保障；二是有效促进养老保险的财务可持续，增进制度的稳健性；三是为灵活就业人员参保和参保人员养老保险转移接续提供了更加便利的条件。

（二）继续推出阶段性缓缴费措施

为贯彻党中央、国务院决策部署，落实特困行业纾困政策，2022年4月，人社部办公厅、国家税务总局办公厅发布《关于特困行业阶段性实施缓缴企业社会保险费政策的通知》，基本养老保险费、失业保险费和工伤保险费（以下简称"三项社保费"）这三项费用实行阶段性缓缴。其中，基本养老保险费缓缴范围包括餐饮等5个特困行业企业的职工基本养老保险费的单位应缴纳部分，缓缴时间为4月至6月。上述行业中，个体工商户以及其他单位需要参考企业办法为以单位方式参加社会保险的雇工落实缓缴。个体工商户和灵活就业人员若以个人身份参加了企业职工基本养老保险，如果有困难，也可以暂缓缴纳保费。

随着国内疫情发展和国际形势变化，党中央明确要求防住疫情、稳住经济、安全发展。2022年5月24日，国务院《关于印发扎实稳住经济一揽子政策措施的通知》，提出了6个方面33项具体政策措施，要求进一步扩大社保费缓缴范围，延长缓缴期限。5月31日，人社部、国家发改委、财政部和税务总局发布《关于扩大阶段性缓缴社会保险费政策实施范围等问题的通知》，进一步明确了扩大政策实施范围、延长缓缴期限的行业和具体要

[①] 《国务院政策例行吹风会（2022年4月25日）文字实录》，http：//www.gov.cn/xinwen/2022zccfh/11/wzsl.htm。

求。一是关于扩大实施缓缴政策的困难行业范围。除了餐饮等 5 个特困行业，考虑到疫情影响产业链和供应链致使生产经营遭遇困难的情况，又将农副食品加工、纺织、汽车制造、体育、娱乐等 17 个行业纳入实施缓缴的范围。凡是遇到生产经营困难且属于缓缴扩大范围的企业，可以通过申请缓缴"三项社保费"中单位缴费部分，其中养老保险费于 2022 年底前均可缓缴。二是所有中小微企业和以单位方式参保的个体工商户，如果地区生产经营在疫情的严重影响下遇到了困难，可以申请缓缴养老保险单位缴费部分，同样于 2022 年底前均可缓缴。

根据国内国际形势发展，两个月内连续发布阶段性缓缴费措施，充分考虑各类缴费主体，扩大政策实施的行业范围和延长缓缴时间。这些举措在确保养老金及时足额发放的同时，有效缓解了相关行业企业和受疫情影响严重的中小微企业、个体工商户以及个人的缴费压力，使养老保险安全网作用发挥得更加充分和灵活。

（三）个人养老金制度出台

为发展完善多层次、多支柱养老保险体系，促进养老保险制度健康可持续发展，满足人民群众养老保障的多样化需求，2022 年 4 月，国务院办公厅印发《关于推动个人养老金发展的意见》（以下简称"意见"），从顶层设计的角度建立了第三支柱养老金的基本制度框架，对个人养老金的参加范围、制度模式、缴费水平、税收制度、投资范围、待遇领取等方面作出了明确规范，确立了个人养老金是由政府政策支持、个人自愿参加、市场化运营的补充养老金的基本定位。

根据意见有关规定，个人养老金的参加范围覆盖所有中国境内参加城镇职工基本养老保险或者城乡居民基本养老保险的劳动者；制度模式采用个人账户制，可直观体现个人权益；暂定缴费额度上限为每人每年 12000 元，与 2018 年起试点的个税递延养老保险的税优额度一致；国家将制定相关政策，对参加个人养老金给予税优鼓励；个人养老金制度账户资金投资范围较广，包括银行理财、储蓄存款、商业养老保险、公募基金等类型；个人账户以养老保障为主要目标，实行封闭运行，达到领取基本养老金年龄等条件后可以按月、分次或者一次性领取个人养老金，否则不得提前支取。个人养老金将结合实际分步实施，先在部分城市试行 1 年，再逐步推开。

发展个人养老金制度是推动养老保障事业高质量、可持续发展的重要举措。意见的出台对于完善我国养老保障三支柱体系具有重要意义，为加快建设养老保障第三支柱创造了更有利的条件，同时带动其他个人商业养老金融业务的发展，为老年保障提供更高层次、更多样化的选择，有利于全社会更为积极应对人口老龄化。

（四）灵活就业人员参保政策进一步明确

目前我国灵活就业人员已达 2 亿人左右。[1] 网络平台相关的新业态从业人员已经超过 7800 万人，其中相当一部分人都没有参加社会保险。[2] 随着社会经济发展，我国灵活就业人员群体不断壮大，该群体脱保、漏保情况较为普遍。[3] 各省市针对灵活就业人员参加基本养老保险的政策不尽一致。

2021 年 7 月，人社部等八部门联合印发《关于维护新就业形态劳动者劳动保障权益的指导意见》，要求完善相关政策，放开灵活就业人员在就业地参加基本养老保险的户籍限制。对于确有困难的个别超大型城市，要根据实际情况，积极创造条件逐步放开相关限制。对于未参加职工基本养老保险的灵活就业人员，组织其按规定参加城乡居民基本养老保险，做到应保尽保。企业应引导、支持新就业形态劳动者根据自身情况参加相应的社会保险。

同年 8 月，人社部等六部门联合发布《关于巩固拓展社会保险扶贫成果助力全面实施乡村振兴战略的通知》，明确提出放开户籍限制，引导灵活

---

① 《国新办举行 2021 年国民经济运行情况新闻发布会》，http：//www.scio.gov.cn/m/xwfbh/xwbfbh/wqfbh/47673/47722/index.htm。

② 金维刚：《新业态从业人员社会保险问题与对策》，《中国社会保障》2022 年第 2 期。

③ 《促进我国社会保障事业高质量发展、可持续发展》，http：//www.gov.cn/xinwen/2022-04/15/content_ 5685399.htm。

就业人员积极参加企业职工基本养老保险，并按规定落实就业困难人员的社会保险补贴政策。

上述文件，是继 2020 年国务院办公厅印发《关于应对新冠肺炎疫情影响强化稳就业举措的实施意见》，要求取消灵活就业人员参加职工基本养老保险的省内城乡户籍限制后，进一步放开灵活就业人员参保的户籍限制。

在中央政策出台后，各地先后开展落实工作。2021 年 8 月，《广西壮族自治区人力资源和社会保障厅、广西壮族自治区财政厅关于完善企业职工基本养老保险有关政策的通知》规定：尚未达到法定退休年龄的无雇工的个体工商户、未在用人单位参加基本养老保险的非全日制从业人员以及其他灵活就业人员可在当地参加企业职工基本养老保险。同年 12 月，《浙江省人力资源和社会保障厅关于进一步做好灵活就业人员参加企业职工基本养老保险工作的通知》规定，在浙江就业的法定劳动年龄段内的灵活就业人员，可以个人身份缴费参加企业职工基本养老保险。其中，浙江省内户籍灵活就业人员可以在户籍地参保；在办理就业登记后，省内和省外户籍灵活就业人员均可在就业地参保。

三　制度改革发展趋势

（一）稳步推进养老保险全国统筹

2022 年政府工作报告明确提出稳步实施企业职工基本养老保险全国统筹，这也是当前和今后一段时间内养老保险制度建设的重点任务。职工基本养老保险制度经过县级统筹到省级统筹，以及中央调剂制度的实施，全国统筹制度虽然已明确建立，但对于养老保险政策、基金管理、经办服务、信息系统等方面的统一管理仍然面临多方面的问题，其中包括省级层面的统收统支机制运转仍有待检验，各级政府分责机制尚未建立，多地规模不等的沉淀资金，等等。

下一步，中央层面在测算资金调拨规模、加强全国统筹调剂资金管理的同时，将进一步探索中央和地方政府的责任分担机制、养老保险基本要素统一管理机制，加强对养老保险征缴、支付、待遇调整等相关参数方面的协调统一。① 地方需要统一本地的缴费政策，研究制定地方养老金项目衔接办法、过渡性养老金的配套政策。在管理上，探索压紧压实地方各级政府责任，完善养老保险工作考核办法，健全责任分担机制等。

此外，全国统筹工作的具体开展，要与基本养老保险扩面等工作统筹协调，进一步提升基本养老保险的整体保障能力，增强制度的规范性和系统性。

（二）规范发展第三支柱养老金

第三支柱养老金在我国仍处于起步发展阶段，个人养老金制度应在三支柱养老金体系框架内规范发展，与第一、二支柱统筹协调，恰当发挥其补充养老金作用。

《关于推动个人养老金发展的意见》已对个人养老金的基本制度框架作出原则性规定，未来制度运行涉及多个环节、多个主体，相关政策配套需要人社、财政、银保监会、证监会等多个部门的沟通协作。一是在制度建设上，应重点把握个人养老金的定位，进一步明晰其补充养老的角色。统筹考虑三支柱之间的关系，特别是在税优政策方面，既要鼓励其发展，又要避免对第一、二支柱造成挤压，防止相关政策跑偏。二是加强金融监管部门的监管协作。重点是建立健全相关机构和产品准入规则，完善信息平台建设，满足人们对养老金融产品的多样化需求，同时加强风险管控，切实保障相关投资运作安全规范，确保个人养老金事业高质量发展。三是在相关政策出台过程中，要充分总结试点过程中的相关经验教训，关注公众对个人养老关切的重点、热点问题。对账户安全便捷、收益回报、风险控制、信息公开以及账户提前支取规则等问题，在政策宣传和政策配套建设中作出回应。

---

① 《人社部举行 2021 年第四季度新闻发布会》，http：//www.scio.gov.cn/xwfbh/gbwxwfbh/xwfbh/rlzyhshbzb/Document/1720627/1720627.htm。

依托制度规范，实现第三支柱补充养老金稳健成长，分享实体经济发展红利，有效增加未来养老储备，同时助力资本市场长期健康发展，形成良性循环。

（三）进一步完善灵活就业人员参保政策

随着城镇化发展和就业方式多样化，我国灵活就业人员不断增加，特别是新业态从业者成为其中越来越庞大的群体。灵活就业人员加入基本养老保险，化解未来老年贫困风险，关系到老年基本生活保障及社会稳定，是社会养老保险制度织牢社会安全网的题中之义。"十四五"规划确定了基本养老保险参保率提高到95%的目标。目前按照国家层面的政策要求，各地灵活就业人员参加基本养老保险不应再受户籍限制。受各种因素制约，各地在实际操作中，倾向于把灵活就业人员纳入缴费和支付标准均较低的居民基本养老保险制度。但在现行制度框架下，如果将灵活就业人员纳入居民基本养老保险制度，难以实现为劳动就业群体提供基本养老保障的政策初衷。

面对灵活就业人员在我国就业人员中占比越来越高的现实，提高其职工养老保险参保率的意义更为凸显，灵活就业人员职工养老保险参保率偏低的问题须系统性解决。一是进一步加强全国范围内对灵活就业人员的监测，深化对灵活就业人员工作情况、收入水平等方面的调查研究，并对其未来规模、流向、收入等作出科学预判，为相关政策的论证出台和风险评估提供基础信息。二是多部门加强协作，在国家层面明确规制基本要求，促进新业态平台承担相关缴费责任，灵活调整缴费和计发政策，维护灵活就业人员公平参加职工养老保险的权益，使其享受相应的养老金待遇。三是完善相关社会保险经办管理政策，结合灵活就业人员的实际情况和特点，充分利用信息技术平台，在缴费方式、缴费率、转移接续等方面，为灵活就业人员信息查询、参保缴费、待遇支付等提供便利支持。以上综合举措，将有效清除灵活就业人员参加职工养老保险的政策障碍和实际困难，为更广大范围的劳动者提供更高水平的养老保障。

B.20
新业态发展背景下的
工伤保险制度建设分析

沈　澈　刘运坤*

摘　要： 2021 年，我国工伤保险制度覆盖范围持续扩大，基金规模进一步增长。由于新业态经济对民生和就业的影响愈发明显，新就业形态劳动者的工伤保险面临覆盖面窄、责任划分不清晰、认定和赔偿难以及供给制度不明确等问题。未来一段时间，我国应加快完善多层次工伤保障体系，继续加强与医疗保险的协同管理，明确新业态从业人员职业伤害保障的具体项目内容和保障水平，推动建立新业态发展下的工伤保险长效机制并积极探索新就业形态从业人员职业伤害保障制度设计的差异化。

关键词： 工伤保险　新业态　职业伤害

　　2021 年是落实"十四五"规划的开局之年。国家"十四五"规划明确提出要健全多层次社会保障体系，《人力资源和社会保障事业发展"十四五"规划》对人力资源社会保障系统进一步健全多层次社会保障体系做出了部署安排。改革完善社会保险制度，促进失业保险和工伤保险广泛覆盖职业劳动者，实现省级统筹等是其中的重要内容。随着疫情防控的常态化，互联网等新业态经济对民生发展和就业格局的影响越发明显，外卖骑手、网约

---

* 沈澈，中央民族大学管理学院讲师，主要研究方向为社会保障；刘运坤，中央民族大学管理学院学生，主要研究方向为公共管理与社会保障。

车司机等新业态从业人员占就业者的比重日益提高。新业态平台就业更具流动性和灵活性，与企业之间的劳动关系、保险关系、权责关系相较于传统行业更加模糊。因此，新业态从业人员的职业伤害保障问题随着行业扩张日益凸显，成为影响行业稳定发展和劳动者权益的一个痛点。为此，国家出台相关政策，高度关注新业态从业人员的职业保障问题，并将其作为工伤保险的重要组成部分。

一　工伤保险制度运行现状

2021年6月，人力资源和社会保障部（以下简称"人社部"）印发《人力资源和社会保障事业发展"十四五"规划》，提出要"推进平台灵活就业人员职业伤害保障工作"。经过扎实努力，人力资源社会保障事业实现了"十四五"的良好开局，进一步强化了预防优先的工作理念，有效推动了工伤预防联防联控机制的健全完善。

（一）工伤保险覆盖范围持续扩大

随着社会保险制度改革迈出新步伐，工伤保险制度的覆盖面持续扩大，参保人数不断增加。截至2021年底，全国工伤保险参保人数为28287万人，同比增长5.69%。相较于2020年的5.04%、2019年的6.72%和2018年的5.06%，我国工伤保险参保人数的增长总体呈现加快趋势（见表20-1）。

表20-1　2016～2021年工伤保险年末参保人数

单位：万人

年份	2021	2020	2019	2018	2017	2016
工伤保险年末参保人数	28287	26763	25478	23874	22724	21889

资料来源：各年度人力资源和社会保障事业发展统计公报。

（二）基金规模总体持续增长

自 2003 年 4 月颁布《工伤保险条例》以来，随着我国工伤参保人数持续增加、缴费能力持续提升、工伤保险基金收支规模稳步增长，基金保障能力不断增强。2021 年当年，工伤保险基金收入 952 亿元，较上一年度增加 466 亿元，增长了 95.88%；支出 990 亿元，较上一年增加 170 亿元，增长了 20.73%；2021 年度的基金收支规模重新回到疫情前的水平，并且相较于 2018 年和 2019 年的规模均有所提升。基金收支规模增长均呈现继续加快趋势[①]（见表 20-2）。

表 20-2　2015~2021 年工伤保险基金收入与支出规模

单位：亿元

年份	2021	2020	2019	2018	2017	2016	2015
工伤保险基金收入	952	486	819	913	854	737	754
工伤保险基金支出	990	820	817	742	662	610	599

资料来源：各年度人力资源和社会保障事业发展统计公报。

2021 年度基金收支规模同时恢复扩大的原因主要有两个方面：一是国内疫情得到有效控制，各行业有序复工复产，正常的生产秩序得到一定程度的恢复，社会保险缴费也正常恢复；二是工伤保险参保人数持续增长，参保规模持续扩大，同时为了稳定经济秩序、推动有效复工复产、促进和保障社会生产力，工伤保险基金的支出仍在持续增加。

（三）新业态从业者的工伤保障现状

近年来，新业态从业人员的职业安全问题日益受到政府以及社会大众的重视，其职业保障也取得了较大发展。早在 2019 年，《国务院办公厅关于促进平台经济规范健康发展的指导意见》就提出开展"平台从业人员职业伤害保障试点"。2020 年，《中共中央 国务院关于抓好"三农"领域重点工作

---

① 人力资源和社会保障部：《2021 年度人力资源和社会保障事业发展统计公报》，2022。

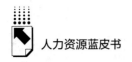

确保如期实现全面小康的意见》（2020 年中央一号文件）和《中共中央国务院关于新时代加快完善社会主义市场经济体制的意见》都明确，要开展新业态从业人员职业伤害保障试点工作。

我国部分地区进行了新业态从业人员职业伤害保障的试点探索，比如，浙江金华、东阳、义乌、湖州、衢州，江苏南通、太仓及苏州市吴江区，山东潍坊等地。具体而言，各地均选择了适合自身的保障模式进行实践探索。湖州市和衢州市针对相对规范的快递和外卖从业人员采取新业态企业、政府和商业保险公司共同承担的"1+1"模式；金华市、东阳市针对没有参加工伤保险的外卖人员等快递人员实行纳入工伤保险模式，即如果从业人员同时与多个平台企业确立用工关系，各个平台需分别承担企业缴费责任；苏州市吴江区针对本地和外籍的新业态从业人员采用职业伤害保险模式，由个人和保险公司承担。① 以江苏苏州市为例，自 2020 年 8 月起，苏州用人单位招用非全日制从业人员可单独为员工参加工伤保险。截至 2020 年末，工伤保险参保职工达到 621.11 万人，全年工伤保险基金总收入为 8.24 亿元，总支出 18.96 亿元，全市共有 82 家企业的 3332 名非全日制员工办理参保登记。

目前，新业态从业者的职业保障逐步从政策规范走向实际落地。企业、政府、市场主体逐步参与到新业态从业者的工伤保障中。在多方协同参与下，新业态从业者职业保障的稳定性得到了增强，覆盖面逐步扩大，参保人数也在持续增加。

二 新业态发展背景下完善工伤保险面临的主要问题

（一）工伤保险暂未全面覆盖新业态从业者

近年来，新业态从业人员数量不断增多、规模不断扩大。根据国家信息中心

---

① 王志梦、李林：《新业态从业人员职业伤害保障制度建设的思考》，《保定学院学报》2022年第 1 期。

发布的《中国共享经济发展年度报告（2021 年）》，2020 年我国共享经济参与者达到约 8.3 亿人。其中约 8400 万人是服务提供者，约 631 万人为平台企业员工。新业态从业人员的收入水平参差不齐、收入稳定性较低，交通意外等职业风险较高，由此也关联产生了职业伤害保障问题，与之相比，同一年度的工伤保险参保人数为 2.7 亿人，仅为共享经济从业人员的 30% 左右。由此可见，尽管我国的工伤保险参保人数在逐年上升，覆盖范围在持续扩大，但以外卖骑手、快递员、网约车司机等为代表的新业态从业者的工伤保险仍然没有得到广泛、全面的覆盖。

（二）工伤保险责任划分不清晰

传统就业形态以劳动合同为基础，员工与用人单位之间建立相对稳定的劳动关系。而新业态经济用工形式一般体现为非正式用工形式，且灵活性很强。例如，外卖平台工作人员登录外卖派送平台，则当天与平台方建立劳务关系，未登录则不具备劳务关系。因此，从业人员流动性大、可替代性强，同时职业风险较高。由于新业态从业者与企业的用工关系难以用传统方式加以准确界定，劳动关系界定的边界不明晰，造成大多数从业者一直未被纳入正式社会保险体系。

根据《社会保险法》和《工伤保险条例》，工伤保险由具有法定劳动关系的一方主体即用人单位缴纳保费为员工投保，员工无缴费责任。因此，工伤保险依托传统单位的劳动关系而存在。而在新业态经济发展过程中，劳动者与新业态企业之间的劳动关系难以明确，劳动者的具体职业也不再单一化、固定化，新业态从业人员往往与平台企业之间无法形成一对一、相对稳定的劳动合同关系，工伤保险中各个主体间责任的划分出现制约，新业态从业人员无法按照传统方式参加工伤保险，第一层次社会保障无法精准发力，相关法律法规也需要优化，面临社会风险应对机制的缺失和社会保障不充分的困境。①

---

① 王增文、陈耀锋：《新业态职业伤害保障制度的理论基础与制度构建》，《西安财经大学学报》2022 年第 2 期。王秀春：《新业态从业人员劳动权益保障问题的思考》，《中国人力资源社会保障》2022 年第 3 期。

（三）工伤保险认定和赔偿难

除参保不明确外，新业态经济中职业伤害的认定相较于传统工伤认定也更加复杂。《工伤保险条例》按照"三工"原则进行工伤认定，即在工作时间、工作场所并因工作原因导致伤害、职业病或急病发作。但新业态从业人员的工作时间弹性、地点灵活、致伤原因复杂多样，按照"三工认定"来调查取证尤为困难，大多数平台企业只能通过购买商业保险的形式为从业人员进行职业伤害保障。而相对工伤保险而言，商业保险的后续保障能力较弱，保障责任范围更严格，缺乏长期稳定的保障待遇，造成新业态从业人员的职业伤害保障水平较低，无法有效满足工伤保障需求。[①]

（四）工伤保险的供给制度仍不完善

当前，我国的工伤保险制度主要面向建立了稳定劳动关系的就业群体，灵活就业人员缺乏职业伤害保障，一旦发生事故，将面临维权难、医疗费负担重的困境。而新业态从业人员的职业风险要更大，大多也由从业人员自我承担，且发生频率较高，损失较大。以网约配送员为例，目前薪酬模式主要表现为"按件计酬、多劳多得"，这导致网约配送员劳动强度大，甚至开启全年无休模式，形成隐性加班。外卖骑手的违规交通行为也导致交通事故发生率增加。交通事故还给骑手们带来了医疗、伤残、身故等风险。而对于新业态从业人员的特殊工作情境和工作状况，我国的工伤保险制度中没有特定为其设计的保险制度，现行保险制度与医疗、失业等其他社会保险事项间的联系仍不够紧密，无法有效地为新业态从业人员提供稳定的工伤保险保障。[②]

---

① 李红刚、李菁菁：《构建"新业态"从业人员职业伤害保障制度探析》，《天津中德应用技术大学学报》2022年第1期。

② 金欣瑜、卞呈祥、夏永婷、舒欣晔：《基于公平视角的新业态从业人员职业伤害保障制度研究》，《黑龙江人力资源和社会保障》2022年第3期。

三 新业态发展下工伤保险制度发展趋势

（一）完善多层次工伤保障体系

2021 年 1 月，人社部、工信部、财政部、住建部等八部门联合印发《工伤预防五年行动计划（2021—2025）》，对"十四五"时期的工伤预防工作做出系统部署，明确提出，要树立预防优先工作理念、建立完善联防联控预防机制、锚定预防重点行业、加大预防宣传力度、深入推进预防培训、科学设定保险浮动费率、开展"互联网+工伤预防"、促进预防专业化和职业化建设、加强预防考核监督。工伤预防是工伤保障体系的第一道屏障，应将新业态从业人员尽快纳入其中。

要有序落实国家经济和社会发展"十四五"规划和 2035 年远景目标纲要、人力资源社会保障事业发展"十四五"规划的有关要求，加快健全覆盖全体劳动者、公平可持续的多层次工伤保障体系。我国已经初步建立了多层次养老、医疗保障体系，但最具有灵活性的工伤保险却暂时未建成多层次的保障体系，无法满足不同群体特别是新业态从业人员的工伤保险需求。尽快建立健全多层次工伤保障体系，首先要进一步夯实第一层次的基本工伤保险体系，稳步实行省级统筹，扩大基金资产池。其次要通过税收优惠等方式鼓励商业保险机构开发适用于不同行业的意外伤害保险，为第二、第三层次的工伤保险提供市场基础。第二、第三层次工伤保险应成为新业态。最后要建立"零支柱"的工伤救助制度，为特殊困难的工伤人员提供社会救助等帮扶。

（二）继续加强与医疗保险的协同管理

工伤保险是因公致伤、致病条件下，由国家、企业为工伤者提供医疗、康复及保障支持，因此，工伤保险与医疗保险等其他社会保险种类都有着内在关联性，是特定范围内的医疗及康复保障。同时，工伤保险的基金积累、

保障体量都相对较小，因此在 2018 年国家机构改革前，主要采取同一个部门的保障方式，工伤保险中的医疗服务对医疗保险的依从度较高。机构改革后，国家成立专门的医疗保障局，医疗保险职责与工伤保险不再同属于人社部门。需要进一步探索工伤保险与医疗保险的协同对接方式，加强部门协同。

工伤保险中的医疗服务与基本医疗服务的本质相通，在服务管理上也具有相似规律，探索协同管理机制对于方便参保人、提升管理服务效率、节约社会公共资源等方面有重大意义。要基于国情总结经验，借鉴相关国际经验，完善协同机制；要在重点领域加强合作，解决主要矛盾。此外，在已经确诊为职业病并正在接受治疗的工伤群体的医疗救治上，也需要提高医疗、工伤保险之间的信息对称性，注重政策有效衔接和管理沟通，统一待遇标准、理顺经办流程，保障待遇。

（三）明确新业态从业人员职业伤害保障的具体项目内容和保障水平

《人力资源社会保障事业发展"十四五"规划》明确了"十四五"时期人社事业发展的六大主要目标。为推进新业态从业人员的职业伤害保障工作，提高新业态从业人员的职业伤害保障水平，需要出台对新业态从业人员职业伤害保障的相关措施，及时对工伤保险制度进行具体细化，明晰各个主体的权责，减少因新业态从业者劳动关系变化和不稳定导致的工伤保险制度的不完善和保障范围的缺失。努力将工伤保险与其他社会保险对接，使其能够有效提高在新业态发展下的保障水平，切实完善长效、稳定保障新业态从业人员的制度功能。

（四）推动建立新业态发展下的工伤保险长效机制

2021 年，人社部印发《社会保险基金行政监督办法》，以提升监督效率效能，确保基金安全运营，为人民的"养命钱""救急钱"筑牢安全屏障。为了保障基金安全，需要不断优化政策设计、规范管理制度、健全内控机制、强化外部监督，建立健全工伤保障基金的现代化风险治理体系。

需要重视制度落实，保障工伤保险制度的长期有效执行。一是要以统一的规范性文件为标准，督促各执行机构依法贯彻落实，提升风险识别能力，及时制止并打击欺诈骗保、挪用贪占或"跑冒滴漏"等涉及工伤保险基金的违法行为。二是建立协同治理体系，依托各个险种的社保基金专项检查，强化人防、制防、技防和群防"四防"协同，整合各方资源，确保基金安全运营。三是继续健全工伤保障的法制建设，提高立法层次，发布统一的标准规范和操作细则，不断完善工伤保险基金监督制度体系。

在增强制度执行力的同时还需要建立多主体协同监督体系，动员并规范社会监督力量形成理性合力，形成以职能部门为主体、多部门协同、社会各方积极参与的监督体系。拓展监督范围，将收支、经办、等级鉴定等与工伤保险基金密切相关的部门纳入监督范围。要明确法律责任，严厉打击工伤欺诈骗保行为，依法处置侵占、危害基金安全的犯罪行为。

（五）制度设计从差异化走向一体化

自新业态从业人员职业伤害保障进入试点阶段以来，考虑到对新业态从业人员与传统行业就业者不同的特殊性，试点地区都进行了差异化工伤保险设计。差异化制度设计有助于体现行业和地区的现实情况，尽快解决新业态工伤保险"从无到有"的问题。从参保对象方面，需要统筹考虑到当地及外来输入的新业态从业人员，确定好参保对象的范围。随着新业态从业人员工伤保险覆盖面的扩大，应及时解决现行制度的"堵点"，在工伤保险制度中增加从业者灵活参保的制度设计，促进制度建设的一体化。在主体方面，工伤保险可以由政府和用人单位共同承担，并且可以简化企业的缴费流程；在缴费基数方面，可以利用大数据平台获取信息，以从业人员的工资为依据，通过激励手段调动从业人员的积极性；在保险待遇和鉴定方面，可以引

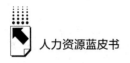

入专业的鉴定机构，以其专业的视角和丰富的经验规避新业态从业人员流动性大所带来的瓶颈。①

参考文献

王增文、陈耀锋：《新业态职业伤害保障制度的理论基础与制度构建》，《西安财经大学学报》2022 年第 2 期。

王秀春：《新业态从业人员劳动权益保障问题的思考》，《中国人力资源社会保障》2022 年第 3 期。

李红刚、李菁菁：《构建"新业态"从业人员职业伤害保障制度探析》，《天津中德应用技术大学学报》2022 年第 1 期。

金欣瑜、卞呈祥、夏永婷、舒欣晔：《基于公平视角的新业态从业人员职业伤害保障制度研究》，《黑龙江人力资源和社会保障》2022 年第 3 期。

王志梦、李林：《新业态从业人员职业伤害保障制度建设的思考》，《保定学院学报》2022 年第 1 期。

---

① 金欣瑜、卞呈祥、夏永婷、舒欣晔：《基于公平视角的新业态从业人员职业伤害保障制度研究》，《黑龙江人力资源和社会保障》2022 年第 3 期；王志梦、李林：《新业态从业人员职业伤害保障制度建设的思考》，《保定学院学报》2022 年第 1 期。

B.21
我国基本医疗保险制度改革现状及发展方向分析

张欣欣*

摘　要： 2021年，我国基本医疗保险参保人数超过13.6亿人，基金收支状况良好，保障待遇进一步提升。基本医疗保险制度改革取得积极进展：医保参保质量进一步提高；药耗集采改革、药品目录和价格调整有序推进；DRG/DIP支付方式改革全面推开；医保基金监管高压态势持续巩固；医保信息化标准化建设深入开展；疫情防控医保措施不断优化。基本医疗保险制度发展仍面临如下问题及挑战：基本医保参保精准性仍需提高；待遇与筹资关联机制有待完善；医保支付方式改革需深入推进；医保基金监管形势仍较为严峻；医保信息化建设需进一步加强。基本医疗保险制度发展方向为：建设公平医保，提升基本医保参保质量；建设安全医保，优化待遇保障和筹资机制；建设协同医保，深化药耗集采制度、医保支付方式改革；建设法治医保，健全医保基金监管制度体系；建设智慧医保，加快推进医保信息化、标准化。

关键词： 基本医疗保险　基金监管　医保信息化

党和国家高度重视医疗保障事业。2021年，我国基本医疗保险制度运

---

* 张欣欣，中国人事科学研究院助理研究员，主要研究方向为薪酬管理、社会保障、岗位管理、绩效管理等。

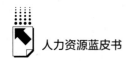
行平稳，基金运行安全稳健，群众待遇巩固提高，各项医保改革继续深化，为缓解群众看病难、看病贵问题发挥了重要作用。

一 制度实施现状

基本医疗保险（以下简称"基本医保"）包括职工基本医疗保险（以下简称"职工医保"）和城乡居民基本医疗保险（以下简称"居民医保"）。

（一）参保人员总量持续增长

2021年，基本医保参保人数136297万人，比上年增加166万人，参保率稳定在95%以上。参加职工医保35431万人，比上年增加976万人，增幅2.8%。其中，在职职工26106万人、退休职工9324万人，分别比上年增长2.7%、3.3%。在职退休比为2.80，比上年下降0.02。参加居民医保100866万人，比上年减少810万人，降幅0.8%。参加生育保险23752万人，比上年增加185万人，增幅0.8%。①

（二）基金收支状况良好

2021年，基本医保基金（含生育保险）总收入28727.58亿元，比上年增长15.6%；总支出24043.10亿元，比上年增长14.3%；累计结存36156.30亿元。职工医保基金（含生育保险）收入19003.10亿元，比上年增长20.8%。②其中，统筹基金（含生育保险）收入11864.04亿元，比上年增长29.8%；支出9321.27亿元，比上年增长17.5%；累计结存17685.74亿元。个人账户收入7139.06亿元，比上年增长8.4%；支出5425.46亿元，比上年增长9.9%；累计结存11753.98亿元。居民医保基金收入9724.48亿元，比上年增长

① 国家医疗保障局：《2021年全国医疗保障事业发展统计公报》，2022。
② 2020年职工基本医疗保险实施阶段性减征政策，基数较低。

6.7%；支出 9296.37 亿元，比上年增长 13.9%；累计结存 6716.58 亿元；人均筹资 889 元。①

（三）保障待遇进一步提升

1. 享受待遇人次

2021 年，职工医保和居民医保享受待遇人次均有所增加。职工医保参保人员享受待遇 20.40 亿人次，比上年增长 13.9%。其中，普通门急诊 17.23 亿人次，比上年增长 14.5%；门诊慢特病 2.58 亿人次，比上年增长 10.6%；住院 0.59 亿人次，比上年增长 11.8%。居民医保参保人员享受待遇 20.81 亿人次，比上年增长 4.7%。其中，普通门急诊 16.83 亿人次，比上年增长 4.0%；门诊慢特病 2.44 亿人次，比上年增长 13.7%；住院 1.53 亿人次，与上年基本持平。生育保险参保人员享受待遇 1321 万人次，比上年增加 154 万人次，增幅 13.2%。②

2. 住院率和次均住院费用

2021 年，职工医保和居民医保住院率、次均住院费用均有所增加。职工医保参保人员住院率为 17.7%，比上年增加 1.8 个百分点；次均住院费用 12948 元，比上年增长 2.3%。居民医保参保人员住院率为 15.2%，比上年增加 0.1 个百分点；次均住院费用 8203 元，比上年增长 6.3%。③

3. 医疗费用和基金实际支付比例

2021 年，职工医保参保人员医疗总费用 14997.37 亿元，比上年增长 12.2%。其中，医疗机构发生费用 12936.45 亿元，个人账户在药店支出费用 2060.92 亿元。职工医保政策范围内住院费用基金支付 84.4%。居民医保医疗费用 15107 亿元，比上年增长 7.3%。居民医保政策范围内住院费用基金支付 69.3%，比上年减少 0.7 个百分点。生育保险人均生育待遇支出 22261 元，比上年增长 1.3%。④

---

① 国家医疗保障局：《2021 年全国医疗保障事业发展统计公报》，2022。
② 国家医疗保障局：《2021 年全国医疗保障事业发展统计公报》，2022。
③ 国家医疗保障局：《2021 年全国医疗保障事业发展统计公报》，2022。
④ 国家医疗保障局：《2021 年全国医疗保障事业发展统计公报》，2022。

二 制度改革进展

（一）医保参保质量进一步提高

1. 优化医保关系转移接续和异地就医结算

2021 年 7 月，国家医疗保障局（简称"国家医保局"）进一步推进基本医保跨统筹地区关系转移接续和跨省异地就医直接结算。2021 年底，全国所有统筹地区实现普通门诊费用跨省直接结算全覆盖，全年住院费用跨省直接结算 440.59 万人次，医保基金支付 624.63 亿元。①

2. 开展门诊慢特病相关治疗费用跨省直接结算试点

2021 年 9 月，开展门诊慢特病相关治疗费用跨省直接结算试点工作。2021 年底前，每个省至少要选择 1 个统筹地区开展高血压、糖尿病等 5 种门诊慢特病相关试点工作，主要包括规范跨省直接结算政策、统一就医结算规则、完善信息系统建设、落实就医监管职责和做好资金预付和清算等。

3. 明确医保关系转移接续流程

为解决参保人员因跨统筹地区就业、户籍或常住地变动等发生的基本医保关系转移接续问题，2021 年 11 月，国家医保局、财政部印发《基本医疗保险关系转移接续暂行办法》，对参保人员或用人单位申请转移接续、转出地和转入地经办机构办理转移接续等流程进行了明确规定，主要包括职工医保制度内、居民医保制度内以及职工医保、居民医保跨制度转移接续等，实行统一规范、跨省通办，进一步提升服务水平。同时，如图 21-1 所示，也对手续申请、手续办理以及医保待遇衔接等问题加以规定。

（二）药耗集采改革、药品目录和价格调整有序推进

1. 药耗集中带量采购改革常态化、制度化开展

2021 年 8 月，《关于印发药品和医用耗材集中采购公共服务事项清单的

---

① 国家医疗保障局：《2021 年全国医疗保障事业发展统计公报》，2022。

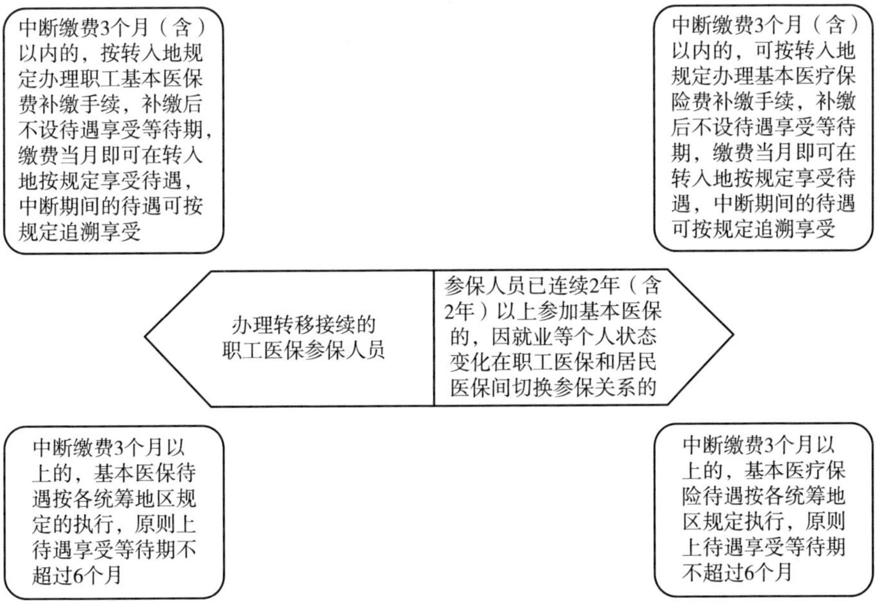

图 21-1　基本医疗保险关系转移接续待遇衔接政策

通知》明确规定，各省级集采机构要根据药品和医用耗材集中采购清单，及时制定并发布本省办事指南，规范线上和线下办理事项及办事流程，推动公共服务质量和水平不断提升。9月，国家组织人工髋关节、膝关节集中带量采购，平均降价 82%，惠及 80 万患者，每年减负 180 亿元。[1]

为实现药品集中带量采购协议期满后平稳接续，2021 年 11 月，国家医保局发布通知，以省或省际联盟为单位，精心做好接续工作，具体包括坚持带量采购、分类开展接续、强化信用和履约评价等。同月，国家组织开展第六批集中采购，即以胰岛素为对象进行专项采购，首次将集采拓展到生物医药领域，共有 42 个产品中选，平均降价 48%，惠及千万糖尿病患者，每年减负 90 亿元。[2] 2021 年，全国通过省级药品集中采购平台网采订单总金额 10340 亿元。[3]

---

[1]　郑功成：《从共同富裕视角推动医疗保障高质量发展》，《中国医疗保险》2022 年第 3 期。

[2]　郑功成：《从共同富裕视角推动医疗保障高质量发展》，《中国医疗保险》2022 年第 3 期。

[3]　国家医疗保障局：《2021 年全国医疗保障事业发展统计公报》，2022。

2022年3月和4月，国家层面分别完善了高值医用耗材（人工关节）和药品（胰岛素专项）集中采购，规范平台挂网工作和价格、做好医保支付政策衔接、规范医疗机构采购和使用行为等，确保中选产品稳定供应、安全使用，将改革红利惠及广大患者。

2. 医保药品目录和价格动态调整机制逐步建立

2021年12月，国家医保局、人力资源社会保障部印发基本医保药品目录，旨在进一步提高参保人员用药保障水平。该文件做出如下规定：第一，建立动态调整机制，被调入药品按规定纳入基金支付范围，被调出药品同步调出；第二，规范支付标准；第三，扎实推进推动谈判药品落地；第四，按时完成各省原自行增补品种的消化工作；第五，规范民族药、医疗机构制剂、中药饮片和中药配方颗粒管理。调整后，目录新增74种药品，调出11种药品，67种目录外独家药品谈判成功，平均降价61.71%；2021年国家谈判药品惠及患者1.4亿人次，减负1500亿元。[①]

3. 深化医疗服务价格改革

2021年8月，国家多部门联合发布医疗服务价格改革试点相关方案，加快建立科学确定、动态调整的医疗服务价格形成机制，提高医疗服务质量。具体包括：建立目标导向的价格项目管理机制、更可持续的价格管理总量调控机制、规范有序的价格分类形成机制等。

（三）DRG[②]/DIP[③]支付方式改革全面推开

1. 全面深化以DRG/DIP为重点的支付方式改革

2021年7月，针对DIP付费方式，国家医保局印发管理规程，规范医保经办工作，包括协议管理、信息系统建设与数据采集、预算管理、病种分

---

① 海韵：《开局之年的医保答卷：高质量发展开新局》，《中国医疗保险》2022年第3期。
② 按疾病诊断相关分组（CHS-DRG）付费是按照疾病严重程度、治疗方法复杂程度、治疗成本不同划分为不同的疾病组，医保部门按照相应的支付标准向医院付费。
③ 按病种分值（DIP）付费是利用大数据将疾病按照诊断和治疗方式组合作为付费单位，确定合理的付费标准并向医院付费。

值确定等内容。同年 11 月，针对 DRG/DIP 付费方式改革，国家医保局发布三年行动计划。具体包括如下目标：从 2022 年到 2024 年，全面完成改革任务；2024 年底，全国所有统筹地区全部开展改革工作；2025 年底，覆盖所有符合条件的开展住院服务的医疗机构，基本实现病种、医保基金全覆盖。12 月，第一届中国按疾病诊断相关分组（CHS - DRG）和按病种分值（DIP）支付方式改革大会召开，旨在促进精细化管理、高质量发展。截至 2021 年底，全国 30 个 DRG 付费国家试点城市和 71 个 DIP 付费试点城市全部进入实际付费阶段。①

2. 确定 DRG/DIP 示范点城市名单

以 DRG 为主的多元复合式医保支付方式是推进医保和医药服务协同发展的重要措施。为推进医保支付方式改革，2021 年 12 月，决定开展 DRG/DIP 示范点城市建设工作。其中，DRG 示范点 18 个②、DIP 示范点 12 个③、综合（DRG/DIP）示范点 2 个④。示范点城市要实现 DRG/DIP 付费医院、病种全覆盖，提高信息化水平，及时发现问题、总结改革成效。

3. 开发测试 DRG/DIP 功能模块基础版本

为加快建立高效管用的医保支付机制，深入推进 DRG/DIP 支付方式改革，2022 年 4 月，国家医保局开发了 DRG/DIP 功能模块基础版本，选择部分省级医保信息平台测试；6 月底前，选择部分新开展 DRG/DIP 支付方式改革的地区，试用全国统一医保信息平台 DRG/DIP 功能模块；11 月底前，实现 DRG/DIP 功能模块在全国落地应用。

---

① 国家医疗保障局：《2021 年全国医疗保障事业发展统计公报》，2022。
② 包括北京市、河北省邯郸市、山西省临汾市、辽宁省沈阳市、黑龙江省哈尔滨市、江苏省无锡市、浙江省金华市、山东省青岛市、河南省安阳市、湖北省武汉市、湖南省湘潭市、广西壮族自治区梧州市、四川省攀枝花市、贵州省六盘水市、云南省昆明市、甘肃省庆阳市、青海省西宁市、新疆维吾尔自治区乌鲁木齐市、新疆生产建设兵团直属统筹区（驻乌鲁木齐市）。其中，乌鲁木齐市为新疆维吾尔自治区和新疆生产建设兵团联合示范点城市。
③ 包括河北省邢台市、吉林省辽源市、江苏省淮安市、安徽省宿州市、福建省厦门市、江西省赣州市、山东省东营市、湖北省宜昌市、湖南省邵阳市、广东省广州市、四川省泸州市、贵州省遵义市。
④ 包括天津市、上海市。

（四）医保基金监管高压态势持续巩固

1. 依法惩处骗取医保基金犯罪行为

2021 年 7 月，《国家医疗保障局关于优化医保领域便民服务的意见》提出，完善法规，依法严厉打击诱导住院、虚开费用单据、过度诊疗等欺诈骗保行为。同年 12 月，国家医保局、公安部联合印发《关于加强查处骗取医保基金案件行刑衔接工作的通知》，明确列出骗取医保基金案件移送情形，加强医保行政部门与公安机关协作配合，切实保障医保基金安全。

2. 规范医保基金违法行为举报管理

2022 年 1 月，为规范医保基金使用监督、维护医保基金安全，国家医保局审议通过《医疗保障基金使用监督管理举报处理暂行办法》，对违法违规使用基本医保（含生育保险）基金的举报机制进行了明确规定。2021 年，国家医保局收到举报线索多达 8200 多件，查实并追回资金 1.1 亿元。[①]

3. 加大医保基金飞行检查力度

2021 年，继续加强医保行政部门专项检查和医保经办机构日常核查，全年共追回医保资金 234.18 亿元。组织开展飞行检查 30 组次，检查定点医疗机构 68 家、医保经办机构 30 家，查出涉嫌违法违规资金 5.58 亿元。[②]

（五）医保信息化标准化建设深入开展

1. 加强医保基金使用监管信息化建设

2021 年 7 月，《国家医疗保障局关于优化医保领域便民服务的意见》提出，针对医保领域欺诈骗保行为特点，完善智能监控知识库和审核规则库。2022 年 4 月，国家医保局审议通过《医疗保障基金智能审核和监控知识库、规则库管理办法（试行）》，明确知识库、规则库建设和动态调整等相关内容。通过信息化手段，对医保基金使用情况进行全程监控。

---

① 郑功成：《从共同富裕视角推动医疗保障高质量发展》，《中国医疗保险》2022 年第 3 期。
② 国家医疗保障局：《2021 年全国医疗保障事业发展统计公报》，2022。

2. 提高医保结算清单数据质量

2021 年 8 月，国家医保局结合实际情况，对"医疗保障基金结算清单"和"医疗保障基金结算清单填写规范"进行修订，做好基础信息质量控制，进一步提高医保结算清单数据质量。

3. 多方位推进医保信息化标准化工作

2021 年 12 月，为加快推进统一医保信息业务编码标准，国家医保局对中医病症分类与代码进行更新，促进数据共享互认。为充分发挥医保信息平台支撑作用、提升医保服务能力，2022 年 2 月，《国家医疗保障局关于进一步深化推进医保信息化标准化工作的通知》提出，要扎实推进编码动态维护和深化应用；全面深化平台应用；筑牢网络和数据安全防线；完善平台运维管理体系；持续完善信息基础设施建设；稳步提升数据治理效能；高标准完成平台验收。同年 5 月，全国统一的医保信息平台全面建成，为 13.6 亿参保人员提供医保服务，医保信息化标准化工作取得里程碑式突破。[1]

（六）疫情防控医保措施不断优化

2022 年 3 月，国家医保局根据疫情防控形势变化情况，及时调整优化疫情防控医保政策措施。主要包括两方面内容：一是按程序将检测试剂及项目临时性纳入本省份基本医保医疗服务项目目录，定点基层医疗机构发生费用按统筹地区现行规定支付，定点零售药店购买检测试剂费用通过个人账户支付；二是及时调整纳入医保支付范围的新冠治疗用药。[2]

三 面临的问题及挑战

（一）基本医保参保精准性仍需提高

我国基本医保参保人数已超过 13.6 亿人，参保率一直稳定在 95% 以上，

---

[1] 《全国统一的医保信息平台全面建成，住院结算平均响应时间约 0.8 秒》，https：//m. peopledailyhealth. com/articleDetailShare？ articleId＝59ac5bcea5264e76a5d557fb98781306。

[2] 《应对新形势，新冠肺炎诊疗方案做出重大调整》，《中国总会计师》2022 年第 3 期。

群众参保意识普遍增强，但距离覆盖精准性要求还存在一定差距，制度整合、转移衔接没有完全到位，"精准扩面"有待深入。主要表现在以下几个方面。一是参保数据的完整性、准确性影响了参保覆盖面的扩大；二是参保数据共享机制尚未健全，无法有效实现数据共享和动态调整；三是存在人口流动导致参保中断、跨省参保信息不全等问题，以及难以有效组织灵活就业人员和新业态从业人员参保等情况。①

（二）待遇与筹资关联机制有待完善

待遇保障和筹资机制是医保制度可持续发展的核心内容。当前，基本医保统筹层次有待提高，城乡、各地区、各群体之间的待遇有一定差距，发展不平衡、不充分影响医保制度公平性，相关机制有待健全完善。②

待遇保障方面。目前居民医保与职工医保待遇之间仍有较大差距，各地具体制度和政策也有所不同。以住院医药费用报销为例，2020 年，职工医保合规住院医药费用报销比例为 85.2%，居民医保为 70%。③ 在稳定职工医保待遇水平的基础上，仍需稳步提高居民医保待遇水平，逐步缩小二者之间的差距，实现基本医保制度的有效统一。④

筹资运行方面。当前，面临主要疾病谱、传统传染病以及新型传染病等多重风险，医保基金支出刚需不断扩大。⑤ 一是职工医保、居民医保参保以及缴费方式等差异较大。筹资比例尚未与社会经济发展水平、医保基金支出需求以及个人收入等进行有效关联，筹资方式和比例合理性有待提高。⑥ 二是医保基金增值保值压力较大。2020 年底，基本医保基金累计结存 31500 亿元，当年筹集的基金按活期存款利率计息，历年累计结存比照 3 年期零存

① 刘碧茹：《以数据高质量助力全民参保精准化》，《中国医疗保险》2022 年第 3 期。
② 仇雨临、王昭茜：《共建共治共享 建设协同医保》，《中国医疗保险》2022 年第 1 期。
③ 贾洪波：《基本医疗保险制度变迁与国民获得感提升》，《社会科学辑刊》2022 年第 3 期。
④ 何文炯：《基于共同富裕的社会保障结构优化》，《中国社会保障》2021 年第 11 期。
⑤ 郭心洁、海韵：《咬定发展目标 建设"五个医保"》，《中国医疗保险》2021 年第 11 期。
⑥ 仇雨临：《以待遇为基础 健全基本医疗保险动态筹资机制》，《中国医疗保险》2021 年第 2 期。

整取储蓄存款利率计息，即 3 年期零存整取利率仅为 1.3%，明显低于近年来平均 2.46% 的 CPI。[①]

（三）医保支付方式改革需深入推进

医保支付是医保管理的重要环节，对规范医疗服务行为、引导医疗资源配置具有重要作用。当前，医保支付方式改革有如下难点。一是"控费"和"保质"的平衡问题。医保支付方式改革在强调"控费"的同时，应更好发挥制度的激励约束作用。当前，总额控制指标、支付制度相关指标制定的科学性、合理性仍需提高，医保经办机构与医疗机构之间的协商力度也需不断加大。二是医院结余留用问题。现有做法是，通过持续优化医保支付机制激发医疗机构内生发展动力，以"结余留用、超支分担"激励节约医保资金、降低成本，提高医保基金资金使用效率。但目前结余留用比例、使用办法缺少统一规范，分配及超支共担比例尚无统一标准，也没有针对资金监管做出相关规定。[②]

（四）医保基金监管形势仍较为严峻

随着《医疗保障基金使用监督管理条例》的颁布，医保基金监管取得一定成效，基金监管体系基本建立，欺诈骗保现象得到一定程度的遏制，基金监管水平有所提升。但当前，医保基金监管形势仍较为严峻。一是医保基金欺诈骗取现象时有发生。部分医疗机构缺乏管理意识、法律意识，加之维持自身运营和发展需要，导致医保基金挪用、欺诈骗取等违法违规行为发生概率增加。[③] 二是医保基金监管法律体系尚不完善。对于基金监管、欺诈骗保、行政处罚种类等相关内容尚未进行统一规定，各地在医保基金监管方面

---

① 郑秉文：《医保基金保值增值迫在眉睫》，《中国医疗保险》2022 年第 3 期。
② 陈政、朱玲、陈隽、李春厚、王怡、周炯、向炎珍：《医保资金结余留用的法律问题与对策建议》，《中国医疗保险》2022 年第 3 期。
③ 赵军：《医院医保基金使用问题及改进策略探讨》，《行政事业资产与财务》2022 年第 8 期。

的法律规定也较为分散。① 三是医保基金监管信息化水平较低。当前，各地医保监管信息化系统尚未实现全覆盖，没有对基金使用全流程进行有效监控，信息接口、数据互认等还未能满足医保基金监管需求，需进一步优化完善。②

（五）医保信息化建设需进一步加强

新时期，医保精细化管理对医保信息化建设提出了更高要求。当前，医保信息化建设面临以下难点。一是医保信息化建设较为复杂、涉及面广，发展基础相对薄弱，总体水平有待提高。各地信息系统建设进度、投入等差距较大。二是医保数据关联、资源共享力度不足，随之产生数据更新不及时、跨地域和跨部门信息共享不顺畅等问题。三是全国统一医保信息平台建成后，落地实施有待加强。如存在系统稳定运行、各医院接入该平台的信息系统建设以及形成全国医保标准清单等问题，需各部门、各医疗机构研究解决。

四　发展方向

持续完善基本医保制度是减轻群众就医负担、增进民生福祉、维护社会和谐稳定的重要保障。2021 年 9 月，国务院印发的《"十四五"全民医疗保障规划》明确提出，到 2025 年，医保制度更加成熟定型，基本完成待遇保障、筹资运行、医保支付、基金监管等重要机制改革任务。

（一）建设公平医保，提升基本医保参保质量

1. 巩固提高统筹层次

一是在全面做实基本医保市地级统筹的基础上，推动省级统筹，探索推

---

①　王斌斌、肖锦铖：《我国医疗保障基金监管现状研究》，《卫生软科学》2022 年第 5 期。
②　王斌斌、肖锦铖：《我国医疗保障基金监管现状研究》，《卫生软科学》2022 年第 5 期。

进市地级以下医疗保障部门垂直管理；二是基本统一全国基本医保用药范围，规范医保支付政策确定办法等，促进基本医保公平普惠；① 三是完善职工医保与居民医保分类保障机制，促进基本医保制度的公平性、统一性和规范性。

2. 持续提升全民医保参保质量

一是建立各部门、各单位数据共享机制，完善参保数据库建设，巩固提高参保覆盖率；二是优化参保缴费服务，丰富参保缴费渠道；三是完善灵活就业人员参保缴费方式，放开户籍限制；四是完善跨统筹地区参保人员基本医保关系转移接续和异地结算。②

（二）建设安全医保，优化待遇保障和筹资机制

1. 完善基本医保多元筹资机制

以待遇为基础建立筹资动态调整机制，均衡个人、用人单位和政府三方筹资责任，逐步缩小不同制度之间、不同区域之间以及不同群体之间的差距，强化医保再分配功能。一是针对职工医保，合理确定缴费基数和费率，提高统筹基金比重；二是针对居民医保，完善筹资政策，优化个人缴费和政府补助结构。

2. 提供公平适度的待遇保障

根据经济社会发展水平和基金承受能力，合理确定待遇水平，既不能盲目提高，增加基金负担，也要尽可能保障参保人员合法权益，实现待遇保障与筹资运行的平衡。③ 统筹考虑住院待遇和门诊待遇，巩固住院待遇，稳步提高门诊待遇。对于职工医保，健全门诊共济保障机制，改革个人账户；对于居民医保，完善高血压和糖尿病门诊用药保障机制。

3. 逐步健全医保待遇清单制度

医保待遇清单包括基本制度、基本政策（参保政策、筹资政策、待遇

---

① 国务院办公厅：《关于印发"十四五"全民医疗保障规划的通知》。
② 何文炯：《全面增强基本医疗保障制度公平性》，《中国医疗保险》2022 年第 3 期。
③ 仇雨临：《以待遇为基础　健全基本医疗保险动态筹资机制》，《中国医疗保险》2021 年第 2 期。

支付政策等）以及基金支付范围和不予支付的范围。要逐步健全医保待遇清单制度，进一步完善动态调整、适时发布机制；明确政策调整权限，以此为基础，做好各地待遇清单的有效衔接，逐步统一全国医保政策。

（三）建设协同医保，深化药耗集采制度、医保支付方式改革

1.完善药耗集采和价格治理机制

根据《"十四五"全民医疗保障规划》，到2025年，公立医疗机构通过省级集中采购平台采购药品金额要占全部采购药品（不含中药饮片）金额的90%；高值医用耗材要占到80%。各省（区、市）国家和省级药品集中带量采购品种要达到500个以上，高值医用耗材要达5类以上。① 通过药品集中带量采购、目录谈判等，逐步降低药耗价格，让参保人员及时用上好药、新药，减轻参保人员负担。一是以市场为主导，常态化、制度化开展药品集中带量采购工作，持续扩大高值医用耗材采购范围，建立省级采购平台；二是加强药耗价格常态化监测；三是逐步建立医疗服务项目准入和动态调整机制。

2.完善医保药品目录调整机制

建立健全药品、医用耗材、医疗服务项目目录动态调整机制。一是实现全国基本医保用药范围基本统一；二是健全完善药品目录调整规则及指标体系，将更多好的药品、符合条件的中药按程序纳入医保支付范围，健全药品评价机制；三是建立健全药品支付标准，逐步推动药品目录管理和支付标准相衔接。

3.全面深化医保支付方式改革

深化医保支付方式改革是提高医保基金使用效率、提升医疗服务质量的关键环节和必然要求。一是加强医保总额预算管理，合理确定统筹地区总额控制目标。二是完善多元复合支付方式。普遍实施按病种付费为主的多元复合式医保支付方式；制定总额预算管理、按床日付费、按人头付费等技术规

---

① 《关于印发"十四五"全民医疗保障规划的通知》。

范；探索符合中医药特点的医保支付方式；深化门诊支付方式改革。三是推进区域医保基金总额预算点数法改革；分期分批加快推进 DRG/DIP 付费国家试点改革，实现到 2025 年该付费方式住院费用占全部住院费用比例 70% 的目标。[1]

（四）建设法治医保，健全医保基金监管制度体系

1. 加大医保基金监督检查力度

一是在全国范围内开展日常巡查、专项检查、飞行检查等多种形式的检查，完善检查机制，明确检查流程；二是健全综合监管制度，各部分相互配合、有效衔接，引入第三方力量，增强监管有效性；三是广泛动员社会各界参与医保基金监管，健全报告制度，接受社会监督。

2. 全面建立医保智能监控制度

医保基金监管不仅要加大事后检查惩处力度，更要注重全流程监管。要全面建立医保智能监控制度，积极探索将新型支付方式等纳入智能监控，提升医保监管能力，促进本地异地、门诊住院医疗费用审核全覆盖，实现基金监管从人工审核向智能监控转变。

3. 建立健全医保信用管理体系

完善医保信用管理制度，形成全链条闭环式信用监管体系，进行分级分类监管。[2] 一是根据监管对象信用等级实行差异化监管；二是将性质恶劣、情节严重、社会危害大的违法失信行为责任主体纳入严重失信主体名单，依法依规开展失信联合惩戒；三是建立药耗企业信用承诺制度，促进行业规范发展。[3]

（五）建设智慧医保，加快推进医保信息化、标准化

1. 加强全国统—医保信息平台建设

加强全国统一医保信息平台建设，显著提升医保信息化水平。一是依托

---

[1] 国务院办公厅：《关于印发"十四五"全民医疗保障规划的通知》，2021。

[2] 郭心洁、海韵：《咬定发展目标　建设"五个医保"》，《中国医疗保险》2021 年第 11 期。

[3] 国务院办公厅：《关于印发"十四五"全民医疗保障规划的通知》，2021。

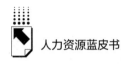

全国一体化平台，进行数据采集和使用等，实现跨地区、跨部门信息共享；二是依托全国统一信息平台，建立患者医疗费用信息共享机制。

2.完善异地就医直接结算服务

加强国家异地就医结算能力建设，实现全国统一的异地就医备案，扩大直接结算范围，提高结算效率，逐步实现住院、门诊费用线上线下一体化的异地就医结算服务。[①]

3.提升医保服务信息化水平

运用信息化技术，提升医保服务水平和质量，促进医疗行为方便化、快捷化。一是实现医保电子凭证的普遍推广，促进医保就医结算高效化、便捷化；二是继续优化医保服务网上办事流程；三是不断提升"互联网+医疗健康"医保管理服务水平。[②]

表21-1　2021年7月至2022年6月发布的医疗保险相关政策文件

序号	文号	文件名称	发文时间
1	医保函〔2022〕24号	《国家医保局　财政部　国家卫生健康委　国家中医药局关于开展2022年度医疗保障基金飞行检查工作的通知》	2022年5月
2	医保办发〔2022〕7号	《国家医保局办公室　国家卫生健康委办公厅关于完善国家组织药品（胰岛素专项）集中带量采购和使用配套措施的通知》	2022年4月
3	医保办函〔2022〕19号	《国家医疗保障局办公室关于做好支付方式管理子系统DRG/DIP功能模块使用衔接工作的通知》	2022年4月
4	医保发〔2022〕12号	《国家医疗保障局关于印发〈医疗保障基金智能审核和监控知识库、规则库管理办法（试行）〉的通知》	2022年4月
5	医保办发〔2022〕4号	《国家医保局办公室　国家卫生健康委办公厅关于国家组织高值医用耗材（人工关节）集中带量采购和使用配套措施的意见》	2022年3月

---

① 国务院办公厅：《关于印发"十四五"全民医疗保障规划的通知》，2021。
② 申曙光：《〈"十四五"全民医疗保障规划〉发布　新时期医疗保障高质量发展蓝本确定》，《中国卫生》2021年第11期。

续表

序号	文号	文件名称	发文时间
6	医保办发〔2022〕3 号	《国家医疗保障局办公室关于切实做好当前疫情防控医疗保障工作的通知》	2022 年 3 月
7	医保发〔2022〕8 号	《国家医疗保障局关于进一步深化推进医保信息化标准化工作的通知》	2022 年 2 月
8	国家医疗保障局令第5 号	《医疗保障基金使用监督管理举报处理暂行办法》	2022 年 1 月
9	医保办函〔2021〕19 号	《国家医疗保障局办公室　国家中医药管理局办公室关于做好医保版中医病证分类与代码更新工作的通知》	2021 年 12 月
10	医保办函〔2021〕15 号	《国家医疗保障局办公室关于印发 DRG/DIP 付费示范点名单的通知》	2021 年 12 月
11	医保发〔2021〕49 号	《国家医保局　公安部关于加强查处骗取医保基金案件行刑衔接工作的通知》	2021 年 12 月
12	医保发〔2021〕50 号	《国家医保局　人力资源社会保障部关于印发〈国家基本医疗保险、工伤保险和生育保险药品目录(2021 年)〉的通知》	2021 年 12 月
13	医保办发〔2021〕43 号	《国家医保局办公室　财政部办公厅关于印发〈基本医疗保险关系转移接续暂行办法〉的通知》	2021 年 11 月
14	医保发〔2021〕48 号	《国家医疗保障局关于印发 DRG/DIP 支付方式改革三年行动计划的通知配套措施的意见》	2021 年 11 月
15	医保办发〔2021〕44 号	《国家医疗保障局办公室关于做好国家组织药品集中带量采购协议期满后接续工作的通知》	2021 年 11 月
16	国办发〔2021〕36 号	《国务院办公厅关于印发"十四五"全民医疗保障规划的通知》	2021 年 9 月
17	医保办函〔2021〕4 号	《国家医保局办公室　财政部办公厅关于开展门诊慢特病相关治疗费用跨省直接结算试点工作的通知》	2021 年 9 月
18	医保函〔2021〕182 号	《国家医疗保障局　国家卫生健康委关于适应国家医保谈判常态化持续做好谈判药品落地工作的通知》	2021 年 9 月

续表

序号	文号	文件名称	发文时间
19	医保发〔2021〕41 号	《国家医保局 国家卫生健康委 国家发展改革委 财政部人力资源社会保障部 市场监管总局 国家中医药局 国家药监局关于印发〈深化医疗服务价格改革试点方案〉的通知》	2021 年 8 月
20	医保价采中心发〔2021〕2 号	《关于印发药品和医用耗材集中采购公共服务事项清单的通知》	2021 年 8 月
21	医保办发〔2021〕34 号	《国家医疗保障局办公室关于修订〈医疗保障基金结算清单〉〈医疗保障基金结算清单填写规范〉的通知》	2021 年 8 月
22	医保发〔2021〕5 号	《国家医保局 财政部关于建立医疗保障待遇清单制度的意见》	2021 年 8 月
23	医保办发〔2021〕36 号	《国家医疗保障局办公室关于做好支持三孩政策生育保险工作的通知》	2021 年 7 月
24	医保发〔2021〕39 号	《国家医疗保障局关于优化医保领域便民服务的意见》	2021 年 7 月
25	医保办发〔2021〕27 号	《国家医疗保障局办公室关于印发按病种分值付费（DIP）医疗保障经办管理规程（试行）的通知》	2021 年 5 月

参考文献

郑功成：《从共同富裕视角推动医疗保障高质量发展》，《中国医疗保险》2022 年第 3 期。

海韵：《开局之年的医保答卷：高质量发展开新局》，《中国医疗保险》2022 年第 3 期。

《应对新形势，新冠肺炎诊疗方案做出重大调整》，《中国总会计师》2022 年第 3 期。

刘碧茹：《以数据高质量助力全民参保精准化》，《中国医疗保险》2022 年第 3 期。

仇雨临、王昭茜：《共建共治共享 建设协同医保》，《中国医疗保险》2022 年第 1 期。

贾洪波：《基本医疗保险制度变迁与国民获得感提升》，《社会科学辑刊》2022年第3期。

何文炯：《基于共同富裕的社会保障结构优化》，《中国社会保障》2021年第11期。

郭心洁、海韵：《咬定发展目标　建设"五个医保"》，《中国医疗保险》2021年第11期。

仇雨临：《以待遇为基础　健全基本医疗保险动态筹资机制》，《中国医疗保险》2021年第2期。

郑秉文：《医保基金保值增值迫在眉睫》，《中国医疗保险》2022年第3期。

陈政、朱玲、陈隽、李春厚、王怡、周炯、向炎珍：《医保资金结余留用的法律问题与对策建议》，《中国医疗保险》2022年第3期。

赵军：《医院医保基金使用问题及改进策略探讨》，《行政事业资产与财务》2022年第8期。

王斌斌、肖锦铖：《我国医疗保障基金监管现状研究》，《卫生软科学》2022年第5期。

何文炯：《全面增强基本医疗保障制度公平性》，《中国医疗保险》2022年第3期。

何文炯：《医疗保障立法重在保障国民医疗保障权益》，《中国医疗保险》2021年第9期。

申曙光：《〈"十四五"全民医疗保障规划〉发布　新时期医疗保障高质量发展蓝本确定》，《中国卫生》2021年第11期。

人力资源服务业篇

Development of Human Resources Service Industry

B.22
我国人力资源服务市场发展状况
（2021~2022）

田永坡　王晓辉　郭旭林*

摘　要： 本文以相关统计数据为基础，从人力资源服务行业的规模、从业人员、相关业态、发展效能、重大活动等方面，对我国人力资源服务市场的发展状况进行了系统分析。面对新形势新要求，未来一段时期人力资源服务业将迎来统一大市场建设的系列改革红利，在强化发展功能、破解人力资源供需结构性矛盾方面继续发挥主要作用，在稳就业促发展上担当更大责任。

关键词： 人力资源服务业　服务市场　服务业态

---

* 田永坡，博士，中国人事科学研究院人力资源市场研究室主任、研究员，主要研究方向为人力资源市场发展与评估、流动与就业、人力资源服务业等；王晓辉，博士，中国人事科学研究院助理研究员，主要研究方向为人力资源市场；郭旭林，中国（湖南）自由贸易试验区长沙片区芙蓉事务中心制度创新部项目负责人。

2021 年我国人力资源机构营收、规模、从业人数继续保持较高速度增长，人力资源服务行业结构继续优化，发展质量持续提高，各业态创新产品不断涌现。

一 人力资源服务市场规模

（一）人力资源服务行业营业收入

2021 年，人力资源服务行业规模实现较快增长。据人力资源和社会保障部（以下简称"人社部"）统计，截至 2021 年底，人力资源服务行业营业总收入 2.46 万亿元，比 2020 年增长 21.18%，[①] 这一增速远高于 2016~2020 年的五年平均增速 15.92%（见表 22-1），人力资源服务新动能的特点进一步凸显。

表 22-1 2016~2021 年人力资源服务业营业收入

项　目	总营业收入（万亿元）	增速（%）	从业人均营业收入（万元）	增速（%）
2020 年	2.03	3.57	240.72	−17.12
2021 年	2.46	21.18	238.21	−1.04
2016~2020 年的年均增速	—	15.92	—	2.26

注：平均增速是指 2016~2020 年五年增速的几何平均数，即 2015 年基数×（1+x%）^{5}＝2020 年数值，其中 x% 为 2016~2020 年的五年平均增速。

资料来源：2020 年数据来源于《2020 年度人力资源服务业发展统计报告》；2021 年数据来源于《2021 年度人力资源服务业发展统计报告》。

国家级人力资源服务产业园在人力资源服务业集聚、创新发展中的平台和引领作用日益增强，有力地推动了行业的高质量发展。自 2010 年起，我国已经陆续建成了上海、重庆、中原、苏州、杭州、海峡、成都、烟台、长

[①] 除了特别说明，本文关于人力资源服务业的分析数据均来自人社部公布的数据，为了保持前后年份计算的一致性，本文对相关数据进行了四舍五入处理，因此基于这些年份数据计算出来的增速可能与人社部公布的增速数据略有差异。

春、南昌、西安、北京、天津、广州、深圳、长沙、合肥、武汉、宁波、济南、沈阳、石家庄、海南和贵阳等24家国家级人力资源服务产业园。据人社部统计，截至2021年底，各国家级产业园已有入园企业4120家，营业收入4063亿元，成为人力资源服务业创新发展的重要载体。

（二）人力资源服务机构规模

随着公共就业服务机构和人才公共服务机构整合改革的推进，市场体制进一步健全。《人力资源市场暂行条例》等法律和政策的实施，改善了行业发展的营商环境，市场力量得以释放。经营性人力资源服务机构数量快速增长，服务能力不断增强，逐渐呈现公共服务与经营性服务相互补充、并行发展的特点。

据人社部统计，2021年全国县级以上公共就业和人才服务机构以及各类人力资源服务企业总量为5.91万家，比2020年增加1.33万家，增长29.04%，且该增速远高于2016～2020年的年均增速14.44%；2021年全国建立各类人力资源市场网站2万个，比2020年增加0.15万个，增长8.11%，略低于2016～2020年的年均增速12.14%；2021年各类人力资源服务机构共设立固定招聘（交流）场所4.90万个，比2020年增加0.66万个，增长15.57%，低于2016～2020年的年均增速19.20%（见表22-2）。

表22-2　2016～2021年人力资源服务机构规模

项　　　目	2020年	2021年	2021年比2020年增长（%）	2016～2020年的年均增速（%）
县级以上各类人力资源服务机构总量（万家）	4.58	5.91	29.04	14.44
公共性人力服务机构（家）	5904	—	—	2.92
经营性人力服务机构（家）	39880	—	—	16.79
人力资源市场网站总数（万个）	1.85	2.00	8.11	12.14
固定招聘（交流）场所（万个）	4.24	4.90	15.57	19.20

注：2016～2020年的年均增速为2016～2020年复合增长率，即2016年基数×（1+x%）^{4}＝2020年数值，其中x%为2016～2020年的年均增速。

资料来源：2020年数据来源于《2020年度人力资源服务业发展统计报告》；2021年数据来源于《2021年度人力资源服务业发展统计报告》。

二　人力资源服务业态发展

（一）招聘服务

随着全国对新冠肺炎疫情的有效控制，现场招聘出现快速上升态势。而随着互联网等新一代信息技术与人力资源服务的融合，招聘服务突破时间和空间的限制，可以依托互联网完成大部分传统现场招聘才能实现的功能，因而在数字经济和数字技术的推动下，以互联网、大数据等为特征的网络招聘和移动互联网络招聘受到用人单位的青睐。人社部等部门在2021年11月发布的《关于推进新时代人力资源服务业高质量发展的意见》（人社部发〔2021〕89号）也明确提出，实施"互联网+人力资源服务"行动，创新应用大数据、人工智能、区块链等新兴信息技术，推动招聘等业态提质增效。网络招聘迎来新的发展机遇。

从举办现场招聘会的情况看，2021年全国各类人力资源服务机构举办现场招聘会（交流会）28.60万场次，比2020年增长22.64%，远高于2016~2020年的五年平均增速0.72%；2021年现场招聘会提供岗位招聘信息0.97亿条，比2020年增长42.65%，现场招聘市场开始从疫情中走出来，呈现强劲复苏迹象。

网络招聘与现场招聘相比具有性价比高、覆盖面广、时效性强等优点，特别是在近两年的新冠肺炎疫情防控期间，网络招聘仍得到迅速发展。2021年，各类人力资源服务机构通过网络发布岗位招聘信息8.45亿条，比2020年减少48.69%；通过网络发布求职信息8.78亿条，比2020年增长4.52%，虽然低于2016~2020年的五年平均增速11.38%，但仍保持稳定的增长，且随着招聘市场的技术升级、服务升级，网络招聘市场规模快速扩大。根据艾瑞咨询的调查数据，2021年网络招聘行业市场规模达到160.0亿元，比2020年增长了48.15%，且远高于2016~2020年的五年平均增速20.34%（见表22-3）。

表 22-3　2016~2021 年人力资源市场招聘服务

项　　目	2020 年	2021 年	2021 年比2020 年增长(%)	2016~2020 年的年平均增速(%)
现场招聘会(万场次)	23.32	28.60	22.64	0.72
现场招聘会提供岗位招聘信息(亿条)	0.68	0.97	42.65	-8.15
通过网络发布岗位招聘信息(亿条)	16.47	8.45	-48.69	46.27
通过网络发布求职信息(亿条)	8.40	8.78	4.52	11.38
网络招聘行业市场规模(亿元)	108.0	160.0	48.15	20.34

注：平均增速是指 2016~2020 年的五年增速的几何平均数，即 2015 年基数×（1+x%）^{5} = 2020 年数值，其中 x% 为 2016~2020 年的五年平均增速。

资料来源：2020 年数据来源于《2020 年度人力资源服务业发展统计报告》；2021 年数据来源于《2021 年度人力资源服务业发展统计报告》；艾瑞咨询《中国网络招聘市场发展研究报告（2022 年）》。

　　从网络招聘的运用来看，2021 年，为了促进大学生等青年群体就业，中央广播电视总台联合教育部、科技部、人社部、国资委、共青团中央共同发起，央视频携手国投人力共同主办"国聘行动"第二季——"春华秋实国聘行动"。国聘行动的模式就是借助互联网等途径，通过线上发布岗位、网络招聘宣讲、就业创业培训指导等活动，助力大学生等青年群体就业，同时采取线下线上相结合的模式，线下走进高校、企业和人力资源服务产业园等载体，搭建供需双方交流合作的平台。第二季的时间持续到 2021 年8 月，累计为 2020 届和 2021 届高校毕业生提供岗位 82 万个。在就业服务方面，教育部与各地教育部门共同打造"互联网+就业指导"公益直播课，面向2021 届高校毕业生累计举办 46 场，观看人次超过 1.35 亿。同时，推出"毕业班辅导员管理服务平台"，全国高校 8 万余名就业工作人员和毕业班辅导员全部注册并在线提供服务。各地各高校也普遍推出"云招聘""云面试"等服务，已成为高校毕业生获取就业信息、进行求职面试的重要渠道。①

———————

①　教育部：《高校毕业生就业工作基本情况》，http://www.moe.gov.cn/fbh/live/2021/53931/sfcl/202112/t20211228_ 590741.html。

（二）劳务派遣服务与人力资源外包服务

2021 年，劳务派遣服务与人力资源外包服务的市场需求保持稳步增长，但增速有所放缓，劳务派遣服务与人力资源外包服务市场开始进入结构调整和服务升级阶段。据人社部统计，2021 年全国有 58.77 万家用人单位使用了人力资源服务机构提供的劳务派遣服务，比 2020 年增加 3.17 万家，增长 5.70%，增速开始减缓且远低于 2016~2020 年的年均增速 18.50%；2021 年全国有 116.33 万家用人单位使用了各类人力资源服务机构提供的人力资源外包服务，比 2020 年增加 10.33 万家，增长 9.75%，这一增速也远低于 2016~2020 年的年均增速 18.37%；2021 年总的派遣人员为 1956.48 万人，比 2020 年增加 27.48 万人，增长 1.42%，同样低于 2016~2020 年的年均增速 21.82%（见表 22-4）。全国劳务派遣服务与人力资源外包服务市场增速减缓，开始进入新的发展阶段，《关于推进新时代人力资源服务业高质量发展的意见》（人社部发〔2021〕89 号）就明确提出："以加强劳动者的社会保障为重点，着力解决劳务派遣和劳务外包中的保障缺失和不足问题，维护劳动者合法权益。"这意味着，劳务派遣服务与人力资源外包服务的市场已经开始由规模增长转向高质量发展。

表 22-4　2016~2021 年劳务派遣服务与人力资源外包服务

项　　目	2020 年	2021 年	2021 年比 2020 年增长（%）	2016~2020 年的 年均增速（%）
劳务派遣服务单位总数（万家）	55.6	58.77	5.70	18.50
人力资源外包服务单位总数（万家）	106	116.33	9.75	18.37
总的派遣人员（万人）	1929	1956.48	1.42	21.82
登记要求派遣人员（万人）	1228	—	—	22.13

注：2016~2020 年的年均增速为 2016~2020 年复合增长率，即 2016 年基数×（1+x%）^{4} = 2020 年数值，其中 x% 为 2016~2020 年的年均增速。

资料来源：2020 年数据来源于《2020 年度人力资源服务业发展统计报告》；2021 年数据来源于《2021 年度人力资源服务业发展统计报告》。

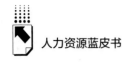

（三）档案管理服务

随着人力资源市场流动的增加以及档案管理改革的推行，档案管理服务出现较快增长。但随着结构的调整，依托档案提供的相关服务量有所下降。据人社部的统计，2021 年，依托档案提供的开具相关证明、工资调整、档案查阅等服务为 3131.25 万人次，比 2020 年减少 506.75 万人次，同比减少13.93%；管理流动人员人事档案为 9584.02 万份，比 2020 年增加 404.02万份，增长了 4.40%，且增速仅略低于 2016～2020 年的年均速度 4.44%（见表 22-5），这说明，档案服务开始从单纯的"档案存放"向以档案为载体的多元服务、档案存放并行发展转变。

表 22-5　2016～2021 年人力资源的档案管理服务

项　　目	2020 年	2021 年	2021 年增速（%）	2016～2020 年的年均增速（%）
依托档案提供相关服务（万人次）	3638.00	3131.25	-13.93	-4.82
管理流动人员人事档案（万份）	9180.00	9584.02	4.40	4.44

注：2016～2020 年的年均增速为 2016～2020 年复合增长率，即 2016 年基数×（1+x%）^{4} = 2020年数值，其中 x% 为 2016～2020 年的年均增速。

资料来源：2020 年数据来源于《2020 年度人力资源服务业发展统计报告》；2021 年数据来源于《2021 年度人力资源服务业发展统计报告》。

（四）猎头（高级人才寻访）、培训等服务

随着国际国内经营环境复杂多变、企业经营难度加大、人力资源作为核心要素地位提升，特别是企业在转型升级的过程中，基础性、重复性职位在减少，新的职位不断涌现，对人才的质量也提出了更高的要求。市场的需求加上人才事业发展相关政策的支持，使人力资源管理咨询服务、人力资源培训和高级人才寻访服务等需求保持较快增长。

据人社部统计，2021年全国各类人力资源服务机构为189.10万家用人单位提供了人力资源管理咨询服务，比2020年增加7.10万家，增长了3.90%，高于2016~2020年的年均增速-5.58%；2021年举办培训班47.78万次，比2020年增加4.78万次，增长了11.12%，略低于2016~2020年的年均增速11.32%；2021年高级人才寻访（猎头）服务成功推荐选聘各类高级人才141.04万人，比2020年增加16.04万人，增长了12.83%，且该增速高于2016~2020年的年均增速1.89%（见表22-6）。这说明，随着经济发展质量的提高，对高素质的人才需求也快速增加，进一步优化了人力资源服务业的发展业态。

表22-6　2016~2021年人力资源猎头培训等服务

项　　目	2020年	2021年	2021年比2020年增长(%)	2016~2020年的年均增速(%)
人力资源管理咨询服务(万家)	182.00	189.10	3.90	-5.58
举办培训班(万次)	43.00	47.78	11.12	11.32
猎头服务成功推荐(万人)	125.00	141.04	12.83	1.89

注：2016~2020年的年均增速为2016~2020年复合增长率，即2016年基数×（1+x%）^{4}=2020年数值，其中x%为2016~2020年的年均增速。

资料来源：2020年数据来源于《2020年度人力资源服务业发展统计报告》；2021年数据来源于《2021年度人力资源服务业发展统计报告》。

三　从业人员状况

据人社部统计，人力资源服务行业从业人员2021年达到103.15万人，比2020年增长22.30%，且远高于2016~2020年五年平均增速13.36%，离2025年全行业从业人员110万人的预定目标仅少约7万人。这说明人力资源服务业本身具有吸收就业的强大功能，在不断贡献经济价值的同时，也提供大量的就业岗位，2020 年和 2021 年行业从业人员增速均超过 20%（见图22-1）。

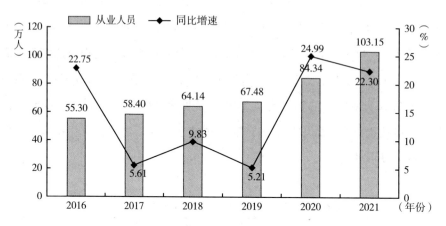

图 22-1　2016~2021 年人力资源服务业的从业人员数量

资料来源：2016 年数据来源于《2016 年人力资源市场统计报告》；2017 年数据来源于《2017 年人力资源市场统计报告》；2018 年数据来源于《2018 年人力资源服务业统计情况》；2019 年数据来源于《2019 年度人力资源服务业发展统计报告》；2020 年数据来源于《2020 年度人力资源服务业发展统计报告》；2021 年数据来源于《2021 年度人力资源服务业发展统计报告》。

四　流动与配置效能

随着人力资源服务体系的进一步完善，以及人力资源市场作为人力资源配置的决定性作用凸显，流动配置服务需求得到更好的开发与满足，也不断强化人力资源支撑经济高质量发展作用。

据人社部统计，2021 年全国各类人力资源服务机构共帮助 3.04 亿人次实现就业和流动，比 2020 年增长 4.83%，这一增速低于 2016~2020 年的年均增速 13.14%；2021 年各类人力资源服务机构为 5099 万家次用人单位提供了人力资源服务，比 2020 年增长 2.33%，这一增速也低于 2016~2020 年的年均增速 15.29%（见表 22-7）。

表 22-7　2016~2021 年人力资源流动配置能力

项　　　目	2020 年	2021 年	2021 年比 2020 年增长（%）	2016~2020 年的年均增速（%）
实现就业和流动（亿人次）	2.90	3.04	4.83	13.14
用人单位提供了服务（万家次）	4983	5099	2.33	15.29

注：2016~2020 年的年均增速为 2016~2020 年复合增长率，即 2016 年基数×（1+x%）^{4}＝2020 年数值，其中 x% 为 2016~2020 年的年均增速。

资料来源：2020 年数据来源于《2020 年度人力资源服务业发展统计报告》；2021 年数据来源于《2021 年度人力资源服务业发展统计报告》。

五　人力资源服务重大活动与发展新举措

2021 年，各级政府、高等院校、研究机构、协会、人力资源服务机构等各类主体举办了一系列座谈会、论坛、大赛和展览活动，探讨与交流了人力资源服务业发展理论与政策、高质量发展、促进共同富裕等议题。

（一）全国人力资源服务业发展大会

第一届全国人力资源服务业发展大会于 2021 年 7 月在重庆召开。大会由人社部、重庆市政府主办，人社部人力资源流动管理司、重庆市人社局承办。李克强总理对大会作了重要批示，胡春华副总理发表了视频致辞。大会主题是"新时代、新动能、新发展"，设置了"会、赛、展、论"四大板块活动。全国 5600 多家人力资源服务机构、7700 多家用人单位，共计 6 万余名行业从业者踊跃参与了各省市组织的全国人力资源服务大赛选拔赛。80余家人力资源服务行业协会参与选拔赛相关组织工作。会场设立了六大展区656 个展位，展示了我国人力资源服务业的发展成果。大会开展了人力资源服务项目宣讲、人力资源服务创新创业项目路演、地区间人力资源服务机构座谈会、职业技能院校供需对接座谈会，以及线上洽谈和线上路演。大会邀请了人力资源服务行业精英、企业高管和专家学者开展专题研讨和交流。此

次大会展示了人力资源服务业发展成果,加强了供需对接,促进了行业交流,推动了新时代人力资源服务业快速健康发展。

(二)人力资源服务创新创业大赛

"2021年中国(宁波)人力资源服务创新创业大赛决赛"于2021年12月在宁波召开。2021年大会是本项大赛的第七届,由中国人事科学研究院和宁波市人民政府联合主办,宁波市人力资源和社会保障局承办,宁波人力资源行业协会具体执行。大会以"数字赋能 产业重塑"为主题。58魔方夺得本届大赛一等奖,智慧就业——村头宝等3个项目获二等奖,鲁班用工等6个项目获三等奖,"好工聚"等10个项目获优胜奖。首次推出非赛制特别奖——"特别贡献奖""成长示范奖""社会公益奖"。2021年的参赛项目体现了跨界融合特点,大部分项目应用了AI、大数据、SaaS云平台等新科技。15个决赛项目在决赛现场与宁波市投融资机构和产业园区对接了投资合作意向。

(三)服贸会人力资源服务主题活动

"2021年中国国际服务贸易交易会人力资源服务主题活动"于2021年9月在北京举办。本次活动以"抢抓数字经济创新机遇,赋能人力资源服务发展"为主题,北京市有关部门、部分人力资源服务行业协会以及来自全国各地的人力资源服务机构和相关骨干企事业单位代表300余人参加。北京外企等6家人力资源服务机构参展,并与科兴生物等15家用人单位签订人力资源服务项目,签约总金额超过2亿元。北京市人力资源和社会保障局发布了《国家服务业扩大开放综合示范区和中国(北京)自由贸易试验区建设人力资源开发目录(2021年版)》和《国家服务业扩大开放综合示范区和中国(北京)自由贸易试验区境外职业资格认可目录(1.0版)》。

(四)中国(浙江)人力资源服务博览会

"2021中国(浙江)人力资源服务博览会"由浙江省人力资源和社

会保障厅指导，浙江省人力资源服务协会、杭州市人力资源和社会保障局、杭州市上城区人民政府共同承办，以"共同富裕与人力资源服务"为主题。博览会采取线上线下同步办展的模式，全球近 200 家人力资源服务机构设展，网上直播浏览 52 万余人次，500 余家上市公司参加展览，千余名 HR 现场观展；举办了七场高峰论坛；发布了 2021 年浙江省人力资源服务企业信用等级评定星级企业名单和浙江省人力资源服务信用 50 强名单。

（五）《关于推进新时代人力资源服务业高质量发展的意见》出台

2021 年 11 月，人社部、国家发展改革委、财政部、商务部、市场监管总局联合印发了《关于推进新时代人力资源服务业高质量发展的意见》（人社部发〔2021〕89 号）。意见从指导思想、基本原则、发展目标、重点任务和政策措施等方面，对新时代更有效推进人力资源服务业高质量发展作了全面部署。意见提出，到 2025 年，行业营业收入突破 2.5 万亿元，人力资源服务机构达到 5 万家，从业人员数量达到 110 万人；明确"五发展"重点任务，包括推动人力资源服务业的创新发展、协同发展、集聚发展、开放发展和规范发展；并从财政支持政策、落实税收优惠、拓宽投融资渠道、夯实发展基础和加强人才保障等方面提供政策支持。

六　未来展望

我国已经开启了全面建设社会主义现代化国家新征程，向第二个百年奋斗目标进军。国际经济受到贸易保护主义、新冠肺炎疫情、部分地区政局不稳定等因素影响，依然处于低位运行；我国经济进入高质量发展新阶段，顶住了各种负面因素的影响，表现了发展韧性。我国人力资源服务业发展将呈现如下特点。

第一，人力资源服务业在稳就业和促发展上将担当更大责任。党中央、国务院对扎实做好人力资源服务业发展工作作出了重要部署，落实这些部署

要求，是"十四五"时期实现人力资源服务业高质量发展的重要抓手。

第二，人力资源服务市场将迎来统一大市场建设等系列政策红利。《建设高标准市场体系行动方案》要求推动劳动力要素有序流动，提升人力资源服务质量，《中共中央 国务院关于加快建设全国统一大市场的意见》提出要加快建设高效规范、公平竞争、充分开放的全国统一大市场。在人力资源市场改革与发展的过程中，随着灵活性和平衡性建设经验的积累，人力资源服务业在顺畅劳动力流动、提高匹配效率方面发挥着重要作用。因此，这些关于人力资源市场建设的顶层设计将为人力资源服务业可持续发展提供广阔空间，人力资源服务业在市场建设的过程中大有可为。

第三，人力资源服务业在促进经济发展动力转换和产业结构转型升级、深化供给侧结构性改革、破解人力资源供给与需求的结构性矛盾等方面继续发挥重要作用。当前，数字经济深入发展，对整个经济社会发展产生了深远影响，借助数字技术赋能，人力资源服务创新将会获得源源不断的内生动力，产品业态将会进一步丰富和优化。

第四，人力资源服务领域对外开放进一步扩大。人力资源服务企业在中国国际服务贸易交易会上展示了较好的影响力，在未来，人力资源服务支撑高水平开放的能力将进一步增强，人力资源服务出口基地的积极作用逐步释放，人力资源服务贸易规模逐步提升。

参考文献

王克良：《中国人力资源服务业发展报告（2014）》，中国人事出版社，2014。

余兴安、李志更：《中国人力资源发展报告（2021）》，社会科学文献出版社，2021。

余兴安、李志更：《中国人力资源发展报告（2020）》，社会科学文献出版社，2020。

田永坡：《中国劳动力市场的成熟度测度：2000~2014》，《改革》2016 年第 10 期。

《一起来看，首届全国人力资源服务大赛有哪些亮点》，https：//1st. ncdhrs. com/news. html？id＝2。

《2021 中国（宁波）人力资源服务创新创业大赛决赛成功举行》，http：//rsj. ningbo.

gov. cn/art/2021/12/5/art_ 1229569920_ 58924047. html。

《抢抓数字经济创新机遇 赋能人力资源服务发展 北京举办服贸会人力资源服务主题活动》，http：//www. bjmtg. gov. cn/mtg11J020/gzdt52/202109/fbfd7784176b49219b641 07341455194. shtml。

《中国（浙江）人力资源服务博览会举行 全国百余家单位参展》，https：//view. inews. qq. com/a/20211026A0EFNP00。

B.23
人力资源培训服务的发展现状
与趋势分析

葛　婧*

摘　要： 过去一年，我国职业教育培训受市场追捧，培训数字化、智能化提速，产业化持续深化，数字类技术技能培训热度提升，兴趣生活类培训产品不断增长，财政支持类技术技能培训稳步推进。相关政策密集出台：加快建设世界重要人才中心和创新高地，推动现代职业教育高质量发展，发布"十四五"职业技能提升规划，推进人力资源服务业高质量发展，优化职业技能提升政策，加强互联网教育培训治理监管。面对培训领域还存在乱象、供给能力有待提高等问题，要继续推进培训机构专业化建设，不断提高政府管理和服务能力。

关键词： 培训服务　培训机构　数字化　高质量发展

　　本文所指的人力资源培训服务（以下简称"培训服务"），是指面向人们的工作和生活需要，提供知识、技能和能力提升的培训活动，其内涵大于人力资源服务业中的人力资源培训服务业态，[①] 小于教育培训产业。[②] 培训

---

* 葛婧，博士，人力资源和社会保障部教育培训中心副研究员，主要研究方向为培训开发、组织与制度研究。

① 人力资源服务业中的人力资源培训服务业态特指企业为开发员工潜能提升工作绩效而为员工提供的培训，参见《中国人力资源服务业发展报告》，载孙建立主编《中国人力资源服务业发展报告（2018）》，中国人事出版社，2018，第54页。

② 教育培训产业包括面向所有年龄段群体开展的教育培训活动，和人力资源培训业态相比，涵盖了本文关注的人力资源培训服务对象之外的婴幼儿和K12群体。

服务的供给方包括拥有法定培训职能或资质的各类组织、机构和从业者（以下统称"培训机构"）。培训服务不仅满足于各类组织和个体对职业能力开发的需要，还满足人们的休闲、兴趣、社交等需求。本文主要关注培训服务领域最近一年的发展，重点梳理培训服务市场的新特点、重要政策供给、存在的主要问题以及对策建议。

一 培训服务新进展

（一）职业教育培训受市场追捧

截至 2021 年底，全国人力资源服务机构营业收入同比增长 20.89%，培训劳动者 2662.22 万人次，与互联网、大数据等新一代信息技术广泛融合的新兴业态快速发展。[①] 受巨大的市场需求、国家诸多利好政策的推动，职业教育培训供给主体数量不断攀升，互联网巨头跨行布局职业培训，平台企业吸纳更多培训内容生产者，领军企业向整个行业开展培训赋能。2021 年下半年以来，受国家"双减"政策影响，很多校外培训机构向职业教育转型。从国际范围来看，二级市场下的海外教育公司，以工具类软件和职业教育为主的公司估值高于 K12 公司的估值；教育行业的独角兽企业中，国外公司均为考试培训和职业教育类。[②] 根据多鲸教育研究院《2022 中国职业教育行业报告》，2021 年，我国职业教育一级市场共发生融资 61 笔，占教育行业全年投融资的 25.3%，创下近 5 年新高，61 笔的融资数量甚至超过前两年的 K12 和素质教育，融资总金额超 78 亿元人民币。据预测，2022 年我国职业教育市场规模有望突破万亿元，2024 年有望达到 1.2 万亿元。[③]

[①] 赵兵：《人力资源服务行业去年为 3.04 亿人次劳动者提供就业服务》，《人民日报》2022 年 5 月 22 日。

[②] 逍遥子：《拥抱数字化浪潮，看"中国智造"下新职教新增长》，"芥末堆看教育"微信公众号，2021。

[③] 多鲸：《2022 中国职业教育行业报告》，"多鲸"公众号，2022。

（二）数字化、智能化提速

与中国互联网的深入发展同步，我国培训供给的数字化、智能化特点进一步凸显。根据第 49 次《中国互联网络发展状况统计报告》，截至 2021 年 12 月，我国网民规模达到 10.32 亿，网民使用手机上网的比例为 99.7%，网络视频（含短视频）用户规模占网民整体的 94.5%；短视频用户规模占网民整体的 90.5%；在线办公用户规模达到 4.69 亿，增长 1.23 亿，占网民整体的 45.4%。城乡上网差距继续缩小，老年群体加速融入网络社会。网络渗透率的提高既得益于我国网络基础设施建设的推进，还受到新冠肺炎疫情的持续影响。随着远程办公的兴起与发展，培训服务供给 OMO（Online-Merge-Offline，线上线下融合发展）进程加速，供给主体既包括体制内主渠道的干部教育培训供给机构、专业技术人员继续教育基地、大学和职业院校，也包括各种市场化培训机构，尤其是市场中的领军企业在资本加持下加速了数字化进程。在培训供给各细分领域中，面向企业培训的 SaaS（Software-as-a-Service，软件即服务）平台正成为企业培训的必争之地。

过去一年，我国数字经济发展方兴未艾，教育培训场景成为数字化、智能化程度较深的领域，AI（Artificial Intelligence，人工智能）、AR/VR（增强现实和虚拟现实，Augmented Reality/Virtual Reality）技术广泛使用并加速融合。先进的 AI 技术用于教育培训内容研发，带给用户崭新体验，提高了培训的针对性和有效性；基于其良好的沉浸感和互动性，VR 和 AR 技术已覆盖医疗、驾驶、飞行、装配、安保等多个实操培训领域。在"元宇宙元年"的 2021 年，VR、AR 等技术成为打造"元宇宙+教育"的强大工具，职业教育培训成为元宇宙的重要布局领域。VR 教育还广泛运用在红色教育、党建活动、安全教育、科普教育等领域。

（三）产业化发展持续深化

随着我国产教融合的推进和平台型企业的崛起，培训产业化运作特点越来越明显，横纵双向且拓展态势强劲。

第一，培训内容和体系设计服务于产业企业用人需求，培训机构与产业、企业、学校等人才生产链重要利益相关者的合作更紧密。细分赛道培训机构和产业领军企业建立紧密合作关系，进行岗位培训标准的研发和打磨，输出产业应用型人才建设方案；培训机构和行业企业资深技术、技能人员形成良好合作关系，打造产业经验丰富的专、兼职师资队伍和导师队伍。

第二，培训机构不仅为学员提供培训期间的服务，还将服务业务向培训产业的前后端（即人力资源服务业的各模块）延伸，触及培训前后的择业辅导、职业介绍、职业发展咨询等人力资源服务。有的培训机构将自己定位为互联网人才的职业教育平台，打造集人才培养与人才输送于一体的职业教育平台。头部家政服务公司与输出地、输入地人力资源社会保障部门合作，形成家政扶贫劳务对接、技能培训、就业等一条龙服务的体系化运作。

第三，领军培训机构不仅提供自主知识产权的产品和服务，还与其他培训内容生产者（机构或个体）形成连接、赋能、共生关系，允许其他内容提供者在培训平台上开展培训服务，赋能培训内容创作者开展内容创作以及内容变现的能力，构建共生生态。

（四）数字类技术技能培训热度提升

在数字化重塑产业链的当下，我国数字类技术技能培训供给加速发展。过去三年，我国发布的 56 个新职业，绝大多数都与数字类技术技能紧密相关，这些新职业岗位市场缺口巨大，从业人员就业前景广阔。除了国家认定的新职业培训，包括数字工程师培育、公职人员数字素养提升等在内的全民数字素养技能提升培训受到财政资金的强力推动。此外，对于需要进行数字化升级的产业、企业而言，数字类技术技能的培训被列入优先考虑序列。一方面，和数字类相关的新职业教育成为 2021 年的热词；另一方面，养老、托育、家政、护理等传统职业的数字化培训也在提速。网易云课堂聚焦数字技能培训，将重点发力 IT、游戏、视觉美术、声音、直播产业链。国内领军的新职业教育公司"三节课"在资本市场"输血"成功，和国外新兴技能学习平台机构 Udemy 合作打造了全新的企业在线学习平台。腾讯教育发

布"UP职公益计划",面向乡村青年、残障人士提供免费新职业培训。

从全球来看,北美、亚洲、欧洲的教育科技企业融资活跃,以就业技能为导向的数字类技术技能的岗位培训、学徒式培训成为重要细分赛道,是世界范围产业数字化在人力资源服务业的重要反映。

(五)兴趣生活类培训产品不断增长

随着物质文化水平的提高,人们不但通过提高技能追寻更优质的工作机会,还注重生活、兴趣、素质类技能的提升,越来越多的人形成了为兴趣付费学习的消费习惯。近年来,生活类、兴趣素养类培训产品越来越丰富,如养生保健、家庭理财、艺术素养、亲子教育、婚姻关系、心理健康、语言类等。随着数字生活和数字社交的繁荣,互联网创作者时代的崛起,兴趣生活类培训产品供给增速更快。包括B站、头条系、百度系、快手、知乎等在内的各大互联网平台纷纷布局泛在学习(U-Learning,无处不在的学习)和教育培训,并形成细分的泛知识类短视频和学习社区,满足了人们的社交需要。2021年,不少平台的泛知识内容播放量、泛知识直播和月付费用户数量不断攀升,越来越多的用户从平台获得收入。创作者既有知名院士、专家学者,也有各行各业的行家里手、民间高手,形成知识在地区之间、代际的流通。

(六)财政支持类技术技能培训稳步推进

《2021年度人力资源和社会保障事业发展统计公报》显示,2021年,全年举办300期高级研修班,培训高层次专业技术人才2万多人次。颁布智能制造等10个数字技术类国家职业标准,加快数字技术工程师培育。全国技工院校面向社会开展培训600.7万人次。年末全国共有就业训练中心940所,民办培训机构29832所。全年共组织补贴性职业技能培训3128.4万人次和以工代训1501.8万人。其中,培训农民工1174.2万人次,培训贫困劳动力及脱贫家庭子女211.2万人次,培训失业人员100.7万人次,培训毕业年度高校和中职毕业生131.7万人次。2022年第一季度,组织实施重点培训工程和计划，深入实施康养职业技能培训计划，推行中国特色企业新型学徒制，进一步加强重点群体和急需紧缺职业（工种）培训，提升培训质量；累计发放职业培训券2278万张，继续放宽失业保险支持技能提升补贴申领条件至参保满1年，第一季度向48.7万人次发放技能提升补贴8.3亿元。①

二 培训服务政策供给

2021年，围绕国家经济社会发展"十四五"规划和2035年远景目标纲要，我国作出人才培养培训的重要部署，出台系列改革举措，政策文件的系统性、集合性特征明显。

（一）加快建设世界重要人才中心和创新高地

2021年9月，中央人才工作会议召开，习近平总书记在会议上强调，深入实施新时代人才强国战略，加快建设世界重要人才中心和创新高地。我们必须增强忧患意识，更加重视人才自主培养，加快建立人才资源竞争优势。要大力培养使用战略科学家，造就规模宏大的青年科技人才队伍，培养大批卓越工程师。要调动好高校和企业两个积极性，实现产学研深度融合。要下大气力全方位培养、引进、用好人才。要健全政府、社会、单位多元化人才投入机制，加大人才发展投入，提高人才投入效益。2022年4月，中共中央政治局会议审议《国家"十四五"期间人才发展规划》。此规划既是落实中央人才工作会议精神的具体举措，也是我国"十四五"人力资源培养开发的顶层设计。

2021年9月，人力资源社会保障部（以下简称"人社部"）等六部门印发《专业技术人才知识更新工程实施方案》，提出聚焦科技自立自强、聚焦"卡脖子"问题、聚焦高质量发展、聚焦国家重大战略，以人才能力建

---

① 《人力资源社会保障部就2022年一季度人力资源社会保障工作进展情况举行发布会》，http://www.gov.cn/xinwen/2022-04-28/content_5687611.htm。

设为核心，以培养高层次、急需紧缺和骨干专业技术人才为重点，加大人力资本投入，创新完善人才培养机制，推进分类分层的专业技术人才继续教育体系建设，开展大规模知识更新继续教育，培养造就一批创新型、应用型、技术型人才，壮大高水平工程师队伍。方案提出实施高级研修、专业技术人员能力提升、数字技术工程师培育、国家级专业技术人员继续教育基地建设等重点项目。同年10月，人社部办公厅印发《专业技术人才知识更新工程数字技术工程师培育项目实施办法》，文件指出，2021~2030年，围绕人工智能、物联网、大数据、云计算、数字化管理、智能制造、工业互联网、虚拟现实、区块链、集成电路等数字技术技能领域，每年培养培训数字技术技能人员8万人左右，培育壮大高水平数字技术工程师队伍。

（二）推动现代职业教育高质量发展

2022年4月，《中华人民共和国职业教育法》修订通过，自2022年5月1日开始施行。本次立法修订主要如下。

一是明确职业教育是指为了培养高素质技术技能人才，使受教育者具备从事某种职业或者实现职业发展所需的职业道德、科学文化与专业知识、技术技能等职业综合素质和行动能力而实施的教育，包括职业学校教育和职业培训。首次明确职业教育是与普通教育具有同等重要地位的教育类型。

二是着力提升职业教育认可度。国家采取措施，提高技术技能人才的社会地位和待遇。

三是深化产教融合、校企合作。职业学校、职业培训机构实施职业教育应当注重产教融合，实行校企合作。国家发挥企业的重要办学主体作用，推动企业深度参与职业教育，鼓励企业举办高质量职业教育；国家鼓励行业组织、企业等参与职业教育专业教材开发。对深度参与产教融合、校企合作的企业给予奖励、税费优惠等激励。

2021年10月，中共中央办公厅、国务院办公厅印发《关于推动现代职业教育高质量发展的意见》，文件提出，健全多元办学格局，鼓励上市公司、行业龙头企业举办职业教育，鼓励各类企业依法参与举办职业教育。鼓励行业龙头企业主导建立全国性、行业性职教集团，推进实体化运作。鼓励职业学校开展补贴性培训和市场化社会培训。

（三）发布"十四五"职业技能教育培训规划

过去一年，国家有关部门出台了多个有关"十四五"职业技能提升的规划和方案，布局"十四五"时期的职业技能教育培训发展。

一是2021年12月人社部等四部门发布《"十四五"职业技能培训规划》，提出五项重点任务：健全完善终身职业技能培训体系、提升职业技能培训供给能力、提高职业技能培训质量、加强职业技能培训标准化建设、完善技能人才职业发展通道等。

二是2021年11月人社部发布《技工教育"十四五"规划》，对"十四五"时期的技工院校建设作出总体部署。明确提出，技工院校将面向社会开展学制教育、职业培训、公共实训、技能评价等有关技能人才发展的全方位服务，成为开展学制教育和职业培训服务技能人才成长的重要平台，面向企业职工和就业重点群体开展职业技能培训不低于2000万人次等。

三是2022年3月中国残疾人联合会等5部门联合印发《"十四五"残疾人职业技能提升计划》，提出大力开展就业技能培训、全面加强岗位技能提升培训、着力推进创业创新培训、精心组织中高技能人才培训、周密安排用人单位和就业服务人员培训等五项主要任务，以及完善残疾人职业培训扶持政策、扩大残疾人职业培训供给、整合残疾人线上培训资源、加强残疾人职业培训师资队伍培养、规范管理残疾人职业培训、培育残疾人特色培训品牌、实施职业技能等级证书制度等政策措施。

四是2021年11月国家发展改革委等15部门联合印发《深化促进家政服务业提质扩容"领跑者"行动三年实施方案（2021—2023年）》，提出推动家政进校园、大力培育产教融合型家政企业、深入开展岗位培训等重点举措，严格推行新上岗家政服务人员岗前培训制度，在岗人员每两年至少得到1次"回炉"培训；统一规范培训标准，增加心理学、家庭教育学等培

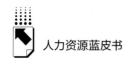

训内容，建立领跑学校和领跑企业协同培训机制；推动公共实训基地为家政企业提供家政服务培训场地；加强家政职业经理人培训。

五是2021年11月国家网信办印发《提升全民数字素养与技能行动纲要》，围绕7个方面对全民数字素养与技能提升作出部署：丰富优质数字资源供给、提升高品质数字生活水平、提升高效率数字工作能力、构建终身数字学习体系、激发数字创新活力、提高数字安全保护能力，以及强化数字社会法治道德规范。2022年3月，国家网信办等四部门联合印发《2022年提升全民数字素养与技能工作要点》，明确了本年度工作目标，主要包括数字资源供给更加丰富、全民终身数字学习体系初步构建、劳动者数字工作能力加快提升、人民群众数字生活水平不断提高等8个方面，提出新增"基础教育精品课程"资源数量、电子商务培训等8项主要指标。

六是2022年6月人社部等3部门联合印发《制造业技能根基工程实施方案》，方案规定，2022~2025年，聚焦制造业重点领域建立一批国家技能根基工程培训基地，加大制造业高新技术、数字技能和急需紧缺职业工种政府补贴培训支持力度等，打造数量充足、结构合理、素质优良、充满活力的制造业技能人才队伍。

此外，各部门各地区也对相关人才培训作出具体部署。比如，《"十四五"全国农业农村科技发展规划》将高素质农民教育培训开创新局面作为重要目标。《家政兴农行动计划（2021—2025年）》把提升家政服务技能作为重要内容，具体包括加强技能培训，完善培训政策，强化人才培养等举措。

（四）推进人力资源服务业高质量发展

2021年11月，人社部等5部门联合印发《关于推进新时代人力资源服务业高质量发展的意见》，与培训相关的重点任务如下。一是实施"互联网+人力资源服务"行动，创新应用大数据、人工智能、区块链等新兴信息技术，推动招聘、培训、人力资源服务外包、劳务派遣等业态提质增效。

二是支持人力资源服务机构向现代服务业相关细分行业拓展经营范围，探索开展与互联网、教育、医疗等行业的跨界合作。三是深化人力资源供给侧结构性改革，构建人力资源与实体经济、科技创新、现代金融协同发展的产业体系，持续为新型工业化、信息化、城镇化、农业现代化培养和输送人才。四是推动人力资源服务机构深度融入制造业产业链，围绕制造产业基础高级化、产业链现代化提供精准专业服务。五是鼓励人力资源服务机构在依法合规、风险可控、商业可持续前提下创新资本运营模式。六是实施人力资源服务业助力乡村振兴计划，统筹城乡人力资源流动配置，为劳务品牌建设添力，促进乡村人才振兴。七是围绕重点群体、重点行业，实施人力资源服务行业促就业计划，向劳动者提供终身职业培训和就业服务。八是规范劳务派遣、人力资源服务外包、在线培训等人力资源服务。

2022 年 3 月，人社部办公厅印发《关于发挥人力资源服务机构作用助推劳务品牌建设的通知》，支持人力资源服务机构面向劳务品牌从业人员，开发特色培训产品和培训服务，加强与技工院校、职业培训机构和企业合作，对符合条件的人力资源服务机构开展劳务品牌从业人员相关技能培训的，按规定纳入补贴性职业技能培训范围，提升劳务品牌从业人员的就业技能。

（五）优化职业技能提升政策

过去的一年，人社部门在多个领域发力，形成推进职业技能提升的一揽子政策体系。

一是 2021 年 8 月人社部等三部门印发《关于深化技工院校改革　大力发展技工教育的意见》，提出全面落实立德树人根本任务，切实提高高技能人才培养能力，人力加强校企合作，推进技工教育高质量协调发展。2022 年 2 月，组建技工教育和职业培训教学指导委员会。

二是 2021 年 9 月人社部、财政部印发《关于拓宽职业技能培训资金使用范围提升使用效能的通知》，要求加大职业技能提升行动专账资金统筹使用力度，进一步扩大职业培训补贴政策覆盖范围，加强新职业培训，强化职

业培训补贴政策执行落实，进一步加强职业培训基础工作，强化培训质量和资金监管力度。

三是2022年4月人社部印发《关于加快推进职业技能培训信息化建设有关工作的通知》，部署构建全国互联互通的职业技能培训信息化格局，加强职业技能培训管理服务，提高职业培训补贴资金使用精准性、安全性、有效性。

四是2022年4月人社部办公厅发布41个国家基本职业培训包目录，集培养目标、培训要求、培训内容、课程规范、考核大纲、教学资源等于一体，是推进相关职业（工种）技能培训的重要标准和参考。

五是2022年4月人社部等三部门印发《关于做好失业保险稳岗位提技能防失业工作的通知》，要求拓宽技能提升补贴受益范围，继续实施职业培训补贴政策，继续实施东部7省（市）扩大失业保险基金支出范围试点政策，发放一次性留工培训补贴，大力支持职业技能培训。

（六）加强互联网教育培训治理监管

2021年8月，中共中央、国务院印发《法治政府建设实施纲要（2021—2025年）》，提到要加强对教育培训等关系群众切身利益的重点领域执法力度，分领域梳理群众反映强烈的突出问题，开展集中专项整治。2022年4月，中共中央、国务院印发《关于加快建设全国统一大市场的意见》，围绕教育培训等重点民生领域，推动形成公开的消费者权益保护事项清单，完善纠纷协商处理办法，对线上教育培训等新业态推进线上线下一体化监管；同月，人社部办公厅、中央网信办秘书局印发《关于开展技术技能类"山寨证书"网络治理工作的通知》，针对面向社会开展的与技能人员和专业技术人员相关的培训评价发证（含线上）活动，聚焦虚假宣传、夸大宣传、故意混淆概念、误导社会的炒作等问题进行治理，坚决关停一批违法违规账号和平台，清除一批违法违规网页和信息，营造诚信、公正的培训考证社会舆论氛围。

三 培训服务存在的主要问题

（一）市场存在乱象

部分培训主体法律意识薄弱、经营管理水平较低，造成培训服务出现诸多问题，其中，技术技能类"山寨证书"方面[①]的问题是消费者反映强烈、媒体高度关注的主要问题。

一是不具备相关培训资质，违法开展有关培训服务。主要集中在不具备职业资格培训评价、职业技能鉴定、职业技能等级培训评价、专业技术职务培训评价、技术技能人员职业培训或评价的机构或单位，违规开展相关培训或评价活动。

二是违规使用某些字样开展培训服务活动。比如违规使用"中华人民共和国""中国""中华""国家""全国"等字样和违法使用中华人民共和国国徽标识。

三是虚假宣传、夸大宣传。在虚假宣传方面，比如，以政府信用做背书，"政府主推""×××部""原×××部"。在夸大宣传方面，有的夸大机构培训效果，如"代考""包过""不过包退"；有的夸大培训（证书）的社会效果，如"上岗必须""轻松月入过万""高薪入职"等；有的夸大培训评价效果，如"速成""×天拿证""零基础包拿证"等。

四是涉嫌故意混淆概念、渲染求职焦虑、误导社会进行炒作等问题。

（二）能力有待提高

大多数培训机构能够做到合法合规经营，但是培训供给的专业化还有待加强，这尤其体现在数字化、智能化、产业化能力方面。行业的数字化和智能化由行业领军企业引领，少部分领军企业在数字化、智能化建设领域已经

[①] 主要参考《关于开展技术技能类"山寨证书"网络治理工作的通知》有关内容。

形成了比较高的技术壁垒。绝大多数中小企业数字研发能力明显不足，从培训内容生产、营销，到培训管理和服务等全链条的数字化能力还有很大提升空间。数字类核心技术很大程度上决定了培训市场的生存链、营利链，也反映了我国目前不同区域、不同类型培训机构在可持续发展能力方面的巨大差距。万物互联时代，数字类核心技术的缺失成为制约绝大多数培训机构做大做强的重要因素。这不仅是国内培训行业的现状，也是国际培训市场的缩影。鉴于巨大的市场潜力，我国已成为国际教育科技资本投资比较活跃的地区，但我国还缺乏引领国际培训市场发展的本土职业培训品牌，本土培训机构的全球化服务能力和竞争能力亟待提高。

四　培训服务发展对策思考

（一）推进培训机构专业化建设

深入推进培训机构的专业化建设主要包括如下几个方面。

一是国有企事业干部教育培训机构，在思想政治类、政策业务类、理论知识类等领域有市场优势，但是培训方式方法相对传统，培训内容供给、培训内容的数字化呈现以及培训服务和管理等方面的数字化、智能化都有待提升。

二是国家和地方政府部门认可的技术技能人才培训机构和评价机构，要继续严格依据国家职业标准开展相关岗位培训和评价活动，规范开展线上、线下培训，尤其注意依法依规开展市场宣传和证书发放。

三是各类职业学校和职业培训机构，要根据职业教育法和相关文件精神，积极开展面向社会的培训服务活动，善于利用各项优惠政策发展自己，加强产教融合、校企合作，实现高质量发展。

四是开展培训服务的各类人力资源服务机构，要抓住促进人力资源服务业高质量发展的政策机遇，既要围绕国家的就业优先战略、人才强国战略、乡村振兴战略等开展培训产品的研发运营，又要规范管理，不断提高数字化、智能化、专业化、国际化水平，提高市场化服务能力和全球资源配置能力。

（二）提高政府管理和服务能力

为了建设世界重要人才中心和创新高地，国家将在"十四五"期间实施各类人才培育工程；为推动职业教育、人力资源服务业高质量发展，扩大优质培训供给，各部门出台各种鼓励、激励政策，促进头部培训机构高质量发展、中小微培训机构转型升级。为推进政策落地，政府相关管理和服务部门应在如下几个方面提高工作能力。

一是加大政策宣传。提高宣传的针对性，确保培训供需两侧相关各方都能及时获取相关信息，及时获得各项补助、扶持等支持，为有效促进行业发展充分发挥政策利好作用。

二是加强政策落地。各地要根据国家总体部署，结合本地区经济社会发展实际和人才需求，关心、关注中小微企业的生存和地区性、国家级领军企业的长远发展，将各类财政、金融、土地等一揽子政策落地、落实、落细，切实提高政策效能。

三是优化政策供应。从培训市场供需两侧精准发力，各部门各地区要根据中央精神和社会经济需求及时调整、优化相关政策，比如，服务对象范围、补贴资金流程、政策有效期、培训监管方式方法等。

四是推进市场监管。各部门各地区要坚持问题导向，强化前瞻思维，全面加强培训监管，特别是加强对技术技能类"山寨证书"的监管，关注线上培训业态，防范资本风险，以及数字化带来的社会风险或伦理问题，有效保障培训服务规范发展。

B.24
2021年人力资源服务机构
经营状况调查分析

林 彤*

摘　要： 本文依据中国对外服务工作行业协会对所属会员单位2021年度经营情况调查问卷的结果撰写，梳理总结2021年度会员单位的整体经营情况以及各主要业态的基本状况、发展形势。在此基础上，结合宏观环境变化，从行业规模、业态结构调整、服务机构生存发展能力等维度分析了人力资源服务业的发展态势。

关键词： 人力资源服务业　服务机构　人力资源

2021年，国民经济和社会生产逐渐恢复常态，全年国内生产总值（GDP）按不变价格计算，比上年增长8.1%，全年全国城镇调查失业率平均值为5.1%，比上年平均值下降0.5个百分点。人力资源服务行业所处的社会经济环境比上一年度有较大改善。此外，阶段性降低失业保险、工伤保险费率政策在2021年4月底到期后，再度延长。这项政策使企业能够轻装上阵，努力应对疫情带来的不利局面，给人力资源服务行业的上游客户以及人力资源服务机构本身都带来了非常积极的影响。

2021年，中国对外服务工作行业协会（以下简称"外服协会"）① 所

---

* 林彤，中国对外服务工作行业协会研究室主任、国际商务师，主要研究方向为中外人力资源服务业服务模式和市场发展趋势。

① 外服协会成立于1989年，是一家全国性的、以人力资源服务行业为特色的社会组织。目前，外服协会在全国共有160余家会员单位。

属会员单位积极面对疫情带来的挑战，危中寻机，主动寻求变革，向市场要答案，充分利用数字技术、金融资本等工具，在"以国内大循环为主"的全新发展格局下，以实现高质量发展为目标，继续保持了营业净收入和利润的同比稳定增长。

综观全年，会员单位的经营情况虽然呈现了整体增长的态势，但是，在不同会员单位之间，经营情况也出现了分化现象。优质的人力资源服务机构在新技术和资本市场的双重加持下，市场竞争能力愈加强大，对经营情况的整体增长起到了非常重要的拉动作用，而相当比例的会员单位抗风险能力较低，在疫情下出现经营困难、营收增长缓慢甚至下降的情况。

一　总体情况

目前，外服协会 160 余家会员单位，分布在除西藏、宁夏、青海以外的省（区、市），而大部分会员机构又分布在一线城市和东部沿海经济发达地区。其中，90%以上的会员单位是以人力资源外包服务为主的传统的人力资源服务机构。随着人力资源服务外延不断延伸以及与其他产业的融合发展，近年来，一些新型的、与人力资源服务相关的企业，如人力资源管理类软件服务商、财税或法务咨询服务公司、会展服务公司以及生活类服务公司也加入协会，进一步丰富了协会所代表的业务范围。

为全面了解会员单位的经营情况，观察人力资源服务各主要业态的发展现状，从业务实践的角度深入研究人力资源服务业的发展趋势和存在的问题，更好地为会员单位的经营活动和政府部门的决策提供依据，自 1999 年开始，外服协会每年都要开展一次上一年度会员单位年度经营情况问卷调查统计。

2022 年 3 月 1 日至 5 月 30 日，外服协会针对 2021 年度协会所属会员单位的整体经营情况开展了问卷调查统计工作。共有 109 家会员单位提交了翔实的统计报表，其中副会长以上单位 11 家、常务理事单位 28 家、理事单位及会员单位 70 家。考虑到部分会员单位由上级单位集合统报并未单独参加

调查统计的情况，2022 年问卷调查统计的实际参与率可达到 79%。

根据本次调查统计的反馈结果，参加调查统计的会员单位实现营业总收入 41514261 万元（含代收代付 32665700.34 万元），营业净收入同比平均增长率为 7.6%；实现利润 419262.83 万元，同比平均增长率为 9.5%；总服务客户 307834 家；服务各类员工总人数为 11975166 人；参加调查统计的会员单位内部员工总数为 34181 人，在全国各地共有 1313 家分支机构。2021 年，全国各地陆续发生的新冠肺炎疫情给会员单位的生产经营活动带来了不利的影响。参加调查统计的会员单位中有 44 家单位出现了利润的负增长，10 家单位出现亏损。

二　主要业态经营情况

2021 年，会员单位开展的业务主要有以下几类：人事社保代理服务、招聘（猎头与 RPO）、劳务派遣服务、业务外包、灵活用工服务、薪酬财税服务、弹性福利管理服务、人才测评服务、培训服务、对外劳务合作等（见图 24-1）。一些以软件服务为主的会员单位开发了企业内部人力资源管理系统或面向其他人力资源服务机构的 SaaS（软件即服务）平台。还有部分会员单位开展了外籍人服务、会展服务及其他生活类服务等。

（一）人事社保代理服务

2021 年，参加调查统计的会员单位总计为 8534746 名员工提供了人事社保代理服务，服务人数同比平均增长率为 -17.2%，营业收入同比平均增长率为 -11.8%。

近年来，各地加大了对虚构劳动关系参保骗保的打击力度，部分地区相继出台了一些措施，以地方性规定的形式，对社保代理服务进行了规制，核心要求是劳动者的社保缴纳单位和实际的用人单位应该是同一个单位。在这样的政策要求下，人力资源服务机构的社保代理服务将很难开展下去。据了解：目前，国内尚有部分地区仍然允许人力资源服务机构开展社保代理服务

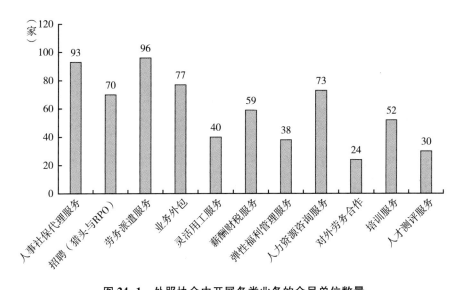

图 24-1　外服协会中开展各类业务的会员单位数量

或没有对此明确禁止。2022 年 3 月，随着《社会保险基金行政监督办法》的实施，对社保代理服务有进一步收紧的趋势。社保代理服务是很多人力资源服务机构的流量型业务，可以为人力资源服务机构带来稳定的现金流。上述政策变化走势对人力资源服务机构的社保代理服务将产生重大影响。对此感触最深的是一些中小型会员单位，这些机构的绝大部分业务收入都来自全国同行相互委托的社保代理服务。自疫情以来，这些机构的经营活动本已处在艰难维持的状态，社保代理服务政策的日趋收紧将进一步加剧公司的经营压力。

（二）招聘（猎头与RPO）

2021 年，参加调查统计的会员单位通过高端人才寻访（猎头）或招聘流程外包（RPO）等方式开展了招聘服务，实现成功上岗的员工人数为89124 人，同比平均增长率为-18.6%。

在招聘服务方面，会员单位的经营收入与上一年度相比有了一定的下降。疫情之下，企业面临较大的生产经营压力，必须控制人工成本，招聘方

面的支出有所回落，而劳动者面临待岗、失业、收入减少等风险。出于对未来不确定性的担忧，在职人才对职业发展采取了更加谨慎的态度，换工作跳槽的意愿有所降低，2021年，会员单位通过招聘服务的上岗人数同比出现了一定程度的下降。

（三）劳务派遣服务

2021年，参加调查统计的会员单位总计向用工单位提供的派遣员工总数为682785人，同比平均增长率为-14.5%。

近年来，由于在劳务派遣用工方面的限制，劳务派遣用工向业务外包转型已成为常态。与这一趋势形成联动与呼应的是，2021年，会员单位派出的劳务派遣人员数量下降，而会员单位的外包业务则继续保持了总体稳定增长态势。

（四）业务外包

2021年，参加调查统计的会员单位中，业务外包在岗人员为1607352人，同比平均增长率为21.1%；外包业务实现收入3879009.79万元，同比平均增长率为17.5%。

（五）灵活用工服务

2021年，多家会员单位继续开展了灵活用工服务，涉及零工、互联网平台用工等各类非全日制用工人员782695人，同比平均增长率为38.5%；灵活用工业务实现收入1575918万元，同比平均增长率为49%。

自2020年发生疫情以来，很多企业的生产经营活动受到严重影响。在外部环境不确定、整体经济下行的背景下，越来越多的企业在用工方面不得不做出内部编制紧缩、外部用工弹性化的选择。作为一项很重要的策略，企业的固定用工越来越聚焦于核心战略岗位，而对于一些非核心的岗位，越来越多的企业选择通过市场化手段，引入灵活用工服务，以此控制人工成本，达到降本增效的目的。2021年，会员单位的灵活用工服务因此继续保持了较高速度的增长。

（六）薪酬财税服务

2021 年，参加调查统计的会员单位在薪酬财税服务领域实现营业收入 145759 万元，同比平均增长率为 36.4%。

对于薪酬财税服务而言，由于涉及政策变化频繁、操作经办烦琐等问题，且岗位属性更偏向于非核心的外部交付性岗位，为了控制用工成本，企业采用第三方外包服务的方式是大势所趋。在此趋势下，会员单位在薪酬财税服务领域也延续了稳定增长的态势。

（七）弹性福利管理服务

2021 年，参加调查统计的会员单位在弹性福利管理业务领域实现营业收入 103439 万元，同比平均增长率为–11.9%。

2021 年，受疫情影响，企业面临较大的经营压力，各项支出更加谨慎，购买弹性福利产品的意愿和能力有所降低。因此，会员单位在弹性福利管理方面的收入也出现了一定程度的下滑。

（八）其他

作为人力资源服务主营板块的支持和辅助业务，2021 年，参加调查统计的会员单位总计提供人力资源咨询服务 14790 次；举办各类培训 2000 场；对外输出劳务人员 37182 人。

三　关于人力资源服务业发展的思考与展望

（一）人力资源服务行业仍处在上升期，行业规模有望进一步扩容，但发展面临很多挑战

同其他很多行业一样，人力资源服务业的发展与宏观经济环境密切相关。作为生产性服务业和现代服务业的重要组成部分，人力资源服务业处在国家经济链条的末端，产业链上游行业、企业的良好运转是人力资源服务业

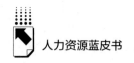
能够取得长期增长的核心逻辑。人力资源服务业总规模连续多年保持了两位数的增长，得益于我国多年来较高的经济增速。当前，国内各行各业依然面临疫情的不利影响，外部环境也更加复杂、严峻和不确定，但我国发展韧劲强、潜力大，只要经济的核心引擎保持动力，经济长期向好的基本面就不会变，人力资源服务业保持长期稳定发展的趋势就不会变。所以，人力资源服务业仍处在上升期，人力资源服务业的行业规模因此有望进一步扩容。

但是，人力资源服务业同样面临很多挑战。自2017年起，我国就业总人口数开始下降，我国长期以来形成的人口红利正在逐步弱化，而人口老龄化趋势进一步凸显，这些都对人力资源服务业发展产生影响。当前，我国正处在产业结构转型期，第三产业在国民经济当中所占的比重不断扩大，新业态层出不穷，由此引起了劳动报酬分配在不同产业、职业之间的差异化增大，使求职难招工难的悖论现象显得尤为突出。2022年3月以来，上海、北京等地遭遇了疫情的又一轮冲击，上述地区是人力资源服务行业非常发达的地区，疫情及其防控措施对用工单位的影响，直接波及人力资源服务行业。客户资源流失、客户拖欠服务费甚至社保费用、现金流紧张等情况严重影响了人力资源服务机构的营收，人力资源服务行业进入一个前所未有的艰难时期。实现人力资源服务业的高质量稳定发展，既要依靠全体从业者的不懈努力，同时更离不开宏观经济环境的整体向好以及政府和社会对人力资源服务业发展的支持。

（二）新就业形态发展，进一步推动人力资源服务业态结构调整

人力资源服务相关业务形态的结构调整是一个动态过程，与社会环境、技术环境、政策环境密切相关。当前及今后一段时期，社会观念、产业形态、经济基础、劳动力结构、就业与工作方式、国际环境等不断变化，劳动关系正在被重塑，传统意义上的标准劳动关系正面临反思与解构，非标准劳动关系将在劳动力市场占据更大份额。人力资源服务相关业务形态的结构也将因此发生变化。

在过去很长一段时间，人力资源服务的核心职能侧重在劳动关系管理方

面，与之相对应的业态——人事社保代理、劳务派遣等业务是很多人力资源服务机构的重要业务板块，在营收中占据较大比重。近两年来，受相关政策影响，加之技术创新快速发展，上述传统业务正在逐步下滑，而一些符合疫情下市场发展规律的服务，如灵活用工服务、业务外包、薪酬财税服务则实现了逆势增长。

在非标准劳动关系基础上建立起来的各类灵活用工，可以使用工企业实现劳动力"即需即用"，更为重要的是使用工企业避免了社保、公积金、福利等隐性用工成本，成为用工企业应对疫情影响、解决短期用工需求、控制人工成本的重要选择。

灵活用工市场的快速发展要求人力资源服务机构必须充分利用线上技术手段和线下渠道优势，不断提高对灵活用工市场所需的人力资源，即短期、周期性用工的配置能力，这将促使人力资源服务业回归到招聘与配置的本源赛道。如果一家人力资源服务机构没有招聘能力，没有配置能力，将会影响到这家机构的可持续发展。术业有专攻，可以说，劳动力资源配置是人力资源服务业的立身之本。人力资源服务业的发展必须首先要做到坚守正道，按市场规律办事。人力资源服务机构应围绕劳动力资源配置这个核心能力，结合自身在不同行业、不同领域方面获取劳动力资源的竞争优势，深耕细作，不断提高劳动力资源的配置能力和效率。《关于推进新时代人力资源服务业高质量发展的意见》提出，以提高人力资源要素配置效率为导向，推动行业向专业化和价值链高端延伸。可见，提高人力资源配置能力将是人力资源服务行业发展的大方向，而围绕人力资源配置开展的业务主要是招聘类服务与灵活用工服务，上述两块业务要求的核心能力都是人力资源的获取能力。近两年来，很多会员单位已经开始将业务链延伸至线上、线下的招聘类服务，或深入布局灵活用工服务市场。调结构、转方式、促增长是未来一段时间会员单位经营活动的主旋律。

（三）行业集中度进一步提升，"马太效应"越来越明显

2021 年，会员单位的经营情况虽然呈现整体增长的态势。但在不同会

员单位之间，经营情况也出现了加大分化的趋势。优质的人力资源服务机构在新技术和资本市场的双重加持下，市场竞争能力愈加强大，对会员单位经营情况的整体增长起到了非常重要的拉动作用。与此同时，也有一定比例的会员单位抗风险能力较低，在疫情下出现经营困难、营收下降的情况。除去数家旗舰型人力资源服务机构外，2021年，营收及利润实现增长或变化不大的会员单位主要是那些深耕某一领域或某一地区的人力资源服务机构、开展灵活用工业务或具有一定科技属性的人力资源服务机构。挖掘其原因不难看出：受疫情影响灵活用工业务增加，带来了更多的营收；数字化程度高、科技属性强的机构能够在一定程度上对抗风险，体现了数字化的优势；深耕某一单独领域或地区的会员单位虽然也面临疫情的不利影响，但是客户群体相对稳定，业务竞争相对较小。

过去，传统的人力资源服务业具有分散化、区域化的特征，难以做大。但是，随着"大云平移"等新技术的出现和统一大市场的形成，时空的界限将被打破，人力资源服务的效率得以进一步提升。在此趋势下，更多的业务增量将向头部企业集中，行业集中度将进一步提高，人力资源服务机构将向大型化、集团化方向发展，"马太效应"将越发明显，中小型人力资源服务机构的生存空间被压缩。面对强大的竞争优势，中小型人力资源服务机构需要充分发挥属地资源禀赋，专注细分赛道，在挖掘内部潜力的同时，充分利用外部合作，加快数字化能力提升，以数据洞察和智能技术为抓手，围绕客群、产品、服务打造差异化竞争能力。

危机与挑战对人力资源服务行业并不陌生。历经40余年的高速增长，我国人力资源服务业已经发展到较大的规模体量，也具备了一定的抗风险能力。人力资源服务业围绕着第一资源"人力资源"拓展发展，这就决定了这个行业所特有的市场地位。扩大就业是我国当前和今后长时期重大而艰巨的任务。国家高度重视人力资源服务业在促进就业中发挥的重要作用，人力资源服务从业者需要秉承高度的社会责任感和求真务实的工作作风，服务国家战略，打造核心竞争力。

Abstract

王秋蕾　王　伊　柏玉林

Blue Book of Human Resources: Annual Report on the Development of China's Human Resoures (2022) consists of a general report and six special reports. It focuses on the overall situation of China's human resources development from the beginning of 2021 to the first half of 2021, analyzes main challenges faced by human resources development in the future, and puts forward recommendations for promoting human resources development.

The general report systematically presents the overall situation and latest progress of human resources development in China. Based on the triple pressures faced by China's economic development, it analyzes main tasks of promoting the development of human resources in China at present and in the future: strengthening the foundation and improving the quality, to deepen the strategy of invigorating China through developing a quality workforce in the new era; stabilizing and expanding jobs, to optimize employment structure and improve employment quality; perfecting the system to strengthen the social insurance and security ability; responding to the development needs to consolidate the protection of workers' rights and interests in new employment forms; promoting the overall planning to promote quality development of human resources services.

The six topics follow common practices, including human resources situation, talent-related work, public sector personnel management, employment and entrepreneurship and labor relations, social insurance, and human resources service industry. They are composed of 23 special reports, mainly summarize and analyze the current situation and development of related field or sector from three aspects: basic situation, problems and challenges, and future prospects, focusing on the foundation, history, situation and trend of the development.

The special topic of human resources includes six reports, which introduces

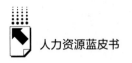
the basic situation and development trend of China's human resources, the development of elderly human resources, and the improvement of the scientific literacy and skills of urban workers, presents practices and outcomes of the development of professionals in education sector, scientific and technological sector and digital economy sector, and analyzes the main problems and countermeasures in the future. The special topic on talent-related work consists of four reports, summarizing the main progress and innovative practices of talent-related work in various locations, the typical practice and overall progress of talent evaluation system reform, and analyzing the main tasks in the future. The special topic of public sector personnel management consists of four reports, of which three reports on civil service management, personnel system reform of public institutions, and personnel system reform of state-owned enterprises mainly summarize the policy recently introduced and practice development, and analyze the main situation and important tasks in the future; the report on the reform of personnel systems of public hospitals systematically combs the history of the reform of personnel systems of public hospitals in China since the reform and opening up, comprehensively presents typical practices and major progress of the reform in various periods, and studies and identifies the trend of the reform in the coming period. The special topic of employment, entrepreneurship and labor relations includes three reports, which not only comprehensively and systematically combs and analyzes the overall situation, typical practices, development environment and basic trend of promoting employment, entrepreneurship and labor relations governance in China, but also summarizes and analyzes the overall situation and future trend of the recruitment of college graduates by small, medium and micro enterprises, and puts forward countermeasures to promote the recruitment of college graduates by SMMEs. The special topic of social insurance includes four reports, continuing the content framework of blue books of previous years. On the basis of summarizing the overall situation of social insurance development in China, it further introduces the operation, reform progress and future development trend of the basic old-age insurance, work injury insurance and basic medical insurance system. The special topic of human resources service industry is composed of three reports, maintaining the continuity of previous years, focusing on the basic

situation, major achievements and characteristics, main problems faced and development countermeasures of human resources service market, human resources training service, and human resources enterprises.

Since 2021, human resources development has achieved a good start in the "14th Five Year Plan" period. However, the situation faced by human resources development is complex and severe. In particular, China's economic development faces the triple pressure of shrinking demand, supply shock and weakening expectations. It is necessary to provide a solid guarantee for the construction of a new development pattern, strengthen support for the realization of common prosperity, and establish competitive advantages for the comprehensive construction of a modern socialist country. The human resources development related work must make greater efforts to achieve high-quality development. Therefore, compared with the previous year, the human resources development report of 2022 tries to highlight the following characteristics: First, respond to the development of the times and strengthen the attention to relevant groups. For example, while continuing to focus on human resources in field of science and technology, education and healthcare, we further pay attention to the elderly human resources, human resources in digital economy and human resources of SMMEs. Second, introduce multiple perspectives to reflect the progress of classified management of human resources. For example, in the special topic of human resources, human resources in digital economy sector is included as a new content; in the special topic of personnel management of public institutions, the reform and development of personnel system in public hospitals; in the special topic of employment, entrepreneurship and labor relations, SMMEs absorbing college graduates for employment. Third, expand the content and enhance the value of the report as a guidance. For example, on the basis of maintaining the stability of the original framework, we try our best to continuously pay attention to the development of human resources in various fields and sectors, analyze the development rules, and add reviews under certain special topics where appropriate.

Keywords: Human Resources; Talent-related Work; Personnel Management; Employment and Entrepreneurship; Human Resources Service Industry

Contents

王秋蕾　王　伊　柏玉林

I General Report

Abstract: This report reviews the development of human resources in China in the past year, and analyses the development trend in the future. The growth rate of China's total population remained slow; the aging of the population further deepened, urbanization and quality of population steadily increased. The strategy of invigorating China through workforce in the new era was further strengthened; talent cultivating mechanism was optimized; breakthroughs were made in talent evaluation mechanism; orderly flow and allocation of human resources was enhanced; incentives and rewards for outstanding human resources were promoted. Civil service management was enhanced; personnel management system reform of public institutions was deepened; the outcome of the selection and employment mechanism of state-owned enterprises was outstanding. Continuous improvement of public employment service system was improved, market supply and demand kept active, employment kept stable as a whole. Salary and incomes kept increasing; systems were optimized and improved to perfect the wages guiding and regulating mechanisms; the mechanism of distribution in state-owned enterprises and public institutions was improved. The coverage of social insurance system and fund scale steadily expanded, and the level of social insurance treatment further improved; the insurance mechanism was optimized; fund safety mechanism was more sound. Labor contract management and labor security law enforcement were steadily promoted; the mechanism for handling multiple labor disputes was further improved, and a new breakthrough was made in the mechanism for guaranteeing payment of wages to migrant workers; the protection of the rights and interests of workers in new employment forms was strengthened. Human resources services industry maintained a sound development trend, the industrial park system continued to improve, opening-up policy was further deepened. In the face of the complex and severe situation at home and abroad, human resources development must effectively deal with risks and strengthen the development of high-quality momentum. It is important to strengthen the foundation and improve the quality to lay a solid theoretical foundation and intensify the implementation of the strategy of invigorating China with workforce in the new era; to deepen the implementation of the employment priority strategy, optimize the employment structure and improve the quality of employment; to deepen the reform, and continuously improve the social insurance protection capacity; to respond to the development needs, and solidify the protection of rights and interests of workers in new employment forms; to highlight priorities, and promote the overall development of high-quality human resources services.

Keywords: Human Resources; Talent-related Work; Personnel System; Social Security; Human Resources Service Industry

Ⅱ Human Resource Status

Abstract: China's total population still maintains a trend of low growth rate, the quality of population and the level of urbanization continue to improve, the

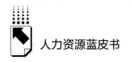

industrial structure of human resources continue to optimize, and the total labor productivity and social security further improve. Remarkable achievements have been made in the development of professionals, and the amount of professionals in science and technology, education and talents has been growing. At the same time, China's working age population continued to decrease. To effectively address new changes in human resource development, we should adhere to the overall strategy of talent-related work to better serve the country, promote the optimization and adjustment of human resources structure, promote the development of rural and elderly human resources, and focus on the internationalization of talent management services.

Keywords: Total Population; Quality of Population; Talents; Human Resource

B.3   An Analysis of the Elderly Human Resources
    Development in China

Zeng Hongying, Fan Xianwei, Zhao Yufeng and Ji Jingyao / 061

Abstract: China has a large aged population, and the development of elderly human resources needs a precise approach. This paper analyzes and studies related issues from three dimensions: the total amount of elderly human resources, the value of participating in housework, and the potential of development potential of elderly human resources in scientific and technological sectors. Firstly, the overall scale and structural distribution of elderly human resources are analyzed from the perspective of health. Secondly, the social value of elderly human resources participating in housework is measured from practical perspective. Finally, the scale and development potential of elderly human resources in scientific and technological sectors are analyzed from the perspective of intellectual resources (educational attainment).

Keywords: Aged Population; Human Resources Development; Intellectual Resources

B.4　An Analysis of the Scientific Literacy and Skills of Urban

Workers in China　　　*Huang Mei, Xie Jing and Sun Yiping* / 077

Abstract: As an important indicator of a country's innovation and entrepreneurship and employment capacity, scientific literacy and skills of urban workers has become a strong support for China's construction of a new development pattern. On the basis of summarizing the status quo, practices for improving and situation of scientific literacy and skills of urban workers, this paper proposes future directions for promoting scientific literacy and skills of urban workers from following 7 aspects: adhering to the employment priority policy, optimizing the departmental coordination mechanism, highlighting the importance of industry and enterprise, focusing on flexible workers, paying attention to digital capacity improvement, promoting the construction of training standards, and strengthening fundamental capacity building.

Keywords: Urban Workers; Scientific Literacy; Skill-Level; Digital Capacity

B.5　An Analysis of the Development of Professionals

in Education Sector in China　　　*An Xuehui* / 096

Abstract: Professionals in education sector are important human capital for building a high-quality education system. This paper reviews the status quo of China's educational professionals' development in the second half of 2021 and the first half of 2022, the construction of related training system, and the reform and innovation of personnel system in education sector. Facing the future development, professionals in education sector need to constantly optimize the structure and improve the quality, so as to provide strong human resources support for the construction of a high-quality education system.

Keywords: Professionals in Education Sector; Training; Personnel System; Teachers Management

B . 6   An Analysis of Features and Trends of the of

Human Resources Development in Science

and Technology Sector in China   *Huang Yuanxi* / 110

Abstract: Human resources development in science and technology sector reflects the reserve and supply of scientific and technological human capital in a country or region. Since 2005, the development of China's human resources in science and technology sector has shown a promising trend, with the following features: the total volume and density continue to grow, the proportion of engineering professionals is high, and the scale is large, and the proportion of people with higher educational attainments, young people and women is increasing. Such achievement benefits from the expansion of larger scale of higher education, the vigorous development of science and technology, the continuous optimization of policy environment and the increasingly supporting social culture. In the future, China's human resources in science and technology sector will continue to maintain the growth trend, and strive to promote the quality and potential.

Keywords: Human Resources in Science and Technology Sector; Higher Education; Science and Technology

B . 7   An Analysis of Human Resources Development

in Digital Economy in China

Zhai Shuang, Yang Kun and Wang Changlin / 123

Abstract: Digital economy is another major economic form emerging after agricultural economy and industrial economy. At present, the scale and development speed of China's digital economy has leapt to the second place in the world, second only to the United States. Digital economy human resources are key resources to promote the innovation and development of China's digital economy. This paper analyzes the status quo and situation of human resources development in digital economy in China, and puts forward suggestions for building a digital economy talent highland in China, namely accelerating the cultivation of local digital economy human resources, accurately introducing international digital economy human resources, building a high-quality digital economy human resources ecosystem, and continuously optimizing the digital economy talent governance.

Keywords: Digital Economy; Digital Industrialization; Industrial Digitalization; Digital Economy Talent

Ⅲ Talent-related Work

B.8 A Research on the Development Trend of Talent-related Work at Local Level in China in the New Era

Fan Qingqing, Sun Rui / 133

Abstract: Currently, local governments in China actively implement the overall plan of talent-related work at central level, centering the strategy on developing a quality workforce and innovation driven strategy in the new era. Based on the development context, local governments has been deepening reforms of talent management system and mechanism, and successively launched special actions for talent-related work in the new era, including building talent introduction matrix, focusing on talent training, innovating talent evaluation mechanism, increasing talent incentive, deepening the reform of scientific research management mechanism, optimizing talent service mechanism, implementing more open talent policies, etc. The development path of talent-related work at local level is constantly updated, the talent development dividend is further released, the role of talent in leading development is further enhanced, and the high-quality economic and social development is promoted to a new level.

Keywords: Talent-related Work at Local Level; Management Mechanism; Reform and Innovation

B.9   The Reform and Development Trend of

Talent Evaluation Mechanism in China   *Sun Yiping* / 150

Abstract: In the past year, the reform of China's professional title system, professional qualification system and vocational skill level recognition system has entered a new stage of development. Under the overall planning of the central government, departments at all levels continued to promote the reform of various systems, classify and improve evaluation standards, innovate evaluation methods, improve management services, and strengthen the reform of talent evaluation in key areas. The talent evaluation system has been improved, and the connection between talent evaluation and training, use, incentive and other aspects are more coherent.

Keywords: Talent Evaluation; Professional Title; Professional Qualification

B.10   The Progress and Development Trend of Professional

Qualification System Reform   *Xie Jing* / 169

Abstract: From 2021 to 2022, the reform of the professional qualification system continued to advance, and the specific work concentrated on the following aspects: the issuance of the new version of the national professional qualification catalog, the promotion of electronic certificates, the reform of the examination passing standard, the reduction of the requirements for working years, the regulation of informal certificates, and the exploration of overseas professional qualification certification and recognition mechanism. Facing the reform of the professional qualification system in the new development era, we need to effectively respond to the needs of innovative technical and skilled talent evaluation system, accelerate the construction of the national qualifications framework, and promote the global allocation of technical and skilled talent. We will accelerate the process of international mutual recognition, and promote the professional qualification system from a standard and orderly one to an evidence-based and sound one.

Keywords: Professional Qualifications; Level-related Qualifications; Talent Evaluation

IV Public Sector Personnel Managenment

B.11 The Status quo and Development Trend
of Civil Service Management *Liu Junyi* / 182

Abstract: In the past year, China's civil service management has been guided by Xi Jinping's thought of socialism with Chinese characteristics in the new era, comprehensively implementing the spirit of the 19th Party Congress and the 19th Plenary Sessions, implementing the spirit of the National Organization Ministerial Conference, conducting practical exploration in promoting classification management, deepening the examination, assessment and training by classification and grading, improving the incentive and restraint mechanism, highlighting the importance of grassroot-level orientation, etc., laying a good foundation for better promoting the transformation of quality system into governance effectiveness and promoting the high-quality development of civil service related work.

Keywords: Civil Service Management; Classification Reform; Team Building

B.12 The Progress of Personnel System Reform
of Public Institutions in the Beginning
of the 14th Five-Year Plan *Ding Jingjing* / 200

Abstract: The strategy on developing a quality workforce in the new era and the strategy of rural revitalization were deeply implemented, which put forward new requirements for personnel system reform of public institutions. The 14*th Five-Year Plan of Human Resources and Social Security* made specific arrangements for personnel

system reform of public institutions. Personnel system reform of public institutions has made breakthroughs in such key areas as public recruitment, evaluation and incentive, selection and appointment of leaders, and capacity building. The next step in personnel system reform of public institutions should focus on the accuracy, cohesion and effectiveness of policies. We should not only consider the balance between the stability and flexibility of the system, but also pay attention to the cohesion of policies between departments. At the same time, we should improve the coordination mechanism of full authority delegation and effective use of power, and create a good environment for better playing the autonomy of employers.

Keywords: Public Institutions; Personnel System Reform; Public Recruitment

B.13　The Reform and Development of Personnel System of

　　Public Hospitals　　　　　　　　*Li Xiaoyan, Yan Lina* / 213

Abstract: The development contexts of different historical stages vary from each other, as well as the reform targets. This paper sorts out the reform and development of China's public hospital personnel system based on four development stages since the reform and opening up, and summarizes the reform focus in different stages. On this basis, it analyzes the trend of personnel system reform of public hospitals in the future: Strengthen the strategic role of talent in quality development; establish personnel systems in line with industrial features; effectively implement the autonomy of talent selection to bring vitality to innovation.

Keywords: Public Hospital; Personnel System Reform;

Abstract: Since the implementation of the three year action of state-owned enterprise reform, specific reforms have been taken including establishment of boards of directors, external directors accounting for the majority, the tenure system and contractual management of managerial members, coordinated application of various medium and long term incentive policies and improved talent management system and mechanism conducive to scientific and technological innovation, and effective three-system reforms in subordinate enterprises at all levels. Reform results promote key progress in improving the corporate governance structure, promoting the mixed ownership reform, and improving the modern enterprise system with Chinese characteristics. It effectively stimulated the development vitality and endogenous driving forces of state-owned enterprises. At present, the main task of the three-year reform of state-owned enterprises is more than 90% complete, and the whole has entered a decisive stage, which requires all-out efforts to overcome difficulties and ensure that the task will be completed on time.

Keywords: State-owned Enterprise Reform; Personnel System Reform; State-owned Enterprises

Ⅴ Employment, Entrepreneurship and Labor Relations

Abstract: As the opening year of the 14th Five-Year Plan, China's employment remained generally stable in 2021. The employment structure has been optimized and employment remuneration has been increasing. Employment-related

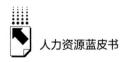
work focused on following areas: strengthening macroeconomic control and policy support, centering employment for key groups, actively promoting innovation and entrepreneurship, strengthening public employment services, and helping to revitalize the rural areas. In the face of multiple pressures such as shrinking demand, supply shocks and weakening expectations in the future, a variety of measures should be taken to preserve and stabilize employment and promote high-quality employment development.

Keywords: Employment; Employment Structure; Public Employment

B.16 Promote Small and Medium-sized Enterprises to Recruit College Graduates *Cao Jia / 257*

Abstract: Small, medium and micro enterprises are indispensable and important driving forces for national economic and social development. At present, they are affected by the downward pressure of the economy and facing many operational difficulties. Although they absorb nearly 80% of the urban labour force for employment, structural problems are still pronounced, with weak labour demand, and inactive recruitment especially low willingness to recruit college graduates. Reasons include the insufficient incentive of the existing policies and initiatives, the lack of attractiveness of small, medium and micro enterprises, as well as factors such as insufficient guidance, poor coordination between departments and the mismatch between supply and demand structures. In view of the increasing uncertainty of the employment situation, increasing pressure on the employment of college graduates, the government's assistance to small and medium-sized enterprises to "survive and live well", and the change from structural tension between supply and demand towards structural adaptation, we need to strengthen policy stability and transparency, improve the employment impact assessment mechanism to stabilize expectations and strengthen confidence. Efforts should also be done to strengthen the supply of policy resources, focus on departmental coordination and improve the quality of employment services for graduates; to strengthen policy support for small and medium-sized enterprises and facilitate their timely improvement of human resources development strategies; to strengthen market guidance, optimize the allocation of higher education resources and improve the employment quality reporting system for college graduates; and to strengthen innovation in mindset, create a good atmosphere and guide graduates to establish a proper employment mindset.

Keywords: Small Medium and Micro-sized Enterprises; Recruitment; College Graduates; Employment Mindset

B.17 The New Development of Labor Relations Governance
in China *Xiao Pengyan, Zhao Beibei* / 270

Abstract: The year 2021 is the beginning year of the 14th Five-Year Plan, and labour relations governance was steadily promoted. Throughout the year, the number of labour disputes filed and the number of workers involved, as well as the number of cases handled by mediation and arbitration organizations and the number of workers involved all increased. Harmonious labour relations governance has continued to deepen. Against the backdrop of the normalization of pandemic prevention and control and the complexity of factors influencing economic development, labour relations governance is facing new challenges, requiring continued strengthening of institutional mechanisms and continuous improvement of foresight, synergy and mobilization and the ability of accurate governance.

Keywords: Labor Relations; Worker; Local Labor Relations

VI Social Security

B.18 The Development of Social Insurance in China (2021-2022)
Wang Mei / 289

Abstract: The year 2021 is the opening year of the 14th Five-Year Plan.

Under the unified deployment of the Party Central Committee and the State Council, and with the efforts of government departments at all levels, China's social insurance industry has made positive progress, with social insurance coverage steadily expanding, the size of social insurance funds continuing to increase, the level of social insurance benefits continuing to improve, and the insurance system becoming more complete. The social insurance system has been improved. This article summarizes the basic development of China's social insurance in 2021 – 2022, sorts out the important reform measures of various social insurance systems, and makes an outlook on the future development trend of China's social insurance system.

Keywords: Social Insurance, Insurance System, Reform Review

B.19   The Status quo and Future Trend of the Reform

and Development of Old-age Insurance System

Chen Jing, Song Minghui / 303

Abstract: In 2021, the number of basic old-age insurance participants in China continued to increase, the current fund income increased significantly, and the accumulated fund balance scale continued to decline. The level of pensions for urban employees and urban and rural residents continued to rise. In 2022, temporary relief and deferment measures were continued, the pressure on enterprises and individuals was eased, the basic old-age insurance for enterprise employees was launched as a whole, a series of regulations for the individual pension system were issued, and the restrictions on flexible workers to participate in household registration were released. For next steps, according to the requirements of improving the multi-tier and multi-pillar pension system, we should steadily promote the national coordination of basic old-age insurance, introduce supporting policies as soon as possible to promote the sound and regulated development of the third pillar, strengthen the top-level design to promote flexible workers to participate in old-age insurance for employees, and promote the construction of a fairer, coordinated and sustainable old-age insurance system.

Keywords: Old-age Insurance; National Coordination; Personal Pension; Flexible Workers' Participation

B . 20   The Construction of Work Injury Insurance System under the Background of New Forms of Economy

Shen Che, Liu Yunkun / 313

Abstract: In 2021, the coverage of China's work injury insurance system continued to expand and the size of the fund grew further. As the impact of the new forms of economy on people's livelihood and employment has become more and more obvious, the work injury insurance for workers in new forms of economy and employment is facing challenges such as narrow coverage, unclear division of responsibilities, difficulties in recognition and compensation, and uncertain supply system. In the future, China should accelerate the improvement of the multi-level work injury protection system, continue to strengthen the synergistic management with medical insurance, clarify the content of specific items and the level of protection for work injury protection for workers in new employment forms, promote the establishment of a long-term mechanism for work injury insurance under the development of new forms of economy and actively explore differentiated design of the work injury protection system for workers in new employment forms.

Keywords: Work Injury Insurance; New Forms of Economy; Occupational Injuries

B . 21   The Status quo and Development Path of China's

Basic Medical Insurance System   *Zhang Xinxin* / 323

Abstract: In 2021, the number of participants in China's basic medical insurance exceeded 1. 36 billion, the fund's income and expenditure were in good condition, and the benefits were further improved. Progress in the reform of the basic medical insurance system includes: the quality of medical insurance participation was further improved; the reform of centralized purchase of medicine, drug catalog and price adjustment were promoted in an orderly manner; the reform of DRG/DIP payment method was carried out in an all-round way; the strong efforts of medical insurance fund supervision continued to consolidate; the standardization and informatizaiton of medical insurance were carried out in depth; medical insurance measures for pandemic prevention and control continued to be optimized. The problems and challenges faced by the development of basic medical insurance system include: the accuracy of basic medical insurance participation still needs to be improved; the related mechanism of benefits receiving and financing needs to be improved; the reform of medical insurance payment mode needs to be further promoted; the challenges facing medical insurance fund regulation is still severe; the construction of medical insurance informatization needs to be further strengthened. The development paths of the basic medical insurance system include: building a fair medical insurance system, to improve the quality of basic medical insurance; building a secured medical insurance system, to optimize the benefit guarantee and financing mechanism; building a collaborative medical insurance system, to deepen the reform of centralized purchase system of medicines and medical insurance payment method; building a medical insurance based on the rule of law, to improve the medical insurance fund regulatory system; building smart medical insurance system, to accelerate the informatization and standardization of medical insurance system.

Keywords: Basic Medical Insurance; Supervision of Fund; Informatization of Medical Insurance

VII   Development of Human Resources
Service Industry

B.22   An Analysis of the Status quo of the Human Resource
Service Market Development in China

Abstract: Based on statistics, this paper systematically analyzes the development of China's human resource service market from its scale, employees, forms of employment, development efficiency, and major events. Human resources service market in the future will embrace the reform dividend from unified market, and play important role in enhancing development momentum and solving the tension between human resources demand and supply. It will take more responsibility in stablizing employment and promote development.

Keywords: Human Resources Services Industry; Service Market; Service Form

B.23   An Analysis of the Status quo and Trend of Human
Resources Training Services Development

Abstract: In the past year, China's vocational education and training was in great demand by the market, digitalized and smart training kept developing rapidly, industrialization continued to deepen, digital technical skills training increased in popularity, hobby and life related training products continued to grow, and financial support for technical skills training steadily advanced. Relevant policies have been intensively introduced: accelerating the construction of the world's major talent centre and innovation highland, promoting the high-quality development of modern vocational education, releasing the 14th Five-Year Plan

for upgrading vocational skills, promoting the high-quality development of the human resources service industry, optimizing vocational skills upgrading policies, and strengthening the governance and supervision of Internet education and training. In the face of problems in the training sector and the need to improve supply capacity, it is important to continue to promote the professionalization of training institutions and to continuously improve the government's governance and service capacity.

Keywords: Training Service; Training Institutions; Digitalized; Quality Development

B.24   An Analysis of the Operation of Human Resource

Service Institutions in 2021   *Lin Tong* / 370

Abstract: This paper is based on the results of the questionnaire on the operation of its members in 2021 by China Association of Foreign Service Trades. It summarizes and analyzes the overall operation situation of its members in 2021, the development and changes of their services. On this basis in line with changes in the macro environment, the development trend of HR service industry was analyzed from the dimensions of employment scale, structural adjustment of the industry, and the ability of service organizations to survive and develop.

Keywords: Human Resources Service Industry; Service Institutions; Human Resource

社会科学文献出版社

皮 书

智库成果出版与传播平台

❖ 皮书定义 ❖

皮书是对中国与世界发展状况和热点问题进行年度监测，以专业的角度、专家的视野和实证研究方法，针对某一领域或区域现状与发展态势展开分析和预测，具备前沿性、原创性、实证性、连续性、时效性等特点的公开出版物，由一系列权威研究报告组成。

❖ 皮书作者 ❖

皮书系列报告作者以国内外一流研究机构、知名高校等重点智库的研究人员为主，多为相关领域一流专家学者，他们的观点代表了当下学界对中国与世界的现实和未来最高水平的解读与分析。截至2021年底，皮书研创机构逾千家，报告作者累计超过10万人。

❖ 皮书荣誉 ❖

皮书作为中国社会科学院基础理论研究与应用对策研究融合发展的代表性成果，不仅是哲学社会科学工作者服务中国特色社会主义现代化建设的重要成果，更是助力中国特色新型智库建设、构建中国特色哲学社会科学"三大体系"的重要平台。皮书系列先后被列入"十二五""十三五""十四五"时期国家重点出版物出版专项规划项目；2013~2022年，重点皮书列入中国社会科学院国家哲学社会科学创新工程项目。

皮书网

（网址：www.pishu.cn）

发布皮书研创资讯，传播皮书精彩内容
引领皮书出版潮流，打造皮书服务平台

栏目设置

◆ **关于皮书**

何谓皮书、皮书分类、皮书大事记、
皮书荣誉、皮书出版第一人、皮书编辑部

◆ **最新资讯**

通知公告、新闻动态、媒体聚焦、
网站专题、视频直播、下载专区

◆ **皮书研创**

皮书规范、皮书选题、皮书出版、
皮书研究、研创团队

◆ **皮书评奖评价**

指标体系、皮书评价、皮书评奖

◆ **皮书研究院理事会**

理事会章程、理事单位、个人理事、高级
研究员、理事会秘书处、入会指南

所获荣誉

◆ 2008 年、2011 年、2014 年，皮书网均
在全国新闻出版业网站荣誉评选中获得
"最具商业价值网站"称号；

◆ 2012 年，获得"出版业网站百强"称号。

网库合一

2014 年，皮书网与皮书数据库端口合
一，实现资源共享，搭建智库成果融合创
新平台。

皮书网

"皮书说"
微信公众号

皮书微博

权威报告·连续出版·独家资源

皮书数据库
ANNUAL REPORT(YEARBOOK)
DATABASE

分析解读当下中国发展变迁的高端智库平台

所获荣誉

● 2020年，入选全国新闻出版深度融合发展创新案例
● 2019年，入选国家新闻出版署数字出版精品遴选推荐计划
● 2016年，入选"十三五"国家重点电子出版物出版规划骨干工程
● 2013年，荣获"中国出版政府奖·网络出版物奖"提名奖
● 连续多年荣获中国数字出版博览会"数字出版·优秀品牌"奖

皮书数据库

"社科数托邦"
微信公众号

成为会员

登录网址www.pishu.com.cn访问皮书数据库网站或下载皮书数据库APP，通过手机号码验证或邮箱验证即可成为皮书数据库会员。

会员福利

● 已注册用户购书后可免费获赠100元皮书数据库充值卡。刮开充值卡涂层获取充值密码，登录并进入"会员中心"—"在线充值"—"充值卡充值"，充值成功即可购买和查看数据库内容。
● 会员福利最终解释权归社会科学文献出版社所有。

数据库服务热线：400-008-6695
数据库服务QQ：2475522410
数据库服务邮箱：database@ssap.cn
图书销售热线：010-59367070/7028
图书服务QQ：1265056568
图书服务邮箱：duzhe@ssap.cn

社会科学文献出版社 皮书系列
SOCIAL SCIENCES ACADEMIC PRESS (CHINA)

卡号：817674456479

密码：

基本子库
SUB DATABASE

中国社会发展数据库（下设 12 个专题子库）

紧扣人口、政治、外交、法律、教育、医疗卫生、资源环境等 12 个社会发展领域的前沿和热点，全面整合专业著作、智库报告、学术资讯、调研数据等类型资源，帮助用户追踪中国社会发展动态、研究社会发展战略与政策、了解社会热点问题、分析社会发展趋势。

中国经济发展数据库（下设 12 专题子库）

内容涵盖宏观经济、产业经济、工业经济、农业经济、财政金融、房地产经济、城市经济、商业贸易等 12 个重点经济领域，为把握经济运行态势、洞察经济发展规律、研判经济发展趋势、进行经济调控决策提供参考和依据。

中国行业发展数据库（下设 17 个专题子库）

以中国国民经济行业分类为依据，覆盖金融业、旅游业、交通运输业、能源矿产业、制造业等 100 多个行业，跟踪分析国民经济相关行业市场运行状况和政策导向，汇集行业发展前沿资讯，为投资、从业及各种经济决策提供理论支撑和实践指导。

中国区域发展数据库（下设 4 个专题子库）

对中国特定区域内的经济、社会、文化等领域现状与发展情况进行深度分析和预测，涉及省级行政区、城市群、城市、农村等不同维度，研究层级至县及县以下行政区，为学者研究地方经济社会宏观态势、经验模式、发展案例提供支撑，为地方政府决策提供参考。

中国文化传媒数据库（下设 18 个专题子库）

内容覆盖文化产业、新闻传播、电影娱乐、文学艺术、群众文化、图书情报等 18 个重点研究领域，聚焦文化传媒领域发展前沿、热点话题、行业实践，服务用户的教学科研、文化投资、企业规划等需要。

世界经济与国际关系数据库（下设 6 个专题子库）

整合世界经济、国际政治、世界文化与科技、全球性问题、国际组织与国际法、区域研究 6 大领域研究成果，对世界经济形势、国际形势进行连续性深度分析，对年度热点问题进行专题解读，为研判全球发展趋势提供事实和数据支持。

法律声明

"皮书系列"（含蓝皮书、绿皮书、黄皮书）之品牌由社会科学文献出版社最早使用并持续至今，现已被中国图书行业所熟知。"皮书系列"的相关商标已在国家商标管理部门商标局注册，包括但不限于LOGO（ ）、皮书、Pishu、经济蓝皮书、社会蓝皮书等。"皮书系列"图书的注册商标专用权及封面设计、版式设计的著作权均为社会科学文献出版社所有。未经社会科学文献出版社书面授权许可，任何使用与"皮书系列"图书注册商标、封面设计、版式设计相同或者近似的文字、图形或其组合的行为均系侵权行为。

经作者授权，本书的专有出版权及信息网络传播权等为社会科学文献出版社享有。未经社会科学文献出版社书面授权许可，任何就本书内容的复制、发行或以数字形式进行网络传播的行为均系侵权行为。

社会科学文献出版社将通过法律途径追究上述侵权行为的法律责任，维护自身合法权益。

欢迎社会各界人士对侵犯社会科学文献出版社上述权利的侵权行为进行举报。电话：010-59367121，电子邮箱：fawubu@ssap.cn。

社会科学文献出版社